동아시아해역의 해항도시와 문화교섭 I
: 해역질서 · 역내교역

이 저서는 2008년 정부(교육부)의 재원으로 한국연구재단의 지원을
받아 수행된 연구임(NRF-2008-361-B00001).

동아시아해역의 해항도시와 문화교섭 I
: 해역질서 · 역내교역

초판 1쇄 발행 2018년 5월 31일

편저자 | 이수열 · 현재열 · 최낙민 · 김강식
펴낸이 | 윤관백
펴낸곳 | 도서출판 선인

등 록 | 제5-77호(1998.11.4)
주 소 | 서울시 마포구 마포대로 4다길 4 곳마루 B/D 1층
전 화 | 02)718-6252/6257
팩 스 | 02)718-6253
E-mail | sunin72@chol.com
Homepage | www.suninbook.com

정가 28,000원
ISBN 979-11-6068-169-7 94300
ISBN 979-11-6068-172-7 (세트)

·잘못된 책은 바꾸어 드립니다.

[해항도시문화교섭학연구총서 18]

동아시아해역의 해항도시와 문화교섭 I

: 해역질서 · 역내교역

이수열 · 현재열 · 최낙민 · 김강식 편저

발 간 사

　한국해양대학교 국제해양문제연구소는 한국연구재단의 지원을 받아 2008년부터 2018년까지 인문한국지원사업인 '해항도시 문화교섭학' 연구를 수행하고 있다. 이 연구의 개요를 간략히 소개하면 다음과 같다. 먼저, 해항도시 문화교섭 연구는 바다로 향해 열린 해항도시(seaport city)가 주된 연구대상이다. 해항도시는 해역(sea region)을 구성하는 요소로서 그 자체가 경계이면서 동시에 원심력과 구심력이 동시에 작동하는 공간으로, 배후지인 역내의 각지를 연결할 뿐만 아니라 먼 곳에 있는 역외인 해역의 거점과도 연결된 광범한 네트워크가 성립된 공간이다. 해항도시는 근대자본주의가 선도하는 지구화 훨씬 이전부터 사람, 상품, 사상 교류의 장으로서 기능해 온 유구한 역사성, 국가의 영역에 머무르지 않은 초국가적인 영역성과 개방성, 그리고 이문화의 혼교 · 충돌 · 재편이라는 혼효성의 경험과 누적을 사회적 성격으로 가진다.

　다음으로 해항도시 문화교섭 연구는 해항도시를 필드로 하여 방법론적 국가주의를 넘어 방법론적 해항도시를 지향한다. 연구필드인 해항도시를 점으로 본다면 해항도시와 해항도시를 연결시킨 바닷길은 선으로 구체화되며, 바닷길과 바닷길을 연결시킨 면은 해역이 된다. 여기서 해역은 명백히 구획된 바다를 칭하는 자연 · 지리적 용법과 달리 인간이 생활하는 공간, 사람 · 물자 · 정보가 이동 · 교류하는 장이

자 사람과 문화의 혼합이 왕성하여 경계가 불분명하여, 실선이 아니라 점선으로 표현되는 열린 네트워크를 말한다. 해역과 해역은 연쇄적으로 연결된다. 해항도시 문화교섭 연구는 국가와 민족이라는 분석단위를 넘어서, 해항도시와 해항도시가 구성하는 해역이라는 일정한 공간을 상정하고, 그 해항도시와 해역에서의 문화생성, 전파, 접촉, 변용에 주목하여 문화교섭 통째를 복안적이고 종합적인 견지에서 해명하고자 하는 시도다.

여기에 기대면, 국가 간의 관계 시점에서 도시 간 네트워크 시점으로의 전환, 지구화와 지방화를 동시에 반영하는 글로컬 분석단위의 도입과 해명, 중심과 주변의 이분법을 해체하고 정치적인 분할에 기초한 지리단위들에 대한 투과성과 다공성을 부여할 수 있다. 그리고 해항도시 문화교섭 연구는 역사, 철학, 문학 등 인문학 간의 소통뿐 아니라 사회과학과 자연과학 등 모든 학문과의 소통을 전제한다는 점에서, 모든 학문의 성과를 다 받아들인다는 의미에서 '바다' 인문학을 지향한다.

이처럼 해항도시 문화교섭 연구는 '연구필드로서의 해항도시'와 '방법론으로서의 해항도시'로 대별되며, 이는 상호 분리되면서도 밀접하게 연관된다. 연구필드로서의 해항도시는 특정 시기와 공간에 존재하는 것이며, 방법론으로서의 해항도시는 국가와 국가들의 합인 국제의 틀이 아니라 해항도시와 해역의 틀로 문화교섭을 연구하는 시각을 말한다. 이런 이유로 해항도시 문화교섭학 연구총서는 크게 두 유형으로 출간될 것이다. 하나는 해항도시 문화 교섭 연구 방법론에 관련된 담론이며, 나머지 하나는 특정 해항도시에 대한 필드연구이다. 우리는 이 총서들이 상호 연관성을 가지면서 해항도시 문화교섭 연구의 완성도를 높여가길 기대한다. 그리하여 국제해양문제연구소가 해항도시 문화교섭 연구의 학문적·사회적 확산을 도모하고 세계적 담론의 생산·소통의 산실로 자리매김하는 데 일조하리라 희망한다. 물론 연구총서 발간과 그 학문적 수준은 전적으로 이 프로젝트에 참여하는 연구자들의 역량에 달려있다. 연구·집필자들께 감사와 부탁의 말씀을 드리면서.

2018년 1월
한국해양대학교 국제해양문제연구소장
정문수

차   례

들어가는 글

동아시아해역의 근세와 근대

이수열

I. 이 책의 성립 경위와 구성

이 책은 한국해양대학교 국제해양문제연구소 '해항도시 문화교섭학'(인문한국사업) 연구단이 지난 10년 동안 수행해온 연구 가운데 동아시아해역의 역사와 관련된 성과를 한데 모아 두 권의 논문집으로 엮은 것이다. 여기에 수록된 논문들은 연구단 내부의 연구 성과를 비롯하여 지금까지 국제해양문제연구소 '해항도시 문화교섭학' 연구단이 개최한 국내외 학술대회, 콜로키움, 석학초청 등에서 발표된 논고 중에서 동아시아 해역사와 관련이 있는 연구를 선별한 것이다. 이러한 성립 경위에서 예상할 수 있듯이 본서는 처음부터 하나의 주제를 설정하여 각 연구자의 성과물을 취합한 논문집에 비해 집중도가 떨어지는 것이 사실이다. 책의 전체적인 완성도에 대해 책임을 져야하는 편저자들은 그러한 비판을 겸허하게 받아들이지만 그럼에도 불구하고 여기에 수록된 논문들은 다음 몇 가지 점에서 공통된 문제의식을 갖고 있다.

첫째, 근대세계의 성립과 그 기원에 대한 강한 관심이다. 본서 수록 논문이 대상으로 하는 시대는 15세기부터 20세기 중엽에 이르기까지 다양한 시기에 걸쳐 있다. 정치권력의 면에서 보면 중국의 명 · 청조, 일본의 도쿠가와막부, 한국의 조선왕조에서 시작하여 근대 식민화 시기까지를 포함한다. 이는 최근 동아시아를 비롯하여 세계 역사학계에서 중요한 화두가 되고 있는 근대세계의 성립과 기원에 대한 논의가 필자들의 문제의식에 영향을 미친 결과라고 생각된다.[1]

둘째, 이동과 문화 혼효에 주목하는 점이다. 결과적으로 가장 많은 논문이 이 주제에 집중되어 있는데, 그 이유는 동아시아해역이라는 '지역'을 무대로 전개된 사람, 상품, 사상의 이동과 문화교섭이 본 논문집의 중심적인 주제이기 때문이다. '지역'과 '이동'에 주목하는 입장은 '국가'와 '정주'의 시점을 강조해온 지금까지의 연구를 상대화하려는 문제의식에서 비롯된 결과라고 할 수 있다.

셋째, 동아시아해역의 역사적 경험 속에서 크로스보더적 가치를 발굴하고 국민국가 이후의 새로운 지역질서를 모색하고자 하는 문제관심이다. 근대국가가 형성되기 이전 동아시아해역에서 일어난 문화 혼효 현상이나 아이덴티티 형성 과정에 대한 연구는 근대적 가치가 상대화되고 있는 오늘날의 사상 상황을 반영한 결과라고 여겨진다.

이 책에는 모두 20편의 논고를 네 가지로 분류하여 수록했다. 제1부 '해역질서'에는 동아시아해역을 둘러싼 정치권력의 동향과 국제질서에 관한 논문을 편성했다. 제2부 '역내교역'에는 동아시아 교역권과

---

[1] 그러나 이 책의 입장이 그러한 학계 동향과 반드시 일치하는 것만은 아니라는 점도 여기서 밝혀둘 필요가 있을 것이다. 최근 글로벌 히스토리에서 이야기되는 '세계의 일체화'는 중대한 문제제기에도 불구하고 여전히 유럽중심주의적 편향성을 띄고 있고, '지구사'라고 부르기에는 너무나 대국 중심적 서술에 치우쳐 있다.

관련된 논문을, 제3부 '해항도시'에는 사람, 상품, 사상의 이동과 교섭
의 결절점으로 기능한 해항도시 관련 논문을, 그리고 제4부 '문화교섭'
에는 동아시아해역을 무대로 전개된 문화교섭의 실태에 대한 논문을
모아 편성했다.

　작업을 마치면서 통감하는 것은 동아시아해역의 역사에서 시기적
으로도 공간적으로도 여전히 많은 공백이 고스란히 남아있다는 사실
이다. 이런 여백을 메우기 위해서라도 하나하나의 논문에 대한 상세
한 해설과 연구사적 자리매김이 필요하지만 필자의 역량 부족으로 인
해 그것도 불가능하다. 이하에서는 종래 동아시아해역의 역사를 생각
할 때 하나의 준거 틀을 제공해온 하마시타 다케시(濱下武志)의 조공
무역체제론을 비판적으로 회고하며 동아시아해역의 근세와 근대를
재고하는 작업을 통해 필자에게 주어진 의무를 조금이나마 대신하고
자 한다.

Ⅱ. 조공무역체제론

　1980년대에 들어 조공무역체제에 관한 연구를 발표하기 시작한 하
마시타 다케시는 1990년에 『近代中國の國際的契機: 朝貢貿易システ
ムと近代アジア』(東京大學出版會, 이하 『國際的契機』)[2]를 공간했다.
이후 큰 반향을 불러일으키게 되는 이 작품은 다음과 같은 시대적 배
경 속에서 출현한 것이었다. 첫째, 1980년대에는 '동아시아의 기적'이
라고 일컬어지는 동아시아 경제의 눈부신 성장이 있었다. 아시아의

---

[2] 이하, 번거로움을 피하기 위해 이 책에서 인용할 경우 본문 안에 페이지만 기재.

경제성장은 그때까지 아시아 경제사를 단순히 서구 따라잡기의 문맥에서만 바라보는 catch up 공업화론에 대한 반성을 촉구했다. 둘째, 글로벌 정치 · 경제에서 국가 역할의 축소 현상이 있었다. 수잔 스트레인지(Susan Strange)가 말하는 '국가의 퇴장'(The Retreat of the State, 1996) 현상이 바로 그것이다. 마지막으로, 역사학계 내부에서는 이상과 같은 시대상황과 연동하는 형태로 국민국가를 단위로 하는 기존의 역사학과 그곳에 횡행하는 유럽중심주의적 역사 서술에 대한 반성이 제기되고 있었다.

하마시타가 볼 때 지금까지의 연구는 아시아의 근대를 '서구의 충격'에 대한 '아시아의 대응'으로 묘사하는 것이 대부분이었다. 그러나 아시아의 근대는 "아시아사의 역사적 계승태"(ii쪽)에 다름 아닌 것으로, 그런 점에서 "전통은 본래 근대와 대비되는 것이 아니라 오히려 근대를 낳은 토양"(18~19쪽)으로 인식될 필요가 있었다. 전통과 근대를 연속으로 파악하는 시점은 ⅰ) 아시아사를 유럽 팽창의 결과로 바라보는 기왕의 유럽중심주의적 아시아사 이해를 비판하고, ⅱ)눈앞에 전개되고 있는 아시아 경제 성장의 역사적 기원을 아시아 내부에서 찾아내, ⅲ)아시아에서 최초로 공업화에 성공한 일본의 역할에 대한 정당한 평가로 이어질 수 있었다.[3]

전통과 근대를 이항대립적인 관계로 설정하는 근대중심주의(Modernocentrism)는 전근대를 "진보 · 발전된 근대를 향해 달려가야 할 숙명을 지닌 뒤처진 시간대로 타자화"[4]함으로써 서구 근대에 비서구를 종

----

[3] 하마시타의 문제의식과 1980년의 사상 상황에 관해서는 이 책에 수록된 이수열, 「아시아 경제사와 근대일본: 제국과 공업화」; 이수열, 「아시아 교역권론'의 역사상: 일본사를 중심으로」, 『한일관계사연구』 48, 2014 참조.

[4] 배항섭, 「동아시아사 연구의 시각: 서구 · 근대 중심주의 비판과 극복」 미야지마 히로시, 배항섭 편, 『동아시아는 몇 시인가?』, 너머북스, 2015, 66쪽.

속시키는 시간관념으로, 그것은 서구적 근대를 특권화하는 점에서 유럽중심주의와 "쌍생아"의 관계에 있었다. "아시아사 그 자체의 내적 구성 요인 및 내적 동인"을 찾아내기 위해서는 전통과 근대의 이분법에서 벗어나 거꾸로 "아시아 측에서 서구를 비추는 시각이 요구"(3쪽)된다는 하마시타의 주장은 내용 그 자체로서는 이론의 여지가 없는 것이었다.

조공무역체제론을 관통하는 또 하나의 주제는 국가중심주의에 대한 비판이었다. 하마시타가 보기에 18세기 이후의 국익을 기본으로 한 국가 간 관계는 오늘날 지역주의와 글로벌리즘에 의해 점차 힘을 잃어가고 있었다. 이러한 상황 속에서 그는 "소위 국가의 시대라는 한 시대가 지나간 지금" 국가의 구심력의 대극에 있는 "확산·분산적인 '비조직 네트워크 모델'"(『朝貢システムと近代アジア』, 岩波書店, 1997, v-xi쪽. 이하 『朝貢システム』)[5])에 대한 적극적인 검토의 필요성을 제기했다. 조공무역체제론은 그 응답으로서 제출된 것이었다.

하마시타에 따르면 "역사적 아시아는 하나의 평면으로서 존재했던 것이 아니라 몇 개의 중심-주변 관계의 복합으로 구성"(『國際的契機』, ii쪽)되어 있었다. 그것은 크게 세 권역으로 분류가 가능한데, 중국을 중심으로 조공관계로 유지된 중심-주변 관계, 인도 아대륙 및 그 주변의 연합체적 지역질서 그리고 종교적 이념으로 연결된 이슬람 지역질서가 그것들이었다. 이러한 광역적·다중심적 아시아를 해역, 역권(域圈), 해항도시들이 연결하고 있었고, 화상, 화교, 인교(印僑), 이슬람상인, country traders 등이 상인으로 활동했다. 조공무역체제는 그 첫 번째 권역에서 기능하던 지역 간 관계였다.

---

[5] 『國際的契機』와 마찬가지로 이 책에서 인용할 경우 본문 안에 페이지만 기재.

조공질서란 문화의 중심인 중국과 문화가 열등한 주변 국가 사이를 상하관계 또는 군신관계에 빗대어 서열화하는 광역질서관으로, 중화와 외이(外夷)를 구별하는 주자학 이념에 근거하고 있었다. 화의질서의 이상적 형태는 주변의 복속 국가가 중화의 덕을 우러러 정기적으로 사절을 파견해 공물을 바치고(조공), 이에 대해 중화는 그보다 더 가치가 나가는 답례품을 하사하고(回賜) 때와 관계에 따라서는 상대방 정권에게 정치적 정통성을 부여하는(冊封) 관계였다. 하마시타는 이 조공질서야말로 "아시아를 아시아로 만든 하나의 역사적 시스템"(『國際的契機』, 26쪽)이라고 생각했다. 그렇다고 그가 화이질서가 내거는 지배와 복속의 이념에 공감을 표한 것은 물론 아니었다. 조공질서가 "아시아사의 내적 유대(紐帶)"(26쪽)가 될 수 있었던 것은 중화가 단지 한(漢)민족 고유의 논리가 아니라 "타민족·타지역도 공유할 수 있는 관념이자, 중심과 주변에 상관없이 주장하는 일이 가능"(『朝貢システム』, 19쪽)했기 때문이었다.

화이질서의 통치관계는 地方, 土司·土官(간접통치), 藩部(식민지), 朝貢, 互市로 대별할 수 있다. 그것은 중국 국내의 지방 통치를 축으로 土司·土官에 의한 이민족의 질서화, 藩部와 朝貢에 의한 타지역 통치, 互市관계에 의한 교섭관계 등 다양한 형태를 통해 주변 세계를 포섭하고 있었다. 그것은 또 '외부'를 상정하지 않는 천하(天下)적 세계관에서 비롯하고 있었기 때문에 국내와 국외를 따로 나누어 통치하는 것이 아니라 국내 통치의 외연이 동심원적으로 확장해가는 것으로 관념되었다(『國際的契機』 제1장과 『朝貢システム』 I 장).

이미 이야기한 것처럼 하마시타가 조공관계를 높이 평가하는 이유는 화이질서가 중국 중심의 일원적 국제질서였기 때문이 아니었다. 반대로 조공질서가 현실적으로는 중국과 상대국 간의 "상호의존 관

계"(『朝貢システム』, 4쪽)에 다름 아니었다는 점이야말로 적극적인 평가의 이유였다. 그가 보기에 조공관계는 한민족 중심의 국가 형성이라기보다 "오히려 타민족·타지역과의 교섭-공존 방식"(6쪽)으로서 형성된 것으로, 그 내부에 간접통치, 조공관계, 호시관계 등 다양한 통치원리가 존재하고 있었기 때문에 중화 이념은 복수의 이질적 통치이념을 포섭하기 위해 더욱 추상화될 필요가 있었다. 그 결과 조공질서 내부의 중심-주변 관계는 "구심적이라기보다 오히려 포괄적이고 중개적"(11쪽)인 것이 되었다. '국가의 퇴장'이라는 시대의 전환점에 서서 하마시타가 주권국가를 전제로 하는 "유럽 모델"에 대비되는 "동아시아 모델"(24쪽)로서의 조공질서에 주목하는 것은 바로 그러한 이유에서였다.

조공체제가 갖는 유연하고 분권적인 '네트워크 모델'로서의 성격은 그것이 "통치관계라기보다 본래는 교역관계에 의해 유지되었다"(『國際的契機』, 33쪽)는 사실에서 유래하고 있었다. "조공은 아시아 역내, 그 가운데에서도 특히 동아시아 무역망이 형성되는 전제로, 조공무역에 따른 민간교역의 확대를 촉진함과 동시에 아시아 역내 교역의 주요 루트를 형성"(95쪽)했다. 조공관계는 정치관계이자 교역관계이기도 했던 것이다. 하마시타에 따르면 이 "경제적 지역복합시스템"(『朝貢システム』, 31쪽)으로서의 조공무역체제는 "근대에 와서도 서양의 '진출'이나 '충격'의 내용을 규정"하고 있었고, 서양과 체결한 조약도 "실질적으로는 조공관계 안에서 처리"(『國際的契機』, 27쪽)되었기 때문에 중국의 근대를 조공체제에서 조약체제로의 전환기로 자리매김하는 선행 연구는 재고될 필요가 있었다. 중국이 조공관계와 화의질서관을 스스로 포기한 것은 "중화민국에 이르는 과정에서 '滅滿興漢'을 부르짖고 재외화교도 한민족 내셔널리즘으로 규합하려 했던 20세기 초"(『朝貢システム』, 9쪽)에 이르러서의 일이었다고 하마시타는 말한다.

일찍이 '제국'에서 '근대주권국가'로의 전환은 '진보'이자 '세계사의 보편법칙'이었다. 제국은 전통과 함께 비서구권 사회의 후진성, 정체성, 전제성을 상징하는 존재였다. 그러나 조공무역체제론은 유럽중심주의적 역사발전단계론에 이의를 제기하며 화의질서적 중심-주변관계를 주권국가를 단위로 하는 '유럽 모델'을 대신할 수 있는 '동아시아 모델'로 재평가했다. 제국과 주권국가, 그리고 전통과 근대의 가치를 역전시킨 하마시타의 논의는 그때까지 주로 문화적 동질성으로 동아시아를 설명해오던 방식에 대해 다민족 네트워크 관계로서의 동아시아를 대치시킴으로써 유럽중심주의에 입각한 일본특수론과 단일민족신화에 근거하는 일본의 아시아인식에 대해서도 중대한 문제를 제기했다.

Ⅲ. 전근대 동아시아의 통상질서: 조공과 호시

하마시타에 따르면 조공무역은 세 부분으로 구성되어 있었다.

  ⅰ) 공식적인 조공품에 대한 중국 측의 회사(回賜)
  ⅱ) 北京 회동관(會同館)에서의 관허 교역
  ⅲ) 사절단에 동반한 상인단이 호시장(互市場)[6]이나 교역항에서 행하는
     교역(이상, 『國際的契機』, 36쪽)

----

[6] 『朝貢システム』, 96쪽에서는 '국경 시장'.

조공무역체제란 중국의 압도적인 경제력을 배경으로 "조공국 측은 중국과 비관세로 교역이 가능하고, 중국 왕조는 사인(私人)무역을 배제하고 대외무역을 독점"할 수 있는 상호이익에 의해 유지되었고, 그러한 "중상주의 정책"으로서의 조공체제는 "해금정책과 표리일체"(『朝貢システム』, 41쪽)의 관계를 이루며 명청 시기 중국을 관통하여 기능했다는 것이다.

이 같은 하마시타의 주장에는 몇 가지 중요한 오류가 포함되어 있다. 첫째, 조공무역과 호시무역을 다 같이 관영무역으로 설명하고 있는데, 양자는 전혀 원리를 달리하는 무역으로, 한 묶음으로 설명될 수 없는 것이었다. 둘째, 조공무역체제가 명청 시기를 통해 계속 지속되었다는 주장은 대외무역정책에 있어서 명과 청의 차이점을 지나치게 왜소화하는 논의였다. 셋째, 화이질서라는 가상적 세계관을 개념적으로 확장함으로써 16세기 이후 전개된 동아시아 국제상업의 구조적 변화와 그 의미를 과소평가하는 결과를 초래했다.

먼저 조공무역과 호시무역의 차이를 살펴보자. 매우 간단히 정리하면 조공무역이 조공관계, 즉 중화와 각국 군장(君長) 사이에 가상된 의례상의 군신관계에 기초한 일종의 무역독점제도라면, 호시무역은 국경이나 변경의 지정 장소에서 이루어지는 관허 무역, 바꾸어 말해 민간 차원의 국제 교역이었다. 전자가 비과세 무역인데 비해 후자의 무역에 대해서는 과세가 통례였다. 전통적으로 중국의 대외무역은 이두 가지 유형으로 구분이 가능하다. 하마시타 또한 "대등한 교역"(『朝貢システム』, 5쪽)을 전제로 하는 호시원리가 조공원리와 "다른 범주"(23쪽)에 속한다는 점을 잘 알고 있었고, 청이 1689년 러시아와 체결한 네르친스크조약을 "조약관계(호시관계)"(23쪽)의 예로 들고 있었다. 그럼에도 불구하고 하마시타는 "대등한 조약관계"인 중국과 러시

아의 관계마저도 조공체제 내부에 포함시키고 있는데, 그 이유는 아
마 러시아와의 조약을 조공관계로 처리한 중국 측의 기록을 그대로
답습했기 때문이었을 것이다.[7] 하지만 이러한 하마시타의 해석은 "수
사적(修辭的) 세계관에 입각해 동시대인의 인식과 실천의 관계를 논
하는 것은 허상을 보는 일"[8]에 불과하다는 이와이 시게키(岩井茂樹)
의 비판에서 결코 벗어날 수 없을 것이다. 이와이가 강조하는 것처럼
"전근대 동아시아의 정치=경제관계를 이해하는 데 있어서 조공시스템
이라는 도식적인 틀에 안주하는 것은 유익하지 않다. (중략) 중국을
중심으로 한 동심원적 도식에 귀착하는 정적인 구조를 제시할 것이
아니라 조공-호시라는 정책복합의 전개를 동적으로 이해"[9]할 필요가
있다.[10]

조공과 교역관계의 허가를 일원화시킨 명대 초기의 "조공일원체제"
는 호시무역, 즉 민간교역을 배제하기 위한 국제상업 금지 정책으로
서 제출된 것으로, 그것은 "중국 역사상 특이한 제도"[11]였다. 명이 이

7) 구범진, 「淸代 對러시아 外交의 성격과 그 변화: 締約大臣과 交換 條約文의 言語
를 중심으로」, 『대동문화연구』 61, 2008에 의하면 네르친스크조약과 캬흐타조약
(1727년)의 만주어 조약문에는 양국의 평등을 반영하는 용어가 구사되어 있는 반
면 한문 사료에서는 평등성이 드러나지 않는다고 한다.
8) 岩井茂樹, 「帝國と互市: 16-18世紀東アジアの通交」 籠谷直人·脇村孝平 編, 『帝
國とアジア·ネットワーク』, 世界思想社, 2009, 45쪽.
9) 위의 논문, 30~31쪽.
10) 구범진, 「동아시아 국제질서의 변동과 조선-청 관계」, 『동아시아 국제질서 속의
한중관계사: 제언과 모색』, 동북아역사재단, 2010도 "'책봉', '조공'이라는 용어가
부리는 '마술' 탓"에 "실제의 역사상에 대한 이해보다는 오히려 오해를 낳을 소지
가 크다"고 지적하며 "'책봉-조공 패러다임이 더 이상 역사 현상의 분석 틀로서
그 효용성을 인정할 수 없을 정도의 위기에 직면해 있다'(304~305쪽)고 말한다.
11) 岩井茂樹, 「帝國と互市: 16-18世紀東アジアの通交」, 33쪽. 명대 초기의 조공일원
체제를 중국 역사에서 예외적인 현상으로 인식하는 점은 단조 히로시(檀上寬)의
경우도 마찬가지이다. 단조는 "해금과 조공제도를 결합시킨 명대 독자의 체제"
(『天下と天朝の中國史』, 岩波新書, 2016, 206쪽)를 "해금=조공체제"라고 부르는

러한 정책을 채택한 이유는 정권 초기의 정치적 불안정을 해금과 조공제도로써 극복하고 대외무역 억제를 통해 경제적 위기를 극복하기 위해서였다.[12] 그러나 건국 초기의 조공일원체제는 얼마 가지 않아서 사회의 상업화에 따른 무역 수요 확대로 동요하기 시작했다. 16세기 중엽 이후 민간의 무역 욕구와 조공일원체제 사이의 모순은 중국 동남연안의 밀무역 증가를 초래했다. 같은 시기 은 수요 확대로 말미암은 가정대왜구(嘉靖大倭寇)와 북방 변경지역에서의 호시무역[13]의 성행(北虜南倭)은 모두 형해화해가는 조공일원체제와 동아시아사회의 무역 확대 요구라는 현실 사이에서 발생한 모순의 폭발이었다. 사회의 상업화와 민간무역 수요 확대에 압도당한 명 정권은 광저우(廣州)와 장저우(漳州)를 개항함으로써 조공일원제제의 명목을 유지하려 했지만, 16세기 이후 두 항구는 "사실상의 호시"[14]로 기능했다.

다민족으로 구성된 "상업-군사집단"[15]에서 출발해 중화를 장악하게 되는 청은 "존재 그 자체가 명조의 체제 및 질서에 대한 안티테제"[16]였다. 따라서 청조는 기본적으로 조공과 교역관계의 일치라는 인식을 갖고 있지 않았다. 정권 초기의 해금은 정치적, 군사적 필요에 의한

데, 이에 관한 그의 상세한 연구로는 『明代海禁=朝貢システムと華夷秩序』, 京都大學術出版會, 2013가 있다. 단조는 "명 초기에 이르러 비교가 불가능한 전제국가"가 탄생한 이유를 건국 과정에서 추진된 "유교적 원리주의"(단죠 히로시, 한종수 역, 『영락제: 화의질서의 완성』, 아이필드, 2017, 71쪽) 안에서 찾고 있다.

[12] 岡本隆司 編, 『中國經濟史』, 名古屋大學出版會, 2013에 의하면 명의 건국이념은 "현물주의"와 "농업입국"이었다. 오카모토 다카시, 강진아 역, 『중국경제사』, 경북대학교 출판부, 2016, 280~282쪽.

[13] 홍성구, 「明代 北邊의 互市와 朝貢」, 『중국사연구』 72, 2011.

[14] 岩井茂樹, 「帝國と互市: 16-18世紀東アジアの通交」, 35쪽.

[15] 岩井茂樹, 「十六・十七世紀の中國邊境社會」 小野和子 編, 『明末清初の社會と文化』, 京都大學人文科學研究所, 1996; 岸本美緒, 『東アジアの「近世」』, 山川出版社, 1998.

[16] 오카모토 다카시, 강진아 역, 『중국경제사』, 296쪽.

일시적인 무역 통제 정책으로, 1683년 정씨(鄭氏)세력이 굴복하자 강
희제(康熙帝)는 곧바로 해금을 해제하고 해관을 설치해 무역을 공인
했다. 이와이가 말하는 것처럼 조공체제론은 명대의 아시아를 논할
때는 필수적이지만 청대나 전통 중국으로 확대해석해서는 곤란한 것
이다. 실제로 18세기가 되면 조공일원체제는 "과거의 잔해"가 되어, 공
물 교환 의식은 더 이상 호시의 전제조건이 아니었다. 서양 국가도 동
남아시아 국가도 조공과 관계없이 무역하는 것을 당연시했고, 황제에
게 복속을 표시하지 않았다는 이유로 추방된 외국 상인은 없었다. 유
일한 예외는 아편을 들여온 영국뿐이었다. 이러한 "일종의 자유무
역"[17)으로서의 호시체제가 동아시아 역내 무역의 확대와 네트워크 성
장을 촉진했고, 19세기 이후 서구 '자유무역'을 불러들인 전제였다고
이와이는 말한다.[18)

아시아사는 유목세계, 농경세계, 해역세계 사이의 다양한 교류와
충돌의 집적으로 형성된 것이었다. 명청 시기의 조공질서를 중심으로
아시아를 논하는 조공무역체제론은 해역세계에만 주목하는 해양중심
사관이자, 명대 이전 유라시아 전역에 걸쳐 네트워크적 연결망을 구
축한 몽골제국의 역사를 경시하는 중국중심사관 혹은 동아시아중심
사관이다.[19) 하마시타가 말하는 "아시아를 아시아로 만든 하나의 역

---

17) 岩井茂樹, 「帝國と互市: 16-18世紀東アジアの通交」, 52쪽.
18) 명·청 시기의 대외관계를 조공일원체제에서 호시체제로의 전환으로 정리하는
데 대해서는 비판이 존재한다. 즉 조공체제에 대한 반작용이라고 할 수 있는 호
시체제 또한 조공체제의 한 파생물이라는 것이다. 대표적인 연구로, 다양한 무역
제도의 한 형태에 지나지 않는 조공과 호시를 개념화하는 방식을 지양하고 시박
사(市舶使)에서 해관(海關)으로의 전환을 강조하는 岡本隆司, 「「朝貢」と「互市」
と海關」, 『史林』 90-5, 2007이 있다. 이에 관해서는 고은미, 「전근대 동아시아의
국제질서: 일본의 연구성과를 중심으로」, 『사림』 59, 2017 참조.
19) 스기야마 마사아키(杉山正明)는 유라시아 시각과 '유목민'의 관점에서 아시아사
를 조망하는 일련의 연구를 발표해오고 있다. 대표적인 연구로 『クビライの挑戰:

사적 시스템"으로서의 조공질서는 그때까지 이동과 통상으로 연결되어 있던 광역적 네트워크망으로서의 유라시아세계에서 중국 중심의 '닫힌 세계'를 분리시키는 중국 역사상 특이한 제도였다. 이후 조공무역체제는 내부적 모순에 의해 점차 붕괴해, 청대의 조공무역은 그 규모에서 호시무역의 "수십 분의 일"[20]에도 미치지 못할 정도였다고 한다. 그럼에도 불구하고 하마시타는 조공무역체제가 "근대에 와서도 서양의 '진출'이나 '충격'의 내용을 규정"하고 있었고, 그것은 오늘날에도 동아시아 지역시스템 내부에 "마치 유전인자처럼 박혀"[21]있다고 말할 뿐이다.

Ⅳ. 조공체제와 조약체제: 종주권과 주권

전통과 근대를 "시대적인 연속성"(『朝貢システム』, vii쪽)의 차원에서 바라볼 것을 주장하는 하마시타에게 "'근대'라는 표현 자체는 반드시 적극적인 내용을 갖는 것이 아니라 어떤 국면을 표현하는 하나의 수단"(x쪽)에 지나지 않았다. 아시아에 대한 유럽의 임팩트는 아시아의 전통적인 교역 네트워크 위에 "올라타는 형태"로 이루어졌을 뿐 "결코 아시아에 새로운 것을 만들면서 등장한 것이 아니었다."[22] 이러한 주장은 아시아사에 있어서의 전통과 근대의 연속을 강조하기 위한

モンゴル海上帝國への道』, 朝日新聞社, 1995; 임대희, 김장구, 양영우 역, 『몽골세계제국』, 신서원, 1999; 『增補版 遊牧民から見た世界史』, 日本經濟新聞出版社, 2011 등이 있다.
20) 이와이 시게키(岩井茂樹), 「호시(互市)」, 『중국경제사』, 344쪽.
21) 濱下武志, 『沖縄入門: アジアをつなぐ海域構想』, ちくま新書, 2000, 122쪽.
22) 濱下武志, 『香港: アジアのネットワーク都市』, ちくま新書, 1996, 26쪽.

발언이었는데, 그것은 이하에서 살펴볼 종주권과 주권에 대한 논의와
연동하고 있었다.

　　종주권과 주권의 관계에 대한 하마시타의 문제의식은 홍콩 반환으
로 말미암은 '1국2제도'의 출현과 국가주권의 종언이라는 시대인식 속
에서 탄생한 것이었다. 국가의 시대가 지나간 지금 "주권 특히 국가주
권을 역사적으로 자리매김하기 위해서도 18세기말 이후 국가형성 및
국가주권의 상호관계 형성의 역사 속에서 후경으로 물러난 종주권적
통치, 혹은 더 넓게는 종주 개념을 오늘날 다시 한 번 되돌아보아야
한다"(vii쪽)는 그의 주장은 그러한 사정을 말해준다.

　　종래 근대 아시아의 국제질서는 서구 국가와의 조약체결을 전기로
조공관계에서 조약관계로 전환되었다는 것이 일반적인 이해이다.[23]
이에 대해 하마시타는 근대 이후 아시아 국제질서는 종주-번속관계에
서 종주권-주권관계로 변화했지만, "이러한 것은 모두 지역질서에서
중심과 주변의 상호교체 과정에서의 지역 다이너미즘의 한 국면"을
나타내고 있을 뿐 "결코 시대의 전체상을 표현하는 것이 아니"(230쪽)
라고 말한다. 오히려 "조공관계가 조약의 상위에 직간접적으로 깊숙
이 박혀있었다"(147쪽)는 것이다. 하마시타가 그 예로서 제출하고 있
는 것은 1830년대부터 청일전쟁에 이르기까지 중국, 조선, 일본 간의
외교 교섭 과정에 보이는 종주권과 주권, 즉 조공관계와 조약관계의
혼재, 교착, 충돌의 역사였다. 이 "교섭의 시대"에 발생한 사태에 대해
하마시타는 이렇게 이야기했다. "조공관계와 조약관계는 서로 모순되
지 않았을 뿐만 아니라 조공 이념이 조약을 그 내부로 포섭했다. 동서
의 이념이 공간적으로 다른 한쪽을 완전히 바꿔놓은 것이 아니라 조

---

[23] 대표적인 연구로 坂野正高, 『近代中國政治外交史』, 東京大學出版會, 1973.

공이념·화의이념을 상위 이념으로 하여 그 아래에 조약관계가 위치"(143쪽)했다. 이러한 역사를 통해 하마시타가 말하고자 했던 점은 조공체제적 국제질서의 연속성과 동아시아의 전통적 "국제질서 이념"에 대한 도전으로서의 일본근대사에 대한 비판적 회고였다.

하마시타가 말하는 동아시아의 전통적 국제질서 이념이 조공질서를 의미하는 점은 새삼 지적할 필요도 없겠지만, 조공관계에 입각한 종주권적 통치의 실태에 관해서는 구체적인 것을 알 수 없다. 단지 "군사(軍事)에 의거하지 않는 편성(編成)을 한 덕치적 지정(地政)[24]을 내건 동아시아의 광역통치"(112쪽)라는 표현이 있을 뿐이다. 이로써 유추할 수 있는 것은 하마시타가 상정하는 동아시아의 국제질서 이념이란 결국 교역관계에 의해 유지되는 포괄적·분권적 다민족 네트워크 관계, 즉 조공무역체제에 다름 아니라는 사실이다.

하마시타는 동아시아 국제질서 이념의 근대적 전개의 한 예로 쑨원의 정치활동을 들고 있다. "네트워크형 권력모델" 혹은 "남방(南方)형 권력모델"의 "커다란 역사적인 시도"로서 대아시아주의는 근대민족국가 수립을 목표로 하면서도 "운동 그 자체는 네트워크를 구축함으로써 강력한 정당정치를 행하거나 정치조직을 만드는 것과는 다른"(214~215쪽) 방향성을 보였다는 것이다. 이러한 발언은 주로 홍콩, 타이완, 중국의 새로운 관계에 대한 제언으로서 제출된 것이었지만, 여기서도 하마시타는 "주권과 종주권의 중간에 위치"하여 양자를 가교하는 "네트워크 모델" 관계를 언급하고 있다. 그것은 "권력 혹은 권위를 중심으로 한 통치가 아니라 사회적 관계를 주로 하고, 상황에 따라서는 권력이나 권위의 존재를 전제하지 않는 일종의 자립형 통치"(213

---

24) '지정'이란 geopolitics의 의미로, 권정(權政)과 대비되는 개념으로 사용되고 있다.

쪽)를 의미했다. 하마시타는 이러한 자립형 통치를 전제로 하는 네트
워크형 권력모델의 원형을 조공질서 속에서 찾았고, 역사적 생명을
다한 근대주권국가가 "또 다시 되돌아갈 곳"(ⅴ쪽)도 그곳이라고 생각
했다.

하마시타가 제시하는 전통적 동아시아 국제질서 이념은 조공무역
체제론에 대해 가해진 가상적 정치공간에서의 수사적 세계관의 개념
적 확장이라는 비판으로부터 결코 자유롭지 못하다. 잘 알려진 바와
같이 조공관계의 실태는 매우 다양했다. 조공국 측에는 중국이 가진
압도적 경제력, 중국에 의한 안전보장, 경제적 실리를 위한 명목적 조
공 등 다양한 동기가 있었을 것이고, 중국 또한 조공관계를 통해 정권
안정을 대내외에 과시하거나 군사력을 동반하지 않는 경제적 지배 방
법으로서 조공제도을 이용했을 것이다. 그러나 이러한 조공은 17세기
동아시아해역의 무역 침체와 "동아시아·동남아시아 전통사회의 형
성"[25]으로 인해 점차 의례화·형식화되어 갔다. 조공질서의 외부에
있었던 일본은 물론, 청이 건국하는 과정에서 두 차례에 걸쳐 정복을
당했던 조선은 화의변태(華夷變態)에 즈음하여 '소중화'를 자부했다.
전근대 청과 조선의 복속관계는 오카모토 다카시(岡本隆司)가 말하는
것처럼 "면종복배(面從腹背)까지는 아니더라도 매우 프라그마틱한
것"[26]이었다.

한편, 기시모토 미오(岸本美緒)의 연구에 의하면 동남아시아 국가
의 조공도 청대에 들어 격감했다.[27] 18세기 말에서 19세기 초에 걸쳐

25) 岸本美緒,「東アジア·東南アジア傳統社會の形成」,『岩波講座 世界歷史 13: 東
   アジア·東南アジア傳統社會の形成』, 岩波書店, 1998. 기시모토 미오, 홍성화 역,
   「동아시아·동남아시아 전통사회의 형성」,『역사와 세계』 45, 2014.
26) 岡本隆司,『世界のなかの日淸韓關係史: 交隣と屬國, 自主と獨立』, 講談社選書メ
   チエ, 2008, 54쪽.

오늘날의 동남아시아 대륙부 국가의 원형이 대체로 정해져갔는데, 새로운 왕조가 책봉을 받을 경우도 "청나라를 향한 얼굴과 국내를 향한 얼굴이 반드시 동일한 것은 아니었다."[28] 한마디로 이 무렵 동아시아와 동남아시아 전역에서는 원국민국가(proto nation state)적 국제질서가 서서히 형성되고 있었던 것이다.[29] 중국 또한 마찬가지였다. '17세기의 위기'를 극복한 중국은 18세기 후반 이후 영국 등으로부터 막대한 양의 은이 중국으로 흘러들어가 인구가 늘어나고 물가가 상승하는 "盛世"를 맞이하게 된다. 태평성대를 구가하던 청이 동아시아의 국제질서를 다시 의식하게 되는 것은 새로운 은 공급자로 등장한 서양 세력이 동아시아해역의 통상질서를 어지럽히기 시작하고 나서부터였다.

형식화되어가던 조공관계에 다시 실질적인 의미가 더해지는 것은 서구의 진출로 인해 동아시아 국제질서가 분쟁의 시기를 맞이함으로써였다. 여기서 그 전모를 밝히는 일은 불가능하지만, 간단히 이야기하면 국제분쟁에 대처하는 중국과 조선의 태도는 '종주권 외교'라고 부를만한 과도기적 행동 양식을 보였다. 각국은 자국의 이해에 따라 종주권관계를 주권외교에 개입시키거나 배제시키는 입장을 취했던 것이다. 예를 들어 프랑스와 미국이 조선과의 외교 분쟁(병인양요, 신미양요)에서 종주국인 중국의 책임을 묻자 청은 종주권의 의례적 성

---

27) 기시모토 미오, 홍성화 역, 「동아시아·동남아시아 전통사회의 형성」, 331쪽. 구범진에 따르면, 『大淸會典』에 열거된 조공국 가운데 '책봉 없는 조공'을 제외한 "명실상부한 청의 조공국은 조선, 베트남, 류큐, 타이의 네 나라"(「동아시아 국제질서의 변동과 조선-청 관계」, 『동아시아 국제질서 속의 한중관계사: 제언과 모색』, 312~313쪽) 뿐이었다고 한다.

28) 기시모토 미오, 홍성화 역, 「동아시아·동남아시아 전통사회의 형성」, 333쪽.

29) 거자오광(葛兆光)은 이렇게 말한다. "17세기 중엽 이후의 동아시아 세 나라는 이미 각각 다른 길을 걸어가고 있었다. 태평성대를 구가하던 건륭, 가경 연간에도 사정은 마찬가지였다."(거자오광, 이원석 역, 『이 중국에 거하라』, 글항아리, 2012, 188쪽).

격을 강조하며 이를 회피했다. 한편 조선은 속국이라는 위치를 이유로 들어 서구 국가들의 조약체결 요구를 거절했다.30) 이후 중국은 일본의 한반도 침입을 방어하기 위해 조선과의 조공관계를 실체화하기 시작했는데, 이는 근대주권국가의 확장논리와 거의 차이가 없는 것이었다. 이에 대해 조선은 중국의 속국 실체화 정책을 안전보장의 차원에서 부분적으로 수용했다. 이러한 중국과 조선의 종주권-주권 외교는 조공질서가 상정하는 '감화와 설복'의 관계와는 거리가 먼, 국가이성에 입각한 근대주권국가 간 외교와 다를 바 없는 것이었다. 이 과정에서 주권원리로 무장한 일본이 "동아시아의 국제질서 이념을 무시"(『朝貢システム』, 166쪽)하며 파괴해간 사실은 이미 널리 알려져 있는 대로이다.

V. 맺음말

오늘날 동아시아사회에서는 '중화세계의 귀환'이 회자되고 있다. 이병한은 근대의 사양에 즈음하여 "오래된 미래"31)로서의 천하를 호출한다. 그가 상상하는 천하적 질서는 대국이 소국을 '품고' 또 '넉넉히 끌어안는' "정치(政治)보다는 덕치(德治)"32)에 가까운 것이다. 그것은 "대청제국"의 전통적 통치 방식, 즉 조공질서를 원풍경으로 하고 있다. 이병한이 생각하는 제국형 통치는, "주권과 치권의 분리"에 입각하여

---

30) 이 과정에 대해서는 岡本隆司, 『世界のなかの日清韓關係史: 交隣と属國, 自主と獨立』, 60~64쪽.
31) 이병한, 『반전의 시대: 세계사의 전환과 중화세계의 귀환』, 서해문집, 2016, 69쪽.
32) 위의 책, 40쪽.

제국은 "주권을 명확히 해두는 조치에 그치고, 실질적 통치는 현지의 지배자 혹은 종교적 권위자들이 담당하는" 관계로 이루어져 있다. 따라서 그것은 "어디까지나 해당지역에 대한 '관리'의 차원이었지 '통치'의 차원"[33]이 아니었다고 말한다. 이병한은 지금까지 근대적 관점에 의해 폄하되어왔던 중화제국의 "대일통(大一統)"[34]을 서구 근대에 대한 대안으로 제출하고 있다.[35]

한편 왕후이(汪暉)는 하마시타의 조공무역체제론에서 직접 시사를 얻었다고 점을 밝히면서 "트랜스시스템사회(trans-system society)"라는 개념을 제출했다. 트랜스시스템사회란 "각종 체계의 요소를 끊임없이 변동하는 관계 속에서 종합하지만 결코 이 요소들의 자립성과 능동성을 부정하지 않는"[36] 사회를 말한다. 이러한 사회가 "상이한 종교·신앙·민족·사회를 포용하는 다원적 정치체제"[37]로서의 조공질서에서 유래하고 있음은 물론이다. 왕후이는 조공무역체제와 쑨원의 대아시아주의에서 21세기의 새로운 "아시아 상상"의 실마리를 찾고자 한다. 그가 볼 때 대아시아주의는 "민족자결권을 통해 제국주의를 뛰어넘으려는 구상인 동시에 인종·문화·종교·신앙의 단일성을 뛰어넘는 다원민족주의"[38]였다는 점에서 조공질서 이념과 일맥상통하는 것이었

---

33) 이상, 위의 책, 41쪽.
34) 위의 책, 42쪽.
35) 이런 점은 "동아시아 유교소농체제"를 자본주의체제의 대안으로 제시하는 김상준의 경우도 마찬가지이다. 김상준은 스기하라 가오루(杉原薫)와 조반니 아리기(Giovanni Arrighi)에 전적으로 의지하며 "근면혁명형 경제"="유교경제"를 "세계경제의 지속가능한 대안 모델"로 제시하고 있다. 김상준, 『맹자의 땀 성왕의 피: 중층근대와 동아시아 유교문명』, 아카넷, 2011, 392쪽.
36) 왕후이, 송인제 역, 『아시아는 세계다』, 글항아리, 2011, 14쪽.
37) 위의 책, 63~64쪽.
38) 위의 책, 65쪽.

다. 그러나 쑨원의 대아시아주의에서 아시아 약소국들은 "대등한 연합의 상대가 아니라 중국의 영향력 아래 복속되어 있었고 또 복속되어야 할 지역(민족)들일 뿐이다."[39] 이미 백지운이 지적한 것처럼 왕후이의 '신아시아 상상'은 "그것이 아시아 자체에 대한 관심보다 현대 중국의 국가 정체성 및 이해관계에 더 밀착해 있다는 점에서 미심쩍다." 변경문제나 소수민족 문제에서 "현대 중국의 국가체제를 정당화하려는 노력이 그의 아시아론에 투영되어"[40] 있기 때문이다. 이 점은 왕후이의 티베트 문제에 대한 발언[41] 속에 극명하게 드러나 있다.

그렇다고 서구 근대의 위기에 대해 내려진 이 같은 "기이한"[42] 처방전에 대해 하마시타가 책임을 져야 한다고 말하는 것은 아니다. 단지 현대 동아시아담론에 보이는 안이하고 소박한 전통의 부활을 지적하고 싶을 뿐이다. 만약 전통의 부활만으로 근대를 '초극'할 수 있다고 생각한다면 그것은 서구 근대뿐만 아니라 그것을 주체적으로 받아들인 비서구 사회의 역사조차 왜소화하는 결과를 초래할 것이다. "전근대로부터 근대를 심문하는"[43] 작업은 유럽중심주의와 근대중심주의를 극복하기 위한 현대역사학의 시대적 과제이자 임무이다. 하지만

---

39) 배경한, 『쑨원과 한국: 중화주의와 사대주의의 교차』, 한울아카데미, 2007, 144쪽. 배경한에 의하면 1924년에 이루어진 쑨원의 일본 방문은 정치적 지원을 요청하기 위해서였고, 유명한 대아시아주의 강연에서 그가 주장한 내용은 "中日共同領導論"(138쪽)이었다.

40) 백지운, 「근대 중국 아시아 인식의 문제점: 동아시아 평화공존을 위한 사상자원의 모색」, 『중국현대문학』 63, 2012, 19쪽. 백지운의 연구는 쑨원의 아시아인식과 민족의식에 대한 출중한 분석이다.

41) 왕후이, 송인제 역, 『아시아는 세계다』 제3장 「동양과 서양, 그 사이의 '티베트 문제」.

42) 이우창, 「'서구 근대'의 위기와 한국 동아시아 담론의 기이한 여정: 민족문학론에서 반민주주의론까지, 1989-2017」, 『코기토』 83, 2017.

43) 배항섭, 「동아시아사 연구의 시각: 서구 · 근대 중심주의 비판과 극복」, 68쪽.

유럽중심주의를 비판하며 시작된 연구가 중국중심주의 내지 동아시아중심주의로 귀결되어서는 그것은 하나의 자기모순에 지나지 않을 것이다. 지금 요구되고 있는 것은 연구자의 당위에 입각한 목적론적 역사 서술을 지양하고, 동시대적 사실에 밀착한, 그리고 경제적 주체에서 동아시아해역의 정치적, 군사적 패자로 변모한 서구의 의미와 그것이 아시아사회에 미친 영향을 골고루 반영한 '새로운 동아시아사'이다.

제1부

해역질서

『해동제국기』를 통해 본 15세기 조선지식인의 동아시아관
: 약탈의 시대에서 공존 · 공생의 시대로

손승철

Ⅰ. 들어가는 말

14세기 중엽, 동아시아 해역에 왜구가 창궐하던 시기, 한 · 중 · 일 동아시아 삼국의 국내외 정세는 복잡다단했다. 중국 대륙에서는 1368년 주원장(朱元障)에 의해 명이 건국되었으나, 북방에서는 원의 뒤를 이어 북원(北元)이 세력을 떨쳤고, 한반도에서는 1351년 공민왕(恭愍王)이 즉위하여 고려의 중흥을 위해 노력하고 있었으나, 중흥의 방법을 놓고 친원파와 신흥 사대부세력 사이의 갈등으로 정치적으로 매우 혼미했으며, 일본도 남북조시대의 혼란기로 천황이 두 명이나 존재하던 시기였다. 이 같은 혼란기를 틈타, 일본 구주지역 및 대마도의 일본인이 왜구가 되어 한반도와 중국 연해지역을 습격하여 해적질을 해가면서, 동아시아 해역세계는 급기야 약탈의 시대에 접어들었다.

이 글에서는 신숙주가 편찬한『해동제국기』를 통하여 고려 말과 조
선 초, 왜구에 의한 약탈의 시대가 어떠한 과정을 거쳐서, 공존·공생
의 시대로 전환해 가는가를 살펴보고자 한다. 특히 경상도 삼포를 '공
존·공생의 장(場)'으로 설치하여, 이를 실현해 가려했던 조선왕조의
대외정책 및 신숙주의 일본관 및 동아시아관에 초점을 맞추고자 한
다.

Ⅱ. 약탈의 시대, 왜구

동아시아 해역에서 왜구의 약탈이 극심했던 시기는 14세기 중반 고
려 말부터 15세기 중반 조선 초에 이르는 약 100년간이었다. 고려 말
왜구가 본격적으로 노략질을 시작하는 것은 1350년부터이다.

> 왜구가 固城·竹林·巨濟 등지를 노략질했다. 합포 천호 최선과 도령 양관
> 등이 이를 격파하고, 3백여 명의 적을 죽였다. 왜구가 우리나라에 침입한 것이
> 이때부터 시작되었다.[1]

고 기록하여, 1350년부터 왜구의 노략질이 시작된 것으로 기록하고
있다. 1350년이 경인년이므로, 일반적으로 '경인왜구(庚寅倭寇)'라 하
며, 이 용어가 학계에서는 왜구 시작을 의미하는 역사용어로 정착되
었다.

---

[1] 『고려사』 권37. 충정왕 2년 2월, "倭寇固城竹林巨濟合浦 千戸崔禪都領梁琯等 戰
破之 斬獲三百餘級 倭寇之侵始此"

그러면 1350년부터 시작된 왜구 침탈의 규모와 횟수는 어느 정도일까. 『고려사』와 『고려사절요』에 등장하는 몇 차례의 예를 들어 보자.

1352년 9월 2일(임신)
"왜적의 배 50여 척이 합포를 노략질했다."[2]

1363년 4월 20일(기미)
"왜선 213척이 교동에 침입했다. 서울은 계엄 중에 있었다."[3]

1374년 4월 17일(임자)
"왜선 350척이 경상도 합포에 침입하여 군영과 병선을 불살랐으며 군인의 피살자가 5천여 명이었다."[4]

1380년 8월
"왜선 500척이 진포 어귀에 들어와 … 각 주군으로 흩어져 들어가서 마음대로 불사르고 노략질하니, 시체가 산과 들을 덮었다."[5]

위의 기록을 보면, 왜구는 적을 때는 몇십 척, 많을 때는 500척에 이르는 대 선단을 구성했다. 일본 동경대학 사료편찬소에 소장되어 있는 『왜구도권(倭寇圖卷)』에[6] 묘사된 왜선에 탄 왜구의 수를 세어보

---

2) 『고려사』 권38, 공민왕 1년 9월 임신.
3) 『고려사』 권40, 공민왕 12년 4월 기미.
4) 『고려사』 권44, 공민왕 23년 4월 임자.
5) 『고려사절요』 권31, 신우 6년 8월.
6) 16세기 중반, 명나라 화가 仇英이 세로 32cm, 가로 520cm의 비단 두루마기에 그린 그림. 원래 제목은 『明仇十洲臺灣奏凱圖』라고 되어 있는데, 십주는 화가 구영의 호다. 그림은 왜구 선단의 출현, 상륙, 형세의 관망, 약탈과 방화, 명나라 사람의 피난, 왜구와의 접전, 승전보, 명나라 관병의 출격이라는 순서로 총 8장면이 그려져 있다(田中健夫, 『倭寇: 海の歷史』, 敎育社, 1982 참조).

면, 한 배에 10명 내지 30명이 탔다. 배 한 척에 평균 20명이 탔다고 가정하면, 500척인 경우 적어도 1만 명의 왜구가 몰려왔던 것이다. 이 규모는 이미 약탈의 수준을 넘어서 고려의 정규군과도 대항할 수 있는 전력이다. 실제로 1377년 왜구는 양광도를 침입하여 수도인 개성의 병력을 유인하고, 수도를 공격하려고 했기 때문에, 수도를 더 깊은 내륙지방으로 옮기자는 논의도 했다.[7]

그러면 고려 말, 1350년부터 시작된 왜구의 침구는 어느 정도였을까.

다음 표에 의하면, 규모에 차이가 있지만 나종우는 1223년부터 1392년까지 169년간 총 530회, 특히 1350년부터 40년간 518회로 기록했다. 이현종은 같은 기간 중 395회, 다나카 다케오(田中健夫)는 471회를 기록했다.

---

[7] 『고려사절요』 권 30. 신우 3년 5월, "경성이 바다에 인접하고 있어, 왜적의 침입을 헤아릴 수 없기에, 도읍을 내륙지방으로 옮기려고 기로 윤환 등을 모아 놓고 動 · 止 두 글자를 써서 가부를 의논하였다. 여러 사람이 이전을 좋아하지는 않았지만, 후에 만일 변이 있으면 화가 자기에게 미칠까 두려워하여 모두 動자에 점을 찍고 서명하였으나, 오직 최영은 반대하고 군사를 징집하여 굳게 지킬 계책을 말하였다. 이인임이 말하기를, "지금 한재를 당하여 온 땅이 텅 비어 있어, 농부들이 밭가는 것을 멈추고 하늘만 바라보고 있는데, 또 군사를 징발하여 농사짓지 못하게 하는 것은 나라를 위하는 계책이 아니다." 하였다. 경복흥 · 최영 등이 태조의 眞殿에 가서 動 · 止를 점쳐 止자를 얻었다. 우가 이르기를, "도적이 매우 가까이 왔는데 점만 좇을 수 있는가." 하고, 정당문학 권중화를 鐵原에 보내어 집터를 살펴보게 하였다."

〈왜구의 고려 출몰 일람표〉[8]

		西紀	A	B	C	연도	西紀	A	B	C
高宗	10	1223	1	1	1	16	1367	1	1	0
	12	1225	1	3	1	17	1368	0	0	0
	13	1226	2	2	3	18	1369	2	2	1
	14	1227	2	1	2	19	1370	2	2	2
元宗	4	1263	1	1	1	20	1371	4	4	1
	6	1265	1	1	1	21	1372	19	11	10
忠烈王	6	1280	1	1	1	22	1373	6	7	3
		1290	1	1	1	23	1374	12	13	10
忠烈王	16	1323	2	2	2	禑王 1	1375	10	16	11
忠肅王	10	1350	7	6	6	2	1376	46	20	39
忠定王	2	1351	4	3	4	3	1377	52	42	54
	3	1352	8	12	7	4	1378	48	29	48
恭愍王	1	1353	0	0	0	5	1379	29	23	37
	2	1354	1	1	1	6	1380	40	21	40
	3	1355	2	2	2	7	1381	21	19	26
	4	1356	0	0	0	8	1382	23	14	23
	5	1357	4	3	4	9	1383	50	28	47
	7	1358	10	10	6	10	1384	19	16	20
	8	1359	4	5	4	11	1385	13	16	12
	9	1360	8	5	5	13	1386	0	0	0
	10	1361	10	4	3	14	1387	7	5	7
	11	1362	1	2	1	(昌王) 1	1388	20	17	14
	12	1363	2	2	1	恭讓王 1	1389	5	11	5
	13	1364	11	12	8	2	1390	6	2	1
	14	1365	5	3	5	3	1391	1	1	2
	15	1366	3	3	0	4	1392	1	2	1
						합계		530	408	484

※ A는 羅鍾宇의 통계(羅鍾宇, 『韓國中世對日交涉史研究』, 원광대학교, 1996)
　 B는 田村洋幸의 통계(田村洋幸, 『中世日朝貿易の研究』, 三和書房, 1967)
　 C는 田中健夫의 통계(田中健夫, 『倭寇と勘合貿易』, 至文堂, 1961).

8) 김보한, 「중세 여일관계와 왜구 발생원인」, 『왜구·위사문제와 한일관계』(한일 관계사연구논집 4), 경인문화사, 2005, 108~109쪽.

한편 어느 지역을 얼마만큼 약탈했을까. 왜구의 약탈 지역에 대해 『고려사』와 『고려사절요』에는 다음과 같은 기록들이 있다.

　　1355년 3월 14일(경자)
　　"왜가 전라도를 노략질했다."⁹⁾

　　1357년 5월 14일(무자)
　　"왜가 교동에 침입하였으므로 서울이 계엄 중에 있었다."¹⁰⁾

　　1358년 4월 29일(정유)
　　"왜가 韓州와 鎭城倉을 노략질했다."¹¹⁾

　　1359년 2월 29일(임진)
　　"왜가 海南縣을 노략질했다."¹²⁾

　　1361년 4월 16일(병신)
　　"왜가 고성, 울주, 거제를 노략질했다."¹³⁾

　　1382년 3월
　　"왜가 삼척, 울진, 우계현에 침입하다. … 왜적이 영월, 예안, 영주, 순흥, 보주, 안동 등 고을에 침입하다."¹⁴⁾

　　1383년 10월
　　"왜적과 양구, 춘주, 가평현에서 싸웠다. 왜적이 청평산에 들어가 웅거했다."¹⁶⁾

----

9) 『고려사』 권38, 공민왕 4년 3월 경자.
10) 『고려사』 권39, 공민왕 6년 5월 무자.
11) 『고려사』 권39, 공민왕 7년 4월 정유.
12) 『고려사』 권39, 공민왕 8년 2월 임진.
13) 『고려사』 권39, 공민왕 10년 4월 병신.
14) 『고려사절요』 권31, 신우 8년 3월.

〈1380년대 왜구 약탈 지역〉15)

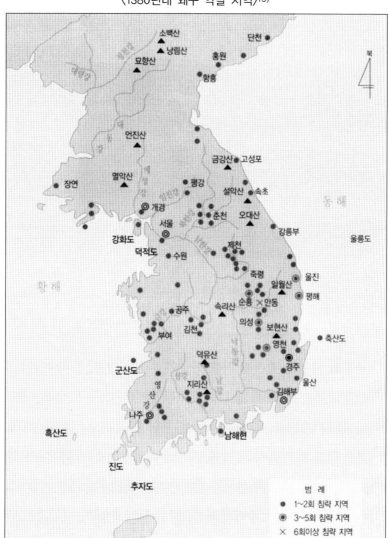

15) 이 지도는 국방군사연구소, 『왜구토벌사』, 1993, 93쪽에서 재인용하였음.
16) 『고려사절요』 권32, 신우 9년 10월.

물론 위의 기사는 극히 일부분이지만, 이 내용만으로 보아도 왜구의 침탈 지역은 남해 및 서해는 물론 동해안이나 내륙 깊숙한 지역까지도 약탈을 감행하고 있다.

한편 왜구는 무엇을 약탈했던 것일까. 왜구의 침탈 지역은 남해안의 섬과 경상도의 낙동강, 전라도의 섬진강 곡창지대, 그리고 농산물의 집산지였던 조창(漕倉)이 대상 지역이었다. 즉 식량을 약탈해 갔던 것이다. 이 외에도 소와 말 등 가축을 약탈했고, 노동력으로 활용할 수 있는 사람을 납치해 갔고, 부녀자와 어린아이를 살해했다. 그리고 관청을 습격하여 방화했다. 왜구가 극심했던 1382년에는 "서너 살짜리의 여자아이의 배를 갈라 내장을 꺼내고 쌀을 넣고 고사를 지낸 뒤 그 쌀로 밥을 해 먹었다."는 기록도 있다.[17] 그 밖에도 사찰의 종이나 벽화 불화 등 수많은 문화재를 약탈해갔다.[18]

왜구의 침입은 조선조에 들어와서도 계속되었는데, 통계에 의하면 1392년부터 1443년까지 총 155회나 되었으며, 건국 직후 10년간은 연간 10회를 넘는 해도 여러 번 있었다.[19]

조선 초기 왜구의 침입횟수를 보면 아래 표와 같다.

---

[17] 『태조실록』 권1, 총서. "辛禑 6년(1380) 경신 8월, 왜적의 배 5백 척이 鎭浦에 배를 매어 두고 下三道에 들어와 침구하여 연해의 주군을 도륙하고 불살라서 거의 다 없어지고, 인민을 죽이고 사로잡은 것도 이루 다 헤아릴 수 없었다. 시체가 산과 들판을 덮게 되고, 곡식을 그 배에 운반하느라고 쌀이 땅에 버려진 것이 두껍기가 한 자 정도이며, 포로한 자녀를 베어 죽인 것이 산더미처럼 많이 쌓여서 지나간 곳에 피바다를 이루었다. 2, 3세 되는 계집아이를 사로잡아 머리를 깎고 배를 갈라 깨끗이 씻어서 쌀 · 술과 함께 하늘에 제사지내니, 三道 연해 지방이 쓸쓸하게 텅 비게 되었다. 왜적의 침구 이후로 이와 같은 일은 일찍이 없었다."

[18] 『고려사』 권39, 공민왕 6년 9월 무술, "왜적이 승천부의 흥천사에 들어와서 충선왕과 한국공주의 초상화를 떼어 가지고 갔다." 2012년 3월, 대마도의 관음사, 해신신사 불상 도난사건은 이를 반증하는 사례이기도 하다.

[19] 손승철, 『조선시대 한일관계사연구』 제2장, 경인문화사, 2006, 44쪽.

〈조선 초기 왜구 침입 일람표〉

연도	횟수	연도	횟수	연도	횟수	연도	횟수
1392 태조 원년	2	1403 태종 3년	8	1419 세종 원년	7	1433 세종 5년	3
1393 2	10	1404 4	6	1421 3	3	1436 18	1
1394 3	14	1406 6	12	1422 4	4	1437 19	1
1395 4	5	1407 7	6	1423 5	1	1438 20	1
1396 5	13	1408 8	7	1424 6	2	1440 22	1
1397 6	11	1409 9	2	1425 7	2	1442 24	1
1399 정종 원년	11	1415 15	1	1426 8	5	1443 25	2
1401 태종 원년	4	1417 17	1	1428 10	1		
1402 2	5	1418 18	1	1430 12	1	총 155회	

* 이 표는『朝鮮王朝實錄』과 이현종,『조선전기 대일교섭사연구』, 한국연구원, 1964, 20~21쪽의 태조 연간의 왜구침략표; 田村洋幸,『中世日朝貿易の硏究』, 60~69쪽의 恭讓王・太祖・定宗期の倭寇表; 田中健夫,『倭寇』, 202쪽의 표를 참조해 작성하였음.

고려와 조선의 왜구 대책은 다각적으로 시도되었는데, 군비 확충과 무력에 의한 토벌, 막부장군과 중소영주들을 통한 외교 교섭, 왜구에 대한 직접적인 회유와 통교제도의 정비 등 다양하게 전개되었다.

첫째, 선군의 제도를 개편하여 군비를 확충하고, 화약을 개발하면서 무력에 의한 응징과 토벌을 감행했다. 고려 말 40년간 왜구와의 대표적 전투는 최영의 홍산대첩(鴻山大捷, 1376), 최무선의 진포대첩(鎭浦大捷, 1380), 이성계의 황산대첩(荒山大捷, 1380), 정지의 관음포대첩(觀音浦大捷, 1382), 박위의 대마도정벌(對馬島征伐, 1389) 등이다. 조선조에 들어와서도 해방대책(海防對策)을 충실히 한 결과, 1397년에는 "연해지역에 대한 수군방어에 의해 적이 감히 접근하지 못하게 되었다"고 할 정도로 수군을 강화하여, 1408년에는 병선이 603척, 수군이 5만 5천 명에 달했다. 그러나 왜구가 근절되지 않자, 조선에서는 초강

경책의 무력응징으로 대마도정벌을 단행하게 된다. 1419년 6월 19일, 이종무 이하 병력 17,285명이 65일분의 군량을 병선 227척에 싣고 거제도에서 출전하였다. 이종무 군은 왜구의 본거지에 큰 타격을 가하고, 7월 3일 귀환하였다.

둘째, 막부장군과 중소영주들에게 외교교섭을 하여, 그들로 하여금 왜구를 금압하도록 하는 우회적인 방법을 이용하였다. 그리하여 고려에서는 1363년 김용(金龍), 1366년 김일(金逸), 1375년 나흥유(羅興儒), 1377년 안길상(安吉祥)과 정몽주(鄭夢周), 1379년 윤사충(尹思忠), 1391년 송문중(宋文中) 등 7차례에 걸쳐 사절을 파견하여 왜구 금지를 요청했다. 그러나 당시 일본은 천황이 2명인 남북조시대로 고려의 사절파견은 그다지 효과가 없었다.

1392년 한반도와 일본, 두 지역에서 모두 새로운 정권이 탄생했다. 한반도에서는 이성계에 의해 조선왕조가 건국되었고, 일본에서는 아시카가 요시미쓰(足利義滿)에 의해 남북조가 통일되었다. 새로운 정권을 수립한 양국은 모두 신흥제국 명(明)과의 관계수립을 위해 분주하게 책봉을 청하는 사절을 명에 파견했다. 1403년과 1404년에 조선과 일본이 각각 명의 책봉을 받자, 조선은 막부장군을 외교권의 주체자로 인정했고, 통신사와 일본국왕사가 양국을 왕래하면서 국가 대 국가 차원에서 교린관계를 구축하고, 왜구 금압에 노력했다. 그러나 당시 일본의 막부정권은 지방통제력이 약해서 왜구 금압에는 큰 성과가 없었다.

이에 조선에서는 다시 왜구에게 직접적인 영향력을 행사할 수 있다고 생각한 지방의 중소영주들에게 교섭하여, 그들로 하여금 왜구를 금압하도록 요청하였다. 『조선왕조실록』이나 『해동제국기』에는 이들의 왕래에 대하여 자세히 기록하고 있다.

셋째, 각종의 방법을 강구해 왜구를 직접 회유하여 조선에서 만든 통교규정에 따르게 함으로써, 약탈자에서 통교자로 전환시켜 갔다. 왜구가 통교자로 전환된 형태는 크게 세 종류로 나누어 볼 수 있는데, 사송왜인(使送倭人), 흥리왜인(興利倭人), 투화왜인(投化倭人)이 그것이다. 즉 사송왜인이란 사자의 명칭을 띠고 도항해 오는 자를 말하며 객왜(客倭)라고도 한다. 흥리왜인이란 무역을 위해 도항해 오는 자를 말하는데 성왜(商倭) 또는 판매왜인(販賣倭人)이라 했다. 그리고 왜구로 연해지방에 침입하였으나 조선 측의 귀순 종용에 따르는 경우나 왜구는 아니더라도 생활이 어려운 왜인이 바다를 건너 조선에 귀화하는 경우도 있었다. 조선에서는 이들에게 토지나 가옥을 주어 조선에 안주하게 하였는데, 이들을 항왜(降倭), 투화왜(投化倭) 또는 향화왜(向化倭)라 불렀다. 그리고 이들을 포함해 조선의 회유책에 협조한 세력자 들에게는 조선의 관직을 주는 수직제도(受職制度)가 있었다.

조선이 실시한 통제규정은 삼포제도(三浦制度), 서계(書契), 도서(圖書), 문인(文引), 조어금약(釣魚禁約), 세견선제도(歲遣船制度) 등 매우 다양하다. 이러한 제도의 실시와 정착은 1407년 포소의 통제부터 시작하여, 1443년 계해약조(癸亥約條)에 의해 일단락 지을 때까지 상당히 오랜 기간에 걸쳐 정비되었다.[20]

Ⅲ. 경상도의 저팬타운, 삼포

포소 개방과 통제는 1407년(태종 7)부터 시작된다. 조선에 도항해

---

[20] 위의 책, 69~75쪽.

온 왜인들은 처음에는 경상도 지방의 연해안을 주로 이용하였다. 그러나 점차로 지역이 확대되어 전라도 지역은 물론 다른 해안 지역에까지 무질서하게 내왕하게 되자, 조선에서는 1407년 경상좌도와 우도의 도만호가 거주하고 있는 부산포(富山浦)와 내이포(乃而浦) 2곳을 왜인들의 도박처로 한정시켜, 출입과 교역품을 통제하기 시작했다.

그러나 급작스런 도박처의 제한은 잘 지켜지지 않았고, 또 도항왜인이 급증하자 1418년(태종 18)에는 감포(鹽浦)와 가배량(加背梁) 2곳을 늘려 4곳으로 했다가, 1419년 대마도정벌에 의해 일시 폐쇄했다. 그 후 대마도의 간청에 의해, 1423년 부산포(釜山浦)와 내이포 2곳을 다시 허락했고, 1426년 염포(鹽浦)를 추가하여 삼포제도를 확립했다.

그리고 이들 포소에는 왜관을 설치하여 제포 30호, 부산포 20호, 염포 10호의 항거왜인(恒居倭人)을 거주케 하면서 도항왜인에 대한 접대와 교역을 허가했다. 왜관의 설치 목적은 왜인들의 간계와 방종한 행동의 금지, 국가기밀을 위한 왜인 접촉의 금지, 국방상의 이유, 접대처와 교역처의 역할이었다.[21]

대마도의 왜인이 삼포에 정착한 예를 하나 들어보자.

예조에서 경상도 감사의 공문에 의하여 계하기를, "대마도의 時羅三甫羅·沙伊文仇老 등 남녀 14명이 내이포에 이르러 스스로 이르기를, '본토에서 아무도 의지할 만한 친척이 없어 생활하기가 곤란하옵기로, 귀국 해변에 살면서 고기도 잡고 술도 팔아 생활해 가기를 원한다.'고 하오니, 그들이 원하는 것을 들어주어, 내이포에 거주하게 하소서." 하니, 그대로 따랐다.[22]

----

21) 村井章介 지음, 손승철·김강일 편역, 『동아시아속의 중세 한국과 일본』, 경인문화사, 2008, 184~200쪽.
22) 『세종실록』 8년 정월 무술.

이 상황은 1426년 삼포제도가 정비될 당시이지만, 이후 삼포 지역에는 항거왜인의 수가 급증하고 있었다. 1434년 내이포 만호의 보고에 의하면,

'갑진년(1424) 이후에 와서 사는 남녀를 합치면 360여명 가량이나 된다'고 했는데, 이것으로 보면 전에 얼마나 왔는지 알 수가 없습니다.[23]

라고 했고, 부산포도 비슷한 상황이었다. 항거왜인이 급증함에 따라 조선 측의 위기감도 커져갔다. 1435년 경상감사의 보고에 의하면,

내이포에 와서 사는 왜놈이 갔다 왔다가 하는 것이 일정치 않아, 날로 늘어나서 수년 동안에 거의 수백호가 되었는데, 이것은 뱀을 방안에 기르는 것과 같습니다. 아마 반드시 독을 품는 날이 있을 것이니, 마땅히 빨리 본토로 돌려보내어 후회를 끼치지 말도록 해야 할 것입니다.[24]

라고 하여, 왜인들을 속히 돌려보내 후환을 없애도록 건의했다.
이러한 건의는 곧바로 실행에 옮겨졌다. 조선에서는 대마도주인 소사다모리(宗貞盛)에게 삼포왜인을 쇄환할 것을 촉구했고, 대마도주는 자기 관하의 60명을 제외하고 쇄환하겠다고 답해왔다. 이어 조선에서는 대마도주의 협력 하에 내이포에서 253명, 염포에서 96명, 부산포에서 29명, 합계 378명의 왜인을 대마도에 송환했고, 나머지 206명은 그대로 머물 것을 허가받았다. 당초 대마도주와의 약속은 60명이었으나, 어찌된 연고인지 206명의 거주가 허락된 것이다. 그리고 뒤에 당초 약속했던 60명이 60호로 해석되어, 제포(내이포)에 30호, 부산포에 20호,

---

[23] 『세종실록』16년 8월 기유.
[24] 『세종실록』17년 7월 기축.

염포에 10호로 배분되어, 조선 측에서 인정한 삼포 항거왜인의 상한 선이 되었다.

『조선왕조실록』과 『해동제국기』에 의하면 이후 삼포 항거왜인의 수는 다음과 같다.

〈삼포 항거왜인수〉

연도	제포	부산포	염포	계	출처
15세기 초	30호	20호	10호	60호	실록, 성종 12년 5월 신축
1436년 (세종18)	송환자 253인	송환자 29인	송환자 96인	잔류자 206인	실록, 세종 18년 3월 을미
1471년 (성종 2)	308호, 1722인 (寺社, 11개)	67호, 323인 (寺 3개)	36호, 131인 (寺 1개)	411호, 2176인 (寺 15개)	해동제국기
1475년 (성종 6)	297호, 1731인 (寺社 11개)	85호, 350인 (寺 3, 승려 5)	33호, 128인 (寺 1)	415호, 2209인	실록, 성종 6년 3월 신해
1494년 (성종 25)	347호, 2560인 (寺社 10, 승려 50)	127호, 456인 (寺社3, 승려 5)	51호, 152인	525호, 3168인 (寺社 14, 승려 55)	실록, 성종 25년 10월 경진

삼포왜인의 거주는 1466년에 1,650명, 1475년에 2,300여 명, 1494년에 3,105명으로 증가일로에 있었다. 이들 항거왜인들은 삼포에 흥리왜인이나 사송왜인의 체류공간인 왜관과는 별도로 왜인마을을 형성하여 항구적인 왜인촌으로서의 거주공간을 확보했다. 현대어로 말하면 가히 '저팬타운'이라고 부를 말한다. 즉 1426년 삼포제도가 정비되면서, 1510년 삼포왜란에 의해 폐쇄되기까지 소위 삼포시대가 전개되었

고, 공존·공생의 장으로서 '저팬타운 삼포'가 존재했다.

Ⅳ. 『해동제국기』의 편찬

『해동제국기』의 편찬자인 신숙주(申叔舟, 1417~1475)는 1439년 문과에 급제하여 집현전 학자로 훈민정음 창제에 관여했으며, 1443년에는 통신사 변효문(卞孝文)의 서장관으로 일본에 다녀왔고, 1452년에는 사은사로 명나라에도 다녀왔다. 이후 예조판서, 우의정을 거쳐, 1462년에는 영의정까지 올랐다. 그리고 1471년에는 평생의 외교적 경험을 망라하여 『해동제국기』를 편찬했다.[25]

1471년 봄, 예조판서였던 신숙주는 "해동제국의 조빙 왕래의 연혁과 그들의 사신을 접대하는 규정 등에 대한 구례를 찬술하라"는 국왕의 명을 받았다. 이에 신숙주는 조선과 일본의 옛 전적을 참고하고, 또 일본에 통신사 서장관으로 다녀온 체험을 바탕으로 그해 말에 『해동제국기』를 완성했다.

신숙주는 서문에서 『해동제국기』의 편찬목적에 대해 자세히 언급하고 있다. 그는 일본인과 통교 필요성에 관해, 일본인의 습성이 강하고 사나우며, 무술을 좋아하고, 배를 잘 다루는데, 우리나라에서 도리대로 잘 어루만져주면 예의를 차려 조빙하며, 그렇지 않으면 노략질을 하는데, 고려 말에 왜구가 극성한 것이 그러한 이유였다고 했다. 그 후 태종의 왜구 토벌이 성공한 이후, 정치가 안정되고, 변방도 편안히 되었으며, 세조대에 이르러 기강을 바로 잡으면서 주변에서 모

---

25) 해동제국기에 관해서는 손승철 엮음, 『海東諸國紀의 세계』, 경인문화사, 2008 참조.

두 내조하게 되었다고 했다.[26]

그리고 "이적을 대하는 방법은, 외정(外政)에 있지 않고 내치(內治)에 있으며, 변방을 방어하는데 있지 않고 조정에 있으며, 전쟁하는데 있지 않고 기강을 바로잡는 데 있습니다."고 하였다. 여기서 기강을 바로 잡는 것은 구체적인 접대규정을 만들어 예(禮)를 다하여 접대하는 것이라고 했다.

그런데 내조자에 대해서 지금까지 예로써 후하게 대했지만, 그들의 욕심이 한정이 없어 항상 불화가 빚어진다고 했다. 그래서 선왕의 구례와 접대규정을 다시 정비하여 기강을 바로 잡아야 한다고 했다.

『海東諸國紀』의 체제와 내용은 다음과 같다.

① 地圖: 「해동제국총도」를 비롯하여 「일본본국지도」 2장, 「일본국서해도구주지도」, 「일본국일기도지도」, 「일본국대마도지도」, 「유구국지도」 등 일본지도 7장과 「웅천제포지도」, 「동래부산포지도」, 「울산염포지도」 등 조선 삼포지도 3장 등 총 10장.
② 日本國紀: 「天皇代序」, 「國王代序」, 「國俗」, 「道路里數」, 「八道六十六州」(대마도 · 일기도 첨부) 등 일본의 역사 및 지리, 환경, 통교자(내조자) 현황.
③ 琉球國紀: 「國王代序」, 「國都」, 「國俗」, 「도로이수」.
④ 朝聘應接紀: 「使船定數」, 「諸使定例」 등 통교자 응접에 대한 29개 항목의

---

26) 신숙주, 『해동제국기』 서문, "그들의 습성은 강하고 사나우며, 무술에 정련하고 배를 다루는 것이 익숙합니다. 우리나라와는 바다를 사이에 두고 서로 바라보고 있는데, 그들을 도리로 대하면 예절을 차려 조빙하고, 그렇지 않으면 함부로 표략을 했던 것입니다. 고려 말기에 국정이 문란하여 그들을 잘 어루만져 주지 않았더니, 그들이 연해 지역 수천 리 땅을 침범하여 쑥밭으로 만들곤 하였습니다. 그러나 우리 태조대왕께서 분기하시어, 지리산 · 동정 · 인월역 · 토동 등지에서 수십 차례 역전하시고 난 다음부터는 적이 함부로 덤비지 못하였습니다. 개국한 이후로 역대의 군주들께서 계승하시어 정치를 잘하시니, 나라 안의 정치가 이미 융성하게 되고, 외지도 곧 복종하였으므로, 변방의 백성들이 편안히 살 수 있게 되었던 것입니다."

규정.

이 외에 앞부분에 「목록」, 「범례」, 「序」가 있고, 조빙응접기 뒤에는 '전산전(畠山殿)'에게 보내는 서계와 유구어를 번역한 「어음번역」이 첨부되어 있다.

그러면 1471년 신숙주가 편찬한 『해동제국기』를 통해, '저팬타운 삼포'의 모습을 보자.

〈해동제국기의 삼포도〉

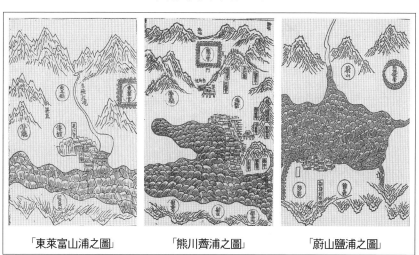

「東萊富山浦之圖」　　　「熊川薺浦之圖」　　　「蔚山鹽浦之圖」

「熊川薺浦之圖」에는 지도의 중앙 부분에 이엉지붕으로 덮힌 집들이 촌락을 형성하고 있다. 촌락의 위치는 현재, 창원시 진해구 제덕동 괴정리이다. 왜인촌의 오른편 산기슭에는 네모의 틀 속에 절이름이 쓰여진 채로 11개나 그려져 있다. 지금은 밭으로 변해 있지만, 절터였을 것이다. 왜인마을 북쪽 정중앙에는 왜관이 표시되어 있다.

왜관터는 현재 돌로 된 기단이 2층으로 되어 있어, 그 위에 꽤나 큰 건물이 있었음을 짐작케 한다. 왜관은 왜인마을의 대표가 거주하던 관사였고, 사송왜인이나 흥리왜인들이 무역이나 외교업무를 보던 곳이므로, 외인촌의 중심지라고 할 수 있다.

왜관에서 조금 왼편 위쪽으로 고개가 있는데, 웅신현(熊神峴)이다. 고개 앞에 량(梁)이란 표기와 건물구조가 그려져 있는 것을 보면, 이곳이 제포의 경계로 이곳에서는 출입을 단속했을 것이다. 그 옆에 영청(營廳)이 있는데, 경상우수영이다. 현재의 제덕동이며, 주변으로 제포성의 성벽이 남아 있다. 2011년 현재 이곳은 모두 모두 매립되어 택지가 조성되어 있다. 1997년부터 2년간 부산 동아대 박물관에서 제포만 일대를 수중 발굴했는데, 당시 배가 출입하던 통로에 목책이 설치되었음이 확인되었다.

웅신현 고개를 넘어서 북쪽으로 가면, 웅천읍성(熊川邑城)이 있다. 현재의 성내동(城內洞)에 해당되는데, 지도의 웅천관(熊川官)이다. 직사각형의 성으로 주위가 3,514척이다. 2010년 말 현재, 복원공사 중에 있는 웅천성은 남북 약 335미터, 동서 약 235미터의 직사각형으로, 북쪽의 성벽은 국도 2호선에 의해 소실되었으나, 동쪽과 서쪽의 성벽은 거의 완전하고, 남쪽 성벽은 일부만 남아 있다. 지도 아래쪽의 육지는 거제도로 지세포, 옥포, 영등포는 모두 수군 만호(水軍萬戶)의 소재지이다. 옥포에는 현재 대우 옥포조선소가 있다.[27]

이 지도를 보면, 제포 왜인촌은 웅신현 너머 포구를 중심으로 촌락을 형성했는데, 그 출입로는 웅신현으로 통제하고, 주변에 웅천읍성,

---

27) 제포왜관의 현황에 관해서는 손승철, 「제포 왜관의 과거와 현재」, 『한일 교류와 상극의 역사』, 경인문화사, 2010 참조.

경상우수영청, 3개의 수군진으로 둘러싸고 있다. 당시 조선 측의 경계가 얼마나 삼엄했는가를 가히 짐작할 수 있다. 『해동제국기』에는 제포 왜인촌에 거주했던 항거왜인의 수는 호수 308호에 인구는 남녀노소 합하여 1,722명이라고 적고 있다.

「東萊釜山浦之圖」의 지도에서도 왜관과 영청의 위치는 앞의 제포 지도와 아주 비슷하다. 포구중앙의 해변에 왜인마을이 있고, 두 개의 절이 있으며, 왼쪽에 조그마한 산이 있다. 옆에 조그마한 산이 있는데, 현재의 자성대에 해당된다. 오른쪽의 동래관(東萊官)은 동래읍성이며, 그 아래에 있는 산은 황령산이다. 영청의 뒷산은 증산이며, 그 뒤의 산은 수정산이다.

동평현은 현재 경부선 철도가 지나가는 곳으로 부산진구 당감동으로 추정된다. 동평현 오른쪽을 지나는 하천이 있고, 고갯길에 〈마비을외현(馬飛乙外峴)〉이라고 표시되어 있는데, 현재에 부산진구 동부의 전포동에서 양정동에 이르는 마비현 또는 마비치 고개를 말한다. 고갯길 양편의 높은 산은 오른쪽은 금정산, 왼쪽은 백양산이다. 이 고개를 넘으면 낙동강 동안의 구포가 나오고, 또 김해에 이르는 이 길은 한양으로 가는 상경로였다.

큰 지형은 대강 짐작이 가지만, 왜인촌과 왜관, 영청은 현재 밀집된 시가지여서 정확한 위치를 가늠하기가 어렵다. 절영도는 현재의 영도인데, 이곳에도 수군 만호가 있었다. 제포와 마찬가지로 왜관과 왜인마을은 동래읍성, 동편현, 영청, 절영도 수군 만호진에 의해 엄중하게 통제되고 있는 모습을 볼 수 있다. 『해동제국기』에는 호수 67호에 인구는 323인으로 적혀 있다. 「蔚山鹽浦之圖」에는 바다의 해안 쪽으로 왜인의 주거지가 있고, 그 배후에 영청과 왜관이 있다. 왜인거주지와 영청 사이에 가운데가 공백인 사각형이 있다. 제포나 부산포의 경우,

직사각형 안에 절이나 암자이름이 쓰여 있는 것을 보면, 이것도 아마 절이나 암자였을 것인데, 써넣는 것을 빠트린 것은 아닐까.

눈길을 끄는 것은 왜인 주거공간을 성벽으로 둘러싸고 있는데, 이 것은 제포나 부산포가 지형적으로 고립되어 있는데 반하여, 이곳은 양쪽이 터져 있어서 성벽을 쌓은 것이 아닌가 한다. 또 북측 성문에는 문을 만들어 왜인 거주 지역에 대한 출입을 통제했다고 여겨진다. 한 편 성문 가까이에 왜관이 있고, 영청이 내부 깊숙이 있는 것을 보면, 혹시 그 위치가 바뀐 것은 아닐까 의심된다. 왜냐하면 제포나 부산포 의 경우 왜인거주지와 왜관과 밀접해 있고, 영청은 그것을 아울러 견 제하기 위해 조선의 군사시설과 연계하는 위치에 있으므로, 염포의 경우도 영청이 문 가까이에 있어야 하므로 그 위치가 바뀌는 것이 보 다 자연스럽다. 한편 영청과 왜관 사이에는 방어진목장(魴魚津牧場) 이 표시되어 있는데, 그 위치에 관해서는 고증이 필요하다.

필자가 이 지역을 처음 답사한 1992년 당시 만해도 염포동 성내마 을이 있어, 염포의 옛 모습을 가늠하는 것이 비교적 가능했으나, 그 후 현대자동차 야적장과 여객 터미널을 만들면서 완전히 매립되어, 지금으로서는 성벽은 물론이고, 왜인거주지나 왜관 · 영청 등에 대해 전혀 고증할 수 없게 되어 버렸다. 『해동제국기』 편찬 당시 염포에 거 주했던 항거왜인의 수는 호수 36호에 인구 131명이었다.

이상에서 3장의 지도를 보면 삼포의 포구위치, 촌락 · 왜관 · 영청의 위치, 조선 측의 행정시설 및 군사시설의 위치 등은 매우 유사한 조건 을 가지고 있었다. 바다가 육지 안으로 들어 간 곳에 포구가 위치하고 있고, 내륙으로 통하는 중요한 위치에 영청이 위치하여 통제를 하고 있으며, 그 길은 또 가까운 읍성을 지나가고 있다. 배가 정박하기에 좋을 뿐만 아니라, 치안과 국방을 충분히 계산에 넣은 입지조건이었다.

삼포 개항 당시 조선에서는 도항왜인을 골고루 나누어 입항시키었고, 정박시킬 목적에서 삼포분박을 왜인에게 요구했지만 잘 지켜지지 않았다. 왜인들은 대마도에서 가장 가깝고, 왕래하기 쉬운 제포에 입항했고, 그 이유 때문에 제포의 항거왜인이 가장 많았던 것 같다.

V. 공존·공생의 시대

조선전기 일본으로부터 온 도항자의 총 수는 알 수 없지만, 『조선왕조실록』에 기록된 통교자에 관한 기록을 도표화하면 다음과 같다.

〈조선전기 각 지역별 통교횟수〉[28]

	1392~1419	1420~1443	1444~1471	1472~1510	1511~1592	계
室町 幕府	16	7	12	11	25	71
本州·四國	42	43	91	144	28	348
九州	94	178	184	370	19	845
備前·壹岐	112	91	355	605	3	1,166
對馬島	155(36%)	492(60%)	607(48%)	1,056(48%)	75(49%)	2,385(49%)
기타	13	7	5	2	2	29
계	432	816	1254	2,188	152	4,842

이 통계는 연도에 따라 상당한 차이가 있는데, 조선전기 200년간 연평균 24회 이상 왕래했고, 가장 빈번했던 성종대(1470~1494)에는 평균 58회에 달한다. 한 예로 1439년(세종 21) 예조에서 대마도주에게 보낸 서계에 의하면, 1년에 오는 자가 1만 명이나 되었고, 그들에게 지급한

---

28) 한문종, 「조선전기 대일외교정책 연구」, 전북대학교 박사학위논문, 1996 참조.

쌀이 거의 10만 석에 이른다고 했다.

> …그런데 근년에는 商船들도 식량을 받으려고 증빙문서를 받아 가지고 온
> 다. 右波羅가 사신행차의 식량을 청했다. 그밖에도 불경 · 종 · 돗자리 · 인삼 ·
> 목면 · 皮物 등을 달라고 청구하고, 혹은 친족을 만나 보겠다든가, 혹은 친족
> 분묘에 제사지내겠다는 등 급하지 않은 일로 증빙문서를 가지고 오는 자도 많
> 았는데, 그 수가 거의 1만 명에 가까웠다. 그들이 여러 달 동안 묵으면서 돌아
> 가지 아니하고 조석으로 먹을 것을 받고서도, 또 돌아가는 길에서 먹을 양식까
> 지 받으니, 그 지공하는 비용과 주는 잡물도 그와 비등하다.[29]

또한 『해동제국기』의 기록을 보면, 1년에 입국한 선박수가 220척이
나 되고, 입국 왜인수가 5,500명 내지 6,000여 명, 무역을 제외한 순수
한 접대비만도 2만 2천 석에 달했다고 한다.

앞에 서술한 바와 같이, 삼포에 도항해 오는 왜인들은 기본적으로
사송왜인, 흥리왜인, 항거왜인으로 구분된다. 이 가운데 사송왜인과
흥리왜인은 도항목적이 기본적으로는 무역이었지만, 그 우두머리들
은 모두 서울로 상경하여 국왕을 알현해야 하는 의무를 지켜야 했다.
『해동제국기』의 「제사정례(諸使定例)」에는 사절의 등급에 따라 정해
진 인원이 서울로 상경하는 절차에 관해 상세히 기술하고 있다.

도항왜인들은 모두 배를 타고 오는데, 배 1척마다 기본적으로 정관
(正官), 부관(副官), 선장(船長), 선부(船夫)로 구성했다. 현대적인 표
현을 빌자면, 정관은 외교사절단장, 부관은 무역책임자인 셈이다. 도
항왜인들이 삼포에 입항하면 정관은 각기 왜관에서 입항수속을 했고,
수속이 끝나면 예조에서 파견한 경통사(京通事)와 향통사(鄕通事)의
안내를 받아 서울로 상경했다. 그리고 나머지 사람들은 삼포에 체류

---

29) 『세종실록』 21년 10월 병신.

하면서 부관의 통솔 하에 교역을 행했다. 사절의 등급에 따라 정해진 상경인수는 다음과 같다.

국왕사자 25인, 여러 추장의 사자 15인, 구주절도사와 대마도 특송사자는 각 3인인데, 짐이 5바리[駄]가 넘으면 1인을 증가한다. 매양 5바리가 되면 인원을 증가하되 5인을 초과하지 못한다. 여러 추장의 사자는 1인인데, 짐이 5바리가 되면 1인을 증가하되 3인을 넘지 못한다. 수직인의 경우 당상관은 3인을 보내고 상호군 이하는 2인을 보낸다. 대마도에서는 해마다 배 50척을 보내는데, 배 1척마다 1인을 보내며, 짐이 5바리가 되면 1인을 증가하되, 2인을 초과하지 못한다.[30]

상경이 허락되면, 이들은 정해진 상경도로를 통해 서울로 가야했다. 상경로는 크게 육로와 수로가 있었는데, 육로는 평균 14~15일, 수로는 20일 내외가 걸렸다.

상경왜인들은 모두가 경기도 광주를 거쳐서 한강에 이르게 되는데, 서울에 들어오기 위해서는 한강을 건너야 했다. 이들이 한강을 건너면 곧바로 영접을 하며 환영연회를 베풀어주었다. 서울에 입경한 왜인들은 일단 왜인들의 전용숙소인 동평관(東平館)에 여장을 푼다. 당시 서울에는 입경하는 외국사신을 위한 여러 객사가 있었는데, 왜인을 위한 숙소가 동평관이었다.

왜인들의 동평관 체재기간은 짐의 양에 따라 정했다. 대개는 한 달이내의 체류기간이었다. 상경한 모든 왜인들은 그들의 상경목적이 끝날 때까지는 동평관에 머물면서 지냈으며, 조선 측에서 정한 규율에 따라 행동이 제한되었음은 물론이다. 예를 들면 동평관에 머무는 동안 왜인들은 5일에 한 번씩 식량과 연료 등을 조선으로부터 무상으로

---

30) 『海東諸國紀』, 「朝聘應接紀」 上京人數.

지급받았다. 그리고 이들에게는 예조에서 정해진 규정에 의하여 공식적인 연회를 베풀어주었으며, 사신과 사자들에게는 3일에 한 번씩은 주간에 술대접을 하였다.

숙배일(肅拜日)이 정해지면 경복궁 근정전 앞뜰에서 국왕에게 배알하였다. 국왕의 숙배 때에는 조선에서 하사한 관복을 입고, 사절의 등급에 따라 정해진 위치에서 국왕을 알현한다. 일본국왕사와 유구국왕사는 종2품의 서열이었다. 배알할 때에 가져온 물건들을 진상하였고, 조선에서는 진상품에 대하여 회사의 형식으로 하사품을 주었다. 국왕에게 알현이 끝나면 경회루에서 연회를 베풀어 주었다.

알현과 공식연회가 끝나면, 동평관으로 돌아가서 예조와의 사이에 약조된 공무역을 하였다. 동평관에서 정해진 체류기일이 지나면 상경하였던 길을 되돌아 삼포로 돌아가는데, 역시 정해진 규정에 따라서 환송연으로 하정(下程)과 별하정(別下程)이라는 연회를 열어 주었다.

그러면 삼포에 체류하고 있던 사송왜인과 흥리왜인들은 그 우두머리들이 상경을 하여 국왕을 숙배하고 돌아오는 기간 동안, 교역을 했다. 상경왜인들의 상경 및 동평관 체류기간이 정해진 것처럼, 이들도 모두 등급에 따라 체류기간이 정해져 있었고, 삼포에 남았던 왜인들에게도 체류기간동안 제비용이 지출되었다.

삼포의 체류기한에 관하여,

> 국왕사에게는 날짜의 제한이 없다. 거추사는 관찰사의 도착증서가 온 후부터 15일간이고, 삼포에 돌아 온 후 20일간이다. 만약 기한이 되었는데도 고의로 머무는 자가 있으면 물자를 지급하지 않고, 뚜렷한 신병이 있는 자는 낫기를 기다린다. 제추사, 수직인, 대마도인등은 도착증서가 온 후, 짐이 많은 자는 10일, 짐이 적은 자는 5일간이며, 기한 외에 고의로 머무는 자는 물자를 지급하지 않는다.[31]

고 기록하고 있다. 그러니까 국왕사는 체류기일이 정해져 있지 않지
만, 거추사의 경우는 상경전 15일, 상경했다가 돌아온 후, 20일의 기한
을 정했다.

또한 이들 사송왜인과 흥리왜인들에게는 선박수리 물자를 지급했
고, 조선에 도항해 오는 기한을 계산해서 물자를 지급했다. 체류 및
도항 식료에 관해서,

국왕사 이하의 모두에게 1일 두 끼를 각각 한 되씩 주되, 국왕사의 상관과
부관인에게는 중미를, 그 외에는 모두 粗米를 준다. 국왕사는 선박이 혹 2,3척
이 되어도 선원 전원에게 식료를 지급한다. 거추사에게 부선이 있으면 아울러
식료를 지급한다. 다만 선체의 대소로써 선원의 숫자를 계산하여 식료를 지급
하고, 만약 나머지 인원의 식료를 청하면 지시를 받아서 추가로 지급한다.[32]

그러나 이들 왜인들에 대한 비용지출이 과대하여 조선 측으로서는
상당한 경제적인 부담이 되었다. 한 예로,

근년에는 객인이 나오는 수가 전보다 조금 줄었으나, 경술년·신해년·임자
년 세 해 동안에 삼포에서 쓴 수를 살펴보면 대개 40,500여 석이니, 만약에 흉
년이 든다면 국가에서는 장차 어떻게 대접하겠습니까? 그 객인이 먹는 것과
응당 주어야 할 물건은 어쩔 수 없다 하더라도, 이를테면 포소에 머무르는 동
안의 양료를 지나치게 받는 것과 배를 잴 때에 중선을 대선이라 하고 소선을
중선이라 하여 외람되게 양료를 받는 것은 다 향통사와 주인왜가 도모한 것입
니다.[33]

---

31) 『海東諸國紀』, 「朝聘應接紀」 留浦日限.
32) 『海東諸國紀』, 「朝聘應接紀」 給料.
33) 『성종실록』 24년 윤5월 신축.

더구나 이들은 정해진 기간 내에 무역을 하고 돌아가야 했지만, 이를 지키지 않는 사례가 많아 항시 큰 두통거리였다. 삼포 왜인들의 일상생활에 대해,

> 富山浦에 와서 거주하는 왜인이 혹은 商賈라 칭하고 혹은 遊女라 칭하면서 일본 객인과 興利倭船이 이르러 정박하면 서로 모여서 지대하고 남녀가 섞여 즐기는데, 다른 포에 이르러 정박하는 객인도 또한 술을 사고, 바람을 기다린다고 핑계하고 여러 날 날짜를 끌면서 머물러 허실을 엿보며 난언하여 폐단을 일으킵니다.[34]

라고 되어 있는 것을 보면, 장사꾼들을 상대로 遊女까지 있었음을 알 수 있다. 물론 여기서 유녀라 함은 항거왜인 중에 포함되어 있는 여인일 것이다.

이들 항거왜인들은 잔류했던 사송왜인이나 흥리왜인을 상대로 상행위나 접객행위를 했을 것이고, 그 외에는 농업이나 어업에 종사하였다. 포소 안에서의 개간을 금지하지 않았으나, 1493년에는 제포의 왜인이 웅천현에서 7리 밖에 있는 수도(水島)라는 작은 섬에서 경작지를 개간하였는데, 이를 금지하는 논의도 있었다.

또한 항거왜인들은 자신들의 배로 어업활동에도 종사했는데, 1493년 당시 왜인들이 타는 배가 제포 80여 척, 부산포 30여척, 염포에 15척이나 있었다. 그래서 조선에서는 이들을 상대로 세금을 받는 것을 논의하기도 했다.[35]

그리고 왜인의 생활 중 특이한 기록으로, 온천욕을 즐겼다는 기록이 있다. 부산포의 왜인들은 동래온천, 제포의 왜인들은 영산온천을

---

34) 『태종실록』 18년 3월 임자.
35) 『성종실록』 24년 윤5월 신축.

즐겼는데, 실록에는 왜인들의 온천 이용과 기간에 대해 언급하고 있다.

> 내이포에 정박했던 왜인들이 서울에 올라왔다가 되돌아가는 길에는 모두 東萊溫井에서 목욕하는 까닭에, 길을 돌아서 역으로 달리게 됨으로 사람과 말이 모두 곤폐하오니, 금후로는 내이포에 정박한 왜인들은 靈山溫井에서 목욕하게 하고, 부산포에 정박한 왜인은 동래온정에 목욕하도록 하여 길을 돌아가는 폐단이 없게 하소서.36)

일본인들의 온천을 좋아하는 습관은 예나 지금이나 마찬가지였던 모양이다. 마침 광평대군의 부인이 목욕을 하고 있어, 기다리는 왜인이 많았던 모양이다. 실록에는 광평대군 부인에게 귀경을 종용하는 기사까지 보인다.

> 廣平大君夫人이 東萊溫井에서 목욕하면서 지금까지 돌아오지 않으니, 비단 여러 고을에 폐단이 있을 뿐만 아니라, 또 왜인으로서 목욕하는 자가 여럿이 머물러 있으니, 폐단도 또한 작지 않을 것이다. 경이 독촉하여 서울로 돌아오도록 하라.37)

뿐만 아니라, 삼포지도를 보면 절도 14개나 있고, 승려도 55명이 거주하는 것으로 되어 있어, 일상적인 종교생활도 하고 있었음을 알 수 있다.

이들 항거왜인들은 흙으로 벽을 쌓고, 이엉으로 지붕을 덮은 집을 짓고 살았다. 토지는 좁고 사람은 많았기 때문에, 집이 물고기의 비늘 같이 늘어서서 불이 나면 곧 번지고 말았다. 이러한 모습을 1474년 정

---

36) 『세종실록』 20년 3월 을유.
37) 『단종실록』 원년 4월 신해.

월, 화재가 발생했다는 보고를 접한 신숙주는 다음과 같이 제안하고
있다.

> 무릇 왜인들은 집 모양이 흙집 같은데, 흙을 바르고 이엉을 덮었으므로, 비
> 록 불은 났지만, 재산은 손상되지 않았습니다. 그리고 땅은 좁은데 사람은 많
> 고, 그 집들이 연달아 줄지어 있어서 연소되기에 이르렀습니다. 저번에 李拱
> 이 웅천으로부터 체차되어 돌아와서 신에게 말하기를, '제포 만호영은 왜인들
> 이 사는 집과 연접해 있고, 또 울타리도 없어서 관부의 체면이 없습니다. 또 만
> 약 왜인의 집에서 불이 나면 연소될 염려가 있으니, 담장을 둘러치고 문을 만
> 드는 것이 좋겠습니다.'고 하였습니다.[38]

즉 만호영이 촌락과 붙어 있고, 벽도 없기 때문에 거의 관부의 모습
을 갖추고 있지 않을 뿐만 아니라 연소될 위험이 있으므로, 관청의 주
위를 장벽으로 둘러싸고 문을 설치해 주기를 청하고 있다.

삼포에는 앞서 본바와 같이 많은 경우, 연간 5~6천 명의 왜인이 왕
래했고, 이들 대부분의 목적은 무역이었다. 당시 조선에서 일본으로
간 물품 중, 가장 많은 것은 목면이었다. 예를 들면 1473년 교고쿠전
(京極殿)이 지참했던 서계에는,

> 본조에서는 정해년 이래로 중원에 난리[風塵]가 나서 전쟁이 사방에서 일어
> 나매, 신의 고을도 함께 싸움터 안에 들어가서 적을 많이 대하게 되니, 요역에
> 나가느라 농상을 폐기하여 피륙이 가장 부족합니다. 그러므로 사졸들이 타지
> 의 재앙에 많이 곤고하여 마치 白登의 포위를 당한 것과 같습니다. 엎드려 바
> 라건대 귀국의 명주와 무명의 은혜를 내려 주시면, 三軍에서 얼어 죽는 것을
> 구제하고 황제의 은혜를 만세토록 우러를 것입니다.[39]

---

38) 『성종실록』 5년 정월 경술.
39) 『성종실록』 4년 3월 계묘.

고 했다. 당시 일본으로 가져 간 면포는 1475년에는 27,200필, 1488년 여름에는 3개월 사이에 10만 필이었다. 1523년의 일본국왕사는 10만 필, 1525년 게이린토도(景林東堂)는 8만 5천 필, 1542년 안신토도(安心東堂)는 6만 필을 한 번에 가져갔다. 일본 사절들이 면포를 선호한 것은 조선산 면포가 따뜻하고 감촉이 좋은 고급의류로 선호되었기 때문이다.

그러나 조선의 면포 생산도 한계가 있어서, 1467년에 공납된 면포는 20만 필에 지나지 않았다. 생산량이 늘어난 1458년에도 72만 필에 지나지 않았기 때문에 일본사절에게 주는 면포를 어떻게 줄일 것인가가 조선왕조의 골칫거리였다. 일본에서도 16세기 중반부터는 목화재배가 가능해져 면포가 생산되기 시작하지만, 18세기 중엽까지도 해마다 수만 필의 면포를 조선에서 수입해 갔다.

반면 일본으로부터 조선에 제일 많이 가져온 물품은 구리였다. 예를 들면 1428년 쓰시마에서 28,000근, 1489년 거추사였던 쇼니(小貳)의 사자가 20,000근을 가져왔다. 당시 조선에서는 놋쇠그릇이나 동전, 금속활자 등을 주조하기 위해 구리의 수요가 많았다. 또한 염료로 쓰기 위해 소목(蘇木), 활의 재료로 물소 뿔인 수우각(水牛角), 화약원료인 유황, 그리고 육류의 각종 탕에 쳐서 먹는 후춧가루 등이 일본을 거쳐 들어왔다.

그 외에도 비단, 인삼, 호랑이와 표범 가죽, 불경(佛經)과 불구(佛具) 등이 있다. 일본국왕사와 영주들은 대장경을 비롯한 경전류와 불화, 동종 등을 구청했는데, 이것들은 새로 건립한 사원에 안치하기 위해서였다. 한 연구에 의하면, 1394년부터 1539년까지 불경의 청구횟수는 78회 이상이었고, 50질 이상의 대장경이 왜인들에게 하사되어 일본에 전해졌고,[40] 이 가운데 상당수는 지금도 일본의 사찰 내에 보관되어 있다. 예를 들면 1482년 일본국왕사 에이코(榮弘)가 조선에서 받아갔던 대장경이 현재 동경시내 조죠지(增上寺)라는 절에 소장되어 있다.

한편 삼포에 거주하는 왜인의 수가 급증하면서, 여러 가지 폐단이 발생하기도 한다. 1426년 삼포개항 당시 대략 30호로 약정했던 제포 항거왜인의 수가, 1466년 300호에 1200여 명이 되고, 1494년에는 347호에 2,500명으로 늘어난다. 포화상태에 이른 제포의 왜인들은 왜인촌을 벗어나 인근의 조선마을로 들어갔다. 삼포가 비대해 질수록 조선 측의 부담은 늘어만 갔다. 1455년 7월, 경상도 관찰사는 제포에 관한 보고에서, "항거왜인들이 생선이나 소금을 판매한다는 구실로 웅천백성과 빈번하게 왕래하면서, 서로 친해져 술이나 고기를 접대하면서, 야음을 틈타 밀무역이 늘며, 심지어는 은그릇을 파는 자마저 있다고 했다."고 했고, 결국에는 국가의 기밀을 누설하는 일까지 걱정하는 상태가 되었다.[41]

1486년 11월에는 왜인에게 한 해에 주어야 하는 면포가 50만 필이나 되어 감당하기 어렵다고 했고, 왜인들이 근처의 토지를 자꾸 점유한다고 했다. 심지어는 가난한 조선농민들이 왜인의 고리대를 쓴 대가로 그들의 소작농이 되기도 했고, 이해관계에 의해 싸움이 잦아졌다.

연산군의 뒤를 이어 중종이 즉위하자, 드디어 삼포에 대한 본격적인 통제가 실시된다. 통제의 계기가 된 것은 1508년 11월, 제포 근처 가덕도에서 왜인에 의해 조선인 피살 사건이다. 이듬해인 1509년 3월, 전라도 보길도에서는 제주도 공마(貢馬) 수송선이 습격당한다. 이런

---

40) 村井章介 지음, 손승철 · 김강일 편역, 『동아시아속의 중세 한국과 일본』, 「제4장 한일관계와 불교」 참조.
41) 『세조실록』 원년 7월 을미.

와중에 4월에 대마도주가 사망하자, 삼포의 왜인들은 조선의 통제에 반발하여 대마도와 연계해 난을 일으킨다. 1510년 4월 4일 제포의 왜인들은 웅신현을 넘어 웅천읍성을 공격하여, 조선인 272명을 살해하고, 민가 800여 호를 불태웠다. 이른바 삼포왜란이다. 4월 19일 조선 관군의 공격으로 웅천읍성이 탈환되고, 왜군 300여 명을 참살하면서 삼포왜란은 보름 만에 진압되었다. 그리고는 곧바로 삼포가 폐쇄되었다.

　1407년 부산포, 제포의 개항으로 시작된 삼포시대가 100여 년 만에 막을 내리게 되고, 일본과는 단교가 취해진다. 소위 저팬타운 삼포의 종말은 이렇게 해서 공존·공생의 역사를 마치게 된다.

VI. 나오는 말

　조선왕조에서는 무슨 이유에서 이렇게 많은 왜인들을 삼포에 체류시켜가면서, 교역을 허가하고, 그들의 우두머리를 상경시켜 복잡한 절차와 비용을 들여 이들을 접대했으며, 교역을 허용했던 것일까.

　왜인들이 상경을 하여 행하는 가장 큰 의식은 국왕을 알현하고 숙배하는 일이었다. 이것은 중국에서 한 대 이후 일반화된 조공과 같은 성격을 가진 것으로서, 왜인이나 여진인이 조선에 신례행위(臣禮行爲)를 취하는 외교적인 행위로 조선에 복속하는 의미를 지닌다. 즉 조선에서는 명에 대해서는 사대(事大), 그 이외의 주변국에 대하여는 교린(交隣) 정책을 취하여 왔다. 그래서 일본의 막부장군과는 조선국왕과 대등관계를 맺지만, 그 외의 일본의 여러 세력과 유구·여진에 대하여는 기미관계(羈縻關係)라고 하는 조선우위의 특수한 관계를 설정했던 것이다.

따라서 조선과 통교무역을 원하는 모든 자들에게는 조선이 정한 규정에 따라서 입국하여, 조선국왕을 알현하는 외교적인 절차를 밟게 함으로서, 조선을 대국(大國)으로 섬기는 자세를 취하게 했다. 그리고 이 절차에 따라야만 교역을 허가했으며, 그 절차를 밟아야 공무역이 가능했다. 따라서 이들은 공무역을 위해서라도 상경을 해야 했고, 또 국왕을 알현해야만 했다.

『해동제국기』의 서문에는 "주상 전하가 해동제국과의 조빙(朝聘) · 왕래(往來) · 관곡(館穀) · 예접(禮接)에 대한 구례를 찬술해 오라고 명하였다."고 되어 있다. "해동제국과의 조빙 · 왕래의 예"는 해동제국(日本, 琉球)이 조빙이나 왕래한 사례로, 외교 관계를 의미한다. "관곡 · 예접에 대한 例"라는 것은 관곡(외교 사절에 대한 숙소와 식량)과 예접(예로 대접하는 것, 예우)이다. 즉 성종은 신숙주에게 해동제국과의 외교 및 사절응접에 관한 서적의 편찬을 명했던 것이다.

14세기 중반 왜구에 의해 시작된 '약탈(掠奪)의 시대'는 15세기 초, 포소의 개항에 의해 '통교(通交)의 시대'로 전환되고, 15세기 중반 계해약조를 통해 본격적인 '공존(共存) · 공생(共生)의 시대'로 접어들게 된다. 그리고 삼포왜란으로 마감되는 '삼포시대 100년'은 삼포가 '공존 · 공생의 장'으로 존재했음 의미한다. 신숙주의 『해동제국기』는 이 과정을 집대성한 저술이며, 일본과의 공존 · 공생을 지향하려 했던 일본관, 나아가 동아시아관을 대변해주는 역작이다. 이 점에서 우리는 신숙주의 『해동제국기』를 '공존 · 공생을 위한 역사의 메시지'로서 다시 주목해야 할 것이다.

중·근세 동아시아의 海禁정책과 境界인식

: 동양 삼국의 해금정책을 중심으로

민덕기

Ⅰ. 머리말

중국 역사상 가장 개방적인 시대로 꼽는 것은 근세의 명·청시대가
아닌 중세의 당대(唐代)이다. 당대 수도인 장안(長安)은 100만의 도시
였으며 그 거리에선 백인종도 흑인종도 만날 수 있는 국제도시였다고
한다. 많은 외래종교도 유입되어 신봉되었고, 중국의 율령이나 불교
를 공부하기 위해 주변의 국가에선 관비 또는 사비로 유학생을 파견
하기도 했다. 그중에서는 과거에 합격하여 중국에서 관리가 되기도
했으니 최치원의 경우가 그러하다. 인도를 여행하고 『왕오천축국전
(往五天竺國傳)』을 남긴 승려 혜초는 중국에서 생을 마감하고 있다.
신라인들의 집단거주 지역인 신라방(新羅坊)이 중국에 있었던 것도
이 시대였고, 일본 승려 엔닌(圓仁)의 『입당구법순례행기(入唐求法巡
禮行記)』를 통해서 알 수 있듯이 장보고가 동북아시아를 배경으로 활
약한 것도 당나라 때였다. 이처럼 당대는 열린 시대였다.

이에 비해 명은 어떠한 체제였을까? 주변 국가에서의 중국 유학은 국방상의 노출을 우려한 명에 의해 허용되지 않았고, 당대 8세기 중반 일본으로 건너간 스님 간진(鑑眞)과 같은 중국인의 출국도 더 이상 가능하지 않았다. 고려시대 개성을 드나들던 송나라 상인과 같은 중국 상인도 명대의 조선에서는 찾아볼 수 없었다. 이른바 '해금(海禁)'에 의한 것이었다. 그 결과 어떠한 중국인도 사적으로 중국을 떠날 수 없고, 어떠한 외국인도 공적 입장을 띠지 않고선 중국에 입국할 수 없었다. 사절만이 중국과 주변 국가를 오갈 수 있는 폐쇄적인 시대가 시작된 것이다.

원대(元代)에 이르기까지 민간의 해외교류는 비교적 개방적이었고, 국가가 바다를 통한 경제적 교역을 적극적으로 후원하여 국가재정의 확충에 활용한 측면도 찾아볼 수 있다. 하지만 명대에 이르러 강력하고 전제적인 국가권력이 모든 민간의 대외경제교류를 통제하고, 이를 바탕으로 '조공책봉체제(朝貢册封體制)'라는 중화적 세계질서의 수립을 지향하는 경향이 나타나기 시작하였다.[1]

본 논문은 이러한 명대의 해금정책이 어떤 배경에서 발생하여 전개되었는가? 이러한 해금정책은 조선에 어떻게 반영되었는가? 이에 비해 일본의 해금정책은 '쇄국(鎖國)'과 어떻게 다른가? 한 · 중 · 일 삼국의 해금은 어떤 다른 특징을 가지고 있는가? 해금정책으로 국가의 경계 인식은 어떤 변화를 가져왔는가? 등을 검토하고자 한다. 그러나 해금정책의 변화, 예를 들어 명의 16세기 이후의 명조의 해금체제 이완과 청조의 해금정책은 유보하기로 한다. 또한 조선 후기의 해금정책도 본 논문에서는 제외하고자 한다. 아울러 표류민 송환체제에 대한

---

[1] 이문기 외 공저, 『한 · 중 · 일의 해양인식과 해금』, 동북아역사재단, 2007, 13쪽.

언급도 유보하려 한다.

Ⅱ. 명조의 해금정책

1. 해금정책의 성립

중국사상 국가 차원에서 바다를 통한 대외무역을 관리하는 관원이 설치된 것은 당조(唐朝)가 들어선 이후의 일로 알려져 있다. 당 개원(開元) 연간(713~741) 처음으로 시박사(市舶司)라는 관직을 두어 안남(安南)·광주(廣州) 등지에 파견하여 무역을 국가가 관리하기 시작하였다. 송대(宋代)에는 광주·항주·명주·천주·밀주 등지에 시박사를 설치하여 해외교통과 무역에 대한 제도적인 관리체계가 성립되었고, 원대에도 시박사를 통해 해외교통과 무역을 보호하고 장려하였다.

명초(明初)에도 이러한 해외무역의 발전 추세를 이어받아 무역장려책이 채택되어 명주·천주·광주 등지에 시박사가 설치되었다. 비록 1371년(홍무 4)에 이미 해금령이 내려진 상황이었지만, 민간무역은 일정한 수속을 거치고 조건을 갖추면 비교적 자유롭게 허용되었다. 하지만 1374년(홍무 7) 시박사는 폐지되었고, "조각배도 바다에 띄울 수 없다"는 매우 엄격한 해금정책이 실시되면서 명조는 일체의 해상활동을 철저하게 금지하였다.[2]

이러한 명조의 해금정책은 통시대적인 맥락에서 보면 매우 이례적인 정책이었다. 당대의 개방정책은 송대엔 정경분리정책으로 이어졌

---

[2] 홍성구, 「청조 해금정책의 성격」, 『한·중·일의 해양인식과 해금』, 동북아역사재단, 2007, 162쪽.

다. 그리하여 다수의 송상(宋商)이 해상항로를 통해 고려·동남아·아라비아 세계와 접촉하며 활발한 교역활동을 펼쳐 해로통상(海路通商)의 절정기를 가져왔다. 이어 원대에 이르러 해상교역은 공전의 활황을 맞이하기에 이르렀다. 원조는 송조 이상으로 해외무역에 적극적이었고, 시박사가 설치된 광주와 천주는 남해 무역의 거점으로 크게 번영하였다. 13~14세기에 남중국해로부터 인도양·아라비아 해에 걸친 해역은 원조를 중심으로 동서의 무역상인이 왕래하는 하나의 교역권이 형성되기도 하였다.

이처럼 활발했던 국제교역이 돌연 중단되고 폐쇄적인 정책이 채용된 것이 명초의 상황이었다. 이른바 '해금'이라고 불리는 조치에 의해 일반 민중과 상인의 자유로운 해외왕래는 금지되고, 외국상인의 내항에도 제한이 가해졌다. 명조는 전통적인 조공제도와 조공무역에 이와 같은 새로운 '해금'을 결합시켜 통행과 교역을 국가가 완전하게 통제하는 독특한 명대의 조공시스템을 만들어낸 것이다.[3]

그러면 명대의 해금은 어떤 배경에서 출현한 것일까? 원말(元末)의 반란집단 중에서 대두한 주원장 홍무제는 원조를 북으로 내쫓고 1368년 명을 건국하였다. 그러나 원말명초 중국 연해안에서는 전기왜구가 활발하게 활동하고 있어, 『명사(明史)』와 『명실록(明實錄)』에 기록된 바에 의하면 1368년(홍무 원년)부터 1375년(홍무 7)까지 왜구의 침구는 23회에 이른다.[4] 나아가 '장사성·방국진의 잔당'이라고 불리는 연해안의 주민과 왜구가 연합하여 침구하였으므로 명조는 왜구와 연해안 주민의 분단을 꾀하여 1371년 해금령을 발포하고, 관민(官民)을 가

---

3) 위의 논문, 165쪽.
4) 熊遠報,「倭寇と明代の海禁」大隅和雄·村井章介 編,『中世後期における東アジアの國際関係』, 山川出版社, 1997, 90쪽.

리지 않고 출해(出海)를 금지하였다.5)

이러한 해금은 해적 방지와 밀무역의 단속이라는 두 가지 기능을 겸비한 정책이었지만, 홍무제가 해금령을 발포한 직접적 목적은 왜구 금압에 있었고, 해금은 애당초 밀무역의 단속, 즉 무역통제를 행하는 정책은 아니었다. 무역통제는 시박사 제도와 '위금하해률(違禁下海 律)'의 관할 하에 있어서,6) 그 통제 하에서 민간무역은 인정되고 있었 다.7) 명조는 건국의 전년에 태창(太倉)에 황도시박사(黃渡市舶司)를, 1370년에 이를 발전적으로 해소한 영파·천주·광주에 세 시박사를 설치하여 무역을 장려하면서 관세 징수를 행하였다.8) 그러나 왜구 횡 행이 멈추지 않는 가운데 해금 위반자와 '위금하해률' 위반자의 판별 은 곤란해져서, 화폐경제의 침식으로부터 국내경제를 방어할 필요성 이나 교역의 이익을 미끼로 주변제국을 조공무역에 참가시키는 목표 도 있어, 명조는 1374년에 세 시박사를 폐지하고 민간무역을 전면적 으로 금지했다. 이에 의해 해금은 '위금하해률'과 일체화되어 무역통 제 기능도 겸비하고, 해금은 밀무역의 단속을 통해 조공무역을 보완 하는 정책이 되어 '해금-조공체제' 또는 '해금=조공시스템'이라 불리 게 된다.9)

---

5) 佐久間重男, 『日明關係史の研究』, 吉川弘文館,, 1992, 197~199쪽; 熊遠報, 「倭寇と 明代の海禁」, 90쪽; 檀上寛, 「明代海禁の実像」, 歴史学研究会 編, 『港町と海域世界』, 青木書店, 2005, 147·162쪽; 上田信, 『海と帝国: 明清時代』, 講談社, 2005, 95쪽.
6) '違禁下海律'이란 『明律』에 수록된 법령의 하나로써, 元代의 '市舶則法'을 답습하 여 설정된 무역통제 법령이다. 이것은 關稅 수입 등의 適正한 수속을 밟지 않은 무역이나 禁制品의 반출을 금지하는 것이었지만, 동시에 적정한 무역은 허용하 는 것이었다(檀上寬, 「明代海禁概念の成立とその背景」, 『東洋史研究』 63-3, 2004, 10쪽).
7) 檀上寬, 위의 논문, 9쪽.
8) 佐久間重男, 『日明關係史の研究』, 52~53쪽; 檀上寬, 위의 논문, 10쪽.
9) 佐久間重男, 위의 책, 224쪽; 檀上寬, 「明代海禁の実像」, 149~150쪽.

'해금 =조공시스템'이 가장 유효하게 기능한 것은 영락제 시대였
다. 대외적 적극책을 취한 영락제는 1403년 세 시박사를 부활시켜 조
공국의 입조에 대비하였고, 1405년부터 정화 함대를 남해에 파견하는
등 여러 외국에 활발하게 사절을 파견하여 입조(入朝)를 재촉하고, 또
한 동남아시아의 중국인 해적을 토벌하기도 하였다. 이에 의해 홍무
연간 17개국이었던 조공국은 영락연간에는 60개 국으로 급증하고, 동
남아의 화교들에게도 영향을 뻗쳐 그들의 귀국이나 공손(恭遜), 또는
동남아 국가에 의한 강제송환을 촉발시켰다.[10] 이러한 정세는 중국
연해안 주민에게 출해(出海)를 주저하게 하는 것이 되어, 한동안 '해금
=조공시스템'은 안정화되고, 해금령이 발포되는 일은 없었다.[11]

<표 1> 시박사의 변천[12]

왕조	배경과 설치목적	담당 직무	담당관리의 지위
宋·元	해외무역에 적극적 → 국가재정수입의 확대	민간무역 화물에 대한 관세부과와 탈세방지	轉運使가 겸임, 또는 전문 관원
明	해외무역에 폐쇄적 → 해금 강화, 조공무역 운영	조공사절의 진위와 합법성 점검, 민간무역 통제	提擧(종5품)

<표 1>에서처럼 명대 이전과 이후의 시박사는 그 모습이 판이하게
다름을 알 수 있다. 이전의 시박사는 국가재정의 확충이나 해외무역
을 장려하기 위해 설치되었고, 그런 만큼 민간무역에 대한 관세의 부
과와 탈세의 방지가 주된 업무였다. 그러나 명대의 시박사는 해금을

10) 佐久間重男, 위의 책, 121~122쪽; 檀上寬, 위의 논문, 159~163쪽; 上田信,『海と帝
国: 明清時代』, 152쪽.
11) 檀上寬, 위의 논문, 163쪽.
12) 이 표는 홍성구,「청조 해금정책의 성격」, 162쪽의 내용을 표로 재구성해 본 것이다.

시행하고 조공무역을 운영하기 위한 것이었다. 그런 만큼 조공사절 여부와 조공품의 검색에 초점이 맞추어져 있었고, 담당관리 또한 낮은 지위에 머물게 되었다.

그런데 명대 초기부터 실시되어 왔던 해금정책이지만 '하해통번(下海通蕃)의 금(禁)', '해금'이란 용어와 개념의 형성은 16세기의 일이다. 16세기의 해금 존폐논쟁 속에서 논쟁자들은 연해안의 상황을 '하해통번', 그것을 금하는 홍치문형조례(弘治問刑條例)에 보이는 정책을 '하해통번의 금'이라 불러 나타내고, 그 약칭으로서 '해금'이라고 하는 용어와 개념을 형성해 간 것이다.[13] 그 때문에 해금이라는 용어는 해금정책을 도입한 홍무기 또는 '해금=조공체제'가 유효하게 기능하고 있던 영락기라고 하기보다는 후기왜구가 창궐해 있던 16세기의 정책을 반영한 용어이다.

해금 존폐논쟁은 1567년의 월항(月港)의 개항으로 결정되지만, 그에 의해 명조는 해금을 폐지한 것은 아니었다. 오히려 논쟁자들이 사적으로 부르고 있던 '해금'이란 용어가 국가 공인의 정책용어로 되는 것은 월항 개항의 20년 후인 1587년에 간행된『만력회전(萬曆會典)』에서였다.『만력회전』에는 홍치문형조례(弘治問刑條例)를 기본으로 '해금'이라고 하는 항목 하나가 설정되어 월항 개항에 대응한 호표(號票, 文引) 휴대자를 해금의 대상에서 제외하는 예외 규정이 부가되어 있었다. 이러한 해금정책은 명대 말기까지 이어져 청조의 해금으로 계승되어 갔다.

---

13) 檀上寬, 「明代海禁槪念の成立とその背景」, 21~24쪽. 여기서 '下海通蕃'의 '蕃'은 '番'으로도 쓰여지며, 그 뜻은 오랑캐(夷)를 의미한다.

2. 조공제도의 성립

홍무 연간의 해금의 조항은 대부분의 조항에서 거의 '私通海外' '交通外番' '交通外國'이라는 표현을 사용하고 있다는 점이 특징이다. 이는 변방에 대한 통제를 포함한 '私通外夷'와 다르지 않다.[14) 즉 '私通外夷'를 금지하고 있는 것이다.

해금이 '外夷'와의 '私通'을 통제하는 것으로 구체화되는 것은 호유용 사건과 무관하지 않다. 이는 일본과 손을 잡고 모반을 획책했다 하여 1380년 승상 호유용을 숙청한 사건으로, 그 이후 홍무제는 승상에게 분산된 권력을 황제에게 집중시킴으로서 외국과의 사사로운 접촉을 막고 외교적 루트를 황제 중심으로 일원화하여 해외교통과 무역에 대한 독점을 꾀하고자 했다.[15)

영락 3(1405)년 영파 · 천주 · 광주에 시박사를 설치하고 그것을 영파의 것은 安遠, 천주는 來遠, 광주는 懷遠이라 이름하였다. 광주의 懷遠驛에는 房屋 120칸을 지어 외국 貢使들이 거주하게 하였다. 영락 5년엔 북경에 四夷館을 설치하여 번역과 통역의 인재를 양성했다. 그리고 외국의 조공사절이 중국에 입항하는 항구를 지정하니 영파엔 일본, 천주엔 琉球, 광주엔 동남아시아나 서양의 나라들이 왕래하도록 하였다.[16)

홍무 · 영락 연간을 거쳐 완성된 조공 규정은 명과의 무역이 조공의 범위 내에서만 진행되는 것을 허락하였다. 그리고 사신이 중국에 도착하는 시기뿐만 아니라 항구 · 선박 · 물품 · 인원 등 모든 면에 걸쳐

---

14) 한지선, 『明代 해금정책 연구』, 전남대학교 박사학위논문, 2009, 36쪽.
15) 한지선, 위의 논문, 37쪽.
16) 한지선, 위의 논문, 49~50쪽; 鄭樑生, 『明 · 日關係史の硏究』, 雄山閣, 1984, 89쪽.

일정한 제한을 두었다. 홍무·영락 연간의 조공무역은 또한 조공은 적게 요구하고 回禮는 후하게 내린다는 '厚往薄來'를 원칙으로 한 것으로 이익 추구가 아니었다.[17]

당초 해금이 치안과 海防을 위한 정치적 목적에서 관철된 변경과 해상통제의 일환이었다면, 조공은 외교적 관계를 관철시키는 방법으로 각각 그 성립된 동기가 서로 달랐다. 그러나 홍무 연간 이 둘은 상호 보완하면서 결합하여 '해금-조공체제'를 성립시켰다. 이들이 상호 결합한 것은 연해지역의 '치안'을 유지하고 외교적으로 우위를 점하기 위해서였다. 영락 연간 조공과 해금 역시 치안과 國體를 유지하기 위해 기능하고 있었다. '해금-조공체제'는 동아시아 방면에 있어서는 변경의 안정과 여진 등 변경 공간의 소수민족을 명의 통치질서 안으로 흡수할 수 있었고, 남해방면에는 대규모 원정군을 파견하여 경과하는 곳의 해적들을 소탕하여 海盜를 숙정하였다. 또한 해외 각국을 조공체제 안으로 흡수시키고 이들 사이의 내분이나 무력충돌에 대해 황제의 권위로서 조정해주고 각자의 분수에 안주하게 함으로써 정치적 군사적 목적의 해금정책은 해외까지 확장되었다고 할 수 있다.[18] 바야흐로 政經일치의 시대가 도래한 것이다.

Ⅲ. 조선의 해금정책과 명의 영향

어느 시대에도 일반 민간인들이 국가의 허가를 받지 아니하고 자유스럽게 해외로 진출할 수 있었던 시대는 없었을 것이다. 고려시대에

---

17) 한지선, 위의 논문, 50~52쪽.
18) 한지선, 위의 논문, 61쪽.

도 역대의 여러 왕조와 마찬가지로 국경이 개방된 적이 없었다. 해당 시기의 여러 국가들이 취한 국경폐쇄와 일반 인민의 해외진출 금지정 책을 본받아 고려에서도 국경에 대한 수비가 중요시 되었으며, 내· 외국인에 대한 월경(越境)이 매우 엄격하게 다스려지고 있었다. 또한 이 시대에 민간인이 국가의 허락을 받지 않고 국제무역에 종사하였던 사례를 거의 찾아볼 수 없다.[19]

그런데 이러한 '해금'에 준하는 정책이 조선왕조에 와서는 매우 구 체화되었는데, 그 배경엔 명조로부터의 영향이 결코 적지 않았을 것 임에 틀림없다. 그것은 조선이 명조를 선진국으로 인식하고 있었으며 명조와 조공 책봉관계를 맺게 되었기 때문일 것이다.[20]

조선은 이미 태종 13년(1413)에 이미 '사사로이 바다로 나가 이익을 도모하는 자(私自下海興利者)'를 금지하라는 명을 내린 바 있었다.[21] 이는 명조의 해금정책과 무관하지 않을 듯하다.

> 형조에서 아뢰기를, "장사치의 무리들이 왜관에 드나들면서 규정에 넘치게 무역을 하고 있으므로 防禁의 법을 마련하여, 그들의 가지고 있는 물건을 빼앗 고 刑律에 의하여 죄를 다스리게 하려 하나, 그 죄가 笞刑 50도에 이를 뿐이고 또 원하면 贖錢으로도 해결할 수 있게 되니, 그들이 이익을 중히 여기고 법을 소홀히 하여, 外人과 내통하여 공모하기에까지 이르렀다. 앞으로는 밀무역을 하는 자는 『大明律』에 의하여 명주·비단·면포를 사사로이 국경 밖으로 꺼내

---

19) 장동익, 「고려시대의 대외교섭과 해방」, 『한·중·일의 해양인식과 해금』, 동북 아역사재단, 2007, 95·97쪽.
20) 임영정은 "明의 해금정책으로 인해 조선왕조는 明과 조공을 통한 국영무역만이 가능하여져서 자연히 조선왕조도 이를 追隨할 수밖에 없었던 것이다.(중략) 조선 시대의 해금정책은 또 다른 면에서는 明을 의식하여 취하여진 조치이기도 하였 다." 라고 평가하고 있다(임영정, 「朝鮮前期 海禁정책 시행의 배경」, 『동국사학』 31, 1997, 46쪽).
21) 『태종실록』 13년 7월 28일(을사).

어 팔 때는 곤장 1백대를 치고, 물건과 배와 수레는 모두 官에 몰수하고, 그 내통 공모한 情跡이 드러난 자는 姦細를 추궁 訊問하는 조목에 의하여 엄중히 징계하게 하소서." 하니, 그대로 따랐다.[22]

이 기사는 1421년 밀무역에 대한 처벌을 형조가 요청하여 세종이 윤허한 내용으로, 밀무역 처벌 규정이 당시의 조선 법률로는 너무 가벼워 이후부터는 『대명률(大明律)』에 의거하여 엄형으로 다스리기로 하고 있다. 여기서 『대명률』은 조선이 형률(刑律)과 관련하여 따로 법률을 마련하지 않고 이용한 명조의 형법이다. 그 결과 『경국대전(經國大典)』 형률의 '용률(用律)' 조항엔 '용대명률(用大明律)'이라고 명시되었다. 이 조항은 조선시대 내내 유효하였으므로 『대명률』은 조선시대 내내 형률로 이용되었다고 할 수 있다. 다만 『대명률』의 형률과 관계없이 조선에서 자체 제정하여 『경국대전』이나 『속대전』에 규정된 조항이 있을 경우에는 『대명률』의 규정이 아니라 『경국대전』이나 『속대전』의 규정이 적용되었다. 조선은 『대명률』을 이용하기 위해 『대명률직해(大明律直解)』 등을 편찬하였다. 『대명률직해』는 당시 법률현장의 실무를 담당하던 중인(中人)들이 이해하기 편하도록 『대명률』을 이두로 번역한 것이었다.[23]

다음 해인 1422년 조선은 해양으로 나가는 배를 7~8척이 되어야 함께 나갈 수 있도록 하였다. 그리고 1426년부터는 아예 바다로 나가지

---

22) 『세종실록』 3년 6월 9일(경자).

23) 한임선 · 신명호, 「조선후기 海洋境界와 海禁」, 『동북아문화연구』 21, 2009. 14쪽의 주 28). 그런데 『大明律直解』에 대하여 정긍식 · 조지만, 「朝鮮 前期 『大明律』의 受容과 변용」, 『진단학보』 96, 2003의 217쪽에서는, "법적 효력을 가진 규범은 『大明律』 그 자체였으며 『大明律直解』가 조선시대 전체에 일반적 효력을 가진 유일한 규범으로서 받아들여졌다는 주장은 재검토되어야 한다."고 제한적인 평가를 하고 있다.

못하는 것으로 강력하게 규제하였다. 그리하여 『대명률』과 이후 수교 (受敎)에 근거하여 "私出外境貨賣及下海者 杖一百"이라 하여 사사로이 국경 근처에서 무역하거나 바다로 나간 자는 곤장 1백에 처하게 하였다. 『대명률』을 수용하여 운영하는 과정에서 해금에 대한 조항과 그 처벌에 대해서도 규제가 강화되었다. 또한 1433년 병조에선 야인과 불법적으로 물건을 매매하는 자들에 대하여 명조의 '위금하해율 (違禁下海律)'에 근거하여 처벌할 것을 청하고 있다.[24] 이로 보아 이 법이 여진에의 대응책으로 응용되어 확대하여 간 모습을 확인할 수 있다.[25]

明에서는 연해지역의 객상들이 해상 이동에 신고해야 할 증서로 우선 노인(路引)이 있었다.[26] 그런데 조선은 이 路引을 내국인만이 아니라 조선에 도항하는 왜인에게까지 지참하게 해 대일 통제 수단으로 활용하고 있으니 1411년에 이미 그 사례가 보이고 있다.[27]

명(明)의 해금정책 시행을 위한 제도로서 문인(文引)이 있다. 이에

---

24) 우인수, 「조선 후기 해금정책의 내용과 성격」, 『한·중·일의 해양인식과 해금』, 동북아역사재단, 2007, 125쪽.
25) 한편 對日관계로 보면, 세종 초기인 1423년부터 對日 사절파견에 私的인 무역행위를 금지하고 있었다. 그리고 1429년 통신사 박서생의 파견을 전후하여 무역행위의 금지가 다시 논의되었다. 즉 '講信修好'를 목적으로 파견된 對日사절이 교역의 이윤을 탐내는 것은 君命을 모욕하는 것과 같다는 인식에 근거하여, 예의의 나라로서의 조선의 이미지를 손상하지 않도록 사절의 휴대품목을 제한하고 위반자는 법에 의해 처벌할 것을 논하고 있다. 그리고 對明 사절파견에게는 이미 私貿易 행위 금지가 입법화되어 있었으므로 그것이 참조되었다. 그 결과 사절의 私的인 휴대품목이 일정량의 布物에 한정되고 金銀·銅錢·花紋席·虎豹皮 등의 휴대는 금지되었다. 1439년 통신사 고득종의 파견에 즈음해서는 사절의 私的 교역금지 細目이 입법화되었다(민덕기, 『前近代 동아시아 세계의 韓·日關係』, 경인문화사, 2007, 92쪽).
26) 한지선, 『明代 해금정책 연구』, 29쪽.
27) 한문종, 「朝鮮前期 對日 외교정책 연구: 대마도의 관계를 중심으로」, 전북대학교 박사학위논문, 1996, 67~68쪽.

대한 규정은 『대명율』 권15, 「병률(兵律)」의 '사월모도관진조(私越冒度關津條)'에 대한 『석의(釋義)』 해석에서 아래처럼 보인다.

> 모든 文引이 없이 건너는 자를 私度라고 하고, 문인이 없이 關에서 문을 경유하지 않고 또는 津에서 나루터를 경유하지 않고 몰래 다른 곳을 따라 건너는 자는 越度라고 하고, 다른 사람의 문인에서 이름을 도용하여 지니는 자는 冒度라고 한다. (중략) 越度한 자는 杖刑 100에 徒刑 3년에 처하며 이로 인하여 外境을 나간 자는 絞刑에 처한다.[28]

여기서 보듯 관문(關門)이나 나루터(津)를 이동하는데 문인의 휴대가 엄격하게 적용되고 있음을 알 수 있다. 이른바 문인 없이 이동하면 사도(私度)라 하고, 문인 없이 관문·나루터를 몰래 옮겨가면 월도(越度)라 하였으며, 문인을 도용하면 모도(冒度)라 칭하였다는 것이다. 그리고 월도하는 경우 장형(杖刑) 100에 도형(徒刑) 3년에 처하는데, 국경을 넘는 월도면 교수형에 처한다고 하니 그 엄격함의 정도를 알 수 있다.

그런데 이러한 『대명률』에 보이는 문인제도는 조선에도 그대로 적용되어 1428년에 "문인이 없이 관율(關津)을 건너는 자는 장(杖) 80을 쳤으니, 지금부터 죄를 짓고 달아나는 자 이외에는 모두 명령을 어긴 것으로 논죄하라."고 한 것을 보아 알 수 있다. 그리고 1436년엔 사송왜인(使送倭人)이 대마도주의 서계와 문인을 위조해서 내항하는 폐단을 막기 위하여 문인(文引)에 사송선의 크기와 각 선(船)의 정관(正官)·격왜(格倭)의 이름, 그리고 승선인원 등을 기재하도록 하였다. 이로서 문인에 기재될 세부항목이 정형화되었다. 나아가 이러한 문인

28) 한지선, 『明代 해금정책 연구』, 30쪽에서 재인용.

제도는 여진족에도 확대 적용되었다. 즉 1443년 함경도의 여러 진(鎭)에 살고 있는 야인들이 친족을 만나러 오는 경우 소재지 관사에서 그 사람 및 동반한 우마(牛馬)를 기록하고 기일을 한정하여 문인을 발급해 주고, 돌아갈 때에 회수하도록 요청하고 있는 것이다.[29]

이처럼 조선은 건국초기부터 『대명률』을 준용하여 사적인 출해(出海)와 무역을 통제하였다. 그리고 노인이나 문인 제도를 수용하여 대내적으로, 나아가서는 일본과 여진과의 관계에까지 이를 적용하기에 이른다. 이러한 명의 해금정책에 대한 조선의 적극적인 수용은 조선이 대명 사대정책을 버리지 않는 한 필연적인 것이었다고 여겨진다.

IV. 일본의 해금정책과 '쇄국'

일본의 해금정책은 쇄국정책으로 설명되어 왔다. '쇄국'이란 도쿠가와 막부가 일본인의 해외왕래를 금지하고 외교·무역을 제한한 대외정책으로 거기서 생겨난 '고립상태'를 가리킨다고 말해왔다. 그러나 실제로는 고립하고 있었던 것이 아니고 외교 이외에 무역의 권한을 도쿠가와 막부가 제한·관리한 체제로서 조선·유구·중국·네덜란드와는 교류가 있었다.

---

[29] 한문종, 「朝鮮前期 對日 외교정책 연구: 대마도의 관계를 중심으로」, 68~69·72쪽. 한문종은 또 문인에 대해 다음처럼 설명하고 있다. 즉 조선이 건국 초부터 明의 『大律』을 준용하여 상인에 대한 징세와 통제, 군사적인 목적 및 조선에 들어오는 여진인과 왜인에 대한 통제수단으로 文引을 이용하였다. 그리고 戶曹와 兵曹·禮曹 등의 중앙관서와 都體察使·巡問使·守令·萬戶 등의 지방관에게 주었던 문인발행권을 對馬島主에게 준 것은 대마도를 조선의 지방으로 인식하는 對馬屬州意識 내지 對馬藩屛意識의 구체적인 표현이며, 대마도와 羈縻關係의 외교체제를 유지시켜주는 중요한 요소였다(같은 논문, 70~73쪽).

'쇄국'이란 말은 도쿠가와(德川)시대 난학자(蘭學者)인 시즈키 다다
오(志筑忠雄, 1760~1806)가 1801년 번역한 '쇄국론'에서 처음으로 사용
했다. 그 이전인 1690년부터 2년에 걸쳐 일본에 머물렀던 독일인 의사
켐페르가 귀국 후에 일본에 관한 체계적인 저작의 집필에 몰두하여,
사망 후『일본지(日本誌)』(1727년 간행)가 영역 출판되었었다. 그런데
그 네덜란드어 제2판(1733년 간행) 중의 권말 부록의 마지막 장에 해
당하는 "일본에서는 자국민의 출국과, 외국인의 입국을 금지하고, 또
한 이 나라의 세계 제국과의 교통을 금지하는 대단히 당연한 이치" 라
고 하는 논문을 나가사키 데지마에서 네덜란드 어학 통역관을 지낸
적이 있는 시즈키 다다오가 번역했다. 그 때에 그는 너무 논문의 제목
이 길어 번역 본문 중의 적당한 말을 찾아서 '쇄국론'이라 이름하였다.

이 '쇄국'이란 말은 그러므로 신조어이며 실제로는 '쇄국'이란 말이
막부에서 불러지기 시작하는 것은 페리 제독이 내항하는 1853년, 본
격적으로 정착하여가는 것은 미일수호통상조약이 체결되는 1858년
이후라 일컬어진다. 나아가 일반에 보급되는 시기는 메이지시대로서,
그 이후는 도쿠가와시대 이전과 이후의 고립외교도 '쇄국'으로 불리어
지게 되었다. 그 때문에 근년의 역사학자들 사이에서는 '쇄국'이 아니
라, 다른 동북아시아 나라들에서 보이는 '해금'으로 바꿔야한다는 움
직임도 있다. 또한 최근의 교과서에서도 '이른바 쇄국'이나 따옴표를
넣어 '쇄국'이라 표기하는 경우가 많다.[30]

그렇다면 일본사에서 '해금'은 누가 제일 먼저 사용했을까. 일본인
으로서 해금이란 어휘를 최초로 사용한 사람은 19세기 초기의 유학자

---

[30] '쇄국'에 문제를 제기하여 '해금'으로 대치해야 한다는 주장은 荒野泰典(『近世日
本と東アジア』, 東京大学出版會, 1988)으로부터 시작되어, 아직도 兩者에 대한
찬반이 계속되고 있다.

아라이 하쿠세키(新井白石)로, 그는 그의 저서 『折りたく柴の記』(1716
년 간행)에서 나가사키무역의 개혁을 언급하면서,

> 게이초 6년(1601) 이후 외국 선박이 일본에 와서 무역하는 일은 아직 정해진
> 바가 없었다. 그때는 明代 萬曆期(1573~1619)로 海禁이 엄하던 때였으므로, 지
> 금처럼 唐船(중국선박)이 내항하지도 않았다. 나가사키에는 다만 서양의 番船
> (夷船)만이 와서 머물렀다. (중략) 겐로쿠 3년(1690)에 唐船의 액수는 70척으로
> 정해졌지만, 요즘에 와 淸朝 康熙帝는 海禁을 열었으므로 唐船의 내항이 200
> 척에 이르게 되었다.[31]

에도시대 초기엔 해금이 엄하게 시행되던 만력기(萬曆期)라서 중국
선박이 나가사키에 내항하지도 않았었다. 1690년엔 청조가 타이완의
반청 세력(鄭成功)을 진압한 지 얼마 안 된 시기라서 70척의 중국 선
박이 내항했지만, 요즘은 강희제가 해금조치를 더욱 이완시켜 200척
이나 내항하기에 이르렀다고 설명하고 있다.

이처럼 18세기 초 하쿠세키가 '해금'을 언급했음에도 불구하고, '해
금' 개념이 완전 일본에 정착하는 것은 조선·유구를 '통신국(通信國)',
중국·네덜란드를 '통상국(通商國)'이라고 하는 정식(定式)과 연동하
고 있었다. 막부가 이 정식을 명확히 하는 것은 러시아 사절 레자노프
(Rezanov)의 통상요구에 대응하는 19세기 초의 일이다.[32] 그렇다면
에도시대 대외체제를 이해하는 개념으로 '해금'이 '쇄국'보다 먼저 정

----

31) "慶長六年より此かた, 外國の船の來り商せし事, いまだ定まれる所もあらず. 其
比は大明の代も, 萬曆の比ほひにて, 海禁の嚴なる時なれば, 今のごとくに唐船
の來れるにもあらず. 長崎には, ただ西洋の番舶のみ來り泊りぬ. (중략) 元祿三
年戊辰に, 唐船の額數七十隻に定めらる. 此比は大淸の康熙の天子, 海禁を開か
れしかば, 唐船の來る事二百隻に及びしが故也."
32) 荒野泰典,「海禁と鎖國」,『アジアのなかの日本史 Ⅱ: 外交と戰爭』, 東京大學出版
部, 1992, 208~209쪽.

착한 것이 된다. 그러다가 19세기 중반 이후 '쇄국'으로 대치되어갔다
고 볼 수 있다.

V. 한·중·일 삼국 해금의 특징

해금정책으로 볼 때 한·중·일 삼국의 그것은 어떤 특징을 가지고
있을까? 우선 명조의 경우는 어떠했을까 파악하여 보자. 홍무제는 對
外관계의 기본방침으로서 정벌하지 않는 나라 15개국을 들고 있다.
이른바 '부정지국십오(不征之國十五)'이다. 이것은 홍무제가 조종지법
(祖宗之法)으로서 후대 황제에게 엄격히 그 준수를 명령한 「황명조훈
(皇明祖訓)」의 일부로서, 1395년경 성립되었다고 한다. 15개국 속에는
조선·일본과 남해(南海) 여러 나라도 포함되어 있으나, 중국의 '西戎'
'北狄'에 해당하는 지역은 당연하게도 제외되어 있다. 이 서융(西戎)',
'북적(北狄)' 지역은 몽골지역에 해당하기 때문이다. '부정지국십오'란
조훈(祖訓)은 원칙적으로 명대 전시기를 통해 준수되었다고 한다.[33]
이처럼 홍무제는 북원(北元)과의 전쟁이 지속되는 상황에서 주변
나라들과 발생할 수 있는 문제에 적극적인 무력행사가 어려웠다. 이
에 홍무제는 전술한 호유용의 반란 이후, 일본을 비롯한 주변 나라에
대해서 불편한 외교문제가 발생한 경우에 조공을 거부하는 '각공(却
貢)'을 통한 경제적 제재를 가하였다.[34]
명조가 조공을 장려하되 '부정지국십오'란 조훈에 충실했다면, 이는
주변세계에 대한 정치·군사적 패권주의를 지양하는 것이 된다. 그렇

---

33) 민덕기, 『前近代 동아시아 세계의 韓·日관계』, 125쪽.
34) 한지선, 『明代 해금정책 연구』, 20쪽.

다면 명대의 제한적 조공정책은 동아시아의 평화에 일정한 긍정적 영
향을 가져왔을 것이다. 이와는 반대로 16세기 중반에 있었던 후기왜
구의 창궐이 해금정책에 불만인 중국 연해지역 세력과 '각공' 당한 상
황에서의 일본의 특정세력과의 연대에 의한 것이라는 시각이 가능할
수 있다면, 명조의 해금 · 조공정책은 동아시아 세계의 경제적 공존 ·
공생과는 거리가 먼 정책이었다고 평가될 수 있을 것이다.

그렇다면 조선의 경우는 어떠한가. 다음의 『조선왕조실록』의 기사
를 살펴보자.

> a) 세종 1년 9월 21일(계해), 왜인에 대한 접대식량이 1년에 10,000여 石이 되
>   다.
> b) 세종 20년 6월 13일(을축), 금년 春夏期 대마도인 3,000명이 내항하다.
> c) 세종 21년 4월 17일(갑오), 금년 1~4월에 왜인 1,300명이 내항하다.
> d) 세종 21년 10월 21일(병신), 1년간의 왜인에 대한 접대식량이 100,000석이
>   다.
> e) 세종 22년 2월 7일(경진), 작년 商倭가 6,000여 명 내항하였다.
> f) 세조 1년 12월 8일(기유), "是歲 日本國諸處 使送倭人"이 6,116명이다.
> g) 예종 즉위년 10월 8일(갑오), 동래 · 울산 · 웅천의 田稅 3년분을 왜인 접대
>   식량(倭料)에 충당하다.

여기서 보이듯 일본인의 내항이 세종 20년대 거의 6천 명을 넘고
있다(b, e). 세조 1년에도 그러하다(f). 그런 일본인에 대한 접대로 세
종 1년에 1만여 석이(a), 세종 21년엔 열배로 커진 10만 석이 소요되고
있다(d). 예종 즉위년엔 경상도 주요 도시 조세 3년 치가 그 비용으로
충당되고 있다(g). 이러한 폭발적인 내항 일본인의 증가와 그에 따른
경제적 부담 때문에 세종대 이후 조선은 대일 통제정책을 구체화하기
시작했다. 그 결과 입국하는 일본인은 4등급으로 차등화되었다. 제1

등급은 막부의 쇼군이 파견한 일본국왕사(日本國王使), 제2는 호족세력이 파견한 거추사(巨酋使), 제3은 대마도주의 사자, 마지막으로 제4등급이 수직인(受職人)·수조서인(受圖書人)이었다.

조선의 대일관계는 이처럼 다원적이어서, 명조의 '일본국왕'의 조공만으로 대일관계를 단순 일원화한 것에 비교된다. 조선의 다원적인 대일정책이 왜구 또는 준왜구 세력을 회유하여 조선 연해민을 보호하기 위함이지만, 그러한 회유정책에 의해 한·일간의 해역은 공존·공생을 어느 정도 도모하지 않았을까 여겨진다.

그렇다면 일본은 어떠한 특징을 가졌을까. 에도시대 나가사키에서는 중국·네덜란드 상인과의 무역이 행해졌다. 그런데 무역의 형태는 사무역이었다. 나가사키의 네덜란드 상인이 거주하는 데지마나 중국 상인의 거주지 도진야시키(唐人屋敷)는, 그 운영이나 비용부담의 측면에서 조선의 부산 왜관이나 중국 복건(福建)의 유구관(琉球館, 柔遠驛)과는 전혀 달랐다. 데지마의 운영은 유력상인이, 도진야시키는 지방자치체(町)에 의해 이뤄지고 있었다. 네덜란드인이나 중국인은 방값을 내어 거주하였고, 체류 중의 모든 비용도 자기부담이었다.[35] 이는 조선이나 중국의 국가비용으로 운영된 부산 왜관이나 복건의 유구관과 다르다. 왜관이나 유구관에 머물던 대마도나 유구의 사절은 조공사(朝貢使)로 간주되어 체류 중의 모든 비용은 조선이나 중국의 국가 비용으로 조달되었다. 데지마의 네덜란드 상관장(商館長)은 매년 에도로 가 쇼군을 뵙는 것이 의무화되어 있었다. 그런데 에도 왕복에 소요되는 비용은 상관장의 자기부담이었다.[36] 이에 비해 상경(上京)

---

35) 荒野泰典,『近世日本と東アジア』, 42·223~224쪽.

36) 장순순,「近世 東아시아 外國人 居住地의 특징: 부산의 초량왜관과 長崎의 出島를 중심으로」,『全北史學』27, 2004. 62쪽. 데지마는 본래 에도막부 초기 무역기

하는 왜사(倭使)나 유구사절의 비용은 모두 조선이나 중국의 국가가
부담하고 있었다.

조선 전기에 중국이나 조선의 대일 무역은 기본적으로 조공적 무역
이었다. 조공적 무역은 주재자를 화(華)로 하고 그 대상을 이(夷)로 자
리매김하는 화이(華夷) 관념에 기초한 것이었다. 그렇기 때문에 조공
해 온 사절에 대한 모든 비용은 맞이한 나라가 부담하게 되는 것이다.
정경 일치의 원칙이 반영된 것이다. 그런데 데지마와 도진야시키에서
행해진 일본의 대외무역은 사무역이며 정경분리의 양상을 띠고 있어
화이관념이 배제된 것이라 할 수 있다. 일본의 해금과 무역이 화이관
념에 기초하지 않는다는 것은, 일본의 해금정책이 에스파냐·포르투
갈과 같은 구교(舊敎) 국가와 일본의 기독교도가 연대하여 일본에 위
협을 줄 것을 예방하기 위해 설정되었다는 것에서도 조선·명조와 궤
를 달리하고 있다. 조선·명은 정경 일치의 화이관념에 기초한 해금-
조공무역을 지향하고 있었다.

Ⅵ. 해금정책으로 보는 경계인식

홍무제는 해금정책의 일환으로 '통번(通番)', 즉 이적(夷狄)과 사통

간 동안만 나가사키에 체류하고, 상행위가 완료되면 북쪽의 계절풍을 이용하여
마카오로 돌아가는 포르투갈인을 수용하여 감시하기 위한 목적으로 1636년에 축
조한 인공 섬이었다(같은 논문, 52쪽). 조선의 왜관과는 다르게, 일본의 데지마나
도진야시키에서는 승려나 遊女(妓生) 등의 출입이 허용되었다. 또한 해당 지역에
서 중국인이나 네덜란드인이 범죄행위를 한 경우 일본 국내법에 의거하여 처리
되었다. 이는 왜관의 犯法한 일본인(대마도인)이 일본 측에 그 처벌을 위임한 것
과 다른 점이다(같은 논문, 59·61쪽).

할 가능성이 큰 연해지역을 대상으로 대규모 천사(遷徙)를 실시하였
다. 예를 들어 1386년 절강성 연해 일대의 해도(海島) 주민이 밖으로
해도(海盜)와 연결하고 안으로 서로 살상을 일삼는다는 이유로, 연해
의 46개 섬의 13,000여 호(戶)와 34만여 명을 절강의 각 주현 및 안휘
의 봉양현으로 이주시켰다. 그 다음해에도 절강의 연해지역과 주산열
도(舟山群島) 일대와 복건의 남쪽 해안지대 등지에서 천사령(遷徙令)
이 이행되었다. 이들 지역은 방국진·장사성의 잔당들의 활동 근거지
였으며 왜구와의 접촉이 용이했기 때문이었다. 명조는 연해 일대의
'하해통번(下海通番)' 하는 자들과 왜구들의 활동을 통제하고자 연해
의 생산기반을 근본적으로 파괴하고 주요 해안을 '공동화(空洞化)'시
킨 것이다.[37]

　조선의 경우도 해상 방어력과 행정력이 미치지 못함으로써 발생하
는 위험과 폐단을 방지하기 위해서 섬의 주민들을 육지로 이주시키는
조처가 조선 초기부터 시행되었다. 울릉도의 경우에서 그 사실을 잘
확인할 수 있다. 울릉도에는 태종대에 왜적이 노략질해 오는 것을 우
려해 안무사(按撫使)를 보내어 유민을 찾아내 오게 하고는 섬을 텅 비
워두게 하였던 것이다.[38]

　그런데 왜구나 해적으로부터 섬사람을 보호하기 위해 내륙으로 이
전시키거나, 무거운 신역(身役)과 세금을 피하는 등의 이유로 섬을 피
역처로 택해 도망한 유민(流民)들을 색출하여 쇄환하는 정책을 가리
키는 용어로 空島정책이라는 표현이 일반적으로 통용되어왔다. 그런
데 '공도'라는 표현은 도민(島民)에 대한 쇄환의 결과로 '섬이 비게 되

37) 한지선, 『明代 해금정책 연구』, 23~24쪽.
38) 『태종실록』 17년 2월 8일(을축); 우인수, 「조선 후기 해금정책의 내용과 성격」,
　　132쪽.

었다'는 의미가 강조된 것으로서, 일부 일본학자들은 이를 더욱 확대
해석하여 영유권의 포기를 전제로 한 것으로 사용하기도 하였다. 공
도라는 표현은 쇄환의 결과로서 나타난 섬의 현상을 지적하는 용어로
서는 한정적으로 사용할 수도 있겠지만, 당시의 정책을 표현하는 역
사적인 용어로는 한계가 있다고 할 수 있다. 더욱이 이를 영유권 포기
의 의미를 담고 있는 것으로 확대하는 것은 심각한 역사 왜곡으로 볼
수 있는 무리한 해석이라고 하겠다.[39]

그러면 해금시대 경계(境界) 인식에 대해 알아보자. 세종대 이후 조
선 수군의 해양방위는 외양(外洋)을 넘어 내양(內洋)으로 들어오는 적
을 방어하는데 집중되었고, 해외(海外) 즉 외양으로는 넘어가지 않게
되었다. '해외'는 '바다의 바깥'으로서, 사람들에게 인식된 바다야말로
곧 '해내'였다. 즉 '해외'는 '해내(海內)' 너머의 보이지도 않고 인식할
수도 없는 바다로서 조선 후기의 외양과 같은 뜻이었다. 조선시대의
자료를 살펴볼 때, 외양과 내양을 구분하는 특정한 경계선은 섬 또는
수종(水宗)이었다.[40]

여기서 수종은 수지(水旨)라고도 하는데, 그 의미는 '안력(眼力)이
미치는 곳' 또는 '바다 중에 물의 높은 곳이 마치 산에 능선이 있는 것
과 같은 것으로서, 지금의 개념으로 하면 수평선에 해당한다. 수종 즉
수평선은 고정된 것이 아니라 응시지점에 따라 달라진다. 조선시대
수종은 일반인들이 바라보는 수평선이 아니라, 봉수군들이 감시하는
수평선이었다. 즉 봉수군들의 눈에 들어오는 수종을 기준으로 수종
바깥은 외양이었고, 안쪽은 내양이었던 것이다.[41]

39) 우인수, 위의 논문, 129쪽.
40) 한임선·신명호, 「조선후기 海洋境界와 海禁」, 7·10쪽.
41) 위의 논문, 9쪽.

수종 안쪽의 내양은 해안으로부터 100리쯤 떨어진 곳까지로 이곳은 조선시대 영해로 인식되었다. 100리쯤을 넘는 바깥의 곳은 외부의 바다인 외양으로 인식되었다. 이런 인식이 있었기에, 전선(戰船)이나 병선을 외양으로 보내는 사람은 '군인을 백리 밖으로 보내 군역(軍役)을 헐하게 하는 죄에 준해 곤장 백대에 처하고 충군하는(犯者 依縱放軍人 出百里外 空歇軍役律 杖一百 充軍)' 처벌이 시행되었다. 이렇듯 조선시대 내양과 외양을 구분하는 기준으로서의 수종은 육지의 국경선과 마찬가지로 개인이 함부로 넘을 수 없는 금지선이었다.[42]

VII. 맺음말

센가쿠 열도(尖閣列島, 중국명 釣魚島) 영유권을 둘러싸고 일본에 압력을 가하던 중국은, 2010년 9월 하순 희토류란 금속의 대일 수출을 전면 중단하겠다고 선언했다. 첨단제품 제조에 필수적인 희토류의 공급 중단 선언에 일본은 결국 굴복하여, 센가쿠 열도에서 일본 순시선을 들이받은 중국어선의 선장을 재판에 회부하지 않고 즉각 석방했다.

여기서 보인 중국의 대응은, '지대물박(地大物博)'한 중국과 교역하고 싶으면 사무역이 아닌 조공무역의 형식과 자세를 갖추지 않으면 허용하지 않겠다는 중국의 전통적 화이(華夷) 자세를 연상하게 한다.

그런데 명대의 해금정책은 대내적으로는 중국인의 출국 금지로 나

---

[42] 위의 논문, 13~14쪽. 그러나 이 水宗에 대하여 『숙종실록』 20년 8월 14일조(기유)에선 "바다 가운데 물이 부딪치는 곳이니, 육지의 고개가 있는 데와 같은 것이다(海中水激處, 猶陸之有嶺也)."라고 정의하고 있어 구체적인 추후 검토가 필요할 것으로 보인다.

타났지만, 대외적으로는 조공무역 지상주의로 표출되었다. 이로 인해 중국과 주변국가 간에는 조공이라는 정치적 행위를 전제로 한 제한적인 교역과 교류가 가능하게 되었다. 만약 전면적인 개방과 활발한 교류가 경제적 · 문화적 격차를 메울 수 있는 촉매가 된다는 가정이 성립될 수 있다면 명 · 청대의 해금정책은 근세 동아시아 세계를 역행시킨 정책으로 부정적인 평가가 가능할지 모르겠다. 반대로 주변세계에 대한 패권주의적 무력행사 대신 조공을 장려했다는 점에서는 긍정적인 평가도 가능하겠다.

한편 조선의 해금정책은 명조의 영향을 크게 받고 있었다. 그렇지만 자국민의 해외도항에 대해서는 명조처럼 금지하나, 일본인이나 야인에 대해서는 일정 조건이 구비되면 사절이 아닌 민간인이더라도 내항을 허락하고 있다는 점에서 명조와 다르다.

일본의 해금정책은 17세기 중반에 이르러서야 그 체제가 완성된다. 이는 시기적으로 중국에서 14세기 후반, 조선에선 15세 초반에 시작되고 구체화하는 것과 비교된다. 또한 조선과 명조와는 그 내용이 다르게, 일본의 해금은 대외적으로 조공무역이 아닌 사무역을 동반하고 있으며 화이인식이 배제되었다는 점이 주목된다. 그런 만큼 에도시대의 대외체제를 '쇄국'이 아닌 '해금'으로 오로지 설명하는 데엔 한계가 있을 것이다.

만약 산성(山城)을 농성적 교두보이며 평성(平城)을 확장적 교두보라고 한다면, 해금정책은 산성과 같은 이미지로 설명할 수 있을 것이다. 해금정책에서 보이는 '공도 정책'의 경우, 결코 평성과 같은 측면에서의 설명이 곤란할 것이기 때문이다. 동남아시아의 화교가 명 · 청대의 국가권력으로부터 배제된 것도, 17세기 중반 동남아시아의 저팬타운(니혼마치, 日本町)의 일본인이 에도시대 일본과 유리된 것도 해금정책에서 설명될 수 있다. 그런 점에서 해금정책은 확장적 이미지는 가질 수 없을 것이다. 이로 비추어 볼 때 근대적 서양열강의 침략 이전인 동북아시아 근세의 해금정책은 동북아시아를 정태적으로 유지케 하지 않았는가 여겨진다.

　본 논문은 머리말에서도 밝혔듯이, 16세기 이후의 중국이나 조선의 해금정책에 대해 검토하지 못하고 있다. 그런 만큼 해금정책이 근세 동아시아 세계에 어떤 영향을 주었는지, 국가 사이의 경계인식에 어떤 의미를 끼쳤는지에 대한 보다 구체적인 검토를 다음 기회로 미루고자 한다.

일본과 바다

하네다 마사시(羽田 正)

Ⅰ. 들어가며

일본열도의 정치권력은 열도를 둘러싼 바다를 자신들이 관할하는 공간이라고 생각했을까. 그들은 또 바다 건너편에서 온 사람들과 어떠한 관계를 구축하려 했을까. 같은 시기 세계각지의 정치권력과 바다의 관계와 비교했을 때 어떤 점이 공통되고 어떤 점이 달랐을까. 이것이 본고의 주제이다. 대상으로 하는 시대는 대략 17세기와 18세기의 약 200년 동안인데, 그 중에서도 특히 이 두 세기에 걸친 정치권력의 자세가 확립되는 17세기 전반을 중심으로 다루고자 한다.

이 200년에 앞선 16세기 말 무렵까지 일본열도 각지에는 유력자가 할거하며 서로 세력 확대를 노리고 격렬한 투쟁을 벌이고 있었다. 남북으로 늘어져 있는 이 길쭉한 열도 전체의 정치권력을 누가 장악하고 있는지, 적어도 외부에서 온 이는 잘 알지 못했을 것이다. 1600년 이후 이러한 상황은 일변한다. 에도(江戶)에 도쿠가와(德川) 씨에 의한 통일정권이 탄생하고, 도쿠가와 쇼군이 열도를 통치하는 것이 명

백하게 되었기 때문이다. 도쿠가와 정권은 오늘날의 일본 영토 중에
서 홋카이도(北海道)를 제외한 전역을 그 지배하에 두었다.[1] 도쿠가
와 정권의 특징은 중앙정부인 막부와 번(藩)으로 대표되는 개별 영주
(지방정부)에 의한 연방제적 정치체제이다(일본어로 '막번체제(幕藩體
制)'라고 한다). 일본열도 각지의 다이묘가 영주로서 자신의 소령(所
領, 토지와 주민)을 지배하는 한편, 쇼군은 통일권력자로서 그들을 통
합했다.[2] 도쿠가와 씨에 의해 직접통치가 이루어진 지역을 제외하면,
사람들은 번주(藩主)와 쇼군이라는 두 명의 권력자를 우러러보고 있
었던 셈이다.[3] 열도사회 각지에서 권력의 형태, 법과 관습은 미묘하
게 달랐다. 예를 들어 이 시대 일본열도의 법은 막부 법과 각 번이 정
한 법, 그리고 도시나 마을 주민에 의한 생활 · 생업을 유지하기 위한
법 등이 중층적 · 다원적으로 존재하고 있었다. 당연한 일이지만 현대
의 주권국가와는 달리 권력과 법의 일원화는 이루어지지 않았다.

그러나 대상을 해외와의 관계로 좁히면 지방정부의 존재는 갑자기
무대 뒤로 물러난다. 외교만은 도쿠가와 통일정권의 전권사항이었다.
물론 정권성립 당초부터 그렇게 정해져 있었던 것은 아니다. 17세기
의 한 세기에 걸쳐 도쿠가와 정권은 「일본형 화이질서(日本型華夷秩
序, 일본형 소제국)」라고 불리는 독특한 구조를 만들어냈다.[4] 그 결과
해외 여러 국가나 사람들과의 교섭을 거의 막부가 독점적으로 장악하

---

[1] 그러나 오키나와에는 도쿠가와 정권과 대륙의 명 · 청 쌍방에 신종(臣從)하는 반
(半)독립 정권 류큐(琉球)왕국이 존재했다.

[2] 쇼군 자신이 최대의 소령을 가진 다이묘이기도 했다는 점에 주의해야 한다. 小倉
宗, 「近世の法」, 『岩波講座 日本歴史 12: 近世 3』, 岩波書店, 2014, 175쪽.

[3] 그 밖에 교토에 천황과 공가(公家)의 존재가 있었는데, 그것이 현실 정치나 사회
에 미친 영향은 매우 제한적이었다.

[4] 荒野泰典 · 石井正敏 · 村井章介 편, 『日本の対外関係 5: 地球的世界の成立』, 吉川
弘文館, 2013, 36~47쪽.

게 되었다.

　본고에서는 먼저 도쿠가와 정권 이전의 16세기 후반의 일본 근해 상황을 살펴보고, 그것이 17세기 초반 도쿠가와 정권의 성립과 함께 어떻게 변화해갔는지를 밝힐 것이다. 다음으로 그 과정에서 도쿠가와 정권이 자신들의 정치적 권한('주권'이라는 개념에 꽤 가까운)이 미치는 범위를 어떻게 규정했는지, 또 사람들을 어떻게 자신의 관할 하에 두려고 했는지에 대해 설명하고자 한다.

Ⅱ. 열린 바다와 통일 정권

1. 16세기 중엽의 동중국해 교역과 포르투갈인의 진출

　16세기 중반이 지날 무렵 일본열도와 중국대륙 사이에 위치한 동중국해에서는 왜구라고 불리는 해적집단이 발호하고 있었다.[5] 왜구란 글자 그대로 일본열도에서 한반도와 중국대륙을 침략한 집단의 의미이다. 그러나 여기서 말하는 16세기 왜구는 오히려 절강(浙江)·복건(福建)·광동(廣東) 등 중국대륙의 연안지역 출신자들이 다수를 차지하고 있었다고 한다.[6] 일본열도를 비롯하여 동중국해에 면한 여러 지역 사람들이 언어나 출신지의 차이를 넘어 도당을 조직하여 동중국해나 중국연안 각지에서 약탈과 폭행을 일삼았던 것이다. 명목적으로는

---

[5] 이 시대 동중국해·남중국해의 동정을 개관한 최신의 연구로 이하를 참조. 「第Ⅱ部 せめぎあう海: 1500-1600年」, 羽田正 편, 『海から見た歴史』, 東京大學出版會, 2013, 107~183쪽.

[6] 『明史』는 "왜구 중 진짜 왜인은 10명 중 3명 정도이고, 나머지 7인은 이를 따르는 무리들이다"라고 서술하고 있다(券322, 例傳第210, 外國3, 日本 嘉靖 25年).

일본열도 전체를 지배하는 정권인 무로마치(室町) 막부도, 열도 각지
에 존재하는 지방영주들도 모두 왜구를 단속할 만큼의 군사력을 갖고
있지 못했다.

왜구가 맹위를 떨친 이유는 몇 가지 있다. 먼저 그 배경으로서 이
시기 중국대륙을 지배했던 명나라에 의한 무역통제를 들지 않을 수
없다. 명은 해외상인과 명조 신민의 자유로운 상거래를 금지하고 명
조 궁정을 찾은 조공사절에 동반한 상인의 무역(조공무역)만을 인정
했다. 이는 명조 궁정에서 유력했던 세계관에 근거하여 천하를 화(華)
와 이(夷)로 나누고, 이의 군주가 화의 중앙(中華)에 위치하는 명조 황
제의 덕을 우러러 공물을 바치고, 그에 대해 황제가 은사(恩賜)를 베
푸는 이상적 형태를 실체화한 무역 형식이다. 일본의 무로마치 막부
와의 합의로 이루어진 감합(勘合)무역도 명조 궁정에서 보면 조공무
역의 일종이었다. 간단히 말해서 국외와의 무역은 모두 정부 관리 하
에서 이루어져야 한다는 것이다.

이러한 것은 당시 세계에서 다른 사례를 찾아볼 수 없는 정부에 의
한 관리무역체제였다. 시대는 1세기 뒤의 일이지만 '관리무역'이라는
점에서 17세기 중반 크롬웰 시대의 영국정부의 항해조례가 이와 비슷
한 상황을 만들어내려 했다고 할 수 있을지도 모른다.

어쨌든 이 같은 무역이 원활하게 이루어지기 위해서는 두 나라의
정부가 모두 강력하여 지배하에 있는 사람들의 해외 상업 활동을 확
실하게 관리 · 통제할 필요가 있었다. 그러나 16세기가 되면 무로마치
막부의 정치력 · 군사력이 쇠퇴하여 '일본국'을 대표해서 명조와 무역
을 하는 주체가 누구인지 잘 알 수 없는 사태가 발생했다. 조공 이념
을 실체화하는 무역이 불가능하게 된 것이다. 당연하게도 명조는 일
본과의 무역을 금지했다. 그러나 뒤에서도 서술하듯이 이 무렵 일본

열도와 대륙의 교역은 이전보다 훨씬 커다란 이익을 낳게 되었다. 공적으로는 금지되었지만 민간 상인이나 뱃사람들은 정부의 허가 없이 밀무역에 손을 댔다. 그러나 그것은 명조의 입장에서는 인정할 수 없는 반역이자 해적행위였다. 왜구들은 엄격한 규제를 빠져나가며 교역활동을 했고 경우에 따라서는 대륙연안의 항구나 집락을 침략하기도 했다. 이것이 이 시기 왜구의 실태이다.

　일본열도와 중국대륙의 교역이 16세기에 커다란 활황을 맞이했던 것도 왜구가 창궐한 이유 가운데 하나이다. 이 세기의 전반에 이와미(石見)를 비롯하여 일본열도 각지에서 은산이 개발되었고, 때를 같이해서 회취법(灰吹法)이라고 불리는 새로운 은 정련법이 도입되었다. 이로써 일본열도의 은 생산량은 비약적으로 증가했다. 대량의 은을 사용하여 생사, 견직물, 도자기 등과 같은 인기가 많은 중국산 상품을 구매하려는 유력자들(다이묘, 무사, 상인)이 일본열도 각지에서 나타났다. 한편 중국대륙에서는 북방의 몽골과의 전선에 필요한 군수물자 구입과 수송을 위해 명조 정부는 많은 양의 은을 필요로 했다. 일본열도와 중국대륙이 모두 서로에서 생산된 물자를 필요로 하는 대규모 교역 조건이 완비되었다. 왜구는 이러한 상황을 놓치지 않고 정부 관할 밖에서 교역활동을 활발하게 전개해 큰 이익을 얻은 것이다.

　16세기 전반 유라시아 동쪽 바다로까지 진출한 포르투갈 상인과 선원들도 이 상황을 알고 상당수가 일본열도와 중국대륙 간의 교역에 몸을 던졌다. 그들 중에는 왜구와 한패가 되거나 서로 협력하면서 동중국해에서 활동하여 거대한 부를 축적한 사람도 나타났다. 실제로 포르투갈인의 일본열도 도래는 왜구와 연대하는 바가 컸다. 포르투갈인은 1543년 처음 일본열도에 그 모습을 드러냈는데, 그들을 태우고 규슈 남쪽에 위치한 다네가시마(種子島)에 표착한 배는 왜구의 두목

인 왕직(王直)의 것이었다고 일컬어진다.[7] 왕직은 규슈 서부에 있는
히라도(平戶)에 거점을 두고 있었는데, 1550년 이 항구에 포르투갈 선
박이 처음으로 모습을 드러낸 것도 왕직의 안내에 의한 것이었다.

그러나 포르투갈인이 왜구와 결정적으로 달랐던 점이 있다. 그것은
그들이 항상 가톨릭 성직자와 행동을 함께 했다는 사실이다. 가톨릭
성직자는 가톨릭 신자인 포루투갈인이 일상생활에서 필요로 하는 여
러 가지 종교의례를 주재했을 뿐만 아니라 방문한 곳에서 현지 사람
들의 교화를 적극적으로 시도했다. 이베리아 반도 국가들이 해외진출
에 착수한 15세기, 로마교황은 아프리카에서 인도에 이르는 새로운
발견지의 크리스트교 포교를 장려하기 위해 포교보호자의 권리를 수
여하는 내용의 칙서를 포르투갈 국왕에게 하사했다. 포교보호자란 새
롭게 획득한 해외영토에서 교회의 건축과 유지, 성직자의 생계 보장
등 크리스트교 포교에 필요한 여러 조건을 갖추는 군주를 말한다. 그
리하여 포르투갈 선박에 승선하여 해외의 신영토로 향한 가톨릭 성직
자는 포교보호자인 포르투갈 국왕의 비호 아래 현지에서 포교 활동에
종사했다.

16세기 중엽 규슈 각지에는 반쯤 자립한 제후(다이묘)가 할거했다.
그들에게 고급스러운 중국대륙의 상품과 새롭게 전해진 철포에 필요
한 납과 초석을 입수할 수 있는 포르투갈인과의 교역은 대단히 매력
적인 것이었다. 그들은 어떻게 하면 포르투갈 선박을 자신의 영지 안
의 항구로 끌어들일 수 있는지 숙지하고 있었다. 성직자=선교사의 체
재와 영내 포교를 허락하면 문제가 없었다. 포르투갈 선박의 내항과
가톨릭 성직자의 내방은 한 묶음으로 이해되고 있었다. 규슈 각지의

---

7) 이때 일본열도에 처음으로 철포가 전해졌다. 中島樂章, 「鐵砲傳來と倭寇」, 荒野·
石井·村井 편, 『地球的世界の成立』, 186~199쪽.

다이묘가 앞을 다투어 가톨릭을 받아들인 최대의 이유는 그것이 해외 교역과 일체가 되어있었기 때문이다.

그런 의미에서 오무라 스미타다(大村純忠)라는 다이묘가 1580년 영내의 항구 나가사키를 예수회에 기진한 일은 주목할 만하다. 포교를 위해 안정된 거점을 확보하려는 예수회와 포르투갈 선박의 정기적인 내항을 바라는 오무라의 이해가 일치한 것이다. 인도양 주변의 많은 지역에서 현지 정치권력이 유럽인들에게 편의를 제공한 일이 자주 있었는데 그와 같은 현상이 일본열도에서도 일어나고 있었던 것이다.

2. 통일정권의 탄생과 주인선무역

명나라 정부는 동중국해 연안의 유력자들의 요망을 받아들여 1567년 해금정책을 완화하고 화인(華人) 상인의 해외 출항을 허락했다. 그러나 왜구의 거점으로 간주된 데다 통일정권도 존재하지 않았던 일본으로의 도항이나 일본 상인의 내항은 인정되지 않았다. 때문에 일본열도와 중국대륙 간의 교역은 여전히 화인 밀무역 상인이나 마카오를 거점으로 하는 포르투갈 상인의 손을 거치는 경우가 많았다. 단 화인 상인이 동남아시아 각지로 출항하게 되었기 때문에 일본 상인이 동남아시아로 가면 그곳에서 화인 상인과 직접 거래하는 것이 가능했다. 이 때문에 16세기 말 무렵이 되면 동남아시아 방면을 향해 출항하는 일본배의 수가 급격히 증가했다. 1597년 일본을 방문한 피렌체 상인 칼레티는 "일본인은 모든 수단을 동원해 커다란 위험을 무릅쓰고 다양한 지역으로 흘러들어갔다"고 기록하고 있다.[8]

---

[8] Elisabetta Colla, "16th Century Japan and Macau Described by Francesco Carletti (1573?-1636)", *Bulletin of Portuguese-Japanese Studies,* vol.17, 2008, p.123, note32.

일본열도에 통일정권이 탄생하는 것은 바로 이 무렵의 일이었다. 예수회 수도사 발리냐뇨(Alessandro Valignano)가 "(本州에) 53개의 왕국이 있다"라고 보고한 1580년에서 채 10년밖에 지나지 않은 1590년, 홋카이도를 제외한 일본열도의 대부분은 도요토미 히데요시에 의해 정치적 · 군사적으로 통일되었다. 히데요시는 1588년 해적정지령을 내려 일본열도와 주변 해역에서 약탈행위를 금지했다. 이는 주로 열도의 질서 안정을 목적으로 한 것으로, 세토나이카이(瀨戶內海) 등 일본열도의 내해나 주변에서의 해적행위를 금지하는 데 중점이 있었다. 그러나 그것은 동시에 왜구 활동을 진정화시키는 점에서도 일정한 효과가 있었다. 이 정지령은 일본의 정치권력이 점차 해상의 질서유지에도 눈을 돌리기 시작했다는 점에서 주목할 만하다. 또 히데요시는 해외 교역을 통제하기 위해 1592년 해외로 도항하는 배가 히데요시의 허가증(朱印狀)을 받도록 명했다. 칼레티가 나가사키에서 본 일본인 상인의 대부분은 이 주인장을 갖고 해외 각지로 향하는 사람들이었을 것이다. 이러한 시책은 왜구 활동에 확실하게 타격을 주었다. 중국대륙의 상품을 구입하기 위한 합법적인 수단이 만들어졌기 때문이다. 이리하여 일본열도에 통일정권이 성립함과 동시에 왜구 활동은 점차 종언을 맞이했다.

히데요시가 사망한 뒤 1600년 세키가하라 합전(關ヶ原合戰)을 거쳐 도쿠가와 이에야스가 통일정권을 수립했다. 이에야스는 히데요시가 시작한 주인장 발행이라는 방법을 통해 해외 교역을 자신의 관할 하에 두려고 했다. 히데요시가 만년에 감행한 한반도 출병 당시 조선을 지원해 일본군과 싸운 명조는 일본에 대한 강한 불신감을 갖고 있어 일본과의 직접교역을 여전히 엄격하게 금지하고 있었다. 때문에 주인장을 지닌 많은 선박(이러한 배를 '주인선'이라고 부른다)은 중국대륙이나 한반도가 아니라 타이완, 마닐라, 하노이, 호이안, 파타니, 아유

타야 등 주로 동남아시아 각지로 향하여 중국대륙에서 생산된 생사와 비단, 그리고 동남아시아 현지 산의 상어가죽, 사슴가죽, 염료, 도자기, 사탕 등의 상품을 가지고 돌아왔다. 일본산 은이나 동, 동전 등이 지불에 사용되었다.

주인선무역 제도가 정지된 1635년까지 약 30년 동안에 350척 이상의 배가 주인장을 갖고 해외로 도항했다. 주인장의 수급자는 105명이었다. 도쿠가와 정권 지배하에 있는 일본인 상인, 다이묘, 무사가 주인장을 받은 것은 물론, 일본에 거주하는 화인, 포르투갈인, 네덜란드인 등에게도 주인장이 발급되었다. 그 수는 23명에 이른다. 주인장은 일본에서 해외로 도항하는 교역선에게 발급된 것으로, 일본인만을 대상으로 한 것이 아니었다.[9] 이 시점에서 도쿠가와 정권이 관할 하에 두려고 한 것은 사람이 아니라 배와 그 화물이었다. 주인선은 선박 출입을 관리하기 쉽고 또 무역에서 발생하는 이익을 손쉽게 거두어들이기 편리하도록 반드시 도쿠가와 정권의 직할령인 나가사키에서 출항하고 귀항할 것이 요구되었다. 나가사키에는 일본 각지에서 모여든 상인을 비롯하여 화인, 포르투갈인 등 다수의 외국인이 거주하면서 해외 교역에 종사했다. 17세기 초 나가사키에서는 아시아 여러 지역의 항구도시들과 마찬가지로 다종다양한 사람들이 서로 어우러져 살며 일하는 광경을 볼 수 있었을 것이다.[10]

---

[9] 荒野泰典 편, 『江戸幕府と東アジア』, 吉川弘文館, 2003, 29~32쪽.

[10] 이 같은 상황은 1609년에 네덜란드, 1612년에 영국 동인도회사 상관이 설치된 히라도에서 보다 명확하게 발견할 수 있다. 예를 들어 영국 동인도회사에서는 일본인 외에 스페인인, 조선인 등이 통역으로 활동했고, 공통어로서 스페인어와 말레이어가 사용되었다고 한다. 石本薰, 「平戸イギリス商館をめぐる人々: jurebassoの様相」, 九州大學21世紀プログラム(人文科學), 「東アジアと日本: 交流と變容」, 九州國立博物館設立準備室 공편, 『東アジア海域における交流の諸相: 海賊・漂流・密貿易』, 2005, 63~67쪽.

한편 주인선을 타고 동남아시아 각지로 건너간 일본인 가운데는 그대로 현지에 남거나 현지를 거점으로 일본에서 오는 상인들과 교역하는 사람도 생겨났다. 각지에 일본인마을(日本人町)이 생기고, 일본에서 오는 배와 승조원에게 각종 편의가 제공되었다.[11] 해외 교역이 왕성하여 화인, 인도계, 유럽계 사람들의 커뮤니티를 많이 볼 수 있었던 동남아시아에서 이러한 것은 오히려 당연한 현상이었다. 1625년 마닐라에서 마카오로 향하던 포르투갈 선박이 중국대륙 연안의 정해(靖海)에 표착했을 때의 기록에 따르면 승조원과 승객을 합쳐 200명 이상의 사람들 가운데 일본인이 69명을 차지했다고 한다.[12] 일본인은 일본과 동남아시아 각지를 왕래했을 뿐만 아니라 동중국해와 남중국해 각지의 항구도시 사이의 교역에도 참여하고 있었던 것이다. 이처럼 16세기 말부터 17세기 초에 걸쳐 일본열도는 서남방향의 바다를 향해 열려있었고, 바다를 넘어 연결된 교역 네트워크를 통해 동남아시아 각지와도 긴밀한 관계를 맺고 있었다.

III. 쇄국과 영역 · 사람의 관리

1. 네덜란드 동인도회사의 일본 진출과 사략(私掠): 공간의 관리

일본열도가 해외를 향해 열려 있던 1609년, 두 척의 네덜란드 동인

---

[11] 동남아시아의 일본인마을에 대해서는 岩生成一, 『南洋日本町の研究』, 岩波書店, 1966; 동, 『續南洋日本町の研究』, 岩波書店, 1987 참조.

[12] Timothy Brook, *Vermere's Hat. The Seventeenth Century and the Dawn of the Global World*, 2008.

도회사 선박이 히라도에 입항하여 성립된 지 얼마 되지 않은 도쿠가
와 정권에게 정식 교역허가를 요구했다. 도쿠가와 이에야스는 이를
받아들여 히라도에 상관 설치를 허용했다. 일본의 해외무역은 새로이
중요한 참가자를 맞이했던 것이다. 하지만 당시 네덜란드 동인도회사
는 아직 일본을 대상으로 유력한 상품을 확보하지 못한 상태였기 때
문에 실제는 마카오와 나가사키 간 무역에 종사하는 포르투갈인의 선
박을 종종 '사략'이라는 구실로 습격하여 하물을 약탈하는 데 경주하
고 있었다. 당시 네덜란드 본국은 합스부르크가에서 막 독립한 상황
으로, 포르투갈 국왕을 겸하는 합스부르크가와는 적대관계에 있었다.
따라서 동인도회사는 네덜란드 정부를 위하는 명목으로 포르투갈선
박을 습격하는 사략행위가 가능하다고 생각한 것이다.[13]

　그러나 사략은 어디까지나 서유럽의 국제체계와 수역에서만 유효
한 사고방식이어서, 그것이 과연 서유럽 수역 외에서도 유효한 것인
지에 대해서는 서유럽에서도 아직 통일된 견해가 없었다.[14] 더구나
도쿠가와 정권이나 명조와 같은 당시 유라시아 동부의 강력한 정치권력
이 자신들의 권력이 미치는 공간에서 그와 같은 사략행위를 용인할지
어떨지도 여전히 불투명했다. 이 때문에 17세기 전반 네덜란드 동인
도회사와 도쿠가와 정권(에도막부. 이하 '막부'라고 한다[15]) 사이에서

---

[13] Adam Clulow, *The Company and the Shogun. The Dutch Encounter with Tokugawa
Japan,* Colombia University Press, 2014. 하나하나 주기하지 않지만, 이하의 논술은
대부분 이 흥미로운 서적에 의한 것이다.

[14] 1603년 네덜란드 동인도회사 선박이 싱가포르 해협에서 포르투갈 선박 Santa
Catalina에 사략행위를 했다. 국제법의 창시자로서 유명한 그로티우스는 이것이
법적으로 정당한 행위임을 논하고 서유럽 수역 외에서도 네덜란드 동인도회사
선박이 '합법적으로' 포르투갈 선박을 습격하는 하는 것이 가능하다고 주장했다.
이후 적어도 네덜란드 동인도회사 내부에서는 동인도에서 사략행위를 하는 것
이 합법적이라는 이해가 유력하게 되었다(Clulow, pp.149~151).

[15] '막부'라는 말은 17~18세기에는 거의 사용되지 않았다. 이 단어가 황국사관과 강

사략 개념을 둘러싸고 몇 차례에 걸쳐 이야기가 오갔다. 그 결과 그 뒤 오랫동안 계속된 에도막부의 해상 공간 관리 원칙을 결정되었다. 크룰로(Clulow)의 연구에 따라 그 경위를 순서대로 살펴보도록 하자.

1) 1615년

Santo Antonio라는 이름의 포르투갈 선박이 고토(五島)열도 남서쪽에 위치한 단조(男女)군도의 메시마(女島) 주변에서 포획되어 히라도로 연행되었다. 당시는 메시마 주변 해상까지가 막연하게나마 일본 정권의 권한이 미치는 범위로 간주되었기 때문에 나가사키의 포르투갈인들은 쇼군이 관할하는 수역에서의 네덜란드 선박에 의한 습격은 해적행위이며 부당한 것이라고 막부에 호소했다.

'사략'이라는 개념의 인정 여부를 떠나 나중에 끼어들어 교역의 경쟁 상대가 된 데다 신앙도 다른 네덜란드인은 포르투갈인이 볼 때 명확한 적이었다. 그들은 습격에 대한 보상을 네덜란드 동인도회사에게 명할 것을 막부에 재촉했다. 이에 대해 네덜란드 측의 명분은 포르투갈은 네덜란드의 적이기 때문에 자신들의 행위는 사략으로서 네덜란드 총독이 인정한 바이고, 설사 그러한 행위가 쇼군이 관할하는 공간 안에서 일어났다고 하더라도 이번 일로 쇼군에게 어떠한 폐도 끼치지 않았다는 두 가지 점이었다.

'사략'이라고 하는 그때까지 일본에는 없었던 개념을 막부가 어떻게 이해하고 인정했는지, 또 막부가 자신의 관할 하에 있지 않은 제3자

하게 관계를 갖고 있으며, 에도시대 말기가 되어서 유행했고, 메이지 이후에 일반적으로 정착한 점에 대해서는 渡邊浩, 『東アジアの王權と思想』, 東京大學出版會, 1997, 1~5쪽. 본 논문에서는 막부라는 단어에 그와 같은 의미와 배경이 있다는 것을 전제로 하며 이 말을 사용한다.

사이의 해상 분쟁에 대해 어떤 결정을 내릴지, 이는 매우 흥미로운 법적 분쟁이었다. 그러나 막부는 포획된 포르투갈 선박의 주인장 소지 여부를 물은 뒤 주인장이 없다는 사실을 확인하자 선박, 사람, 화물을 모두 네덜란드에게 내주도록 판결을 내렸다. 간단한 결정이었다. 막부는 사략 시비에 대해서는 판단을 하지 않았다. 중요한 것은 자신들의 권위와 체면이 손상되었는지 여부였다. 만약 San Antonio호가 주인장을 소지하고 있었다면 막부의 대응은 전혀 달랐을 것이다. 그러나 막부가 자신의 직접적인 지배하에 있지 않는 사람들 사이의 해상 분쟁에 대해서도 판단을 내리고, 분쟁 당사자들이 그 판결을 받아들였다는 사실은 중요하다. 그것이 선례가 되어 이후 일본 근해 해상에서의 사건은 비록 그것이 외국인 사이의 일이라고 하더라도 막부에 호소하고 판단을 요구하는 것이 관례화되었기 때문이다.

2) 1617년

네덜란드인의 약탈행위로 인해 피해를 입은 것은 포르투갈 선박만이 아니었다. 중국대륙 각지와 마닐라 사이를 왕복하는 화인 정크선도 공격을 받았다. 화인은 공식적으로는 네덜란드인의 적이 아니었다. 그러나 네덜란드인은 자신들의 적인 스페인 세력을 마닐라에서 쫓아내는 이유를 들어 화인 소유의 선박을 공격했다. 1617년에는 적어도 7척의 정크선에서 약탈한 대량의 은, 상품, 포로를 네덜란드 선박이 히라도 상관으로 가져들어왔다.

히라도에 거점을 두고 있던 유력 화인들은 막부에 네덜란드인의 무법을 호소했다. 그러나 막부는 습격이 자신의 관할 밖 해상에서 발생한 것이기 때문에 양자의 분쟁에 개입하지 않을 것을 알려왔다. 필리핀 근해에서 발생한 안건은 그 해역을 관할하는 정권에게 호소하라는 것이다. 이것은 화인들을 실망시키는 대답이었다. 그러나 실은 이때 막부는 필리핀 근해는 자신들의 관할 밖이지만 만약 관할 해역에서 이 같은 사건이 발생할 경우 그 주장을 받아들여 배상을 명할 것을 명언하고 있었다. 이념적으로 자신의 체면을 지키는 데만 만족하는 것이 아니라 외국인끼리의 분쟁에 대해서도 그것이 자신의 관할 하에서 발생했을 경우 정권은 어떤 식으로든 판단을 내리고 그것을 실행에 옮길 것이라는 자세를 분명히 한 것이다. 이처럼 범위는 명시되지 않았지만 막부가 일본열도 근해의 일정한 공간을 관할 하에 두고 그 곳에서 발생한 분쟁 일반을 판가름한다는 이해가 생겨났다.

3) 1621년

이 해 9월 막부는 한 통의 로쥬봉서(老中奉書)를 규슈 다이묘들 앞으로 발포했다. 봉서는 5개조로 이루어져 있었다. 그 중 1조에는 "네덜란드와 영국은 일본 부근 해상에서 '바한(ばはん)'을 행해서는 안 된다"고 되어 있었다. '바한'이란 당시의 용어로 '해적'이라는 의미이다. 이 봉서를 보는 한 네덜란드인의 '사략' 개념은 결국 막부에게 받아들여질 수 없는 것이었다. 스스로 관할하는 해상에서 다른 선박을 습격하는 행위는 모조리 '바한'이며, 이를 강력하게 금지하는 것이 정권의 명확한 태도였다.

이 봉서의 의미는 막부가 단지 해상 분쟁이 일어났기 때문에 그것을 심판하는 것이 아니라 분쟁 그 자체를 방지하기 위한 조치를 강구했다는 점에 있다.[16] 막부는 일본열도 근해의 치안을 유지하는 것을

---

[16] 그 외에 일본인을 해외로 데리고 나가는 것을 금지했다. 이는 자신이 보호해야 하는 인간을 쇼군이 어떻게 이해하고 있었는지를 알 수 있는 점에서 흥미롭다. 이에 관해서는 후술.

자신의 역할이라고 생각했다. 다시 말하면 이때 막부(일본정부)는 일본열도 근해까지 주권이 미친다는 사실을 명백하게 선언한 것이다.[17] '일본 부근 해상'이 구체적으로 어디까지를 의미하는지에 대해서는 명확한 기술이 없다. 앞에서 말한 것처럼 서쪽의 경계는 막연하게나마 고토열도 남서에 위치한 단조군도의 메시마 주변이었다고 여겨지지만, 사례마다 개별적으로 판단했을 것이다.[18] 중요한 사실은 이때 이후 막부가 육상뿐만 아니라 자신들의 권한이 미치는 해상의 질서와 치안에 대해서도 책임을 지는 일이 당연하다고 생각하게 된 점이다. 일본의 정권은 항구의 배와 화물을 관리하는 것은 물론 육상과 마찬가지로 해상 공간도 자신들의 관리 하에 놓여있다는 사실을 분명히 인식했다.[19]

---

[17] 아라노 야스노리(荒野泰典)는 이 현상을 "무위(武威)의 사정(射程)을 확인했다"고 표현하고 있다. 荒野泰典, 「海禁・華夷秩序體制の形成」, 荒野・石井・村井 편, 『地球的世界の成立』, 133쪽.

[18] 아라노 야스노리는 타이완이 도쿠가와 정권의 주권 밖에 있었던 것은 명확한 사실이기 때문에 당시 '국경'은 타이완과 야에야마제도(八重山諸島) 사이에 설정되었다고 말한다(荒野泰典, 위의 논문, 133쪽). 그러나 에도막부의 통치권의 성격은 반독립의 류큐왕국과 혼슈(本州)・규슈・시코쿠(四國)에서 서로 달랐기 때문에 류큐왕국과 타이완 사이에 '국경'이 있었다고 간단히 이야기하는 것은 불가능하다고 생각된다.

[19] 그렇다고 이로써 일본과 타국을 구분하는 근대적 의미의 국경선이 명확하게 확정된 것은 아니다. 여기서는 열도의 서남 해역에서의 막부 주권에 관해 논의했을 뿐이다. 이 시기 류큐와 에조치(蝦夷地, 지금의 홋카이도)에는 도쿠가와 정권에게 완전히는 복속하지 않는 정치권력과 인간집단이 존재했다. 도쿠가와 정권은 이러한 정권이나 집단과 별개로 독자적인 관계를 구축하고 있었다. 앞에서 말한 서남해역의 사례가 그대로 적용된 것은 아니었다. 또 쓰시마번(對馬藩)이 중개 역할을 담당한 조선과의 사이에서도 '국경'은 반드시 명백하게 의식되지 않았다. 荒野・石井・村井 편, 『地球世界の成立』에 수록된 鶴田啓, 「德川政權と東アジア國際社會」; 荒野泰典, 「海禁・華夷秩序體制の形成」; 荒木和憲, 「對馬宗氏の日朝外交戰術」; 豊見山和行, 「島津氏の琉球侵略と琉球海域の變容」; 浪川健治, 「松前藩の成立と北方世界」 등을 참조. 아래 논문도 참고했다. Watanabe Miki, ""The

　　1621년 이후 막부는 네덜란드 동인도회사에 대해 해적 행위를 중지
하도록 누차 강하게 요구했다. 그러나 네덜란드 측은 종래의 '사략'이
라는 주장을 되풀이했다. 양자 사이의 관계는 반드시 좋은 것만은 아
니었다.[20] 그럼에도 불구하고 최종적으로 막부가 그들의 존재가치를
인정하고 나가사키에서의 '독점'무역을 허가한 것은 포르투갈인과 가
톨릭의 강한 결합을 막부가 탐탁지 않게 생각했고, 또 타이완에 상관
을 설치한 네덜란드인이 그곳을 거점으로 중국의 견직물을 일본에 안
정적으로 공급할 수 있게 되었기 때문이다. 막부는 가톨릭 선교사를
동반하는 포르투갈인을 대신해 선교와 관계없이 상품만을 들여오는
네덜란드인을 새로운 무역 파트너로 선택한 것이다. 이 정책전환에는
막부에 의한 사람의 관리라는 문제가 크게 관계하고 있었다.

....

Border of Japan" for Chinese Arrivals in Nagasaki, Satsuma and Ryukyu", *Itinerario*
37/3, 2013, pp.30~38.
[20] 1630년대 중반 무렵까지 네덜란드인에 대한 일본의 평판은 좋지 않았다. 당시 일
　　본의 유력자가 네덜란드인에 관해 한 말을 네덜란드인이 상관일기에 기록으로
　　남기고 있다. 몇 가지를 소개하면 다음과 같다.
　　"귀하(네덜란드 상관장)가 해적 행위를 하여 다른 사람들의 물품을 약탈했을 때
　　는 상품을 일본으로 들여오고, 귀하가 해적질을 하지 않은 해는 거의 빈 배로 온
　　다." (나가사키 부교(長崎奉行) 榊原飛騨守職直, 1635년 11월 28일) (永積洋子 역,
　　『平戶オランダ商館の日記 第三輯』, 岩波書店, 1969, 278쪽)
　　"귀하는 왜 영국인과 함께 해상에서 도둑질을 하는 것인가?" (동, 1636년 4월 6일)
　　(永積洋子 역, 같은 책, 332쪽)
　　"내가 네덜란드인 해적이 우리나라에 오는 것을 허락하고 그들에게 항구와 무역
　　을 개방하고 있는 것에 대해 외국이 어떻게 이야기하고 있는지 귀하는 여러모로
　　생각하고 또 숙고하길 바란다."(1634년, 제3대 쇼군 도쿠가와 이에미쓰(德川家光)
　　가 각로(閣老)와 나가사키 부교들에게 한 말) (永積洋子 역, 같은 책, 372쪽)
　　"귀하에 대한 호의에서 나는 귀하가 해적행위를 멈추도록 제안한다. 왜냐하면 황
　　제는 귀하가 해적이며 매일 해적과 관계하고 있다고 생각하고 있기 때문이다."
　　(1637년 10월 30일, 나가사키부교 長崎奉行榊原飛騨守職直과 馬場三郎左衛門利
　　重) (永積洋子 역, 같은 책, 386쪽)

2. 크리스트교 금지와 쇄국정책: 사람의 관리

18세기 이전 일본열도에서는 열도 밖에서 온 방문자를 포함하여 사람들을 어떠한 집단으로 구분하고, 어떻게 관리했을까. 이에 대해서는 반드시 그 전모가 밝혀졌다고는 말할 수 없다. 그러나 예를 들면 중국대륙과 교역이 왕성했던 12~13세기, 하카타(博多)에 많은 당인(唐人)[21]들이 거주하고 있었고, 그들이 규슈 각지에 도진마치(唐人町)라는 거주 구역을 만들었다는 사실[22]은 널리 알려져 있다. 또 이미 앞에서 언급한 바와 같이 17세기 초 나가사키와 히라도에서는 유럽계를 포함한 다수의 외국인이 거주하며 일본열도 사람들과 마찬가지로 정권으로부터 주인장을 얻어 무역에 종사하고 있었다. 해외에서 열도를 찾은 사람들이 커다란 곤란 없이 각지에 거주할 수 있었던 것은 틀림없는 사실이다. 하지만 이러한 상황은 17세기 전반에 크게 변화한다. 그것은 크리스트교 전래와 깊은 관계를 갖고 있다. 이하 이 점에 대하여 설명하도록 하자.

1549년 예수회 선교사 프란시스코 사비에르가 가고시마(鹿児島)에 상륙하여 일본열도에서 가톨릭 포교가 개시되었다. 1580년대부터 1600년대에 걸쳐 예수회를 비롯하여 프란시스코회, 도미니크회 등의 선교사가 특히 서일본 각지에서 포교 활동을 전개해 많은 신자를 획득했다. 예수회의 일본인 신도 수는 20만 내지 30만 명으로, 여기에 다른 수도회 신자를 포함시키면 신도 수는 더욱 증가하여 37만에서 50만

---

[21] 중국대륙 출신 사람들을 막연하게 가리키는 당시의 일본어. 현대어의 화인상인에 가까운 의미이다. 이하, 문맥에 따라 '당인' 혹은 '화인'이라고 한다.

[22] 아라노 야스노리에 의해 규슈 각지의 도진마치가 지도상에 나타나 있다. 荒野泰典 편, 『江戸幕府と東アジア』, 14쪽.

명에 달했다고도 여겨진다. 이 시기 일본열도의 인구는 대략 1,200만 명 정도로 추정되므로, 인구의 3~4% 정도가 가톨릭 신자였다는 계산이 된다.[23] 오늘날 일본의 가톨릭 신도 수가 44만 명 정도로, 총인구의 0.34%밖에 되지 않는 점을 감안하면 이는 상당한 숫자이다. 현대 일본의 학계는 이 같은 급격한 가톨릭 신도 수의 증가의 이유를 충분히 설명하지 못하고 있다. 포르투갈 선박의 내항을 기대하는 영주가 개종하고 가톨릭을 보호·장려했기 때문에 지배하의 인민이 그에 따랐던 사례가 많았던 것은 분명하다. 그러나 그것만으로 그와 같은 다수의 열성적인 신도가 생겨났다는 사실을 충분히 설명할 수는 없다. 천도(天道)나 신국(神國)의식을 바탕으로 하는 '일본종(日本宗)'과 유일신에 귀의하는 가톨릭신앙 사이에 공통점이 있었기 때문에, 당시 일본열도 사람들에게 가톨릭신앙을 받아들이는 것은 그다지 어려운 일이 아니었다는 의견이 있다.[24] 또 당시 일본열도에는 일향종(一向宗)과 같은 단결력이 강한 신도를 가진 교단이 존재했는데, 가톨릭은 일향종에 가까운 교의를 갖고 있었기에 당시 민중의 공감을 불러일으켰다고도 한다.[25] 그렇다고 한다면 가톨릭의 교의가 진종(眞宗)적 문맥에서 받아들여져 민중 사이에서 널리 퍼졌다고도 생각할 수 있다. 이러한 견해들은 사람들이 가톨릭 교의를 손쉽게 이해하고 개종할 수 있었다는 점을 말해주고 있지만, 왜 그들이 자신들의 신앙을 버리고 가톨릭으로 개종했는가라는 가장 큰 의문에 대해서는 대답하고 있지 못하다. 이 시기 가톨릭으로 대량 개종한 이유는 여전히 중요한 연구

---

23) 荒野·石井·村井 편, 『地球的世界の成立』, 29쪽.
24) 神田千里, 『島原の亂』, 中央公論新社, 2005, 205~244쪽.
25) 村田早苗, 「キリシタンの世紀と傳統宗教」, 荒野·石井·村井 編, 『地球的世界の成立』, 107~108쪽.

과제로 남아 있다.

어쨌건 분명한 점은 쇼군보다 로마교황에게 복종하는 가톨릭신자(기리스탄) 수의 급격한 증가가 통일정권에게 자신들의 통치의 정당성에 관한 위기감을 안겨준 사실이다. 도요토미 히데요시는 1587년 바테렌추방령(伴天連追放令, 伴天連은 Padre, 즉 신부의 의미－역자주)을 발포하여 선교사가 20일 이내에 국외로 퇴거할 것과 영주 등의 귀의에 대한 통제를 명령했다. 일본에 있어서의 최초의 크리스트교 탄압이다. 그러나 크리스트교 포교와 한 세트를 이루고 있는 해외무역은 장려했기 때문에 그 효과는 한정적이었다.

도쿠가와 정권도 처음에는 해외무역에서 발생하는 이익을 중시하여 크리스트교 금지에 소극적이었지만 1610년대에 들어 정권기반이 안정되자 점차 가톨릭 탄압을 강화했다. 금교를 위해 여러 가지 조치를 강구함과 동시에 새로운 선교사의 도래를 저지하기 위해 해외무역에 제한을 가했다. 전자의 조치로서는 1613년의 바테렌추방문(伴天連追放文) 발포가 유명하다. 이후 다이묘들도 크리스천 단속을 엄격하게 실시하게 되었다. 가톨릭 신자가 특히 많았던 나가사키에서는 막부가 임명한 부교가 선교사를 해외로 추방했을 뿐 아니라 '후미에(踏み絵)'[26] 등의 방법을 통해 크리스트교 신자를 철저하게 가려내 개종하도록 강요했다. 후자의 조치로는 먼저 1611년 포르투갈 선박의 기항지를 나가사키로 제한하고, 그 뒤 단계적으로 주인선, 포르투갈 선박, 당선(唐船)의 도항이나 기항에 제한을 두었다. 그리고 앞에서 이야기한 것처럼 1635년에는 주인선의 해외도항을 금지하고 당선의 내항지를 나가사키로 제한했다.

---

[26] 그리스도나 성모상을 조각한 동판을 발로 밟도록 강요하여, 그 태도에 따라 신자인지 아닌지를 판단하는 방법.

   기리스탄의 반란으로 유명한 시마바라·아사쿠사의 난(島原·天草
の亂, 1637~1638)은 막부의 크리스트교 금지 방침을 결정적인 것으로
만들었다. 1639년에는 포르투갈 선박의 내항이 금지되었고, 1641년에
히라도에 있던 네덜란드 동인도회사 상관이 나가사키 데지마(出島)로
옮겨갔다. 네덜란드 동인도회사는 크리스트교 포교에 관계하지 않고,
포르투갈 선박을 대신해 생사·견직물·약종 등과 같은 일본에서 수
요가 많은 상품을 충분하게 제공하는 것을 조건으로 무역을 허가받았
다. 그 결과 막부의 직할지인 나가사키가 당선과 네덜란드 선박이 기
항하는 유일한 항구가 되었다. 막부는 위험한 가톨릭 선교사의 내항
을 금지함과 동시에 높은 수익을 기대할 수 있는 해외무역을 독점하
는 데 성공했다. 이때 정비된 대외무역의 기본적인 틀은 페리 내항으
로 막부가 '개국'을 결단하는 19세기 중반까지 지속된다.
   이 일련의 과정에서 에도막부가 자신의 통치하의 사람들을 어떻게
파악하고 있었는지 확인해보자. 1633년부터 39년까지의 6년간 막부에
의해 발포된 6점의 명령서를 분석한 마쓰이 요코(松井洋子)는 이 일
련의 문서 속에서 막부가 지배하의 '일본인'을 어떻게 규정하고 있는
지에 대해 밝히고 있다.27) 그 기본적인 생각은 다음의 두 가지 점이
다. 먼저 기리스탄은 개종시키든지 국외로 추방하든지 하여 막부 지
배하에 두지 않는다. 또 한 가지는 외국으로 건너가 그 땅에서 거주하
는 일본열도 출신자들은 막부 관할이 아니지만, 일본에 주거와 가족
을 가진 자는 '이에(家, household)'로서 막부 통치하에 두며 그 혈통에
관계없이 '일본인'으로 간주한다는 것이다. 이 두 가지 기본적인 생각

27) Matsui Yoko, "The Legal Position of Foreigners in Nagasaki during Edo Period",
    Haneda Masashi(ed), *Asian Port Cities 1600-1800, Local and Foreign Cultural Interaction*,
    NUS Press and Kyoto University Press, 2009, pp.24~42.

에 입각하여 사람의 분별에 관한 구체적인 정책이 실행에 옮겨졌다.

1633년 일본인이나 일본에 주거를 가진 '이국인'이 막부 로쥬(老中)가 발행한 문서를 지참하지 않은 배로 외국으로 건너가는 것을 금지했다. 위반자는 사형에 처하도록 했다. 또 해외로 건너가 그곳에 주거를 마련한 일본인의 귀국도 금지되었다. 35년 이후 로쥬는 일본 선박에 대해 해외도항을 허락하는 문서를 더 이상 발행하지 않았다. 이른바 주인선무역의 정지이다. 36년이 되면 가톨릭을 신봉하는 포르투갈인과 일본인 사이에서 태어난 혼혈아와 그 어머니, 합계 287명이 국외로 추방되었고, 국내에 남은 자는 사형에 처하도록 했다. 그리고 1639년의 문서에서는 나가사키에 거주하는 네덜란드인과 화인이 본국으로 돌아갈지 나가사키에 머무를지를 선택하도록 했다. 나가사키에 머물 것을 선택한 네덜란드인은 없었고, 그 자녀와 부인 25명이 바타비아로 보내졌다. 한편 많은 화인들은 나가사키에 거주하는 것을 선택해 '이에' 보유자로서 막부 통치 아래로 들어갔다. 그 뒤 당선(唐船)무역에서 통역관(唐通事)으로 활약한 사람들의 대부분은 이때 나가사키에 남을 것을 선택한 화인 가계 출신이었다.

이러한 시책이 실행에 옮겨진 결과 일본에 장기간 거주하는 '외국인'은 존재하지 않게 되었다. '외국인'이란 해외에서 짧은 기간 동안 나가사키를 방문한 사람을 의미했다. 이로써 '일본인'의 정의도 명확해졌다. 그것은 기리스탄이 아니라 '일본종'을 믿으며, '이에'를 단위로 하여 막부 관리 하에 있는 사람을 의미했다. 그 뒤 막부는 기리스탄을 단속하기 위해 사람들의 종지(宗旨)를 정기적으로 조사하고, 종문개장(宗門改帳, Register of religious beliefs)을 작성하도록 했다. 1642년에 작성된 나가사키의 한 마을의 종문개장에는 일본인과 나란히 당인, 조선인, 기타 사람들의 '이에'가 기록되어 있다.[28] 그들은 적어도 장부상으로는 '일본인'이 되었던 것이다.

이와 같이 적어도 나가사키에서는 일본인과 외국인의 구별은 매우 명확했다. 17세기 중반 이후 해외에서 단기로 이 항구도시를 방문한 외국인은 원칙적으로 무역상인인 네덜란드인(네덜란드 동인도회사 사원 중에는 네덜란드 이외의 국적을 가진 사람도 다수 포함되어 있었다)과 화인뿐이었고, 전자는 데지마, 후자는 1689년 이후 도진야시키(唐人屋敷)라는 거류지에 격리된 상태로 체재하며 교역에 종사했다. 특별한 이유가 없는 한 일반 일본인이 이들 거류지에 들어가는 것은 금지되었다. 공간적으로도 일본과 외국의 구별이 명확해진 것이다. 젊은 남성이 거의 대부분이었던 이들 외국인과 일반 일본인 여성과의 교섭은 엄격히 금지되었고, 오직 유녀(遊女)들만 그들을 상대할 수 있었다. 유녀는 '이에'에 속하지 않는 존재였기 때문이다.

일본 체재 중에 범죄를 저지른 외국인은 막부 지배하에 있지 않았기 때문에 원칙적으로 일본에서는 재판을 받지 않고 본국으로 송환되었다. 범죄자는 그를 비호하는 정부에 의해 재판을 받는다는 '속인주의'가 막부의 기본적인 생각이었다. 이렇게 하여 그 뒤로 2세기 가까이 유지된, 사람을 관리하는 틀이 정비되었다.

Ⅳ. 나가며

17세기 전반 대외관계의 기본적인 구조를 정하고 해외와의 교류를 엄격하게 제한한 막부는 이후 일본인 상인이 해외로 나가지 못하도록

---

28) Matsui, op.cit., p.27.

대형 선박의 건조를 금지했다. 그렇게 하여 16세기 후반 일시적으로 활황을 보였던 일본인의 동남아시아 방면으로의 진출은 자취를 감췄고, 그 결과 각지의 일본인마을은 17세기 말 무렵까지 모두 소멸했다. 이와는 대조적으로 국내 각지를 잇는 해로의 개발·정비, 그리고 이들 해로에서의 항해에 적합한 선박의 건조는 활발하게 이루어져, 17세기부터 19세기에 걸쳐 오사카와 에도를 두 중심거점으로 하여 북쪽으로는 홋카이도에서 남쪽으로는 류큐에 이르기까지 일본열도 안에서의 상품유통이 비약적으로 발전했다. 홋카이도의 다시마(昆布)가 류큐를 거쳐 오사카로 운반되었고, 규슈 남부와 아마미(奄美)지방에서 생산된 가쓰오부시(鰹節)가 해로를 통해 혼슈 각지로 보급되었다. 바다가 열도와 국외를 가로막아 해외교역은 엄격하게 제한되었지만, 그 바다가 국내 교류를 크게 활성화한 것이다.

17세기의 세계에서 각종 이유로 바다를 넘어 이동한 사람들이 현지에서 어떻게 받아들여졌는지를 조사해보는 것은 무척 흥미로운 주제이다. 인도양 연안 지역에서는 현지인과 해외에서 온 방문자들 사이에 명확한 구별이 없었기 때문에, 방문자는 비교적 손쉽게 현지사회에 융화될 수 있었다. 무역 거점을 찾고 있던 영국과 네덜란드 동인도회사의 경우 남아시아 현지의 정치권력자로부터 상관 건설 토지를 거의 무상으로 제공받는 일조차 있었다. 정치권력은 가능한 무역에 대한 개입을 삼갔다. 국내에 물자가 넘쳐나는 상태, 다시 말해 경제적 이익을 최우선시한 것이다. 그런 의미에서 인도양은 '경제의 바다'였다.

해외에서 방문하는 사람과 국내에 거주하는 사람을 분명하게 구별하고 방문자에게는 단기간의 체재밖에 인정하지 않는 태도를 취한 정치권력으로서 일본의 에도막부 외에 청조를 들 수 있다. 18세기 중반 이후에 성립하는 이른바 '광동 시스템'은 나가사키에 있어서의 막부의 무역통제와 매우 비슷한 성격을 지니고 있었다. 바다를 사이에 두고 있었지만 도쿠가와 정권과 청조는 해외무역에 대해 비슷한 정책과 태도(관리무역)를 취하고 있었다고 말할 수 있을 것이다.[29] 그렇다고 하면 동아시아 바다의 특징을 '정치의 바다'라고 표현하는 것도 가능할 것이다.[30]

유럽대륙에서 떨어져 있는 잉글랜드는 해외에서 온 잉글랜드 거주 희망자들을 왕에 의한 denization, 의회에 의한 naturalization의 두 가지 심사과정을 거쳐 귀화자로 받아들였다. 이 잉글랜드의 사례는 일본인과 외국인에 대한 에도막부의 구별과 비교적 가깝다. 그러나 잉글랜드의 경우 일본처럼 정치권력이 무역을 엄밀하게 관리하고 정해진 상인과의 거래만 인정하는 정책을 취한 것이 아니었다. 따라서 정식적인 이주 수속을 밟지 않고 런던이나 다른 항구도시에 비교적 오래 체재하는 외국인도 많았을 것이다.

'일본인'과 '외국인'에 대한 에도막부의 엄밀한 구별은 19세기 이후 근대 유럽의 '국민' 개념이 도입되었을 때 그것을 용이하게 받아들이는 기반을 제공했다. 또 해상공간에서의 자신들의 관할과 권한에 대한 의식은 근대 유럽에 의한 주권개념 도입을 용이하게 했음에 틀림없다. 그러한 의미에서 바다는 일본의 근대를 준비했다.

(번역 : 한현석, 한국해양대)

---

[29] 그러나 청조는 청국인의 해외 도항을 인정하고 있었다. 이 점에서 도쿠가와 정권의 '쇄국'과는 크게 다르다.
[30] 필자는 『東インド會社とアジアの海』, 講談社, 2007에서 인도양 해역을 '경제의 바다', 동아시아 해역을 '정치의 바다'라고 파악하는 관점에 대해 자세히 설명한 바 있다.

16세기 중엽 포르투갈인들이 본
동아시아 해상질서

홍성화

Ⅰ. 서론

16세기 은무역(silver trade)을 중심으로 한 세계경제가 형성되었고, 유럽은 물론 동아시아, 특히 중국과 일본 역사에 커다란 영향을 미쳤다는 점은 잘 알려진 사실이라고 할 수 있다.[1] 그럼에도 불구하고 동아시아의 은무역을 담당했던 사람들에 대해서는 의외로 그 실체가 모

---

[1] 은경제에 관한 대중적인 개론서로서는, 융이, 류방승 옮김, 『백은비사: 은이 지배한 동서양 화폐전쟁의 역사』RHK, 2013; 안드레 군더 프랑크, 이희재 옮김, 『리오리엔트』, 이산, 2003 등을 참조. 은유입의 수량에 관한 분석으로서는 李隆生, 『晚明海外貿易數量研究: 兼論江南絲綢産業與白銀流入的影響』, 秀威資訊科技, 2005; Dennis O. Flynn, *China and the Birth of Globalization in the 16th Century,* Ashgate Variorum, 2010. 은의 대량 유입으로 인한 중국 경제의 변화에 대해서는 傅衣凌, 『明代江南市民經濟試探』, 上海人民出版社, 1957; 岸本美緒, 『東アジアの「近世」』, 山川出版社, 1998; W.S. Atwell, "A Seventeenth-Century 'General Crisis' in East Asia?", *Modern Asian Studies,* 24-4, 1990; W.S. Atwell, "Some Observations on the Seventheenth Century Crisis in China and Japan", *JAS* 45-2, 1986.

호한 점이 많았다.[2] 같은 시기 서양에서는 국가의 지원과 허가를 통해서 공식적으로 대항해에 나섰던데 비해서, 동아시아의 경우 명과 조선 등의 국가에서 조공무역을 제외한 사무역(私貿易)을 금지하는 해금령(海禁令)으로 인하여 밀무역의 형태로 이루어지는 경우가 다수를 차지했기 때문이다.

이 밀무역의 주체에 대해서 무라이 쇼스케(村井章介)는 "국가간의 관계를 축으로 하는 교류에 대신하여 비합법적이고 다민족적이며 때때로 폭력이 수반된 더욱 대규모의 교류가 등장하게 된다. '후기왜구(後期倭寇)'라는 다양한 해상 세력이야 말로, 그러한 교류를 담당한 주체"였다고 하고,[3] 이들은 일본 해적들뿐만 아니라, "강남 연해 지방의 대해상(大海商), 중국해의 교역로에 편승하여 말라카에서 몰루카 제도, 광동(廣東), 주산군도(舟山諸島), 류큐, 그리고 큐슈로 진출해 온 포르투갈 세력. 이들 모두는 밀무역을 통해 명의 해금체제를 유명무실하게 만들고, '환중국해 지역'의 일체성을 성숙시켜 갔다"고 한다. 그는 나아가 다음과 같이 주장하고 있다.

　　왜구의 본질은 중국인이 많다든가 조선인이 많다든가 일본인이 많다든가 하는 점에 있는 것이 아니라, 국적과 민족을 초월한 차원에서의 인간집단이라고 하는 점에 있으며, 그렇기 때문에 환중국해(環中國海) 지역의 담당자가 될 수 있었던 것이다. 이런 시각으로 보자면, 두 시기의 왜구는 거꾸로 연속성·

---

2) 林仁川, 『明末清初私人海上貿易』, 華東師範大學出版社, 1987, 제2장 1절 「所謂 "倭寇"的眞相」; 윤성익, 『명대 왜구의 연구』, 경인문화사, 2007, 제2장 「왜구 조직의 특성과 주도세력」; 윤성익, 「16世紀 倭寇의 多面的 특성에 대한 一考察: 徐海 집단의 예를 중심으로」, 『명청사연구』 29, 2008., 일본 측의 '후기왜구'에 관한 연구사에 대해서는 橋本雄·米谷均, 「倭寇論のゆくえ」, 桃木至郎 編, 『海域アジア史研究入門』, 岩波書店, 2008, 제10장 참조.
3) 村井章介, 『中世倭人傳』, 岩波書店, 1993, 200쪽.

동질이라는 측면에서 다시 파악하지 않으면 안 된다.[4]

　요컨대 무라이 쇼스케의 견해에 의하면, 당시 동아시아에서는 국가 개념이 확립되지 않았던 상황('borderless')이었기 때문에, 일본의 큐슈, 한반도, 중국 연안이라고 하는 '환중국해'의 사람들은 국가의 틀을 넘어서서 하나의 공동체를 형성했으며, 이들은 '왜인(倭人)', '왜복(倭服)', '왜어(倭語)'라고 하는 독자적인 문화를 가졌다. 무라이 쇼스케는 이들을 '일본(諸倭)'과는 또 다른 별종의 왜('別種)로서 이들을 '경계인 (maginal man)'들이라고 부르고 있다.[5] 반면, 왜구의 민족 구성이 매우 복잡했다는 것, 그리고 그 상인적 속성을 인정하면서도 그 대다수는 일본인이 아니고 중국인, 더 나아가 복건(福建) 장주인(漳州人)이라고 적극적으로 주장하는 임인천(林仁川)[6] 등의 연구도 이미 고전적인 지위를 차지하고 있다고 할 수 있다.

　위의 연구들은 대체로 중국 연안의 해적들의 구성에 대한 관심에서 나온 것이지만, 그들 이외에도 포르투갈, 스페인 등 이베리아 반도 출신들의 선원이나 선교사들도 다수 참여하고 있었다. 그렇다면 중국

---

[4] 村井章介, 『アジアのなかの中世日本』, 校倉書房, 1988, 332쪽. 또한 村井章介, 「倭寇の多民族性をめぐって」, 大隅和雄・村井章介 編, 『中世後期における東アジアの國際關係』, 山川出版社, 1997도 참조.

[5] 村井章介, 1993, 39쪽. 한편 아라노 야스노리(荒野泰典)는 동아시아에서 국가의 경계가 애매해진 16세기를 '왜구적 상황'이라고 하고, 반면 17세기 이후가 되면서 국가의 경계가 명확히 되고, '일본형 화이질서'가 형성된다고 파악하고 있다. 荒野泰典, 「日本型華夷秩序の形成」, 朝尾直弘, 編, 『日本の社會史1: 列島内外の交通と國家』, 岩波書店, 1987 참조.

[6] 林仁川, 1987, 41쪽. 林仁川(48쪽)은 53명의 왜구 수령 중에서 일본인 4명(7%), 중국인 44명(83), 나머지는 국적불명으로서, 왜구의 절대다수는 중국인이라고 분석하고 있다. 중국 측에 관한 연구사 정리는 熊遠報, 「倭寇と明代の「海禁」 - 中國學界の視點から」, 大隅和雄・村井章介 編, 『中世後期における東アジアの國際關係』 참조.

해적, 일본 해적, 그리고 이른바 '불랑기번(佛狼機番)'은 동아시아 해역에서 어떠한 관계를 맺고 있었던 것일까. 그들은 과연 '후기왜구'라는 단일한 용어로 포괄될 수 있을까.

　앞서 언급했듯이 '왜구' 또는 '해구상인(海寇商人)'7)으로 불리는 이 동아시아 해역의 교역 담당자들에 대해서 연구가 많지만, 중국, 일본, 포르투갈, 동남아시아 등 여러 국가와 다양한 아이덴티티로 구성된 이들 사이에 어떠한 관계가 형성되었는지를 밝혀 주는 연구는 그다지 많지 않다고 생각된다. 이는 자료상의 한계도 한 몫을 차지한다고 생각되는데, 당시에 이 무역 구성원 가운데 직접 자료를 남긴 경우는 매우 드물고, 대체로 『明實錄』, 地方志, 『籌海圖編』, 『日本一鑑』8)의 경우처럼 왜구 소탕을 위한 기록으로 남긴 것이 대부분이다. 그렇지만 여기에 포르투갈인들이 남긴 방대한 사료에 주목할 필요가 있다. 현재 한국 학계에서는 이들 자료가 그다지 적극적으로 활용되지 않고 있다고 생각된다. 아래 1절에서는 그들이 남긴 많은 자료 가운데 동아시아에 관련된 중요 사료와 저자에 대해서 소개하기로 하겠다.

Ⅱ. 16세기 포르투갈·스페인인이 남긴 동아시아 관계 사료

　1488년 바르톨로뮤 디아스는 희망봉에 도착한 뒤, 1509년 디우 해전

---

7) 李金明, 『明代海外貿易史』, 中國社會科學出版社, 1990, 90쪽.
8) 鄭舜功, 『日本一鑑』, 鄭樑生, 『明代倭寇史料』 7輯, 文史哲出版社, 2005에 수록. 『日本一鑑』의 내용에 대한 소개는 渡邊三男, 「『日本一鑑』について: 明末の日本紹介書」, 『駒澤大學研究紀要』 13, 1955 참조.

(Battle of Diu)에서 이집트의 맘루크 제국을 격파하고, 말라카 등의 동
남아시아로 진출하였다.[9] 그 뒤 마누엘 왕의 명령으로 중국을 '발견'
하기 위하여 페르낭 페레스 드 안드라데(Fermao Peres de Andrade)를
총사령관으로 함대가 편성되었고, 1516년 2월 인도를 떠나 1517년 광
동(廣東)에 도착했다. 피어슨(M.N. Pearson)에 따르면 원래 포르투갈
을 비롯한 서양세력이 아시아에 진출할 때는 다음과 같은 4단계를 거
쳤다고 한다.[10]

> 1단계 : 낯선 지역을 방문하여 그 지역의 상인과 대등한 입장에서 무역을 행
>   한다.
> 2단계 : 상관(factory)을 설치하고 방어공사를 한다.
> 3단계 : 항구를 점령하고, 그곳에 요새를 구축한다.
> 4단계 : 광대한 육지를 점령한다.

포르투갈로서는 제4단계가 가장 바람직했겠지만 명제국의 강력한
군사력 때문에 불가능하였고, 1단계와 2단계를 반복할 수밖에 없었다.

---

[9] Jorge Nascimento Rodrigues, *Pioneers of Globalization: Why the Portuguese Surprised the World*, CENTRO ATLÂNTICO, 2007, p.150. 이러한 포르투갈의 동방진출에 대해서 몇 년 뒤 조선 정부에서 다음과 같이 파악하고 있다. "통사(通事) 이석(李碩)이 명나라에서의 견문을 보고하면서 다음과 같이 아뢰었다. 佛狼機國(=포르투갈)은 滿剌國(=말라카)를 멸하고 와서 봉해 주기를 요구하였습니다. (명나라) 예부(禮部)는 의논하여 말하기를 '조정에서 봉해 준 나라를 멋대로 멸망시켰으니, 허락할 수 없다'고 하고 朝見을 허락하지 않았습니다. 그들을 대접하는 것은 다른 나라와 다를 바가 없었는데, 그 외모는 왜인과 비슷하나 의복의 제도와 음식은 정상적인 사람들과는 달랐습니다. 그래서 중국인들도 '예로부터 한 번도 본 적이 없는 사람들이다'라고 하고 있습니다." 『朝鮮王朝實錄』 中宗15年(1520)12月 戊戌條.

[10] M.N. Pearson, , *Merchants and Rulers in Gujarat: The Response to the Portuguese in the Sixteenth Century*, University of California Press, 1979, p.16.

이러한 정책의 일환으로 안드라데의 함대는 중국에서 14개월 동안이
나 체류하기도 했다. 중국과의 교역을 희망한 포르투갈은 계속 중국
에 직접무역을 타진하였지만, 이는 번번이 '해금정책'이라는 높은 벽
에 부딪칠 수밖에 없었다. 1520년 중국으로 보낸 포르투갈 국왕의 사
자인 도메 피레스가 광주(廣州)에서 투옥되고, 포르투갈 선박을 '불랑
기이(佛狼機夷)'라고 하면서 격퇴해 버렸다. 그래서 포루투갈인은 밀
무역으로 전환하여, 우선 광동 근해의 상천도(上川島)를 근거지로 했
다가, 이윽고 동진하여 복건성 장주 인근의 월항(月港)으로 진출하였
고, 나아가 영파(寧波) 앞바다의 쌍서(雙嶼)까지 진출하였다.[11] 그리
고 1550년대 포르투갈 상선들은 일본 큐슈 지역을 정기적으로 내항하
기 시작하였다.[12] 포르투갈 선박들은 이들 지역을 기반으로 하여 동
남 아시아산 향료나 유럽산 모직물을 중국산 견직물이나 생사(生絲),
도자기 등과 교환하였다.[13] 그 뒤 포르투갈은 겨우 1554년 마카오에
서 교역을 허가 받았고, 1557년에는 마카오 거주에 관한 명정부의 허
가를 받아 내었으며, 이를 기반으로 말라카-마카오-나가사키라는 루
트를 정기적으로 항해하면서 중국과 일본 사이의 무역을 중개하여 막
대한 이익을 올렸던 것이다.[14]

---

11) 岡本良知, 『十六世紀日歐交通史の研究』, 原書房, 1942, 1974, 제3장 「支那に於け
るポルトガル人の貿易港の推移」 참조.

12) 安野眞幸, 『港市論: 平戸 · 長崎 · 横瀬浦』, 日本エディタースクール出版部, 1992,
50~51쪽.

13) 矢野仁一, 『支那近代外交關係研究: ポルトガルを中心とせる明清外交貿易』, 弘文
堂, 1928; Chang Tien Tse · Tianze Zhan, Sino Portuguese Trade from 1514 to 1644:
A Synthesis of Portuguese and Chinese Sources, 張天澤 · 姚楠 外譯, 『中葡早期通商
史』, 中華書局, 1988; Souza, G.B., The Survival of Empire: Portuguese Trade and
Society in China and the South China Sea, 1630-1754, Cambridge University Press,
2004.

14) 許孚遠, 『敬和堂集』 卷1, 「請計處倭酋疏」, "日本長崎地方, 廣東香山澳佛郎機番每

〈표 1〉 유럽 국가가 아시아로 파견한 선박 숫자

	포르투갈	영국	네덜란드	프랑스
1491-1500	21			
1501-1510	150			
1511-1520	90			
1521-1530	73			
1531-1540	79			
1541-1550	68			
1551-1560	52			
1561-1570	48			
1571-1580	49			
1581-1590	59	11		
1591-1600	46	3	65	
1601-1610	69	20	59	2

출전: 宮崎正勝, 『文明ネットワークの世界史』原書房, 2003, 176쪽.

〈표 1〉을 보아도 알 수 있듯이 적어도 16세기 후반까지 동아시아에는 압도적으로 포르투갈의 진출이 두드러졌으며, 포르투갈 선단에는 상인이나 해적은 물론이고, 공식 사절, 선교사 등이 승선하여 인도, 말라카, 중국, 그리고 일본 등에도 진출하였고, 여러 가지 형식으로 각국에 대한 기록을 남겼다. 이하에서는 그 가운데에서 동아시아에 관련된 주요한 것을 열거해 보도록 한다.[15] 스페인은 포르투갈보다 반세기 정도 늦게 동아시아에 진출했는데, 그것은 잘 알려진 대로 교

年至長崎買賣, 裝載禁鉛・白絲・扣線・紅木・金物等貨. 進見關白, 透報大明虛實消息." '말라카↔마카오↔나가사키' 무역에 대해서는 黃啓臣 外, 박기수・차경애 옮김, 『마카오의 역사와 경제』, 성균관대학교 출판부, 1999, 22~24쪽 참조.

[15] 이 시기 포르투갈 선교사의 동아시아 기록에 대해서는 松田毅一, 『南蠻史料の發見: よみがえる信長時代』, 中公新書, 1964. 한국에 관한 포르투갈 선교사들의 기록에 관해서는 정성화, 「16세기 유럽 고서에 나타난 한국: 이미지의 태동」, 『역사학보』 162, 1999; 오인동, 『꼬레아, 코리아: 서양인이 부른 우리나라 국호의 역사』, 책과 함께, 2008, 70~114쪽 등 참조.

황 알렉산더 6세의 중재로 맺어진 1494년 토르데시아스 조약과 1529
년의 사라고사 조약으로 인해 스페인의 항해는 대서양 서쪽에 국한되
었기 때문으로, 1565년 스페인의 필리핀 공략 이후 본격적으로 동아
시아에 진출하였다.[16]

  ① 토메 피레스(Tome Pires, 1465?~1524 혹은 1540): 1511년 리스본을
    떠나 인도로 향하였고, 1512년에서 1514년까지 말라카에 체재했
    다. 그 뒤 1516년 포르투갈 마뉴엘 1세가 파견한 최초 공식적인
    중국 사절로서 1518년 광주에 상륙하였고, 정덕제(正德帝)의 총
    신 강빈(江彬)을 통해서 황제를 접견하려고 하였으나 갑작스러
    운 정덕제의 사망으로 뜻을 이루지 못하였다. 그 사이 1521년과
    1522년에 양국 사이에 이른바 '타마오 전투(屯門海戰)'로 인하여
    광주로 다시 귀환할 수밖에 없었다.[17] 광주로 돌아간 뒤에도 사
    태는 더욱 악화되어 포르투갈 사절들은 가지고 있던 예물을 몰
    수당하고 투옥되었다. 그가 1524년까지 생존한 것은 틀림없으나,
    그 해 사망했다는 설과 석방되어 중국 여인을 부인으로 맞이하여
    살았다는 기록도 있어서 어떤 것이 옳은지는 현재로서는 알 수
    없다. 그는 포르투갈인이 동남아시아와 류큐에 관해 쓴 첫 번째
    저작인『동방제국기(東方諸國記; Suma Oriental)』[18]를 남긴 바 있다.

---

16) 스페인 제국의 對중국관과 마닐라에서 스페인과 중국인의 갈등에 대해서는 平山
    篤子,『スペイン帝國と中華帝國の邂逅－十六・十七世紀のマニラ』, 法政大學出
    版局, 2012 참조.
17) 黃啓臣 外, 1991, 22~23쪽. 토메 피레스에 대해서는 스튜어트 고든, 구하원 역,『아
    시아가 세계였을 때』, 까치, 2010, 제9장「약재와 오해: 토메 피레스, 1511-1521년」
    참조.
18) *Tome Pires, The Suma Oriental of Tome Pires, 1512-1515,* 生田滋 譯註,『東方諸國記』,
    岩波書店, 1966. 이 책의 원본은 오랫동안 사라졌다가 1937년 아르만도 코르데상

② 갈레오테 페레이라(Galeote Pereira): 포르투갈의 용병으로 중국 정부의 밀수단속 과정에서 1549년 주환(朱紈)에게 체포되어 복주(福州)에 압송된 바 있는데[19], 1553년 동료들과 함께 탈출한 그는 중국의 사법제도에 관한 자신의 경험을 글로 남겼다.[20] 이것은 유럽에 보내져서 커다란 반향을 불러 일으켰으며, 이것이 크루즈(Cruz)의 『중국지(中國誌)』의 서술에도 영향을 주었다.[21]

③ 프란치스코 사비에르(Francisco de Xavier, 1506~1552)[22]: 프란치스코 사비에르는 현재 스페인의 나바라(Navarra) 지방의 사비에르 성(城)에서 출생했다. 그는 1525년 파리 대학에 유학하여 신학을 전공하였는데, 이냐시오 데 로욜라를 만나면서 그로부터

에 의해서 파리에서 발견되었다.

[19] Charles Ralph Boxer, *South China in the Sixteenth Century: being the narratives of Galeote Pereira, Fr. Gaspar da Cruz, O.P. (and) Fr. Martín de Rada, O.E.S.A. (1550-1575)*, Hakluyt Society, 1953. pp.xxvii~xxx and l~liii.

[20] *Ibid.*, p.xxxvii.

[21] 조너선 D. 스펜스, 김석희 옮김, 『칸의 제국: 서양인의 마음속에 비친 중국』, 이산, 2000, 44~48쪽.

[22] 프란치스코 사비에르에 대해서는 한국어로 된 서적이 두 가지 있다. 알베르 주, 박금옥 옮김, 『성 프란치스코 하비에르』, 성바오로, 1996; 김상근, 『아시아 선교의 개척자: 프란치스코 하비에르』, 홍성사, 2010 참조. 우선 사비에르라는 이름의 한국어 표기에 대해서 먼저 언급해 보면, 'Xavier'는 바스크어로 '새로운 집'을 의미하는 것으로 현재 한국에서 출간된 그에 관한 두 개의 전기는 모두 하비에르라고 표기하고 있다. 김상근의 경우 현재의 표준 포르투갈어와 스페인어를 기준으로 하였다고 하는 데, 현재 포르투갈어로도 자비에르와 사비에르 중간에 가깝다고 한다. 또한 옛 스페인어와 옛 포르투갈어 모두 X의 발음은 [ʃ]이며 (http://en.wikipedia.org/wiki/X), 아라이 하쿠세키(新井白石)나 중국에서도 모두 [ʃ]에 가까운 표기를 하고 있다는 점에 비추어 볼 때, '사비에르'로 표기하는 것이 옳다고 생각된다. 아라이 하쿠세키는 그의 이름에 대해서 "프란치스코 샤비에르라는 것은 포르투갈어이고 프란치스코 사벨리우스는 라틴어 발음"이라고 하고 있다(新井白石, 宮崎道生校訂, 『西洋紀聞』(新訂版), 平凡社, 1968, 72쪽).

깊은 영향을 받게 된다. 1534년 로욜라가 예수회를 설립하였을 때, 사비에르는 로욜라와 함께 7명의 창립멤버 가운데 한 사람이 기도 하였다. 예수회 멤버 가운데 사비에르는 아시아 선교[23]의 총책임자가 되었고, 1541년 리스본을 출발하여 1542년 인도 고아(Goa)에 도착한 뒤 3년 뒤 다시 말라카에서 계속 포교활동을 하였다.

그러던 중 1547년 12월 가고시마 출신의 해적 안지로[24]를 만나서 일본에 대한 정보를 처음 듣고 그에게 세례를 주면서 포르투갈어를 가르쳤다. 1549년 최초로 일본에 기독교를 전파했던 그의 일본 체제는 2년 2개월에 그쳤다. 그는 일본인을 개종시키려면 일본인이 존경하고 있던 중국인을 우선 개종시키지 않으면 안 된다고 여겼고, 국왕을 개종시켜서 위에서 한 번에 전체를 가톨릭으로 개종시키고자 하였다. 그럼에도 불구하고 그는 정작 강고한 명나라의 해금정책으로 인하여 중국 땅은 밟지 못한 채, 광주 주변의 상천도에서 쓸쓸히 병사하고 말았다. 그는 자신의 포교 활동을 예수회 회원들이나 지인들에게 설명하기 위하여 많

----

[23] Liam Matthew Brockey, *Journey to the East: The Jesuit Mission to China, 1579-1724*, Belknap Press, 2007.

[24] 안지로(弥次郎 혹은 ヤジロウ, 1511~1550)는 일본 최초의 기독교도로서, 오늘날의 가고시마(당시로는 薩摩國이나 大隅國) 출신으로서 사비에르에 따르면 젊은 날 살인을 저지르고 가고시마에서 포르투갈 배를 타고 말라카에 왔다고 한다. 인도의 고아에서 1549년 일본인 최초로 세례를 받았으며, 세례명은 '파울로'였기 때문에, 사비에르는 그를 줄곧 '파울로'라고 호칭하고 있다. 1549년 8월 15일에 사비에르와 함께 가고시마에 상륙하였고, 사비에르가 고아로 돌아간 뒤에 일본에 남았다. 루이스 프로이스의 서술에 따르면 그는 원래 해적('八幡) 출신으로 사비에르가 일본을 떠난 뒤에 일본에 남았다가 다시 해적 생활을 했으며, 끝내는 중국에서 해적에게 살해당했다고 한다. フロイス, 松田毅一 · 川崎桃太 譯, 『日本史』 6卷, 中央公論社, 1978, 71~72쪽 참조.

은 서한을 남겼는데, 『성 프란치스코 사비에르 서간집』25)으로
출간된 바 있다.

④ 가스파르 다 크루즈(Gaspar Da Cruz): 사비에르와 동시대 포르투
갈 선교사로, 사비에르와는 달리 도미니크회 수도사였다. 인도
서해안, 실론, 말라카, 캄보디아 등에서 포교활동을 한 뒤에, 사
비에르와 마찬가지로 중국 포교에 뜻을 두어, 1556년 광동성 주
해(珠海)에 닿았고, 강문(江門)을 거쳐 광주에 도착하였다. 그러
나 역시 당시의 엄격한 해금정책으로 인하여 북경 입성은 거부
되었고, 그는 겨우 몇 달 정도 광주에 머무를 수 있었을 뿐이었
다. 그 사이에 포교조차 물론 허용되지 않았다. 체류기간이 짧았
음에도 불구하고 중국에 대해서 매우 정치하고도 체계적인 저작
인 『中國誌(A Treatise of China)』26)를 남겼다. 이 저작은 마르코
폴로 이후, 중국에 관한 최초의 전문서이자 최초의 중국 총론서
이며, 마르코 폴로보다도 더 우수하고 명확한 서술을 남겼다는
평가27)를 받고 있다.

25) Henry James Coleridge tr., *The Life and Letters of St. Francis Xavier 1*, BiblioLife,
2009; Henry James Coleridge tr., *The Life and Letters of St. Francis Xavier 2*, Nabu,
2010. 일본어 번역으로는 각각 シュールハンマー, ヴィッキ 編, 河野純德 譯, 『聖
フランシスコ・ザビエル全書簡』 全4巻, 平凡社, 1985; 井上郁二 譯, 『聖フランシ
スコ・デ・サビエル書翰抄』 上下, 岩波書店, 1991. 사비에르가 포르투갈을 떠나
일본으로 선교를 떠난 과정과 그 세계사적 의의에 대해서는 宮崎正勝, 『ザビエ
ルの海: ポルトガル「海の帝國」と日本』, 原書房, 2007 참조.
26) Boxer, *South China in the Sixteenth Century*; 크루즈 『中國誌』의 중국어역과 일본
어역으로는 각각 C.R. 博克舍 編注, 何高濟 譯, 『十六世紀中國南部紀行』, 中華書
局, 1990; ガスパール ダ・クルス, 日埜博司 譯, 『クルス『中國誌』: ポルトガル宣
教師が見た大明帝國』, 講談社, 2002.
27) Boxer, *Ibid.*, p.1xiii.

⑤ 페르낭 멘데스 핀투(Frenao Mendes Pinto, 1509~1583): 이른바『핀투 여행기』[28]의 저자로서 항해가이자 해적이다. 1537년 인도항해부터 1558년까지 21년 동안 인도, 중국, 조선, 일본, 수마트라, 말레이시아 등 수십 개국을 여행하였다. 이 기간 동안 무려 13번 포로가 되었고, 17번 노예로 팔렸다고 주장하고 있다. 1614년에 출판된 이 책은 핀투 자신의 자서전에 해당한다. 1558년 포르투갈로 귀국한 핀투는 1569년부터 책을 쓰기 시작해서, 그가 죽은 뒤 31년 뒤인 1614년에 간행되었다. 기억에 의존해서 쓴 것이기 때문에 여러 가지 논란의 소지가 있다는 점을 인정해야 한다. 대표적인 것이 134장「조총이 어떻게 일본으로 전해졌는가」라든가, 중국 내 도시 위원회(city council)의 존재에 관한 언급[29] 등의 부분을 들 수 있을 것이다. 또한 분명히 앞선 페레이라의 서술에서 그대로 빌려온 듯한 부분도 다수 발견할 수 있다.[30] 그렇지만 다른 저서에서는 찾아 볼 수 없을 정도로 생생한 동아시아에 대한 묘사와 분석은 이 책이 지닌 커다란 매력이라고 할 수 있을 것이다.

⑥ 가스파르 빌레라(Gaspar Vilela, 1525~1572): 포르투갈 예수회 선

---

[28] Fernao Mendes Pinto, Rebecca D. Catz tr., *The Travels of Mendes Pinto*, University Of Chicago Press, 1999; 한국어 역으로는 페르낭 멘데스 핀투, 이명 옮김,『핀투 여행기』상하, 노마드북스, 2005; 중국어역으로는 費爾南 門德斯 平托, 金國平 譯,『遠遊記』, 葡萄牙航海大發現事業紀念澳門地區委員會澳門基金會·澳門文化司署·東方葡萄牙學會, 1999; 일본어 역으로는 メンデス·ピント, 岡村多希子 譯,『東洋遍歷記』1~3, 平凡社, 1979가 있다. 이 책과 저자에 관한 좀 더 자세한 설명은 영문판의 서론(introduction)을 참조.

[29] *The Travels of Mendes Pinto*, pp.192·578.

[30] 조너선 D. 스펜스, 2000, 53~54쪽.

교사로서 사비에르와 함께 최초로 일본에 선교한 인물 가운데
한 사람으로 당시 사카이(堺)를 방문하여 "사카이의 거리는 매우
크고 대상인들이 다수 모여 살고 있는데, 이 도시는 베니스처럼
집정관들에 의해서 다스려지고 있다"[31]고 묘사하여, 사카이의
자치도시적 성격을 서양에 알리기도 하였다. 또한 조선 선교의
책임자로서 조선에 가려고 하였으나 끝내 뜻을 이루지 못하였다.

⑦ 루이스 프로이스(Luis Frois, 1532~1597): 포르투갈의 예수회 선교
   사로서 1563년 일본에 도착한 이래, 잠시 도요토미 히데요시에
   게 추방당한 적은 있었지만, 1597년 65세의 나이로 병사했을 때
   까지 줄곧 일본에 머물면서 오다 노부나가, 도요토미 히데요시
   등과 면담을 나누기도 하였다. 그는 『유럽문화와 일본문화』[32]
   등의 서적 이외에도 방대하고 자세한 『일본사(Historia de Iapam)』[33]
   를 남겼다. 그가 남긴 자료에는 『信長公記』등 일본 측 사료에도

---

31) 『耶蘇会士日本通信』 1516년 8월 17일자 서간.

32) Luis Frois, S.J., *Critical English-Language Edition of Striking Contrasts in the Customs of Europe and Japan by Luís Frois, S.J.*, Routledge, 2014. 일역본은 다음과 같다. 岡田章雄 譯註, 『ヨーロッパ文化と日本文化』, 岩波書店, 1991. 루이스 프로이스는 1562년부터 사망한 1597년까지 교토, 사카이, 나가사키 등 각지에 머물면서 일본을 관찰했는데, 일본과 유럽 문화에 대한 비교론을 남기도 하였다. 이 책자는 오랫동안 알려지지 않았는데, 마드리드의 아카데미아 데 라 히스토리아에서 자필 원고가 발견되어 겨우 출간되기에 이르렀다.

33) 영역본으로는 아직 나와 있지 않고, 일역본으로는 두 가지 번역이 나와 있다. 柳谷武夫 譯, 『日本史 キリシタン伝来のころ』 全5卷, 平凡社, 1963~70; 松田毅一・川崎桃太 譯, 『日本史』 全12卷, 中央公論社, 1977~80. 한글 번역으로는 임진왜란 부분만 여러 차례 번역된 바 있다. 루이스 프로이스, 강병구 옮김, 『포르투갈 신부가 본 임진왜란 초기의 한국』, 주한 포르투갈 문화원, 1999; 장원철 옮김, 『임진 왜란과 도요토미 히데요시: 프로이스의 〈일본사〉를 통해 다시 보는』, 부키, 2003 참조.

발견할 수 없는 서술이 많기 때문에, 일본 전국시대에 관한 사료로서 높은 평가를 받고 있다.[34]

⑧ 마르틴 데 라다(Martin de Rada, 1533~1578): 스페인 출신의 아우구스티노회 소속 수도사로서, 1560년 멕시코에서 선교활동을 시작하였고, 1565년 역시 같은 스페인제국의 영토였던 필리핀에 도착하여 (Jeronimo Marin)과 함께, 마닐라에서 복건성 천주(泉州)에 상륙한 뒤 중국 포교를 요청했지만, 허락받지 못했다. 그는 같은 해에 하문(廈門)을 거쳐 필리핀으로 돌아갔다. 그가 쓴『중국 보고서(Relacion de las cosas de China que propiamente se llama Taylin)』는 훗날 멘도자의『中國大王國誌』에 많은 영향을 주었다.[35]

⑨ 후앙 곤잘레스 데 멘도자(Juan González de Mendoza, 1540~1617): 그는 톨레도에서 태어난 스페인 아우구스티노회의 선교사로서 중국에 관한 포괄적인 보고서인『中國大王國誌』[36]를 남겼다. 원래 스페인의 대(對)중국 사절로 가고자 했으나 뜻을 이루지 못했던 그는, 대신에 기존의 여러 가지 중국에 관한 보고서를 취사선택하여 하나로 총괄하였다. 1585년 로마에서 처음 출간된 이 책은 2부 3권으로 된 방대한 양으로 앞서 본 크루즈의『中國誌』나

---

34) 岡本良知,『豊臣秀吉: 南蠻人の記錄による』, 中公新書, 1963, 5~13쪽.

35) Boxer, *South China in the Sixteenth Century*, pp.xlvi~xlvii.

36) Juan Gonzalez de Mendoza, R. Parke tr., *Mendoza's Historie of the Kingdome of China*, Create Space Independent Publishing Platform, 2012; 門多薩, 何高濟 譯,『中華大帝國史』, 中華書局, 1998; ゴンサーレス・デ メンドーサ, 長南実外 譯,『シナ大王國誌』, 岩波書店, 1965.

라다의 문장도 다수 포함하고 있다.

이하에서는 주로 이들 포르투갈 선교사나 해적들이 남긴 자료를 위주로 하고, 가능한 한 한문사료와 대조를 통하여 중국을 중심으로 한 16세기 동아시아 해상질서의 일단을 밝혀 보고자 한다.

Ⅲ. 중국해적의 활동범위

16세기 후반부터 17세기 전반에 걸쳐 동아시아 해상무역에서 최대의 이익을 거둔 것은 일본 은과 중국 생사를 교역하는 중일무역이었다. 그러나 가정연간(嘉靖年間) 왜구의 잦은 침략[37]으로 인하여 명 정부는 1567년 해금을 완화할 때도 중국 상인의 일본 도항과 일본 상인의 중국 내항을 허가하지 않았고, 직접 교역 역시 인정하지 않았다. 그 틈을 이용하여 중일 간 무역에서 막대한 이익을 거둔 것이 포르투갈이었다.[38] 1510년대에 처음 중국 연해에 도착하여 연해 밀무역의 거점에서 중국 상인과 거래를 하고 있던 포르투갈 상인은 1557년 명나라의 관헌에게 마카오에서의 거주를 인정받아 중국 연안에서 안정된 거점을 획득한 이래로 본격적으로 중일 간 무역에 나서서 마카오-

---

[37] 李献璋, 「嘉靖大倭寇の始末」, 『華僑生活』 2-7, 9・10합병호, 1963・1964.

[38] 루이스 프로이스는 중국, 일본, 그리고 포르투갈의 경쟁관계에 대해서 다음과 같이 적고 있다. "중국과 일본의 다툼은 일본에 가려고 하는 포르투갈인에게는 매우 잘된 일이다. 이는 중국 상품을 실어 일본으로 보내면 포르투갈 상인이 (일본에서) 교역을 하는데 편리하기 때문이다." 루이스 프로이스, 「1555년 12월 1일 말라카에서 고아의 이르만에게 보낸 서한」(大久保利謙等, 『史料による日本の歩み: 近世編』, 吉川弘文館, 1955, 27쪽).

나가사키 사이의 무역 노선은 포르투갈에 거대한 이익을 가져다주었
다.[39]

이처럼 16세기 포르투갈 선단이 마카오는 물론이고 일본까지 진출
했다는 점은 잘 알려져 있다. 그렇다면 중국인이나 일본인의 해상활
동의 지역적 범위는 어떠하였을까. 말라카까지 도착한 프란치스코 사
비에르는 일본으로 향할 때, 중국 해적이자 이름은 아방이라고 하는
해적의 배를 이용하여 일본으로 향했다.[40] 즉 중국 해적은 중국 연안
은 물론이고 필리핀[41]이나 말라카에서 일본 가고시마까지 매우 폭넓
게 활동하고 있었던 것이다.[42] 이 점은 정약증(鄭若曾)의『籌海圖編』
에서 묘사된 왕직(王直)의 사례[43]에서도 확인할 수 있다.

가정 19年(1540) 당시는 해금이 아직 느슨할 때였는데, 王直과 葉宗滿 등은
광동에 가서 거함(巨艦)을 제조하였고, 硝黃, 絲綿 등 해외 금지품목 등을 싣고
일본이나 暹羅, 西洋까지 왕래하여 교역한지 5, 6년 만에 이루 헤아릴 수 없는
부를 쌓았다. 島人들이 (왕직을) 크게 신뢰하고 복종하여, 그를 五峯船主라고
하였다. 또한 徐海, 陳東, 葉明 등의 亡命者들을 불러 그들을 將令으로 삼았다.
모든 자산으로 왜구의 우두머리 門多郎次郎, 四助四郎 등을 끌어들여 부하로
삼았다.[44]

39) 기시모토 미오, 홍성화 옮김, 「동아시아·동남아시아 전통사회의 형성」,『역사와
세계』45, 2014, 300쪽; 黃啓臣 외, 1999, 34~57쪽.
40) 프란치스코 사비에르, 「서간」90 1549년 11월 5일 가고시마에서 「고아의 예수회
회원에게」.
41) 許孚遠,『敬和堂集』卷1,「疏通海禁疏」, "商人有因, 風濤不齊, 壓冬未回者, 其在呂
宋尤多. … 見留呂宋者, 蓋不下數千人."
42) 藤田豊八, 1932, 152쪽.
43) 해상 왕직(?~1559)에 대해서는 林仁川, 1987, 87~92쪽; 李献璋, 「嘉靖年間における
浙海の私商及び舶主王直行蹟考(下)」『史學』34-2, 1962; 佐久間重男,『日明關係史
の研究』, 吉川弘文館, 1992, 제3장, 「王直と徐海: 倭寇の巨魁」 참조.
44) 鄭若曾,『籌海圖編』卷9,「擒劃王直」嘉靖36年11月.

물론 항해기술 면에서 말라카에서 한 번에 가고시마까지 항해할 수 있었던 것은 아니었다. 일단 이들은 6월 24일 말라카를 출발하여, 현재 마카오 남쪽 부근에 있는 상천도에 도착했고, 거기서 다시 복건성 하문 부근의 친체오(Chinxheo)[45]에 도착하였다. 그 뒤 운 좋게 일본 쪽으로 바람이 불어서 8월15일에 가고시마에 도착할 수 있었다.[46] 50 여일에 걸친 항해였지만, 만약 일본으로 가는 계절풍이 끝났다면, 다음 바람이 부는 내년을 기다려야 했기 때문에 월동을 해야 할지도 몰랐다.

한편 사비에르는 말라카에서 일본으로의 항해가 갖는 위험에 대해서는 "일본으로의 항해는 매우 위험해서, 커다란 폭풍우, 많은 여울, 이루 헤아릴 수 없는 해적의 위험이 있고, 특히 폭풍우 때문에 3척 가운데 2척이 도착하면 대성공이라고 할 정도"[47]라고까지 말하고 있다. 일본 전국시대의 사료인 『鐵砲記』의 서술을 보아도 일본에서 명나라로 가는 배 3척 중에서 1척만이 영파부(寧波府)에 도착했다고 서술하고 있다.[48] 이렇게 본다면 실제로 사비에르의 항해는 매우 순조로웠

---

[45] 이곳이 복건성의 장주부인지 천주부인지 옛날부터 논란이 되어 왔다. 이 문제에 대해서는 Boxer, *South China in the Sixteenth Century*, Appendix Ⅰ 참조. 오늘날에는 대체로 천주를 가리킨다고 생각된다.

[46] 프란치스코 사비에르, 「서간」 90 1549년 11월 5일 가고시마에서 「고아의 예수회 회원에게」.

[47] 프란치스코 사비에르, 「서간」 85 1549년 6월 22일 말래카에서 「유럽의 예수회 회원에게」.

[48] 南浦文之, 『鐵砲記』, "我嘗聞之於故老曰 "天文壬寅癸卯之交, 新貢之三大船將南遊大明國. 艤舶於我小島. 旣而待天之時解纜, 齊橈望洋向若, 不幸而狂風掀海…. 一貢船檣傾槪摧化烏有去, 二貢船漸而達於…寧波府. 三貢船不得而回我小島. 翌年再解纜逐南遊之志." 주경철에 따르면, 당시 포르투갈의 경우 리스본에서 아시아로 떠난 배 852척 가운데 159척이 중간에 침몰해서 사고율이 약 20%에 달한다고 하는데, 이렇게 본다면, 당시 동아시아 해역은 이보다 훨씬 길었던 유럽-인도 항로의 위험성을 웃돌았다고 할 수 있을 것이다(주경철, 『대항해시대: 해상 팽창과 근

다고 할 수 있을 것이다.

위에서 보듯이 사비에르의 경우를 보는 한, 중국 해상은 말라카에서 가고시마까지 폭 넓게 분포하고 있었다. 사조제(謝肇淛)의 『五雜組』에는 이 점에 대해서 다음과 같이 서술하고 있다.

> 오늘날 江蘇省의 蘇州·松江府, 浙江의 寧波·紹興·溫州·台州, 福建의 福州·興化·泉州·漳州, 廣東의 惠州·潮州·瓊州·崖州의 駔儈들은 이익을 도모하여, 바다 보기를 육지 보듯 하며, 일본 보기를 이웃집처럼 여길 뿐이다. 왕래하고 무역함이 서로 간격이 없다. 우리(中國人)들은 떳떳하게 가지만, 그들은 몰래 오고 있을 뿐이다.[49]

『五雜組』의 서술에서 주목되는 것은 중국과 일본을 왕래하는 이들에 대해서 '해적'이라고 표현하지 않고 상인에 해당하는 '장쾌(駔儈)'라고 서술하고 있다는 점이다. 이처럼 16세기 동아시아 해상에서 활약한 상인과 해구(海寇)의 일체성에 대해서는 많은 사료와 연구에서 지적하고 있는 바이기도 하다.[50] 어쨌든 중국과 일본 간에 왕래가 매우 빈번했다는 점은 사비에르의 다음과 같은 서술에서도 확인할 수 있다.

> 이미 말씀드렸듯이 일본 국왕과 중국 국왕은 친밀한 관계이고, 일본 국왕은 중국에 갈 사람들에게 감합부를 줄 수 있을 정도로 친선의 표시인 인장을 갖고

대 세계의 형성』, 서울대학교 출판문화원, 2008, 143쪽).

49) 謝肇淛, 『五雜組』 卷4, 「地部」 2, 偉文圖書出版社有限公司, 1977, 104쪽.

50) 대표적으로 鄭若曾, 『籌海圖編』 卷11上, 「經略」 1 「敍寇原」, 中華書局, 2007, 673쪽, "寇與商同是人也, 市通則寇轉而爲商, 市禁則商轉而爲寇, 始之禁禁商, 後之禁禁寇."; 鄭舜功, 『日本一鑑』 卷6 「窮河話海」 「海市」 "名雖爲商, 實爲寇盜." 이에 관한 연구로서는 이화승, 「明 中葉, 동남연해의 해상세계」, 『제33회(2014) 동양사학회 동계연토회 토론집: 동아시아의 바다, 그 열린 공간과 교류』 참조.

있습니다. 일본에서 중국으로는 10일이나 12일의 여정으로 항해할 수 있기 때문에 많은 배들이 가고 있습니다.[51]

한편 유대유(俞大猷)는 일본과 영파와의 항해에 대해서 "日本自寧波而下者, 亦可數十日程"[52]라고 하고 있는데, 이 점에서 볼 때, 사비에르의 서술은 사실에 부합하고 있다고 할 수 있다.

한편, 일본이 중국과의 교역에서 가장 필요로 했던 것은 견직물(絹織物)이었고, 그 지불수단은 은이었다. 이러한 중일무역은 해금이 완화된 이래 계속 발전하였고[53], 무역액도 날로 증가하였다.[54] 이처럼 말라카에서 일본까지 폭 넓은 범위에서 활약하던 중국 해적이기 때문에, 왕왕 조선에까지 표류하는 경우도 있었다.[55] 이들의 모습에 관해서 『朝鮮王朝實錄』에는 다음과 같이 서술하고 있다.

唐船이 羅州 飛彌島에 닿았으므로, 곧 兵船을 내어 그 배를 에워 막고 그 形貌를 보니, 혹 검은 옷을 입기도 하였는데 그 수가 90여 명이었습니다. 말이 서로 통하지 못하므로 어느 곳에서 온 어떠한 사람들로 무슨 일 때문에 표류하여 여기에 왔느냐고 크게 써서 보였더니, 다들 서로 보며 응답하지 않고 곧 화포를 놓아 우리 배를 쏘아, 두 사람은 화포에 맞아 죽고 두 사람은 화포에 맞아 다쳤으므로, 사로잡으라는 有탑는 있었지만, 형세가 어쩔 수 없어서 화포와 활로 응전해야 했습니다. 중국인들은 방패를 설치하고 배 안에 숨어서 바삐 노를

[51] 프란치스코 사비에르, 「서간」90 1549년 11월 5일 가고시마에서 「고아의 예수회 회원에게」.
[52] 俞大猷, 『正氣堂集』 卷2.
[53] 葉權, 『賢博編』, "海寇之變, 始於浙東而終於浙西. 方嘉靖丙午, 丁未間, 海禁寬弛, 浙東海邊勢家以絲緞之類與番船交易, 久而相習, 來則以番貨託之."
[54] 丁元荐, 『西山日記』 卷上, "今之通番者, 十倍于昔矣."
[55] 高橋公明,「十六世紀中期の荒唐船と朝鮮の對應」, 田中健夫 編, 『前近代の日本と東アジア』, 吉川弘文館, 1995.

저어 동쪽으로 갔고 마침 풍랑을 만났기 때문에 끝내 쫓아가 잡기 어려웠습니다.[56]

아마도 중국 해적으로 생각되는 이 배에는 무려 90여명이 탑승하고 있을 정도로 대규모였고, 그리고 火砲로 무장을 하고 있었다. 아마도 여기에는 조총(鳥銃=鐵砲)도 포함되어 있었으리라 생각되는데 그 만큼 동아시아의 해상에서는 중국 해적들의 무장이 일상화되었고, 이 가운데 일부가 같은 해 일본에 전해지게 되었던 것임에 틀림없다.[57] 한 가지 흥미로운 점은 사비에르나 핀투의 서술 속에서 중국과 포르투갈 해적에 대한 서술은 매우 빈번하게 나오지만, 의외로 일본 해적에 대한 서술은 극히 적다는 점이다. 이에 대해서 루이스 프로이스는 예상외로 "일본인은 원래부터 타민족과 전쟁을 하는 일에 훈련되어 있지 않았다. 중국으로 가는 순탄한 길도, 항해도, 정복하고자 하는 적군의 언어나 지리도 그들에게는 전혀 알려져 있지 않았다"[58]고

---

56) 『朝鮮王朝實錄』 中宗39년(1544) 7월14일 辛亥.
57) 통설로서는 일본에 철포를 전달한 것은 포르투갈인이라고 되어 있지만, 일본에 철포를 전래해 준 것은 포르투갈인이 아니라 왜구(=중국해적)라고 보는 것이 역사적 사실에 가까울 것이다. 왜구는 거래금지제품인 硝石이나 硫黃을 중요한 교역품으로 하였고, 철포 역시 그 세트 가운데 하나였음에 틀림없을 것이다. 우다가와 다케히사(宇田川武久)에 따르면 일본의 화승총은 형식적으로는 유럽의 것과는 다르며, 동남아시아에서 사용된 것과 비슷하다고 한다. 즉 일본에 전래된 철포는 직접 포르투갈에서 전래된 것이 아니라, 동남아시아의 바다에서 광범위하게 해적들에 의해서 사용된 것 가운데 일부가 전래된 것이라고 할 수 있다. 이에 관해서는 宇田川武久, 『鐵砲傳來: 兵器が語る近世の誕生』, 中公新書, 1990, 13~15쪽; 村井章介, 『海から見た戦国日本: 列島史から世界史へ』, 筑摩書房, 1997, 130쪽.
58) フロイス, 松田毅一·川崎桃太 譯, 『日本史』 2卷, 中央公論, 1977, 204쪽. 萬曆年間 張燮에 따르면 暹羅에 일본인이 살고 있었던 것을 기록하고 있고(張燮, 『東西洋考』 卷2, 「暹羅」 「交易」, "賈舶入港, 約三日程第三關. … 又三日至佛狼日本關."), 이보다 이른 시기인 1562년에 마닐라에서 중국인과 일본인의 교역이 이루어지고

단언하고 있다. 이렇게 본다면 많은 사료에서 지적하고 있는 중국 연해를 침탈하던 일본 해적은 중국인이나 포르투갈인의 인도에 의한 것이라는 표현들이 이해될 수 있을 것이다. 즉 아직까지도 일본 해적들은 일부를 제외하면 자신들이 직접 중국을 침탈할 만한 중국에 대한 정보나 항해기술을 갖지 못하고 있었던 것은 아니었을까. 그들은 '중국 해적'과의 연합을 통하여 중국에 대한 지리적 정보를 얻을 수 있었던 것은 아니었을까 생각된다.

그리고 또한 이들 중국 해적들이 반드시 모두 중국인으로 구성되었던 것은 아니라고 생각된다. 앞서 인용하였던 『籌海圖編』에서 왕직이 "왜구의 우두머리 門多郞次郞, 四助四郞 등을 끌어들여 부하"로 삼았다고 하는 부분이나, 핀투가 꿰아이 판장(Quiay Panjao)이라는 중국 해적이 포르투갈인 30여명을 부하로 둔 경우를 묘사하고 있듯이[59], '중국', '일본', '포르투갈'이라는 이름이 설령 붙었다고 하더라도 그들만으로 순수하게 선단이 구성된 것이 아니라 다양한 사람들이 서로 혼재되어 있었다고 봐야 할 것이다.

그렇다면 서로 다른 민족들끼리 의사소통은 어떻게 이루어졌던 것일까? 중국인과 일본인 사이에 의사소통은 마치 오늘날처럼 쉽지 않았던 것 같다.

주목해야 할 가치가 있는 것은 중국인과 일본인은 언어가 매우 다르기 때문에 회화는 서로 통하지 않습니다. 중국의 문자를 알고 있는 일본인은 (중국인

있다고 루이스 프로이스는 적고 있지만, 일본인의 세력이나 숫자는 중국인이나 포르투갈인에 비교하기 어려울 것이다. 당시 일본인의 해외진출에 대해서는 藤田豊八, 「歐勢東漸初期に於ける海外の日本人」, 『東西交涉史の研究: 南海篇』, 岡書院, 1932 참조.

[59] *The Travels of Mendes Pinto*, p.104; 『핀투 여행기』 상, 318쪽.

이) 쓴 것을 이해하고 있지만 말은 할 수 없습니다. (일본인이 중국의 문자를 알고 있는 것은) 한자를 일본의 대학에서 가르치고 있기 때문입니다. 그리고 한자를 알고 있는 본즈는 학자로서 사람들로부터 존경을 받고 있습니다.[60]

위와 같은 정황은 오늘날 중국인과 일본인이 서로 대화하려 할 때의 난점을 떠올린다면 충분히 짐작할 수 있을 것이다. 또한 일본 최초 철포 전래에 관한 기록인 난포분시(南浦文之)의 『鐵炮記』[61]를 보면 '五峯(=王直)'이라는 인물이 포르투갈인과 일본인 사이에서 필담으로 통역을 했다는 기록을 볼 수 있는데, 중국인과 일본인 사이에 의사소통은 그처럼 간단한 일은 아니었을 것이다. 당시 체계적인 교본이나 어학 습득 체계가 없는 상황에서는 무리도 아닐 것이다. 반면, 체계적인 교습이 있었을 때 좋은 성과를 올리는 경우가 없었던 것은 아니었다. 예를 들면 앞서 안지로는 사비에르의 가르침을 받고 "8개월만에 포르투갈어를 읽고 말하는 것을 익혔다"[62]고 되어 있지만, 이런 경우는 매우 예외적이라고 봐야 할 것이다. 이처럼 의사소통에 문제가 있기 때문에, 동아시아 해적 간에는 많은 갈등도 존재하고 있었다. 사비에르는 중국 해적이 얼마나 포르투갈인을 증오하는가에 대해서 다음과 같이 적고 있다.

60) 프란치스코 사비에르, 「서간」 97 1552년 2월 29일 코친에서 「로마의 이그나시오 데 로욜라 신부에게」.
61) 歷史學硏究會 編, 『日本史史料 2〈中世〉』, 岩波書店, 1998, 415~416쪽. 『南浦文集』 卷1, 「鐵炮記」, "天文癸卯八月二十五日丁酉, 我西村小浦有一大船, 不知自何國來, 船客百余人, 其形不類, 其語不通, 見者以爲奇怪矣. 其中有大明儒生一人名五峯者, 今不詳其姓字, 時西村主宰有織部丞者, 頗解文字, 偶遇五峯, 以杖書於沙上云, 船中之客, 不知何國人也, 何其形之異哉, 五峯即書云, 此西南蠻種之賈胡也."
62) 프란치스코 사비에르, 「서간」 71 1549년 1월 14일 코친에서 「로마의 이그나시오 데 로욜라 신부에게」.

이들 (중국 – 인용자) 해적들은 포로로 잡은 사람들과 특히 포르투갈인을 잔혹하게 고문하고 괴롭힌 뒤 여러 가지 잔혹한 방법으로 죽이고 있습니다.[63]

이 양자의 관계에 대해서 핀투는 다음과 같이 서술하고 있다. "모두 중국인들이었는데 포르투갈인들이 자고 있을 때 반란을 일으켰다. 선원들은 지니고 있던 작은 도끼로 포르투갈인과 포르투갈인의 노예들을 살해했다. 기독교인들이라고 하면 어떠한 자비를 베풀 것을 거절했다"[64]고 한다. 또한 그에 따르면 중국 해적은 "저 두 아이들은 내가 절대로 좋아할 수 없는 포르투갈인의 자식들이다. 그것만으로도 죽일 이유는 충분"하다고 하거나, 그 원인에 대해서 "포르투갈인들이 항상 나를 깊이 경멸하고 업신여겼기 때문"[65]이라고 하고 있어서 그 사정을 짐작하게 한다. 물론 포르투갈인과 중국인 사이에 매우 친밀한 경우도 있었지만[66], 그렇지 않은 경우가 더 많았다고 생각된다. 특히 중국인 가운데에서도 이슬람교도가 된 경우가 더욱 포르투갈인과 사이가 좋지 않았던 것 같은데, 설령 이슬람교도가 아니더라도 중국 해적들의 '우상숭배'는 가톨릭교도인 포르투갈인으로서는 참기 어려웠던 듯하다.

[63] 프란치스코 사비에르, 「서간」 78 1549년 2월 1일 코친에서 「포르투갈의 시몬 로드리게스 신부에게」.

[64] *The Travels of Mendes Pinto*, p.84; 『핀투 여행기』 상, 247쪽.

[65] *The Travels of Mendes Pinto*, p.94; 『핀투 여행기』 상, 286~287쪽. 16세기 동아시아 해역에서는 물론이고, 인도양에서도 포르투갈인과 아랍인 무슬림 사이는 종교적인 면에서도, 향신료 무역을 둘러싼 이권이라는 측면에서도 매우 적대적인 관계였다. 羽田正, 『東インド會社とアジアの海』, 講談社, 2007, 67쪽.

[66] *The Travels of Mendes Pinto*, p.104; 『핀투 여행기』 상, 318쪽. 여기서 핀투는 꿰아이 판장이라는 중국 해적이 포르투갈인에게 대단한 호의를 품고 있었다고 서술하고 있다.

우리들이 중국으로 항해하는 도중에 말라카로부터 100레구아(560킬로) 부근
에 한 섬에 도착했습니다. 거기에서 중국해의 커다란 폭풍우와 파도에 대비하
여 키(舵)나 기타 필요한 것을 준비하였습니다. (이 작업이) 끝나자 (선장들은)
많은 희생물을 바치고 우상의 비위를 맞추며 몇 번이나 절을 한 뒤 순풍이 불
것인지 아닐지에 관한 제비를 뽑곤 하였습니다. 좋은 날씨가 될 것이며 바로
떠나야 한다는 점괘가 나왔기 때문에 닻을 올리고 돛을 펼쳐서 출항하였습니
다. 모두 기뻐하면서 이교도들은 선미에 공손하게 운반한 우상에 등불을 밝히
고 향목을 태우곤 하였습니다.[67]

우상 숭배에 비판적이었던 것은 사비에르와 같은 신부가 아닌, 해
적인 핀투로서도 마찬가지였다.[68] 물론 의사소통 문제뿐만 아니라 이
익을 둘러싼 갈등도 치열하게 전개되었다. 다음의 사료를 살펴보기로
하자.

우리는 누데이(Nouday) 항구를 출발했다. 코모렐 섬과 본토 사이를 항해하
던 5일째 되던 날, 토요일 정오에 프레마타 군델(Premata Gundel)이라는 도둑
의 습격을 받았다. 그 또한 포르투갈인의 냉혹한 적으로서 이미 여러 번 포르
투갈인들에게 많은 해를 끼친 바 있는데, 파타니뿐만 아니라 순다(Sunda), 그
리고 시암과 다른 여러 지역 등 어디서나 포르투갈인을 만나기만 하면 자기 욕
심을 채웠던 것이다. 그는 우리를 중국인으로 착각해 200명의 병사가 타고 있
는 두 척의 거대한 정크선으로 우리를 공격했다. … 싸움은 끝났다. 적의 정크
선에서 발견한 물품 목록과 노획품은 약 8만 테일(=兩)로 평가되었다. 그 대부
분은 일본 은으로 그 해적들이 히라도에서 친체오까지 가는 3척의 상선 정크
에서 뺏은 것이다. 그 말은 해적들이 이 배 하나에만 12만 크루자도를 싣고 있

---

67) 프란치스코 사비에르, 「서간」 90 1549년 11월 5일 가고시마에서 「고아의 예수회
회원에게」.

68) *The Travels of Mendes Pinto*, p.199;『핀투 여행기』상, 546쪽. 중국 해적들의 우상
숭배는 청 말의 사례에서도 발견된다. 다이앤 머레이, 이영옥 옮김,『그들의 바
다: 남부 중국의 해적, 1790-1810』, 심산, 2003, 118~119쪽 참조.

다는 것을 의미했다. 그들은 많은 우리 병사들을 괴롭히고 침몰한 정크에도 거
의 같은 양이 실려 있다고 말했다.[69]

누데이는 현재 복건성 복주 부근이라고 추측되는데,[70] 어쨌든 여기
에서도 포르투갈인과 중국 해적간의 치열한 다툼을 확인할 수 있고
그 다툼의 대상이 바로 일본에서 생산된 '은'이었다는 것도 확인할 수
있다. 당시 포르투갈 왕실의 연간 수입은 30만 크루자도(cruzado)라고
하는데,[71] 배 한 척에서 그의 1/3에 해당하는 액수를 약탈할 수 있다
는 사실을 보면 얼마나 당시 동아시아 해역이 부로 넘치고 있었는가,
그리고 그 만큼 중국과 포르투갈의 해적집단 간에 치열한 다툼이 벌
어졌다는 것도 쉽게 짐작할 수 있을 것이다.

그렇다면 과연 중국 해적들은 모두 단일한 집단이었을까? 이에 관
해서 해적 진압에 커다란 공을 세웠던 순시도어사(巡視都御史) 주환
(朱紈; 1494~1549)의 서술에 따르면, "(체포한 해적 가운데) 중국인 50
명이 있었는데, 광동인 6, 7인, 장주인 3, 4인, 휘주인(徽州人) 10여 인,
영파인 10여 인, 소흥인(紹興人) 4명이었다. 사로잡은 왜적이 2명이
있었는데, 哈眉須, 滿咖喇, 咖咉哩라는 이름의 흑인이 한 명씩 있었으
며, … 사로잡은 흑번(黑番)들은 얼굴이 검기가 칠흑 같고, 보는 사람
들로 하여금 공포를 느끼게 하였는데, 간혹 중국어를 잘 하기도 하였
다"[72]고 서술하고 있다. 중국 해적의 출신지별 분포에 대해서 도중률
(屠仲律; 1556~1561) 역시 해적이 발생하는 원인에 대해서 논하면서,
그 출신지에 대해서 "夷人十一, 流人十二, 寧紹十五, 漳泉福人十九. 雖

69) *The Travels of Mendes Pinto*, p.126; 『핀투 여행기』 상, 367~368쪽.
70) 歷史學硏究會 編, 『日本史史料 2 〈中世〉』, 岩波書店, 1998, 423쪽.
71) 羽田正, 『東インド会社とアジアの海』, 52쪽.
72) 朱紈, 『甓餘雜集』 卷2, 「捷報擒斬元兇蕩平巢穴以靖海道事」.

概稱倭夷, 其實多編戶之齊民也"[73]이라고 분석한 바 있다.

물론 해적들을 출신지 별로 분류하였다는 점이 반드시 이들이 출신지별로 배타적인 그룹을 형성하고 있다는 의미는 아닐 수 있을 것이나, 유명한 왕직의 경우도 그가 해적이 되었던 사례 역시 같은 휘주 출신인 허동(許棟)의 출납을 관장하는 것[74]이 계기가 되었던 것, 그리고 왕직이 '휘왕(徽王)'이라고 하고 있다는 점에서도 출신지 별로 단결을 이루고 있었다는 점은 충분히 짐작할 수 있을 것이다. 또한 해적들 내부에서는 분열과 반목이 늘 일상적이었다.[75]

라다는 포르투갈어를 말할 수 있는 중국인에 대해서 언급하고 있는데[76], 반면 주환은 중국어를 말하는 흑인들의 존재에 대해서 묘사하고 있는 것은 매우 흥미로운 점이다. 해양교류를 통해서 언어의 교류와 상호습득 역시 당연히 발생했다고 할 수 있다. 그럼에도 불구하고 중국인과 포르투갈인 사이에는 언어, 종교, 생활관습 등에서 커다란

---

73) 屠仲律, 「御倭五事疏」(『明經世文編』 卷282).

74) 鄭若曾, 『籌海圖編』 卷8, 「寇踪分合始末圖報」 「王直」 "(嘉靖)二十三年入許棟踪, 爲司出納."

75) 塗澤民, 「塗中丞軍務集錄」 2, 「文移」「行監軍巡海道并蔣伯清」(『明經世文編』 卷354) "海賊多仇隙." 명대 사료에는 중국 해적끼리의 지역적 분열상을 확인할 수 없지만, 청 말의 경우를 생각하면 충분히 예상할 수 있을 것이다. 청 말 중국 동남연해의 해적에 대해서 다이앤 머레이는 다음과 같이 지적하고 있다. "사실 민남어를 사용하는 절강, 복건, 광동, 동부 지역의 해적들과 광동어를 쓰는 광동 중서부의 해적들 사이에는 공통점이 거의 없었고, 몇 차례에 걸쳐 시도된 연합도 모두 실패로 끝나고 말았다. 더욱이 그 두 집단은 출발점과 활동 목적 때문에 서로 다른 방향으로 나아가게 되었다. 절강과 복건의 해적들은 대만이나 류큐 열도를 중심으로 활동했고, 광동의 해적들은 광주, 마카오, 베트남 등에 더 큰 관심을 갖고 있었다. … 육지에 살고 있는 중국인들이 경제, 행정, 문화 등의 영역에서 분산되어 있는 것과 마찬가지로, 바다에 있는 '수상세계'의 해적들도 아주 적은 공통점만 있을 뿐 서로 분리되어 있었던 것"이다(다이앤 머레이, 『그들의 바다: 남부 중국의 해적, 1790-1810』, 14~15쪽).

76) Boxer, South China in the Sixteenth Century, p.243.

격차가 있었으며, 중국 해적 역시 그 내부에서 지역별로 커다란 분열상을 내재해 있었던 것이다. 그런 의미에서 단일한 의미의 '중국 해적' 혹은 '후기왜구'란 존재하지 않았다고 할 수 있을 것이다.

Ⅳ. 해적과 지방관료, 그리고 상인

그렇다면 이렇게 많은 해적들이 동아시아에서 출몰한 이유는 무엇일까. 그 이유에 대해서 크루즈는 다음과 같이 서술하고 있다. 일단 중국이 지닌 놀라운 풍요로움이었다.

광주시 연안에는 반(半)레구아(2.5킬로미터) 이상에 걸쳐서 물 위에 엄청난 수의 선박이 정박하고 있다. 언뜻 보아도 경악을 금치 못할 광경이다. 가장 경탄스러운 것은 이 방대한 선박이 거의 일 년 중에 줄어들거나 사라지는 법이 없다는 것이다. … 더욱 경탄스러운 것은 들어오는 배도 나가는 배도 화물을 가득 싣고 있다는 점이다. … 포르투갈인이 반출하는 물자나 시암 사람들이 가지고 가는 약간의 물자는 중국 내부의 방대한 교역량에 비교하면 미미한 것이고 거의 없는 것이나 진배없을 정도이다. 중국의 밖으로 나가는 것은 포르투갈인이나 시암인이 반출하는 물자뿐이지만, 5척 내지 6척의 중국배가 비단이나 도자기를 가득 싣고 가기 때문에, 그 양은 대단한 것이다. 그럼에도 불구하고 마치 중국으로부터는 아무 것도 뽑아낸 것이 없는 것 같다. 이러한 점은 오로지 자신에 의해서, 자신만을 양육하는 이 대지의 커다란 풍요함과 부유함이 가져온 바이다. 후추나 상아라고 해도, 포르투갈인이 가져온 주요한 상품이지만, 사람들은 후추 따위가 없이도 잘도 생활하고 있다.[77]

화약을 만드는 데 필요한 유황, 초석, 그리고 납, 대포알, 식량, 삭구, 기름,

---

77) *Ibid.*, pp.111~112; 『クルス『中國誌』: ポルトガル宣教師が見た大明帝國』, 第9章.

타르 충전재, 나무 들보, 판자, 무기, 던지는 창, 창으로 사용할 막대기 … 그리고 그들은 물을 실었고 선원을 더 모았다. 인구가 300 내지 400명밖에 되지 않는 작은 마을이기는 했지만 그곳과 이웃 마을에서 이처럼 많은 물건을 조달할 수 있었다. 이 말을 믿게 할 다른 어떤 말도 찾아낼 수 없지만 내가 말한 모든 일은 정말로 진실이다. 중국의 이 땅은 다른 모든 나라보다 빼어나 모든 것이 누군가 희망하는 이상으로 대단히 풍부했고 이 세상 다른 모든 나라의 이상이었다.[78]

포르투갈인들이 중국을 보았을 때 일단 공통적으로 그 풍요로움에 대해서 놀라움을 금치 못하고 있었다. 심지어 절강성(浙江省) 영파부의 쌍서항(〈그림 1〉 참조)에 대해서 "세계의 항구 중 가장 부유하고 좋은 곳"(핀투)으로까지 단언하고 있을 정도였다. 그럼에도 불구하고 중국은 잘 알려져 있듯이 법령으로 무역을 철저히 금지하고 있었다.[79]

〈그림 1〉
영파부와 쌍서

---

78) *The Travels of Mendes Pinto*, p.109; 『핀투 여행기』 상, 327~328쪽.
79) 檀上寬, 『明代海禁=朝貢システムと華夷秩序』, 京都大學學術出版會, 2013.

중국 국왕은 자신들의 인민이 해외에 다수의 나라들에 대한 지배를 확대하고 싶은 나머지, 자국이 점점 해체할 위기에 빠진다는 것을 인정하고 중국에 태어난 자는 결코 중국 밖으로 도항해서는 안 된다. 이를 범하는 자는 사형이라는 포고를 내걸고 있고 중국 인민들도 다 같이 자신들의 나라만으로 문을 닫고 있게 되었다. 오늘날에도 여전히 이 금령을 지속되고 있다.[80]

그러나 주지하다시피 이러한 해금정책은 정부의 의지와는 반하는 결과를 낳곤 했다.

재물을 운반하는 상인은 자신이 운반하는 재물이 무엇인가, 그리고 그것에 대한 세금은 지불했는가에 대한 증명서를 휴대하였다. 각각의 성에 있는 각 세관에서 상인은 다소의 세금을 지불한다. 세금을 지불하지 않으면 재물은 몰수되고 변경지대로 추방되었다. 위와 같은 여러 법률에도 불구하고 일부의 중국인은 상거래를 하고 중국의 국외로 도항하는 것을 멈추지 않고 있다. 이러한 부류는 더 이상 중국으로 돌아가지 않는다. 그들 가운데 어떤 자는 말라카에서 어떤 자는 시암에서 어떤 자는 파타니에서 거주하고 있다. 똑같이 허가 없이 출국하고 있는 부류의 일부는 남방 각지에서 산재하고 있다. 이미 중국 국외에서 생활하고 있는 사람들 가운데에서도 포르투갈인의 지원을 얻고 자신들의 배로 다시 중국으로 돌아가고 있는 자들도 있다. 자신들의 배에 이러한 세금을 송금할 필요가 있는 자는 포르투갈 사람 하나를 친구로 삼아서 얼마간의 배려를 베푼 다음에 이 포르투갈인의 명의로 세금을 송금하곤 한다. 일부 중국인은 살아가기 위하여 식량을 벌기를 소망하기 때문에 이러한 중국인의 배에 타고 해외에서 장사하러 극비에 출국을 한다. 그리고 친척조차 알지 못한 채 극비에 돌아온다. 이러한 사실이 폭로되는 것을 막기 위하여, 이러한 행위를 하고 있는 자가 받게 될 형벌을 피하기 위한 것이다.
　이러한 법률이 시행되는 이유, 한 가지는 중국 국왕은 외부의 여러 가지 백성들과의 빈번한 교섭이 모반의 원인이 될 수 있다고 생각하기 때문이고, 또 한

---

80) Boxer, *South China in the Sixteenth Century*, p.67; 『クルス『中國誌』: ポルトガル宣教師が見た大明帝國』第2章.

가지는 많은 중국인이 해외로 건너간 뒤에 도적이 되어 연해 여러 지방을 약탈하는 것이 항상화 되어 있기 때문이다. 그리고 이만큼의 경계에도 불구하고 해안연변에 도적인 중국인이 다수 만연하고 있는 상황을 멈출 수는 없었다.[81]

이렇기 때문에 연안 여러 섬들에서는 포르투갈인과 결탁하는 일들이 벌어졌다.[82] 밀무역은 필연적으로 주변 주민들도 끌어들이게 되었던 것이다.

중국 국외에 살고 있는 포르투갈인과 함께 돌아가는 부류는 페르나 단도라데의 추문(醜聞) 이후, 포르투갈이 량포(Liampo=寧波)에 교역하려 가는 이의 유치에 손을 대기 시작하였다. 이 지방에는 성벽으로 둘러싼 도시나 촌이 아니고, 해안 연변에 커다란 집락이 몇 개 있는 것에 지나지 않는 것이다. 거기에 살고 있는 사람들은 포르투갈인을 매우 환영하였다. 그들에게 식량을 팔아서 이익을 올릴 수 있기 때문이다. 포르투갈과의 항해를 함께 해 온 중국 상인들은 이러한 집락으로 돌아가면 서로 함께 친척끼리였고, 서로 얼굴을 잘 알고 있기 때문에, 지역 사람들은 그들 때문에라도 더욱 포르투갈인을 따뜻하게 맞이해 주었다. 그들을 중개역으로 지역 상인들이 포르투갈인에게 팔기위한 상품을 각자 가지고 모인다는 상담(商談)이 성립하였다. 포르투갈인을 위해서 일을 했던 중국인 부류는 매매에 포르투갈인과 지역 상인간의 중개역을 맡기도

---

81) Boxer, *Ibid.*, pp.191~192; 『クルス『中國誌』: ポルトガル宣敎師が見た大明帝國』 第23章. 이러한 서술은 중국 해적들이 절강성 등의 연해에서 포르투갈인들을 유인하여 밀무역을 하였다는 『日本一鑑』 등의 서술과도 부합하는 것이다. 鄭舜功, 『日本一鑑』 6卷, 「窮河話海」「海市」, "嘉靖甲午(1534年) … 我從役人聞此僧言日本可市, 故從役者卽以貨財往市之, 得獲大利而歸, 致使閩人往往私市其間矣. 後有私市平戶島, 島夷利貨, 卽殺閩商. … 浙海私商, 始自福建鄧獠, 初以罪囚按察司獄. 嘉靖丙戌(1526), 越獄通下海, 誘引番夷私市浙海雙嶼港, 投託澳之人盧黃四等私通交易. 嘉靖庚子(1540), 繼之許一(松), 許二(楠), 許三(棟), 許四(梓), 勾引佛狼機國夷人, (斯夷於正德間來市廣東不恪, 海道副使王鋐逐去後乃占滿刺加國住牧, 許一兄弟逐於滿刺加而招其來) 絡繹浙海, 亦市雙嶼, 大茅等港, 自玆東南釁門始開矣."
82) 鄭舜功, 『日本一鑑』 6卷, 「窮河話海」「海市」, "嘉靖乙巳(1545年), 許一夥伴王直等往市日本, 誘博多津倭助才門三人來市雙嶼港, 直·浙憂患始生矣."

하였기 때문에, 이 일에서 상당히 커다란 이익을 얻었다.

　연해의 하급관리도 또한 이 교역에서 상당한 이익을 거둘 수 있었다. (중국과 포르투갈) 쌍방이 교역하는 것을 방임하고 또한 쌍방이 상품을 가져오거나 가지고 나가는 것을 묵인하는 대가로 양 편 모두에게서 듬뿍 뇌물을 받고 있기 때문이었다. 그들 내부의 교역을 오랫동안 국왕 및 절강성의 고급 관리에게 숨기고 있는 까닭이기도 하다.

　량포에서의 교역은 오랫동안 이렇게 다른 사람의 눈을 피한 채 이루어진 뒤, 포르투갈인은 서서히 그 행동범위를 넓혀나갔고, 친체오나 광동의 섬들까지 교역을 위한 발걸음을 넓히기 시작하였다. 기타 관료들도 뇌물에 따라서 지금이나 모든 지방에 교역을 용인하기 시작하였다. 그 결과 장사에 뜻을 둔 포르투갈인은 광동에서부터 매우 멀리 떨어진 남경까지 도달하였다. 그런데 (명나라) 국왕은 이 교역에 관해서는 전혀 알지 못하고 있었다. 교역은 계속 이어져 마침내 포르투갈인은 량포의 섬들에서 월동하기 시작했다. 그리고 이 섬에 정착해서 대폭적인 행동의 자유를 누렸고, 거기에 교수대나 죄인 공시대(公示臺)만 있다면 그들에게는 무엇 하나 부족하지 않을 정도였다. 포르투갈인을 위해 일했던 중국인 역시 거기에서 그들과 하나가 되었던 약간의 포르투갈인은 통제를 잃거나 드디어 대대적인 절도나 약탈을 하게 됨과 동시에 사람들을 살해하기까지 이르렀던 듯하다. 이 악행은 멈출 줄 모르고, 피해자들의 분노는 매우 강해져서, 드디어 이에 대한 소식은 절강성의 고급관료에게까지 달하였을 뿐만 아니라 국왕의 귀에까지 이르렀다. 국왕은 바로 복건성에서 일대 함대를 편성하도록 명하였다. 모든 도적, 그 중에서도 량포에 웅거하고 있는 도적을 연안 일대에서 내쫓기 위한 것이었다. 포르투갈인도 중국인도 모든 상인은 도적의 한 패로 되어버렸다.[83]

　한편 이러한 약탈 행위가 만연하게 된 것은 중국 해안방어에도 문제가 있었기 때문이었다.

[83] Boxer, *South China in the Sixteenth Century*, pp.192~193;『クルス『中國誌』: ポルトガル宣教師が見た大明帝國』第23章.

양쪽 해안은 200명 혹은 50명 정도의 주민이 살고 있는 작은 마을들이 점점
이 박혀 있었고, 비록 그 마을들 중 일부는 벽돌담으로 둘러싸여 있었지만 그
들은 겁쟁이였기에 어지간한 병사 30명 정도만 데리고 공격해도 제대로 막아
낼 것 같지는 않았다. 게다가 그들에게는 무기라고 부를 만한 것도 없었다. 그
저 그을린 나무 막대기와 몇 개의 날이 짧은 칼들, 붉고 검은 색으로 칠한 소나
무 판자식의 방패뿐이었다. 그렇지만 그 지역은 정말 내가 본 곳들 중 최고였
다. 땅은 가장 기름진 곳이었고 모든 것이 극히 풍부했다. 소들은 얼마나 많은
지, 그 숫자를 가늠하기조차 어려웠고 밀, 쌀, 보리, 기장, 그리고 많은 야채들
이 자라고 있는 들은 넓고 평평하고 거침없이 트여 있어 끝이 보이지 않을 정
도였다. 그 광경을 본 우리들은 모두 놀라서 입을 다물지 못하였다.[84]

즉 포르투갈인들의 눈에 비친 중국의 연안 마을들은 모두 놀라울
정도로 번영을 누리고 있었지만, 반면 방비는 매우 허술하기 그지없
었다. 그리고 설령 방비가 있었다고 하더라도 중국 군대에 대해서 이
들의 평가는 매우 낮았다. "사실 중국인들은 병사로서는 그다지 좋지
못했다. 전쟁 경험이 부족하기도 했지만 겁쟁이인데다가 화기, 특히
대포 같은 중화기가 전적으로 부족하다"고 핀투는 적고 있다.[85] 그리
고 이러한 약탈에는 지방 관료와의 밀접한 결탁이 있었기 때문에 가
능한 것이기도 하였다. 핀투는 "이들 해적들은 항구 관리의 묵인 하에
마음대로 약탈했고 그 물건들을 항구에 내다 팔았다. 그리고는 그 대
가로 관리에게 상당한 뇌물을 바쳤다"[86]고 적고 있다. 실은 밀무역의
이익을 중국 관리들도 향유하고 있다는 점은 중국 문헌에도 "海利獨

84) *The Travels of Mendes Pinto*, p.97; 『핀투 여행기』 상, 293쪽.
85) 이러한 명군에 대한 핀투의 묘사는 『明史』나 척계광(戚繼光)의 서술과도 부합하
    는 것이라고 할 수 있다. 『明史』 卷322, 「外國傳」 3 「日本」, "倭戰則驅其所掠之人
    爲軍鋒, 法嚴, 人皆致死, 而官軍素懦怯, 所至潰奔."; 戚繼光, 『戚少保集』, 「議處兵
    馬錢糧疏」(『明經世文編』 卷346) "倭器精利, 輕生善鬪. 中國之兵, 信非敵手."
86) *The Travels of Mendes Pinto*, p.91; 『핀투 여행기』 상, 281쪽.

歸於宦豪"[87])라고 하면서 인정하고 있는 사실이었다.

이러한 결과 중국의 연안 섬들에는 포르투갈인이 은밀히 도시를 건설하여 명조의 통치와는 무관한 지역들이 생겨나기 시작했다.

다음 날 아침 무렵 산차웅(=광동성 상천도)을 떠난 일행은 석양 무렵 북쪽으로 6레구아 떨어진 람파카우(현재 주해시 두남현 남수[珠海市 斗門縣 南水 – 인용자) 섬에 도착했다. 이곳은 1557년부터 광동성의 귤 거래가 시작되던 때부터 포르투갈과 중국의 무역이 시작된 된 곳이다. 그 지방의 상인들은 포르투갈과의 무역을 원했고 항구를 자유롭게 사용할 수 있게 해주었고 지금까지도 활발한 거래가 이루어지고 있었다. 그리고 포르투갈인들은 무인도였던 람파카우 섬에 3-4천 크루자도 정도를 투자해 훌륭한 마을과 교구 신부가 있는 대성당을 세웠고 모든 이들이 하느님의 은혜를 받을 수 있게 했다. 람파카우 섬에는 자체적으로 장군 대표, 왕권을 가진 사법관, 법을 집행하는 공무원들을 두고 있어서 포르투갈에서 가장 안전한 지역에 살고 있는 듯이 보였고, 마치 하나의 국가를 만들어 놓은 듯 편하고 살만한 도시를 만들어 내려 노력한 듯 보였다.[88]

광동성의 상천도로부터 복건성 장주부의 월항, 그리고 영파의 쌍서[89])를 비롯한 중국 연안의 교역항들, 그리고 히라도나 나가사키를 비롯한 일본 큐슈 연안의 교역항들은 중국과 일본이라는 국경을 넘어선 '초국경 네트워크'로서 연결되어 있다고 할 수 있을 것이다. 그리고

[87] 鄭舜功,『日本一鑑』6卷,「窮河話海」「海市」; 朱紈,『甓餘雜集』卷2, "林希元怙勢恃强, 專通番國, 以豺虎之豪奴, 駕重椗之鉅航. 一號林府, 官軍亦置而不問." 명대 해금체제 하에서 해상무역을 장악한 복건지역 향신(鄕紳) 임희원(林希元; 1482~1567) 등의 사례에 대해서는 원정식,「明淸時代 福建의 商人과 國家權力」,『明淸史硏究』 13, 2000; 重田德,『淸代社會經濟史硏究』, 岩波書店, 1975, 190~191쪽 참조.
[88] *The Travels of Mendes Pinto*, p.508;『핀투 여행기』하 638쪽.
[89] 핀투는 쌍서항에 대해서 명정부의 해금정책을 벗어나서, 포르투갈과 중국인들이 모여 사는 자치구역으로 묘사하고 있다. *The Travels of Mendes Pinto*, pp.129~133;『핀투 여행기』상, 371~386쪽 참조. 林仁川, 1987, 131~137쪽; 李献璋,「嘉靖年間における浙海の私商及び舶主王直行蹟考 (上)」『史學』34-1, 1961.

이처럼 포르투갈인들이 연해에서 이와 같은 교역항을 만들어 냈던 것
은 앞서 서구세력의 아시아 진출 단계로 본다면, 2단계나 3단계를 뛰
어넘어서 마치 근대시기 조계(租界)를 연상케 할 정도라고 할 수 있
다.[90] 이와 같은 포르투갈인에 의해서 개척된 교역항들, 특히 상천도
나 쌍서항으로 인해서 포르투갈인과 중국인들은 막대한 이익을 얻을
수 있었다.

람파카우의 시장 흐름을 꽤 뚫고 있는 상인들에 의하면 이곳에서 이루어지
는 거래 금액은 금 300만 정도에 이르며 주로 2년 전 일본에서 발견된 은으로
거래하고 있다고 했다. 만약 어떤 물건이든지 가져오기만 하면 3배 내지 4배까
지의 이익을 거둘 수 있다.[91]

〈그림 2〉 17세기 포르투갈인에 의한 마카오 도시 건설
마카오 해사박물관(海事博物館) 전시 모형

90) 安野眞幸, 『港市論: 平戸 · 長崎 · 橫瀨浦』, 43쪽.
91) *The Travels of Mendes Pinto*, p.508; 『핀투 여행기』 하, 639쪽. 이 시기의 무역이익
   을 보면, 일본으로부터 은을 중국에 가져 오면 2배 이상의 가격이 되고, 중국의
   生絲를 일본에 가져 오면 5배의 이익이 남았다고 한다. 宮崎市定, 「倭寇の本質と
   日本の南進」, 『宮崎市定全集』 22, 35쪽.

쿠르즈나 핀투가 본 중국에 대한 첫 번째 인상은 놀라울 정도로 풍요로운 나라였다는 점이다. 중국의 풍요로움에 대한 서술은 위의 인용 이외에도 이들의 견문록 곳곳에서 발견할 수 있을 정도이다. 이러한 풍요로움에 압도되면서도 이들 이베리아 반도에서 온 이방인들은 중국이 지닌 약점을 꿰뚫어 보는 것을 잊지 않았다. 풍요롭지만 군사력은 매우 취약해서 해안선을 지키는 것도 쉽지 않은 명나라의 군사력을 잘 알고 있었던 것이다. 해안선 방어가 적절히 이루어지지 않았는데도 명 정부는 해금정책을 취하였기 때문에, 왜구의 창궐을 불러일으켰고, 더구나 해안 지대에 포르투갈 해적들과 직접 연결된 지역들이 형성되기 시작했던 것이다. 잘 알려진 쌍서나 상천도 이외에도 절강과 복건 연해의 많은 섬들 가운데는 다수의 포르투갈인의 거주지나 교역항이 건설되었으며, 다시 동아시아 국제 무역을 활성화시키는 공간으로 성장하였다고 볼 수 있다.

V. 중국과 일본에 대한 포르투갈인의 비교

주지하듯이 프란치스코 사비에르 신부는 일본에 파견된 서양인 최초의 선교사였지만, 그의 목적은 단순히 신앙만은 아니었다.

신부가 일본으로 도항할 때에는 인도 총독이 일본 국왕에 대한 친서와 함께 헌정할 만한 상당한 액수의 금화와 선물을 가지고 오시길 바랍니다. 만약 일본 국왕이 우리들의 신앙에 귀의한다면 포르투갈 국왕으로서도 커다란 물질적인 이익을 거둘 수 있기 때문입니다. … 사카이는 매우 커다란 항구로서 많은 상인과 부자들이 있는 곳입니다. 일본의 다른 지방보다도 은이나 금이 많습니다. 이 사카이에 포르투갈의 상관을 설치하면 좋을 것이라고 생각됩니다. 내가 인

도에서 경험한 바로는 (물질적인 이익에) 관계없이 하느님의 사랑만으로 신부
들을 도항시켜줄 배를 줄 사람은 아무도 없다고 믿고 있기 때문입니다.

…

내가 생각한 것과 다르게 (신의 사랑만으로 배를 내어줄 자가) 있다면 매우
기쁠 것입니다. 신부를 보낼 경우에는 다음과 같은 방법을 취하시길 바랍니다.
총독 각하는 신부들을 일본으로 데리고 올 도항허가를 내어줄 때에 자신의 (권
한에 따라서) 커다란 은혜와 막대한 이익을 주고 싶다고 생각하는 친척이나 친
구에게 허가를 내어 주십시오. 그렇기 때문에 미야코(=京都-인용자)로부터
이틀거리의 사카이 항구에 매우 고가로 팔릴 만한 상품의 리스트를 동봉하는
바입니다.

…

신부를 태우고 오는 배는 후추를 그다지 많이 싣고 오지 말고, 많아도 80바
레루까지 하길 바랍니다. 왜냐하면 앞서 말씀드렸듯이 사카이 항구에 도착할
때 가지고 온 것이 적지 않다면 일본에서 매우 잘 팔려서 큰돈을 벌 수 있기
때문입니다.[92]

앞서 본 중국의 모습과는 달리 일본은 교역과 신앙 전파에 매우 적
극적으로 호응하였다.

우리들은 가고시마에서 히라도로 왔습니다. 거기에서 영주 마쓰우라 다카
노부(松浦隆信; 1529~1599)가 우리들을 대단히 환영해주었기 때문에, 거기에서
(2개월간) 체재해서 10명 정도를 신자로 만들었습니다.[93]

앞서 보았듯이 명 정부는 통일적인 관료제하에서 엄격한 해금정책
을 취하고 있었지만, 반면 오닌(應仁)의 난 이래 중앙정부가 실질적으

92) 「서간」 90 1549년 11월 5일 가고시마에서 「고아의 예수회 회원에게」.
93) 「서간」 96 1552년 1월 29일 코친에서 「유럽의 예수회 회원들에게」. 마쓰라 다카
노부(松浦隆信) 시대의 히라도 무역에 대해서는 外山幹夫, 『松浦氏と平戸貿易』,
國書刊行會, 1987, 제3장, 「戰國期の松浦氏」 참조.

로 무력화된 일본에서는 마쓰우라 다카노부나 오우치씨(大內氏)를 비롯한 많은 서일본의 다이묘들은 포르투갈과의 무역을 위하여 선교사까지 받아들이거나 심지어 개종까지 하는 적극적인 자세를 취하고 있었다.

한편 사비에르는 중국과 일본의 관계에 대해서 그다지 많은 언급을 남기지 않았는데 중요한 부분을 인용하면 다음과 같다.

그 가운데 가장 커다란 중국이 있고, 이 나라에는 일본 국왕의 통행허가증을 갖고 있다면 학대를 받지 않고 안전하게 입국할 수 있습니다. 우리는 하느님께서 일본 국왕이 우리들의 친구가 되어서 그로부터 이 통행허가장을 쉽게 얻을 수 있도록 해 주실 것이라 믿습니다.
이미 말씀드렸듯이 일본 국왕과 중국 국왕은 친밀한 관계이고, 일본 국왕은 중국에 갈 사람들에게 감합부를 줄 수 있을 정도로 친선의 표시인 인장을 갖고 있습니다.[94]

이를 보면 무로마치(室町) 막부 시대 3대 쇼군 아시카가 요시미쓰(足利義滿)가 중국으로부터 책봉을 받았음에도 불구하고, 의외로 상당히 대등하게 보고 있다는 점이 주목된다. 그럼에도 불구하고 사비에르가 일본 포교를 하는 도중에, 중국에 먼저 포교를 했어야 됐다고 깨닫게 된 계기는 다음과 같다.

그들(일본인)이 믿고 있는 각 종파의 교의는 일본에 가까운 대륙, 중국이라고 불리는 나라에서 온 것입니다. … 일본인은 백인입니다. 일본에 가까운 중국이라는 나라가 있고, 앞서 썼듯이 (일본의) 여러 종파는 중국에서 전해진 것

[94] 「서간」 90 1549년 11월 5일 가고시마에서 「고아의 예수회 회원에게」. 명과 무로마치 막부의 감합무역에 대해서는 鄭樑生, 『明日關係史の硏究』, 雄山閣, 1985, 제3장 「明日交涉」; 橋本雄, 『室町"日本国王"と勘合貿易』, NHK出版, 2013 참조.

입니다. 중국은 매우 커다란 나라이고 평화롭고 전쟁은 전혀 없습니다. 거기에 있는 포르투갈인으로부터 온 편지에 의하면 정의가 매우 존중받는 나라이고, 기독교인들의 어디에서도 볼 수 없는 정도로 정의로운 나라라고 합니다. 일본이나 다른 지방에서도 지금까지 내가 만난 바로는 중국인은 매우 예민하고 재능이 풍부하고 일본인보다 매우 우월하고 학문이 있는 사람들입니다. 중국은 모든 것이 웅대한 구상하에 매우 잘 정비되어 있고, 또한 대도시는 많은 사람들이 살고 있고, 가옥은 아름답게 조각된 된 석조이고, 많은 비단이 있고 매우 유복한 나라라고 모든 사람들이 말하고 있습니다.[95]

중국인이 하느님의 가르침을 받아 들였다는 것을 일본인이 안다면, (중국에서 전해진) 종지를 믿고 있는 (중국의 가르침보다도 우월한 신의 가르침이 있다는 것을 이해해서) 자신들의 신앙을 바로 버리게 될 것입니다.[96]

사비에르가 일본에 포교를 결심하게 된 계기 가운데 하나는 말라카에서 처음 만난 일본인 안지로 등이 매우 이성적이라는 사실 때문이었다. 그런데 막상 사비에르는 나중에 중국인들을 직접 접하면서 일본인보다 더 높게 평가하고, 무엇보다도 동아시아에서 문화적 주도권을 지닌 나라라는 것을 깨닫게 되면서 중국에서의 포교야 말로 동아시아 포교의 핵심이라는 것을 깨닫게 되었던 것이다. 사비에르는 또한 이러한 포교와 함께 중국에 상관을 설치하게 된다면 포르투갈 국왕이 막대한 이익을 얻게 될 것이라는 조언도 잊지 않고 있다.[97]

사비에르와 핀투의 서술 속에서 공통적인 것은, 중국과 일본이 '비

---

[95] 「서간」 96 1552년 1월 29일 코친에서 「유럽의 예수회 회원들에게」.
[96] 「서간」 97 1552년 2월 29일 코친에서 「로마의 이그나시오 데 로욜라 신부에게」.
[97] 「서간」 129 1552년 7월 22일 싱가포르 해협에서 「말라카의 디에고 페레이라에게」. 이처럼 동아시아에서 예수회의 포교활동은 순수한 종교적인 의미에서라기보다는 이익 획득을 위한 무역 활동이나 영토 획득이라는 목적에 입각한 군사 활동 역시 포함하고 있는 다면적인 성격의 것이었다. 羽田正, 『東インド会社とアジアの海』, 128쪽.

기독교 국가'라는 점을 제외하면 이들 지역이 전체적으로 유럽보다 후진지역이라고는 아무도 생각하고 있지 않다는 점이다. 이 점은 앞서 인용했던 '기독교인들의 어디에서도 볼 수 없는 정도로 정의로운 나라'라는 점에서도 확인할 수 있다.

사비에르가 본 일본인의 특성 가운데에서 한 가지 인상적인 것은 '무기에 대한 애정'이다. 사비에르는 일본인처럼 무기를 사랑하는 나라는 전 세계 어디에도 없을 것이라고 단언하고 있다. 이 점은 핀투도 마찬가지인데, 그는 자신의 여행기에서 1543년 조총이 전래된 이래 너무나 짧은 기간에 일본 전역으로 보급된 것에 대해서 놀라움을 금치 못하고 있다.[98] 한편 사비에르의 눈에 비친 일본인은 "매우 호전적이고 욕심이 많았"으며, "앞서 서술했듯이 일본인은 극히 탐욕스럽기 때문에 몸에 지니고 있는 무기나 의류를 빼앗아서 (선원을) 모두 살해해 버리는"[99] 사람들이었다.

그에 비해서 중국인은 매우 법률을 잘 지키는 민족으로 서술하고 있다.

> 중국은 매우 평화롭고 뛰어난 법률에 의해서 (전국이) 지배되는 나라이고, 오직 한 사람의 국왕에 완전히 복종하고 있습니다. 매우 풍요로운 나라로서 모든 종류의 생활필수품이 충분합니다. 중국에서 일본까지는 극히 불과 며칠 만에 도항이 가능합니다. 이 중국인은 뛰어난 재능을 갖고 근면하고, 특히 국가를 통치하는 여러 법률을 잘 (연구하고), 지식욕이 왕성합니다. 그들은 백인으로 턱수염이 없고, 눈은 매우 작습니다. 그들은 자유를 사랑하는 국민으로 특히 평화를 사랑하고 국내에서는 전쟁이 없습니다.[100]

98) The Travels of Mendes Pinto, pp.276~278; 『핀투 여행기』 하, 118~120쪽.

99) 「서간」 108 1552년 4월 8일 고아에서 「포르투갈의 시몬 로드리게스 신부에게」.

100) 「서간」 97 1552년 2월 29일 코친에서 「로마의 이그나시오 데 로욜라 신부에게」.
　이 점은 청 말 중국을 방문한 선교사들까지도 같은 인상을 받고 있었다. Arthur

이 점은 비단 사비에르뿐만 아니라 핀투 역시 마찬가지였다. 핀투는 중국에서 엄격한 법집행이 이루어지는 것에 대해서 감탄하고 있다.

(중국에서는-인용자) 포르투갈의 시장 검열관과 같은 지위의 콘찰리스 (conchalis)가 개인에게 부과한 법률과 규정을 어긴다면, 바로 신속하게 처벌을 받도록 되어 있다. 이러한 규정을 어기는 사람은 아무도 없었다. 중국인들은 자신의 국왕을 대단히 존경했고 그의 통치를 무척 무서워했기에, 설령 아무리 사회적으로 중요한 인물이라고 하더라도 법률을 대변하는 관리들 앞에서는 감히 입을 열거나 눈을 들지 않았다. 그 관리가 단순히 미천한 우포(upo)이고, 그의 직능이 포르투갈의 사형집행인이나 관리인에 지나지 않는다고 해도 마찬가지였다.[101]

중국인들이 얼마나 자신들의 국왕을 무서워하는지에 대해서는 갈레오테 페레이라의 서술에서도 공통적으로 나타나고 있다.[102] 이런 점에서 비추어 볼 때, 근대시기 유럽의 관찰자들 가운데 중국 형벌에 대해서 잔혹하다거나 자의적이라는 평이 지배적이었지만,[103] 16세기 당시에는 아직도 중국의 법률과 체제에 대한 호의적인 평이 주류를 이루었다는 점을 알 수 있다. 크루즈나 핀투의 서술 속에서 지방 관리들의 뇌물 수수에 대한 것을 종종 발견할 수 있지만, 그것이 중국의 체제나 법률 전체에 대한 부정적인 평가로 이어지지 않았다는 점은 분명하다.

이렇게 본다면 난포분시의 『鐵炮記』에서 왕직이 포르투갈인들을

Smith, *Chinese Characteristics*, Shanghai, North-China Herald, 1890, p.XXXV. Mutual Responsiblity and Respect for Law. 참조.
101) *The Travels of Mendes Pinto*, p.194; 『핀투 여행기』 상, 534쪽.
102) Boxer, *South China in the Sixteenth Century*, p.20.
103) Arthur Smith, *Chinese Characteristics*.

가르켜 "西南蠻種之賈胡"라고 했던 것은 결코 우연이 아니었던 것이다. 즉 왕직은 여전히 전통적인 화이관에 입각하여 그들을 '오랑캐'로 대우하고 있었던 것이다. 이 점은 중국을 자신과 동등한 '백인(白人)'이라고 간주하거나, 오히려 더 우수한 존재로 보고 있는 크루즈나 사비에르 등의 인식과 정확히 부합하고 있는 것이다. 더 나아가서 중국 해적이 포르투갈인을 잔인하게 학살한다는 점 역시 이러한 화이관에서 나온 것으로 해석할 수 있을 것이다.

VI. 결론

본고에서는 크루즈나 사비에르, 그리고 핀투의 서술을 중심으로 살펴보았는데, 그들의 서술을 중국 측이나 일본 측의 사료와 대조해서 본 결과, 포르투갈인들의 서술은 중국 측이나 일본 측의 사료에서는 나와 있지 않는 매우 풍부한 자료를 우리에게 제시하고 있다는 것을 알 수 있다. 그리고 사료가 지닌 정확함이라는 측면에서도, 중국 측이나 일본 측의 자료와 대조를 해 보는 한, 여러 가지 면에서 매우 정확하며, 상호보완적이라는 점도 알 수 있을 것이다. 때문에 이 시기 동아시아 해역질서를 관찰하는데 포르투갈인들이 남긴 자료는 매우 유용하다고 할 수 있을 것이다.

앞서 특히 1장에서 살펴보았듯이, 16세기 중반에 동아시아 은무역을 담당하던 세력을 흔히 '(후기) 왜구'라고 하고 있지만, 무라이 쇼스케의 주장과는 달리, 그 세력은 결코 단일한 하나의 그룹으로 묶기에는 곤란하다고 할 수 있다. 우선 이들은 은을 둘러싸고 치열한 다툼을 벌이고 있었고, 특히 중국인과 포르투갈인 사이에는 종교적으로도 언이적으로도 거다란 장벽이 가로 막혀 있었다. 앞서 1장에서 인용했던 난포분시의 『鐵炮記』를 살펴보면, 오봉(五峯＝王直)은 포르투갈인과 함께 배를 타고 있었는데, 거꾸로 포르투갈인의 배에 중국인들이 선원으로 타고 있는 경우도 있었다. 이처럼 동아시아 해역질서는 무라이 쇼스케가 주장한 것과는 달리, 단일한 하나의 집단으로 포괄될 수 없고 근대적 의미의 '국민'적 연대의식[104]을 공유한 것도 아니었다. 그들은 이익에 따라서 기민하게 이합집산을 반복하는 집단들의 묶음이었다고 평가하는 것이 옳을 것이다.

실로 '후기 왜구'의 집단구성에 대해서 많은 사료와 연구서에서 지적하고 있듯이, '후기 왜구'는 단일한 아이덴티티를 가진 집단이기보다는 '眞倭(＝일본인)'와 '假倭(＝從倭, 중국인, 포르투갈인 등을 포함한 非일본인)' 등 매우 다양한 그룹들을 포괄하고 있는 용어라고 할 수 있다. 그리고 '왜'라는 표현과는 반대로, 오히려 당시 16세기 중반 동아시아 해상질서의 주축은 일본인이 아니라, 중국인이었다고 할 수 있다. 이 점은 앞서 1장에서 보았듯이, 사비에르가 일본인 제자인 안지로를 동행했음에도 불구하고, 말라카에서 일본 가고시마로 항해했을 때에도 일본인의 선박에 타지 않고, 중국 해적 아방의 정크선을 탔던 것에서도 알 수 있다. 즉 16세기 중반까지는 말라카에서 가고시마까지의 해역은 중국 해적의 지배하에 있었다고 볼 수 있다.

이렇게 중국인이 주축이 된 것은 실로 우연한 것이 아니라, 당시 해상무역에서 가장 중요한 교역물품인 비단과 도자기의 생산을 중국인들이 장악하고 있었기 때문이다. 또한 시간 순으로도 16세기 초반 일본 해적을 비롯하여 포르투갈인들도 처음에는 중국으로 몰려들었고,

----

104) 羽田正, 『東インド会社とアジアの海』, 151쪽.

왕직의 사례에서도 볼 수 있듯이, 중국 해적은 포르투갈인을 선원으로 두기도 하였고, 일본인을 부하로 거느리기도 하였다. 이 점에서도 동아시아 해역질서에서 중국 해적이 지닌 우위를 엿볼 수 있게 하는 점이다. 또한 문화적인 측면에서도 프란치스코 사비에르가 일본에 선교를 한 뒤에, 일본 포교를 위해서라도 중국에 먼저 포교하지 않으면 안 된다고 자각했던 점도 당시 중국이 동아시아 세계에서 지닌 문화적인 헤게모니를 저절로 짐작하게 만드는 점이기도 하다.

중국에 상륙할 수 있었던 포르투갈인들은 모두 당시 명제국이 지닌 엄청난 풍요로움과 정연한 사회제도에 압도되었고, 이 점을 칭송해 마지않았다. 반면 해안방어 능력과 관료들의 부패에 대해서는 엄한 비판을 가하는 것도 잊지 않았다. 포르투갈인은 물론이고 일본 해적들도 이러한 중국과 교역을 통해서 커다란 이익을 보려고 거친 바다에 뛰어드는 모험을 아끼지 않았던 것이다. 그리고 이러한 그들의 행동은 유럽인들의 아시아 진출의 제1단계에 해당한다고 할 수 있을 것이다.[105]

반면 아직까지도 일본인은 '왜구'라는 이미지와는 달리 프로이스가 묘사한대로 "중국으로 가는" 바닷길도 잘 알지 못하는 존재, 즉 동아시아 해역에서는 후발주자에 지나지 않았던 것이다. 일본인들이 주인장(朱印狀)을 가지고 이른바 '주인선(朱印船)'[106] 무역에 뛰어들어, 중국인과 포르투갈인과 어깨를 나란히 하게 된 것은 상당한 세월을 기다려서, 16세기 후반에 들어온 뒤부터였던 것이다. 16세기 중엽 포르

---

105) 安野眞幸, 『港市論: 平戶·長崎·橫瀨浦』, p.51.
106) 羽田正, 『東インド会社とアジアの海』, 133쪽. 일본인의 해외도항은 16세기 중엽에 마닐라에 거류지를 형성하기도 하였지만, 16세기 후반에 들어와서야 본격화되었다. 그 결과 베트남이나 타이를 비롯한 지역에 일본인 마을이 건설되었다. 이 경과에 대해서는 岩生成一, 『南洋日本町の研究』, 岩波書店, 1966. 참조.

투갈인들이 남긴 난삽하면서도 매우 흥미로운 자료들은 물론 당사자들인 포르투갈인들의 활약을 전해 주는 사료이기는 하지만, 그 이면에는 그들이 누볐던 동아시아 해역의 지배자가 중국 해적이었다는 사실을 또한 전해 주는 소중한 기록이기도 한 것이다.

16세기 동아시아 해상에서 활약한 상인과 해구(海寇)의 일체성에 대해서는 많은 사료와 연구에서 지적하고 있는 바이기도 하다. 한편, 청초에는 동아시아 해역에서 해적의 활동은 크게 줄어들었지만, 1790년 이후 광동성을 중심으로 한 중국 동남부 연해에서 크게 활발해졌다.[107] 이들 해적은 중국과 베트남을 왕래하는 상선들을 습격하곤 하였다. 그러나 본고에서 다루고 있는 16세기 중엽의 동아시아 해적은 약탈과 해상을 겸한 존재였지만, 18세기·19세기의 해적들의 경우는 순수하게 약탈적인 성격이 강한 존재들로서 이러한 점에서 양자는 서로 성격이 달랐다고 할 수 있다. 다시 말해서 16세기의 상인과 해구의 일체성은 18세기 말이 되면서 두 속성이 분리되면서 최종적으로 해소되었다고 할 수 있을 것이다.

---

107) 다이앤 머레이, 『그들의 바다: 남부 중국의 해적, 1790-1810』, 15쪽.

조선 후기 동아시아 해역의 漂流民 송환체제

김강식

I. 머리말

삼면이 바다인 한반도에서는 일찍부터 해양을 오가면서 활발한 해
상활동을 해 왔다. 역사적으로 동아시아 해역에서는 지속적으로 불가
피하게 표류민이 발생했다.[1] 조선 후기에 바다를 직접적으로 마주하

---

[1] 동아시아 표류민 송환과 관련된 대표적인 연구성과로 현재 한국에서 국가별로
연구된 것은 다음과 같다. 청나라의 경우에는 김강일, 「전근대 한국의 해난구조
와 표류민 구조 시스템」, 『동북아역사논총』 28, 2010; 김경옥, 「18-19세기 서남해
도서지역 표도민들의 추이:《비변사등록》문정별단을 중심으로」, 『조선시대사학
보』 44, 2008; 劉序楓, 「淸代 中國의 外國人 漂流民의 救助와 送還에 대하여」, 『동
북아역사논총』 28, 2010; 박현규, 「1880년 조선 비인현에 표착한 潮州·泰國商人
의 표류사정과 교역활동」, 『도서문화』 42, 목포대 도서문화연구원, 2013; 원종민,
「雲谷雜著를 통해본 조선후기 표류 중국인에 대한 구조 활동」, 『중국학연구』 58,
2011; 원종민, 「조선에 표류한 중국인의 유형과 그 사회적 영향」, 『중국학연구』
44, 2008 등이 있다. 일본의 경우에는 이훈, 『朝鮮後期 漂流民과 韓日關係』, 국학
자료원, 2000; 池內敏, 「1819년 충청도에 표착한 일본선 표류기」, 『동아시아 문화
연구』 45, 한양대 한국학연구소, 2009 등이 있다. 대만의 경우 劉序楓, 「근세 동아
시아 해역의 위장 표류 사건: 道光年間 조선 高開祿의 중국 표류 사례를 중심으로」,
『동아시아 문화연구』 45, 한양대 한국학연구소, 2009; 유서풍, 「18~19世紀 朝鮮人
的 意外之旅: 以漂流到臺灣的見聞記錄爲中心」, 『석당논총』 55, 동아대 석당전통

고 있는 조선·청·일 삼국뿐만 아니라 인접한 동아시아의 인접 국가 모두가 일찍부터 표류민 송환체제를 갖추고 있었다.[2] 이렇게 동아시아 여러 나라 사이에는 서로 표류민을 송환해 주는 관행이 있었지만, 국가 사이에는 불안정한 요소가 존재했기 때문에 표류민이 반드시 본국으로 송환되었던 것만은 아니었다.

동아시아의 표류민 송환체제는 청의 책봉체제를 바탕으로 건륭(乾隆) 연간에 확립되었지만,[3] 이전부터 동아시아 각국 사이에는 상호 표류민을 송환해 주는 관행이 있었다. 전근대시기에 표류민의 송환에는 인도주의와 상호주의가 전제되어 있었다. 조선·청·일본·유구 사이에서 발생한 표류민의 경우 표착지 국가에서 모든 비용을 부담하여 무상으로 송환하는 체제가 확립되어 운영되었다.[4] 표류는 불가피한 측면이 있지만 분명한 범월(犯越)이었다.[5] 표류는 해상에서 발생한 조난사고지만, 타국의 경계를 침범한 행위였다. 그렇지만 동아시아인들은 표류민을 경계하기보다는 해난사고를 당하여 살아서 돌아온 뱃사람으로 인식하여[6] 처리하였다.

조선의 경우 조선 후기에 이국인이 표착해왔다는 소식을 들으면 해로(海路)와 육로(陸路)를 불문하고, 그들이 원하는 대로 송환하도록

문화연구원, 2013 등이 있다. 유구의 경우에는 이훈, 「朝鮮後期 漂民의 송환을 통해서 본 朝鮮·琉球관계」, 『사학지』 27, 1994 등이 있다.

[2] 표류민 송환체제는 해난사고 구조시스템이라고 부르기도 한다.

[3] 『淸高宗實錄』 권52, 乾隆 2년 윤9월 庚午條.

[4] 이훈, 『朝鮮後期 漂流民과 韓日關係』; 신동규, 「근세 표류민의 송환유형과 국제관계」, 『강원사학』 17, 강원대 사학회, 2002; 김강일, 「전근대 한국의 해난구조와 표류민 구조 시스템」, 『동북아역사논총』 28, 2010.

[5] 표류를 해난사고로 부르기도 한다.

[6] 김경옥, 「조선의 대청관계와 서해해역에 표류한 중국 사람들」, 『한일관계사연구』 49, 한일관계사학회, 2014,

규정하고 있었다.7) 즉 표도민(漂到民)이 해로송환을 원할 경우에는 해당 지역 지방관이 송환을 추진하였는데, 선박을 보수해 주거나 항해에 필요한 식량·의복·땔감 등을 제공하였다. 반대로 표도민이 육로송환을 원할 경우에는 표착한 바다에서 연안까지, 연안에서 내륙까지, 그리고 국경에 이르기까지 역관(譯官)과 낭청(郎廳)이 동행하였다. 또 표류 선박에 화물이 남아 있으면 호조(戶曹)에서 돈이나 옷감으로 환산하여 표류민에게 지급해 주었다. 이처럼 조선 후기에 표류민 송환을 위한 구휼(救恤)은 정부의 중대한 사안으로 인식되었다. 표류민을 처리할 때 조선 정부가 외교상의 이해득실만을 따져서 표류민을 송환했던 것은 아니었다. 따라서 이것은 표류민 송환체제에 있어서 인정을 베푼다는 조선 정부의 유교적인 통치철학이 바탕이 되었다.

그런데 동아시아의 표류민 송환체제 성립은 국가 사이의 외교관계,8) 해상항로의 형성,9) 선박의 건조10) 등이 전제되어야 하는 복합적인 문제였다. 이런 점을 고려하면 동아시아에서 표류민 송환체제는 17세기 후반 이후부터 구축되기 시작하였으며, 18세기 초반부터 안정적인 표류민 송환체제를 운영하였다. 그러나 동아시아에서 표류민 송환체제는 시기와 지역(국가)에 따라 다소 차이가 있었다. 대표적으로 17세기 중반 이후에 조선과 일본 사이에 형성된 표류민 송환체제와 청과 일본 사이의 표류민 송환체제가 동일한 것은 아니었다. 그것은 무엇보다도 국가 사이의 외교관계에서 비롯되었다고 보인다. 특히 유

---

7) 『萬機要覽』,「비변사 표류민 관장 사무」.
8) 신동규, 『근세 동아시아 속의 日·朝·蘭 국제관계사』, 경인문화사, 2002.
9) 전영섭,「10~13세기 동아시아 교역시스템의 추이와 해상 정책」,『역사와 세계』36, 효원사학회, 2009; 김강식,「여·송 시기의 해상항로의 형성과 활용」,『해항도시문화교섭학』14, 한국해양대 국제해양문제연구소, 2014.
10) 松浦章,『近世中國朝鮮交涉史の研究』, 思文閣出版, 2013.

구국의 경우는 표류민 송환체제는 청과 일본 사이의 관계가 작용하고 있었다.

본 연구에서는 동아시아의 표류민 송환체제를 조선을 중심으로 국가별로 검토하고, 표류민 송환체제 속에서 각국의 표류민 송환체제가 실제 작동한 모습을 구체적인 사례를 중심으로 분석해 보고자 한다. 이를 위해서 동아시아의 표류민 송환체제를 크게 직접 송환체제와 간접 송환체제로 나누어서 살펴보고자 한다.

II. 직접 송환체제

1. 조선과 청의 송환체제

1) 조선에 표착한 중국인의 송환

1644년에 청이 중원을 지배한 이후의 청의 표류민 중에는 청조의 지배를 거부하고 무역에 나서거나, 명조 부흥운동의 일환으로 군자금 확보를 위하여 대일무역에 나섰다가 표류하는 경우가 많았다. 『조선왕조실록』에 보이는 표착선의 특징으로는 복건성을 출발하여 나가사키[長崎]로 가는 도중에 풍랑을 만나 표류한 선박 사례가 보인다. 한 예로 1647년(인조 25) 5월에 서승 등 상인 51명이 반청 군자금 확보를 목적으로 관은(官銀)으로 일본과 무역에 나섰다가 거제현에 표류하는 경우였다. 이때 표착인들 모두 상투를 틀고 비녀를 꽂았으며, 자신들 스스로 청조의 지배를 거부하고 장사에 나섰다고[11] 밝히고 있다. 인

---

11) 『인조실록』 25년 7월 18일.

상적인 모습은 청의 중원 지배에 반대하는 의미에서 만주족의 풍습인 삭발을 하지 않고 한족 고유의 상투와 비녀를 꽂고 생활했던 것이다.

이처럼 명나라 유민들 중에는 청인이 남경을 차지한 뒤에 바다 밖 향산도(香山島)로 도망을 나와서 장사를 하면서 살아가는데, 그 무리가 수십만이라고 대답하는 것으로 볼 때, 중국 지배 이후 福建, 浙江, 廣東 지역 주민들 중에는 만주족의 압박을 피해서 먼 도서 지역으로 이주하여 무역으로 살아가는 자들이 상당한 수에 이르렀던 것으로 보인다. 이런 무리들이 무역에 나섰다가 풍랑을 만나면 한반도 연안으로 표류를 하게 되었다. 1644년 청의 중원 지배와 삼번(三藩)의 난으로 이어지는 정치적 혼란기에 명나라 유민으로 구성된 대량의 표류민이 발생하였다고[12] 한다.

조선에 표착한 중국인에 대해서 조선 정부는 표류민을 구호하여 안전하게 본국으로 송환하는 것이 원칙이었다고[13] 한다. 송환과 관련하여 상대국과 체결한 약조나 조선 내부에서 정한 성문규정은 없었다. 다만 표착사건이 발생할 때마다 그때그때의 전례에 따라서 처리하였다. 1689년(숙종 15) 2월 13일에 "조선으로 표류해 온 자를 만나면 배가 있으면 바다를 경유하여 놓아 보내고, 배가 없으면 봉황성(鳳凰城)에 영부(領付)하는 것으로 항식을 삼게 하였다"라는[14] 기록이 있다.

1808년(순조 8)에 호조판서 서영보(徐榮輔)와 부제학 심상규(沈象奎)가 왕명을 받들어 편찬한 『만기요람(萬機要覽)』 군정편(軍政篇)에는 이국인이 표착했을 때의 구호 및 처리 절차를 기록하고 있다.[15] 군

12) 김강일, 「전근대 한국의 해난구조와 표류민 구조 시스템」, 『동북아역사논총』 28, 2010, 11~14쪽.
13) 김강일, 위의 논문, 19쪽.
14) 『숙종실록』 15년 2월 13일.
15) 『萬機要覽』 軍政篇 1, 備邊司漂到人條.

정편은 옛날부터 내려온 연혁까지도 서술했다는 점에서 구체적인 표
류민 절차를 살펴볼 수 있는 좋은 자료이다. 조선 후기에 조선에 표착
한 청나라 표류민의 송환 경로는 두 종류였다고[16] 한다. 먼저 표착 당
시 선박이 파손된 경우에는 육로로 송환하였다. 표류민을 표착지에서
한양으로 압송한 뒤에 평양을 거쳐서 요동(遼東)으로 보냈고, 요동에
도착한 후 요동부사에게 인계하였다. 조선의 사신은 표착자를 인솔해
갈 때, 표착 경위를 자세히 적은 자문(咨文)을 지참하고 가서 청의 예
부(禮部)에 제출하였다. 표류민을 인수한 청에서는 조선의 사신이 귀
국할 때, 자국의 표류민 구조에 대하여 감사하다는 의미로 구호자를
표창하는 황제의 칙서(勅書) 및 은 · 채하(彩霞) · 저사(紵紗) 등의 예
물을 보냈다. 다음으로 선박이 파손되지 않았거나, 수리 후 자력으로
귀환할 수 있는 경우에는 본인들의 희망에 따라 선박을 수리해 주어
해로로 귀국시켜 주었다.

조선에서 청으로의 송환 경로는 표착지-한양-의주-요동이었으며, 특
별히 선발된 사신이 표류민을 인솔하고 요동으로 가서 책임자(도사)
에게 인계하였다고[17] 한다. 조선에 표착한 청나라인은 한양으로 압송
된 뒤에 간단한 심문을 거쳤는데, 천추사 · 동지사 · 하지사 등 당시의
사정에 맞추어 청으로 가는 사절 편에 함께 보냈다. 청나라 표착민은
구조현장에서는 표착지의 주민들이나 관리가 의복, 식량 등 기본적인
구호활동을 하는 경우가 대부분이었으며, 한양 압송 후에도 비교적
후한 대접을 받았다. 이렇게 표착민에 대한 인도주의적 조처가 있었다.

그런데 청나라 사람이 조선에 표착했을 때, 조선의 관민과 처음 대
면하는 현장에서 문제는 대체로 언어가 통하지 않아 상호 간에 곤란

16) 김강일, 「전근대 한국의 해난구조와 표류민 구조 시스템」, 19~20쪽.
17) 김강일, 위의 논문, 19~20쪽.

을 겪었다는 점이다. 말이 잘 통하지 않아서 청나라의 표류민인지 식
별하기가 어려워서 한학통사(漢學通事) 파견을 요청한 경우도 있었
다. 대부분 청나라 사람이 글로 답했지만, 중앙에서조차 무슨 내용인
지 전혀 파악하지 못한 경우도 있다. 더러는 우리말을 조금 이해하는
경우도 있었지만, 대개는 한자를 아는 지방관리가 필담(筆談)으로 의
사를 소통하였다.[18] 특히 중국 표류민과 의사소통에 특히 곤란을 겪
었던 지역은 황해도와 충청도 등 표착 다발 지역이었다. 당통사(唐通
事, 漢學譯官)와 왜통사(倭通事, 倭學譯官)가 파견되어 있던 전라도와
제주도 지역은 통사들이 해당국의 언어와 필담을 통해서 의사소통을
했다. 그러나 지방에 파견되었던 향통사(鄕通事)들은 어학 실력이 부
족하여 소통에 크게 도움이 되지는 않았으며, 청나라 표착인이 한양
으로 압송된 후 경통사(京通事)들과 문답을 거친 뒤에 출항지 및 표류
경위 등을 자세하게 알 수 있었다고[19] 한다.

　그러나 청나라의 표착인이 모두 이런 구조를 받았던 것은 아니었
다. 조선과 일본의 정치 정세에 따라 표류 현장에서 참혹한 죽음을 당
하기도 했으며, 대륙의 정세가 급변하던 명·청 교체기의 표류민은
본국으로 송환된 뒤에 전부 살해당하는 일도 종종 있었다.[20] 한 예로
1667년(현종 8) 6월에는 제주에 표착한 당선(唐船) 1척에 명나라 상인
95명이 타고 있었다. 당시 조정에서는 명나라 유민을 동정하는 분위
기가 지배적이었으며, 본인들의 희망에 따라 일본으로 보내자는 주장
도 있었다. 거듭된 논의 끝에 조선 조정은 결국 청의 후환을 두려워하
여 이들을 북경으로 압송하기로 결론을 내렸다. 그러나 이들은 귀국

18) 『세조실록』 5년 1월 4일.
19) 김강일, 「전근대 한국의 해난구조와 표류민 구조 시스템」, 21쪽.
20) 『숙종실록』 3년 7월 28일.

후 전부 죽음을 당하였다.

청은 삼번의 난을 진압한 후, 1681년(숙종 7)부터 해상무역에 진출하는 각 성(省)의 청나라의 백성이 늘어날 것으로 예상하여, 해외의 각 조공국에 청나라 표류자를 보호하고 송환할 것을 명하는 내용의 상론을 1684년(숙종 10)에 내렸다고[21] 한다. 이후부터 동아시아 해역에서는 청나라와 사이에서 안정된 표류민 송환체제가 작동하였다. 이러한 관계는 1876년 개항 이전까지는 지속되었다.

2) 청에 표착한 조선인의 송환

조선과 청 사이의 표류민 송환 문제가 논의되기 시작한 것은 17세기 중기였다고[22] 한다. 시기적으로 살펴보면 강희제(1662~1722) 때 해금령이 해제되면서 중국 상선들의 해외 진출이 가능하였다.[23] 이때 조선과 청나라의 관계는 과거에 비해 의례나 형식적인 면에서 대폭 축소되었으나, 양국 간의 현안문제인 교역(交易)·월경(越境)·표민(漂

---

21) 春名徹,「東アジアにおける漂流民送還制度の展開」,『調布日本文化』4, 1994, 2~4쪽.

22) 조선 해역에 표착한 중국 漂到民에 관한 연구로는 다음의 연구성과가 있다. 김강일,「전근대 한국의 해난구조와 표류민 구조 시스템」,『동북아역사논총』28, 2010; 김경옥,「18-19세기 서남해 도서지역 표도민들의 추이:《비변사등록》문정별단을 중심으로」,『조선시대사학보』44, 2008; 劉序楓,「淸代 中國의 外國人 漂流民의 救助와 送還에 대하여」; 마츠우라 아키라,「근세동아시아해역에서의 중국선의 표착필담기록」,『한국학논총』45, 2009; 박현규,「1880년 조선 비인현에 표착한 潮州·泰國商人의 표류사정과 교역활동」,『도서문화』42, 목포대 도서문화연구원, 2013; 원종민,「雲谷雜著를 통해본 조선후기 표류 중국인에 대한 구조활동」,『중국학연구』58, 2011; 원종민,「조선에 표류한 중국인의 유형과 그 사회적 영향」,『중국학연구』44, 2008; 원종민,「玄洲漫錄·雲谷雜著를 통해본 표류 중국인과의 의사소통 과정 및 문정 기록」,『중국학연구』60, 2012; 주성지,「표해록을 통한 한중항로 분석」,『동국사학』37, 2002.

23) 松浦章,「朱印船の中國·朝鮮漂着をめぐっ」,『南島史學』55, 2000, 238쪽.

民)·강계(疆界) 등에 대해서는 수직관계였다.[24] 옹정제(1722~1735)는 개혁조치를 단행하여 청조의 최대 전성기를 구가하였다. 이때는 조선의 지식인들도 청조를 현실적으로 인정하기 시작하였다. 이러한 분위기를 반영하여 1735년에 조·청 사이의 표류민 문제에 대한 정상적인 외교관계가 성립되었다고[25] 한다. 건륭제(1736-1795)는 안정된 정치적·재정적 기반 아래 중국 역사상 최대 영역을 통치하였다. 그런데 이 시기 조선에 표착한 중국인 표류사건이 무려 3배로 급증하였다고[26] 한다. 건륭제 때 급격히 증가한 중국인 표류사건은 가경제(1796~1820)까지 지속되었다. 실제 건륭~가경 연간에 발생한 중국인 표류사건이 급증하였는데, 그 이유는 해금정책이 해제되었기 때문이었다.

　동아시아 표류민 송환체제와 관련하여 주목할 것은 건륭제는 황제로 등극한 다음해인 1737년에 표류민 구호조처를 발표한 사실이다. 당시 유구국 선박이 절강성(浙江省)에 표착해 왔다는 보고를 받은 건륭제가 즉각 표류민 구호에 필요한 자금 및 조례를 만들어 선포하였다. 이 규정의 요지는 청 연안에 표류민 구휼에 필요한 금전·식량·의복 등의 물품과 수량을 정하여 하달한 것이다. 이 규정은 조공국과 비조공국 구분 없이 모두 후하게 대접해서 본국에 송환하도록 제도를 마련한 것이었다고[27] 한다. 표류민 송환에 대한 청의 인정주의를 확인할 수 있다.

　조선 후기에 청나라에 표착한 조선인의 송환 방법은 크게 3가지였

---

[24] 최소자, 「淸과 朝鮮: 明·淸交替期 동아시아의 國際 秩序에서」, 『이대사학연구』, 22~39쪽.
[25] 고동환, 「조선후기 선상활동과 포구 간 상품유통의 양상: 표류관계기록을 중심으로」, 『한국문화』 14, 1993, 285~287쪽.
[26] 劉序楓, 「淸代 中國의 外國人 漂流民의 救助와 送還에 대하여」, 134~135쪽.
[27] 劉序楓, 위의 논문, 134~135쪽.

다고[28] 한다. 첫째, 중국의 외교 사신이 직접 조선 표도민을 한양까지 데려오는 경우다. 이때 조선의 국왕은 황제의 칙사를 영접하고 향연을 베풀었다. 둘째, 북경 조선관에 체류하고 있던 조선 표도민에게 예부에서 역관 1명과 2~3명의 호송인을 배정하여 의주부까지 호송한 다음에 직접 조선 측에 인계하는 방법이다. 셋째, 조선의 표류민이 북경의 조선관에 머무는 동안 중국을 찾아오는 조선의 사신 일행과 동행하여 귀국하는 방법이었다고[29] 한다.

한 예로 1741년 제주인 18명과 전라도 나주사람 1명 등 19명이 중국 절강에 표착하였다고[30] 한다. 이들은 1741년 제주목 선주 문융장과 사공 한수반 등으로, 제주와 육지를 오가면서 운송업에 종사하고 있었던 사람들이었다. 그들은 사복시의 요청에 따라 제주에서 말안장 19개와 해조류 10포 등을 싣고 육지로 항해하다가 1741년 2월에 표류되어 중국 절강성 임해에 표착하였다. 이 과정에서 제주 표류민은 혹시 표류선이 유구국에 표착할 것을 염려하여 각종 문서와 호패 등을 바다에 버리고, 항해 목적을 흉년에 육지로 곡식을 구하러 가다가 표류한 것으로 진술하였다. 그런데 표착지가 청나라라는 사실을 확인한 후 항해목적과 출신지를 사실대로 보고하였다.

청나라 태주 해문관(海門關)에서 문정(問情)이 끝나자, 조선인들은 바닷길을 잘 알지 못한다는 이유로 육로 송환을 말하였다. 이에 태주부는 조선인 표류선박을 은자 12냥으로 환산해 주고, 조선인들의 화물도 돈으로 환산하여 처리해 주었으며, 임시 숙소로 천녕사(天寧寺)

---

28) 劉序楓, 위의 논문, 134~135쪽.

29) 원종민, 「濟州啓錄에 기록된 19세기 제주도민의 해난사고와 중국표류」, 『중국학연구』 66, 중국학연구회, 2013, 311쪽.

30) 박현규, 「1741년 중국 임해에 표류한 예의 나라 조선인 관찰기」, 『동북아문화연구』 18, 2009, 216~218쪽.

로 정하여 사찰 밖 출입을 금하였다. 이후 조선 표류민들은 항주와 북경을 경유하여 예부로 이첩되었다. 조선 조정은 청으로부터 표착민 소식을 전해 듣고, 곧장 통관(通官)을 북경에 파견하여 조선 표류민을 인계받았다. 이후 조선 표류민들은 통관을 따라 북경에서 의주로 귀국하였다. 영조는 중국에서 송환된 표류민들을 우대하여 고향으로 보내 주었다고[31] 한다.

이처럼 조선 후기에 청나라에 표착한 조선인들은 북경을 경유하여 무상으로 송환되었다. 또 표류민 송환과 더불어 선적물품, 표류선박, 표류민 배급물품, 표류민 사망자 처리 등이 융통성 있게 처리되었다. 조선과 청나라 사이의 협의에 의한 안정적인 송환제도가 운영되었기 때문이었다고[32] 한다. 즉 조선과 청은 두 차례의 호란 이후 안정적인 외교관계를 유지했기 때문에 가능한 것이었다.

2. 조선과 일본의 송환체제

1) 조선에 표착한 일본인의 송환

조선과 일본은 17세기 후반 이후부터 표류민 송환체제를 구축하기 시작하였으며, 18세기 초반부터 안정적인 표류민 송환체제를 운영하고 있었다. 이에 19세기 중기에 서양 열강의 진출 이전에 이미 표류민 송환체제가 확립되어 있었다고[33] 보아진다.

조선 후기에 수많은 조선 피로인(被擄人)을 발생시킨 임진왜란이

---

31) 박현규, 「1741년 중국 임해에 표류한 예의 나라 조선인 관찰기」, 『동북아문화연구』 18, 2009, 216-221쪽.
32) 최영화, 「조선후기 관찬사료를 통해 본 중국인 표류 사건의 처리」, 『도서문화』 46, 2015, 72쪽.
33) 이훈, 『朝鮮後期 漂流民과 韓日關係』, 193~194쪽.

종결된 후부터 1630년대까지의 조일관계는 조선 피로인의 송환문제를 둘러싸고 전개되었다. 조선인 표류민 문제가 대두되기 시작한 것은 피로인 송환이 일단락되고 난 뒤였다. 국교 재개 이후 통교체제를 규정한 1609년의 기유약조에서는 표류민 송환에 관한 규정이 없었다. 다만 13항목 중 표민 송환과 관련이 있는 것은 "대마도주의 문인(文印)을 소지하지 않은 일본인은 적(왜구)으로 간주한다"는 조항뿐이었다고[34] 한다. 따라서 이때까지도 일본 표류민은 불안정한 지위에 놓여 있었다. 이처럼 기유약조에 표류민 송환에 관한 구체적인 조치가 없었지만, 조선은 일본 표류민을 적왜로 간주하지 않고 송환하였다. 이렇게 조선과 일본 사이에도 표류민 송환에는 상호 인도주의 원칙이 적용되었음을 알 수 있다.

한편 조선과 일본 사이에 안정적인 표류민 송환이 시작되는 시점은 기유약조의 방침이 변경된 1627년(인조 5)부터였다. 이후 조선은 일본과 국교를 맺지 않은 청나라가 표류한 일본인을 칙사 편에 보냈을 때도 이들을 조선에 표착한 일본인과 마찬가지로 후하게 접대한 후 송환하였다. 그러나 조선 후기에 조선에 표착한 일본인의 송환에는 특수한 상황이 전제되어 있었다. 1627년 무렵의 조 · 일관계는 대마번이 주도하고 있었으며, 막부는 통치권에 의한 대외관계를 장악하지 못하고 있었기 때문이었다. 대마번은 막부의 가역(家役)으로서 대조선 외교를 담당하고 있었지만, 이 무렵의 대마번은 막부의 가역이 아닌 자기 번의 이익을 위하여 국서개작(國書改作)까지 하고 있었다.[35] 막부가 대마번의 대조선 외교를 통제하기 시작한 것은 국서개작사건이 일단락되고 난 이후 이정암윤번제(以酊菴輪番制)가 도입된 1636년 이후

---

34) 김강일, 「전근대 한국의 해난구조와 표류민 구조 시스템」, 12쪽.
35) 荒野泰典, 『近世 國際關係論과 漂流民送還體制』, 국학자료원, 2001, 128쪽.

였다. 이후부터 일본에 표착한 조선인은 안정적으로 송환할 수 있었다고[36] 보아야 한다. 이것은 일본 막부와 조선이 직접적인 외교관계를 맺은 이후라고 말할 수 있다.

조선 후기에 일본인들이 한반도 인근해에 표류하는 가장 대표적인 경우는 통교와 무역 등 공적인 업무에 띄고 왜관으로 들어오다가 기상 악화로 표류하여 개항장 이외의 포구에 불시착하는 경우였다고[37] 한다. 또 다른 경우는 상선이나 어선 등 사적인 목적을 가지고 일본 각지에서 출항했는데, 일기 불순과 선박 고장 등으로 한반도의 여러 포구에 불시착하는 것이다. 표류 끝에 조선에 표착한 일본 표류민을 조선에서는 표왜(漂倭)라고 불렀으며, 표왜가 쓰시마인이면 마도표왜(馬島漂倭), 쓰시마 이외 지역의 일본인은 타도표왜(他道漂倭)라고 불렀다고[38] 한다.

조선 후기에 표왜가 발생하는 원인은 기상악화로 인한 선박 파손과 고장 등이 가장 큰 원인이지만, 이들에 대한 처우는 시기에 따라 크게 달라졌다. 조선 정부는 표왜에게 일단 구호조치를 취한 후 본국으로 송환했는데, 이들은 합법적으로 입국한 자가 아니었기 때문에 대우 및 송환절차에 있어서 정식 사절과 다른 취급을 받았다. 또한 조선과의 외교에서 쓰시마번이 차지하고 있는 특수한 지위 때문에 마도표왜와 타도표왜에 대한 취급이 약간은 달랐다고[39] 한다.

기유약조(己酉約條) 이후 1868년까지 조선 연해의 각 포구에 표착했다가 송환된 일본인 표착자는 104건 정도이며, 전체 인원은 1,049명

---

36) 이훈, 『朝鮮後期 漂流民과 韓日關係』, 117~118쪽.
37) 위의 책, 153~162쪽.
38) 위의 책, 167~172쪽.
39) 위의 책, 167~187쪽.

이 넘는다고[40] 한다. 지역별로는 마도표왜가 39건(311명), 타도표왜가
75건(738명)이었다. 전체적으로는 타도표왜가 많아 보이지만, 단일 지
역으로 보면 대마도인의 표착이 가장 많았다. 마도표왜의 표착지는
대개 경상도 지역이었으며, 표착 다발 지역은 부산포 인근의 다대포,
가덕, 통영 부근의 지세포와 옥포(거제도)였다. 통영에는 왜선의 문정
(問情) 때문에 1648년(인조 26) 이후 왜통사가 파견되었다. 왜관 이외의
다른 포구에 불시착하는 경우를 대마번에서는 협승(浹乘)이라고 불렀
는데, 경상좌도에 표착하는 것을 상승(上乘), 경상우도에 표착하는 것
을 하승(下乘)이라고[41] 하였다. 하지만 조선에서는 이들 전부를 모두
표류(漂流), 표박(漂迫), 표도(漂到)라고 하여 표왜로 취급하였다.

　조선 후기에 조선에 표착한 일본인의 송환 절차는 먼저 표착지에서
초량왜관(草梁倭館)에 인도된 후 대마번(對馬藩)에 이송되고, 막부의
지시를 기다렸다가 나가사키에 보내진다. 나가사키의 봉행소에서 조
사를 받은 뒤, 표류민의 본래 거주지가 본주(本州)이면 그 번의 역인
에게, 막령이면 대관 밑의 역인에게 인도하여 거주지로 돌려보냈다.
또한 표류민이 대마도의 주민일 경우는 사자를 파견하지 않았으며,
그 밖의 경우에는 사자를 파견하였다. 대마번에서는 이러한 사자를
차왜사(漂差使)라고 하였고, 조선에서는 표인영래차왜(漂人領來差倭)
라고 하여 정관(正官)·도선주(都船主)·봉진(奉進) 등으로 구성하였
다.[42] 이들 사자는 조선에 도착하면 서계 전달이 주된 목적이었던 차
례를 행하고, 그 후에 조선 국왕에 대한 숭배를 목적으로 한 봉진연
(奉進宴)을 행하였다. 일본 표착인들은 사자들과 함께 대마도를 거쳐

40) 위의 책, 196~201쪽.
41) 김강일, 「전근대 한국의 해난구조와 표류민 구조 시스템」, 25쪽.
42) 이훈, 『朝鮮後期 漂流民과 韓日關係』, 274~275쪽.

나가사키로 갔다.

2) 일본에 표착한 조선인의 송환

조선 후기에 조선과 일본의 표류민 송환 관행은 1640년대에 정비되었다.[43] 일본의 도쿠가와(德川) 막부는 외부 세계와의 접촉을 위해 4개의 창구(長崎·薩摩·對馬島·松前)를 정하였다. 일본의 막부는 이곳을 통해 간접 통교 방식을 취하였다. 일본에 표착한 조선인은 막부가 정한 송환 절차를 준수하였다. 막부가 외부세계와의 창구로 나가사키(長崎)로 결정함에 따라 일본 곳곳에 표착한 조선인들은 나가사키로 이동하여 심문을 받았다. 이것을 「구상서(口上書)」라고[44] 한다. 그 다음 나가사키에서 대마도를 경유하여 조선으로 귀국하였다. 17세기 일본에 표착한 조선인의 송환절차는 '표착지→나가사키→대마도'로 이루어졌다. 이때 소요되는 경비는 막부가 부담하여 조선인은 무상 송환되었다.[45] 여기서도 표류민의 송환에서 상호 인도주의의 원칙

---

[43] 조선인들이 일본에 표착하게 된 배경, 조선 표류민들의 해상활동, 표류민에 의한 의도적인 해난사고인 故漂, 동아시아 국가의 海禁 등 표류연구에 대한 연구는 1990년대 한일관계사 연구성과로 외연이 크게 확장되었다. 이훈, 「朝鮮後期 대마도의 漂流民送還과 對日관계」, 『국사관논총』 26, 국사편찬위원회, 1991; 박진미, 「《漂人領來謄錄》의 綜合的 考察」, 『경북사학』 19, 경북사학회, 1996; 정성일, 「일본에 漂着한 전라도 지역 주민들의 異國 체험(1627-1888): 지역 간 국제협력의 모색을 위하여」, 『전남지역 경제조사』 63, 전라남도·광주은행, 1998; 손승철, 『近世朝鮮의 韓日關係研究』, 국학자료원, 1999; 이훈, 「표류를 통해서 본 근대 한일관계: 송환절차를 중심으로」, 『한국사연구』 123, 2003.

[44] 이훈, 위의 논문, 279쪽.

[45] 19세기 말기에 조선과 일본 사이에 '표민경비상환법'이 개정되어 실비상환으로 전환되었다. 1886년 거제부 구조라리 주민들의 대마도 난파선 구조 및 구호과정을 살펴보면 비용 부담 방식으로 전환되었음이 확인된다(정성일, 「조선의 대일관계와 거제 사람들: 1830-80년대 거제부 구조라리[항리] 주민의 대마도 난파선 구조를 중심으로」, 『한일관계사연구』 49, 한일관계사학회, 2014, 184쪽).

을 확인할 수 있다.

구체적으로 조선 후기에 일본에 표착한 조선 표착민의 송환절차는 혼슈(本州) 및 규슈(九州)에 표착한 경우와 대마도에 표착한 경우가 달랐다. 본주 및 구주에 표착한 경우에는 장기(長崎로 보내졌으며, 장기에서 다시 대마도를 거쳐 조선으로 송환되었다. 대마도에 표착한 경우는 일단 부중(府中)으로 보내졌으며, 이곳에서 악포(鰐浦)나 좌수나포(佐須奈浦)를 거쳐 조선 동래로 송환되었다고[46] 한다.

먼저 본주 및 구주에 표착한 경우에 가장 많은 표착민이 표착한 장문주(長門州)의 경우를 살펴보면, 장기를 거쳐 대마도에 도착한 후에는 대마도에 표착한 사람들과 같은 송환과정을 거쳤다. 때문에 장문주에서 장기까지의 과정만 살펴보면,[47] 연안 포방어민이 표류선을 발견하면 포방역인(浦方役人, 庄屋)에게 보고하고, 장옥은 대장옥에게, 대장옥은 대관소 및 포소에 보고하였다. 보고를 받은 현지의 대관 및 포소역인은 현장에 출장하여 검사한 후 사쓰나(佐須奈)부에 보고하고, 다시 표류민, 배, 적하을 추번부(秋審部)로 호송하였다고[48] 한다. 그리고 장문주에서 표착민은 쌀, 술, 유의, 연죽, 사입, 유삼 등을 지급받았다.[49]

어떤 경우에는 조선 표착민들이 표착지에서 구조된 후 나가사키까지 육로로 10일간에 걸쳐 이동하여 장기까지 송환되었다고[50] 한다.

---

46) 이훈, 『朝鮮後期 漂流民과 韓日關係』, 114~136쪽.
47) 『漂人領來謄錄』 책5, 을해(1695) 8월 12일, 606~609쪽.
48) 河野良輔, 「近世北浦沿岸における朝鮮漂着船の取捌きについて」, 『山口縣地方史研究』 6, 1961, 12~13쪽.
49) 『漂人領來謄錄』 책1, 무자(1648) 3월 16일; 경인(1650) 6월 22일.
50) 岸浩, 「長門沿岸に漂着した朝鮮人の送還を巡る諸問題の檢討」, 『朝鮮學報』 119·120, 朝鮮學會, 1986, 439쪽.

이곳에서 표류민에게는 쌀, 술, 유의, 염장, 보아, 첩시, 식정, 수통, 소반, 사발 등이 지급되었다. 이후 통사가 표류민의 언행에 어긋남이 없는 것을 확인하고, 종교에 관한 조사를 시행하여 통과하면,[51] 표류민을 대마번으로 보내었다.[52] 한편 가장 북쪽인 하이(蝦夷)의 경우는 강호(江戶)를 거쳐 대마도로 갔으며,[53] 가장 남쪽인 유구의 경우는 융마주(薩摩洲)를 지나 장기를 거쳐 대마도로 갔다.

다음으로 대마도에 표착한 경우에는 표착지의 왜인들이 표류민을 발견하면 일단 부중(嚴原)으로 데리고 갔다. 부중(府中)에서는 표류민에게 옷, 음식, 기타 물건을 지급하였으며, 배가 부서진 경우에는 범죽, 풍석 등으로 修補하였다.[54] 시기적으로 보면 1650년대 이전에는 불규칙 하지만 유의, 단목, 소갑초가 주로 지급되었으며, 1700년대 이후에는 거의 규칙적으로 유의 1령, 단목 2근, 지삼초 10갑이 지급되었다. 이러한 대접을 받은 표류민들은 부중으로부터 악포나 좌수나포로 옮겨나서 그곳에서 바람을 기다렸다가 조선으로 출발하였다. 그러나 대마도주가 강호에 가서 대마도에 없을 때는 강호의 도주에게 알리고, 그 분부를 기다렸다가 도착하면 출발하였다.[55]

한 예로 이지항(李志恒)이 1696년 5월에 하이에 표착한 것은 바람과 해류 때문이었다. 그의 일행은 하이에 표착한 후 송전(松前)을 거쳐 강호, 대판, 대마도를 경유하여 조선의 동래부로 송환되었다. 조선 후

51) 정성일, 『전라도와 일본: 조선시대 해난사고 분석』, 경인문화사, 2013, 339~342쪽.
52) 岸浩, 「長門北浦に漂着した朝鮮人の送還－唐人送り－」, 『山口縣地方史研究』 54, 1986, 10쪽.
53) 김강식, 「이지항 표주록 속의 표류민과 해역 세계」, 『해항도시문화교섭학』 16, 한국해양대 국제해양문제연구소, 2017, 139~182쪽.
54) 『漂人領來謄錄』 책1, 병술(1646) 3월 26일; 책2, 갑인(1674) 3월 25일.
55) 『漂人領來謄錄』 책1, 병술(1646) 4월 2일.

기에 일본의 덕천막부가 등장한 이후 표류민의 송환 과정은 조선과 일본이라는 국가 사이의 절차를 따랐는데, 일본에 표착한 조선인은 대마도를 통해서 송환되어 왔다. 표류라는 우연한 사고가 인위적 체제를 통하여 표류민이 송환되면서 절차가 마무리되었음을 알 수 있다. 하지만 이지항 일행의 표류는 예외적인 경우여서 하이지에서 강호까지의 송환과 강호에서 부산까지의 송환으로 구분할 필요가 있다.[56] 특히 전반부의 경우에는 조선인과의 접촉이 없었던 상황이었기 때문에 현지인들은 조선 표류민을 우대하였다. 이지항의『표주록』에는 강호에서 대마도를 경유하는 기록에 대해서는 간략하게 서술하고 있다. 이것은 대마도를 통해서 조선으로 송환되는 과정이 일반화되어 있었기 때문일 것이다.

Ⅲ. 간접 송환체제

조선 후기에 조선이 조선에 표착한 이국인을 다시 북경으로 송환하기 시작한 것은 남명(南明)이 청에 완전히 복속되는 1683년(숙종 9) 이후의 일이다. 대만에 근거를 두고 저항하던 정성공(鄭成功) 일파가 청에 항복한 이후에 불안하던 동아시아의 국제정세는 비로소 안정기로 접어들게 되었으며, 각국은 청을 중심으로 하는 새로운 책봉 질서 아래 상호 간의 관계를 새롭게 정립해 갔다. 그러므로 조·일 사이의 표류민 송환이 안정적으로 이루어지게 되는 시점, 동아시아 국가 사이

---

56) 김강식,「이지항 표주록 속의 표류민과 해역 세계」, 139~182쪽; 남미혜,「표주록을 통해 본 이지항(1647-?)의 일본 인식」,『이화사학연구』33, 이화사학연구소, 2006, 97~117쪽.

의 표류민 송환 체제가 안정적으로 작용하게 되는 시점은 1683년 이후의 일이었다고[57] 파악할 수 있다.

삼번의 난 이후 조선의 대중국 외교가 안정되는 것은 표류민 송환 과정에서도 여실히 드러나고 있다. 명·청 교체기를 전후한 시기의 명나라 표류민에 대하여 조선 조정에서는 명에 대한 명분론에 입각하여 송환하지 말아야 한다는 주장, 신흥 강대국 청의 질책이 두려워 송환하는 것이 국체보존에 이롭다는 현실론이 대립하고 있었다.[58] 결국 약소국의 외교적인 행동에는 선택의 폭이 좁을 수밖에 없어서 명나라 유민을 청으로 송환하게 되었다. 이렇게 청의 책봉체제 하에서 표류민의 직접 송환이 당사국 사이에서 이루어졌지만, 직접적인 외교관계가 없는 경우 청을 중심으로 표류민의 간접송환까지 이루어지면서 동아시아의 표류민 송환체제는 일단락되었다고 할 수 있다.

1. 유구국에 표착한 조선인의 송환

조선 후기에 유구국에 표착한 조선 표착인의 송환은 17세기 이전에는 중국 경유를 원칙으로 하였으며, 1638년에 통교가 중단됨에 따라 나가사키에서 심문을 받은 다음 대마도를 경유하여 조선으로 송환되기도 했다. 19세기에 이르면 유구국은 살마번(薩摩藩)의 통제 아래 있었기 때문에 다시 중국을 경유하여 조선인을 송환하였다.

1636년 청이 북경에 들어간 이후, 조선은 병자호란의 결과로 조공사를 보내고 청으로부터 책봉을 받았다. 유구(琉球)의 경우는 1651년 명으로부터 받은 봉인을 반납하고, 1663년부터 청의 책봉을 받았다.

---

57) 劉序楓, 「淸代 中國의 外國人 漂流民의 救助와 送還에 대하여」, 133쪽.
58) 『숙종실록』 3년 3월 22일.

그런데 두 나라가 모두 청의 책봉을 받은 시기에도 조선과 유구 사이에는 조선전기와 같은 국가 대 국가의 직접적인 접촉은 한 번도 이루어지지 않았다. 다만 간헐적으로 발생하는 표류민의 송환이 양국 사이에 이루어졌다. 그런데 유구에 표착한 조선 표착 사례 20건 중 1662~1669년의 3차례를 제외하고, 1698~1856년의 17차례가 모두 福建을 경유하여 육로로 조선에 송환되고 있었다고[59] 한다.

조선과 유구국 사이에도 제3국 경유의 표류민 송환은 행해지고 있었다.[60] 근세에 들어와서는 조선인이 유구에 표착했을 경우 중국을 통한 제3국경유 송환방식이 여러 차례 보이고 있다. 조선인이 유구에 표착하면 복건→북경→조선의 제3국(중국)을 통한 송환이 대부분이었다. 1661년의 경우와 같이 사쓰마→나가사키→쓰시마 경유로 송환되는 경우도 있었다. 조선과 유구국 사이의 표류민은 일본과 청이라는 제3국과의 국제관계라는 전제 조건 위에서 일본과 청을 경유하여 송환되고 있었다. 이 경우에 조선과 유구국 사이에는 국제관계가 명확한 존재형태로 성립되어 있었다고 말할 수 없는 단계였기 때문이었으며, 필요에 따라서 제3국 경유 표류민의 송환이 이용되고 있었다.

앞에서 살펴본 것처럼 조선과 유구의 두 나라가 모두 청의 책봉을 받았으며, 또 두 나라 사이에 표류민의 송환이 이루어지면서도 공식적인 교류가 이루어지지 않은 이유는 다음과 같다.[61] 유구에 표착한 조선인이 청의 복건-북경을 경유하여 조선에 송환되고, 그에 따른 외교문서의 교환이 청과의 사이에서 이루어진 것은 명나라의 멸망 이후

59) 이훈, 「朝鮮後期 漂民의 송환을 통해서 본 朝鮮·琉球관계」, 121~160쪽.
60) 1530년에 제주도에 표착 한 7명의 유구인은 북경경유로 송환되고 있었으며, 1589년에 진도에 표착한 유구 상인 30여 명도 북경 경유로 송환되고 있었다. 이는 중세에도 제3국 경유의 표류민 송환이 이루어지고 있었다는 사례이다.
61) 이훈, 「朝鮮後期 漂民의 송환을 통해서 본 朝鮮·琉球관계」, 135~138쪽.

조선과 유구와는 '사교지예(事交之禮)'가[62] 없어졌기 때문이었다.[63] 이처럼 조선과 유구의 외교관계는 사교지예가 단절되었다. 청대에 와서도 조선과 유구 두 나라는 모두 청의 책봉을 받은 책봉체제 아래의 국가들이었다. 하지만, 같은 책봉이라도 명대에는 책봉국 사이의 교린을 하였지만 청대에는 책봉국이었지만 교린을 하지 않았다는 의미이다.

　그런데 표류민 송환 절차에 청을 경유하도록 하는 것은 유구로부터 막부에 요청된 것인데, 1644년 명·청 교체 이후 막부(幕府)·살마번(薩摩蕃)·유구(琉球)가 각각의 입장에서 유구와 일본의 관계를 은폐하려고 했기 때문이었다.[64] 즉 막부는 외교와 국방의 이유에서 유구와 일본 관계를 청에게 은폐하여 유구를 대외적으로 독자적인 왕국으로 보이게 하려 했고, 유구도 일본의 부속을 극복하기 위한 정치적인 목적에서 유구 왕국의 자립화를 위해 청을 통한 표류민 송환체제를 확립하였다고[65] 했다.

　한편 조선의 경우는 조선이 청의 침입을 직접 받아 힘에 의한 사대관계를 강요받게 되었다. 이에 조선은 과거 명과의 관계처럼 책봉관계를 맺게 되지만, 내면적으로는 자국문화에 비중을 두면서 스스로를 중화문명의 계승자라는 조선중화주의에 의하여 자존의식을 강화하여 갔다고[66] 한다. 그리고 막부에 대하여도 종래 명의 책봉을 전제로 한 중화적 교린체제를 포기하는 대신, 청을 견제하고 대비하기 위한 새로운 탈중화의 독립적인 교린체제를 수립하였다. 때문에 유구가 청의

---

62) 사교란 곧 책봉국가 사이의 우호교린을 말한다.
63) 『同文彙考』, 漂民.
64) 이훈, 「朝鮮後期 漂民의 송환을 통해서 본 朝鮮·琉球관계」, 121~160쪽.
65) 위의 논문, 135~138쪽.
66) 유서풍, 「18~19世紀 朝鮮人的 意外之旅: 以漂流到臺灣的見聞記錄爲中心」 참조.

책봉을 받았다고 하더라도 조선으로서는 청으로부터의 책봉에 큰 의
미를 두지 않게 되었으며, 또 유구가 이미 막부에 복속되어 있었다는
사실을 알고 있었기 때문에 명나라 때와 같은 책봉국 사이의 국왕 대
국왕의 교린이 실질적으로 불가능했다. 뿐만 아니라 유구와의 교린이
현실적으로 조선의 대청 관계나 대일본 관계에 별다른 의미를 갖지
못해서, 더 이상 유구와의 외교관계를 지속할 필요성도 없어졌다고[67]
한다. 결국 17세기의 국제환경과 조선의 대외정책이 유구와의 공식적
인 외교관계를 단절시키는 가장 큰 원인이 되었다. 이에 조선과 유구
의 표류민 송환 문제는 간접적으로 진행될 수밖에 없었다.

17세기 이전의 조선과 유구국 사이의 표류민 송환은 명나라가 주변
국가 사이의 동향 파악에 관심을 가지고 있었기 때문에 양국 표류민
송환에 있어서 북경 경유를 적극적으로 장려하였다. 그러나 명 · 청
교체기 이후였던 1638년에 조선과 유구국 사이에 직접적인 통교가 중
단되어 표류민 송환도 문제가 되었다.[68] 예를 들면 1662년에 전라도
해남 출신 김여휘(金麗輝)가 유구국 아마미오시마(奄美島)에 표착하
였는데, 이때 김여휘는 사쓰마(薩摩)를 경유하여 나가사키로 이동한
다음 그곳에서 1차 심문을 받았다. 그 다음 김여휘는 대마도로 인계
되었고, 대마도에서 2차 심문을 받은 연후에 부산으로 귀국하였다
고[69] 하였다.

이처럼 유구국에 표류한 조선인의 송환절차는 17세기를 전후로 하
여 변화하여 일시적으로 일본을 경유하였지만, 다시 청을 경유하여

67) 하우봉 · 손승철 외, 『朝鮮과 琉球』, 아르케, 1999 참조.
68) 양수지, 『조선 · 유구관계 연구: 조선전기를 중심으로』 한국정신문화연구원 한국
    학대학원 박사학위논문, 1994; 하우봉 외, 위의 책, 220쪽.
69) 정성일, 「해남 선비 김여휘의 유구 표류와 송환 경로(1662-1663년)」, 『한일관계사
    연구』 43, 한일관계사학회, 2012, 433~467쪽.

송환되었다. 이것이 청나라의 건국으로 새로운 채봉체제가 수립되면
서 청을 경유하는 간접 송환이 적용되었기 때문이다.

2. 안남국에 표착한 조선인 송환

  조선 후기에 안남에 표착한 조선인의 송환은 청이라는 제3국을 경
유해 조선에 송환되었다. 안남국과 청 사이의 국제관계가 성립되어
있었기 때문에 조선 표류민의 청 경유 송환이 가능하였던 것이다.

  한편 17세기 이전의 조선과 유구국 사이에서 표류민의 청 경유 송
환은 명이 주변 국가 사이의 동향 파악에 관심을 가지고 있어서, 양국
의 표류민에 대해서 북경 경유 송환을 적극적으로 장려하고 있었기
때문이라는 견해가[70] 있다. 또한 1638년 이후의 간접 송환(제3국 송환)
은 조선과 유구국 사이에 소위 '무사교지례(無事交之禮)'라는 직접적
인 통교가 중단되어 있었다는 상황이 전제되어 있으며, 유구가 청나
라와 일본에 양속되어 있었기 때문이라고[71] 파악하기도 한다. 이러한
제3국을 경유하는 간접 송환은 조선과 안남국 사이에도 적용되었다.

  한 예로 조선 후기에 안남국에 표착한 조선인 송환에 대해서는 「김
대황표해일록」에 잘 기록되어 있다. 1687년 제주도 진무(鎭撫) 김대황
(金大璜) 등 24명이 진상마 3필을 이송하기 위해 제주항을 출항하였다
가, 폭풍에 휘말려 약 1개월 만에 안남국에 표착하였다.[72] 이들은 표
착지에서 곧바로 안남의 수도로 이송되었다. 이곳에서 안남 국왕의
허가를 얻어 다시 회안부를 향하였으며, 여기서 수개월 체재하였다.

---

70) 하우봉, 「해양사관에서 본 조선의 해양문명」, 『일본사상』 11, 2006, 189~241쪽.
71) 위의 논문, 189~241쪽.
72) 허경진 · 김성은, 「표류기에 나타난 베트남 인식」, 『연민학지』 15, 2004, 122~130쪽.

조선의 표착민들은 안남 국왕에게 일본으로 향하는 상선에 기탁하여 송환해 줄 것을 요청하였다. 이에 안남 국왕의 승인을 얻어 일본 상선에 승선을 요청하였으나, 일본인들이 거부하였다.

결국 조선 표착민들은 중국 복건성으로 향하는 상선에 승선하여 북경으로 보내졌다. 복건성에 당도하자, 청나라 복건의 선주가 선박비를 지불한다면 조선까지 데려다주겠다고 제안하였고, 표도민들은 그 선박을 타고 청의 정해현 보타산 포구를 경유하여 제주도 서귀포로 귀환하였다. 조선 표류민이 고향으로 귀환하자, 조선 정부는 중국 복건성 선주 진건과 주한원이라는 사람에게 표류민 송환 답례로 은 2,556냥을 주고, 육로를 통해 북경으로 귀국시켰다.

위의 사례에서 알 수 있는 바와 같이 안남과 청나라 사이에 국제관계가 있었기 때문에 김대황 등의 표류민은 조선으로 귀국할 수 있었다. 우연하게도 청나라 복건과 주한원에 의해 송환되기는 하였지만, 안남과 중국 사이에 국제관계가 없었다면 성사될 수 없었던 것이었다. 안남 국왕의 본래 의도대로라면 제3국인 일본 경유의 송환이었다. 결국 제3국인 청의 북경 경유로 변경되었는데, 제3국 경유의 간접 송환과정 중에 우연히 복건의 중국인 선주에 의해서 조선으로 귀국하게 된 것이라고[73] 한다. 일본이던 중국이던 조선 표류민의 송환방법으로 직접적인 송환방식, 즉 안남에서 조선으로의 송환이 아닌 제3국 경유 송환 방법이 취해지고 있었다. 결국 그 배경에는 안남과 청나라의 국제관계가 성립되어 있었기 때문에 김대황 등의 조선 표류 민은 귀국이 가능해진 것이다.

한편 1765년에 일본인 표류민이 안남국에 표착한 경우가 있었다.

73) 신동규, 「근세 표류민의 송환유형과 국제관계」, 『강원사학』 17, 2002, 302~316쪽.
이훈, 「朝鮮後期 漂民의 송환을 통해서 본 朝鮮 · 琉球관계」, 121~160쪽.

이들은 약 2개월 간 안남에서 생활하다가 청나라로 향하는 남경선(南京船)에 승선하여 일본으로 송환되었다고[74] 한다. 1765년 12월에 안남에 표착한 일본 표류민은 강풍으로 인해 안남의 북부에 있는 마이치바라는 곳에 도착하여 약 2개월을 체재한 후에 청나라인 코크쿠와인을 만나 그의 조언으로 회안(淮安)으로 향하였다. 회안에서 우연히 일본인 표류민과 만나 그들과 합류하게 되었다. 1767년 2월까지 생존하고 있던 두 선박의 7명은 이들을 일본으로 귀국시켜주겠다는 통타이쿤이라는 사람의 남경선에 옮겨 타고, 약 3개월 정도의 선상생활을 거친 후에 5월 나가사키(長崎)에 도착하였다고[75] 한다. 이러한 송환이 가능했던 것은 안남에 중국선이 빈번하게 출입할 수 있는 국제관계가 있었기 때문이었다고 한다. 이렇게 조선과 안남국 사이에서도 표류민의 송환은 간접 송환방식이 적용되고 있었음을 알 수 있다.

3. 여송국에 표착한 조선인 송환

여송국에 표착한 조선인 사례는 19세기 초 전라도 사람 문순득의 표류사례가 확인된다. 대표적으로 19세기에 전라도 출신 문순득이 유구국에 표류되었을 때 일본 나가사키(長崎)로 송환되지 않고, 유구국에서 중국 복주(福州)를 통해 송환되었다고[76] 한다. 이때 유구국은 사쓰마번(薩摩藩)의 통제 아래 있었기 때문에 표류민 역시 일본을 경유할 수 없었던 것이다. 이에 문순득은 오키나와(沖縄)에서 일본으로 후

74) 신동규,『근세 동아시아 속의 日·朝·蘭 국제관계사』, 경인문화사, 2007, 359~360쪽.
75) 유서풍,「18~19世紀 朝鮮人的 意外之旅: 以漂流到臺灣的見聞記錄爲中心」, 134~140쪽.
76) 최성환,「조선후기 문순득의 표류노정과 송환체제」,『한국민족문화』43, 부산대 한국민족문화연구소, 2012, 189~233쪽.

송되지 않고, 중국 북경을 경유하여 조선으로 송환되었다. 1802년에 유구에 표착한 조선인 문순득 등 6명의 귀국은 유구에서 복주로 호송되는 도중 또 한 번 조난을 당해 루손섬 북부에 표착하였다. 이때 현지 화교의 원조를 받아 유구 선박은 다음해 조선인 4명을 태우고 복건으로 출항했지만, 승선을 두려워하여 남았던 조선인 2명과 다른 중국인 표류민은 현지에 잠시 머물렀다가 마닐라로 이송되어 마카오의 서양 선박을 이용하여 마카오로 보내졌다. 그리고 나서 다시 광주로 이송되어 육로로 북경까지 보내졌으며, 여기에서 조선의 사절을 따라 귀국하였다.

문순득은 전라도 해역에서 표류되어 1차 표착한 지점이 유구국이었다. 당시 유구국에 표착한 조선인은 일본을 경유하지 않고 청의 수도 북경을 경유하였다. 문순득은 청나라를 향해 출항하였으나, 2차로 표류되어 여송국에 표착하였다. 그러나 당시에 조선은 여송국과 국제관계가 이루어지지 않았다. 이에 문순득은 약 10개월 동안 여송국에서 체류하게 되었는데, 체류비 전액을 개인적으로 마련해야만 하였다. 가장 급선무는 여송국에서 마카오(澳門)을 경유하여 북경으로 이동하는 문제였다. 당시 마카오는 포르투갈에 영속되어 있었다. 하지만 포르투갈은 조선인 표착민을 청나라에 관원에게 인계하였으며, 마카오에서부터 문순득은 청나라의 지원 아래 조선으로 무상으로 송환되었다고[77] 한다.

한편 1807년에 이국인 5명이 제주에 표착하였다. 이들은 막가외(莫可外)라고 하였다.[78] 그러나 제주목사는 이들의 글과 말을 이해하지

---

77) 최성환, 『문순득 표류연구: 조선후기 문순득의 표류와 세계인식』, 민속원, 2012, 37~38쪽.
78) 『순조실록』 7년 8월 10일.

못하였다. 같은 해 조선은 이들을 중국 성경(盛京)으로 입송(入送)하
였다. 그러나 중국에서도 이들의 국적을 알지 못하여 조선으로 되돌
려 보냈다. 이들은 훗날 문순득이 가져온 문자기록을 통해 여송국 사
람임을 알 수 있었다. 그러나 당시 여송국은 프랑스에 병합된 상태였
기 때문에 중국 북경을 경유하여 본국으로 송환하는 일이 불가능하였
다고[79] 한다.

4. 조선에 표착한 제3국인의 송환

조선 후기에 동아시아 제3국에서 조선에 표착한 유구국·안남국·
여송국인의 경우를 살펴보면 다음과 같다. 먼저 1821년 6월에 유구인
6명이 제주에 표착해 왔는데, 이들은 청을 경유하여 육로로 송환되었
다. 또 1821년 8월에 일본 사쓰마(薩摩) 사람들과 함께 제주에 표착한
유구인 20명은 자신들을 일본인으로 위장하여 해로를 통해 대마도를
경유하여 일본 나가사키(長崎)로 송환되었다. 즉 유구인이 사쓰마 사
람으로 위장하여 일본으로 송환된 사례였다고[80] 한다.

다음으로 네덜란드와 일본 사이에 표류민 송환체제가 정비되기 시
작한 것은 1643년 이후부터였다. 표류민의 제3국 경유 송환에는 국가
권력이 전제된 위에 제3국과 표류민의 자국, 제3국과 표류민이 표착
한 국가 사이의 국제관계가 성립되어 있어야만 표류민이 송환될 수
있다고[81] 한다. 이것은 근세 표류민 송환체제의 또 다른 한 가지 형태

79) 박성래, 「한국인의 포르투칼 발견」, 『외대사학』 11, 한국외대 역사문화연구소, 2000,
    1~18쪽.
80) 정성일, 「일본인으로 위장한 유구인의 제주 표착: 1821년 恒運 등 20여 명의 표착
    사건」, 『한일관계사연구』 37, 한일관계사학회, 2012, 171~206쪽.
81) 신동규, 『근세 동아시아 속의 日·朝·蘭 국제관계사』, 경인문화사, 2007, 349~367쪽.

였다고 한다.

조선에 표착했던 네덜란드인의 송환과정을 간략히 살펴보면,[82] 그들의 송환이 결정된 후에 분산 배치되어 있던 전라도의 3곳(전라좌수영·남원·순천)에서 남원으로 집결시켰다. 이후 전라도 차사원(差使員)으로부터 경상도 차사원에게 인도되어 왜관에 보내졌다. 대마번에서는 이들을 인수하기 위해 정관 히사와 타로사에몬(久和太郎左衛門)과 도선주 및 봉진이 도해(渡海)하였으며, 조선에 도착한 후 다례를 행하였다. 네덜란드인들은 이들 사자에게 인도되었으며, 조선으로부터는 쌀·의복·포 등이 지급된 후 왜관을 출발해 대마번으로 이송되었다. 대마번에서 나가사키에 도착하기까지의 음식물과 의복 등도 지급되었다. 나가사키에 도착하자 그들은 봉행소(奉行所)로 보내지고, 그곳에서 봉행의 조사를 받은 후, 나가사키의 데지마 네덜란드 상관에 이송되었다고[83] 한다.

이처럼 조선에 표착했던 네덜란드인의 일본 송환은 조선에 표착한 일본인을 일본에 송환하는 것과 마찬가지의 송환체제 속에서 행해지고 있다. 네덜란드인을 송환시키기 위해 파견한 사자들의 성격뿐만 아니라, 사자가 도착하고 나서 행해진 차례와 봉진연, 그들이 일본에 송환될 때 지급된 물품, 대마번에서 나가사키까지의 표류민에 대한 취급, 나가사키에 도착하고 나서 봉행소에서 조사를 받았다는 것 등에서 그들이 네덜란드인이었지만 일본인과 다른 차별적인 조치도 취해지지 않았다. 더욱이 통상적으로 네덜란드인 표류민을 송환하기 위한 비용은 네덜란드인 스스로가 부담하지 않으면 안 되었지만, 조선에 표착한 네덜란드인은 일본 표류민과 마찬가지로 대마번의 부담이

---

82) 위의 책, 125~166쪽.
83) 위의 책, 353~354쪽.

되었다.

　결국 네덜란드인의 송환은 조·일 양국의 국가권력 상호 간에 국제 관계라는 틀 속에서 행해지고 있었다. 일본의 국가권력이 막부에 있었지만, 막부 장군은 물론 노중(路中)도 대마번에 적극적으로 송환에 대한 지시를 내리고 있었다. 이 점에서 네덜란드인의 일본 송환에 국가권력의 존재는 절대적인 필수조건이었다고[84] 한다. 특히 일본이 네덜란드를 통상국으로 위치시킨 국제관계가 존재하고 있었다는 점이 중요하게 작용하였다. 이처럼 조선과 직접 외교관계가 없었던 네덜란드인이 일본이라는 제3국을 통해서 송환된 것도 일종의 간접 송환방식이라고 할 수 있다. 이것은 안남국과 여송국의 경우에도 적용될 수 있는데, 그것은 책봉체제 속의 청의 존재를 통해서 가능할 수 있었다.

Ⅳ. 맺음말

　조선 후기에 동아시아의 표류민 송환 체제는 청대 건륭 연간에 확립되지만, 그 이전부터 동아시아 각국 사이에서는 중국의 책봉체제를 근간으로 상호 간에 표류민을 송환하는 관행이 있었다. 그러나 표류민 송환체제는 국가 사이의 외교관계의 형태에 따라 다양하게 작동하고 있었다. 크게 나누면 직접 송환체제와 간접 송환체제였다.

　먼저 직접 송환체제 형태로 조선과 청은 책봉체제에 입각한 전통적인 외교관계에 바탕을 두고 표류민을 송환하였다. 명대의 해금정책, 명·청 교체기 등 정치적 상황이 불안정할 때마다 다수의 중국인들이

---

84) 위의 책, 309~310쪽.

조선 연해로 표착해 왔다. 정치적 상황이 바뀔 때는 중국 표류민의 송환이 원활하지 못할 때도 있었지만, 대체로 조선에 표류한 중국인은 조선 정부의 각별한 구호를 받으면서 본국으로 송환되었다. 조선과 청나라의 표류민 송환절차는 자문과 칙서로 이어지는 책봉외교의 한 형태였다.

조선에서 청으로의 송환 경로는 표착지-한양-의주-요동이었으며, 특별히 선발된 사신이 표류민을 인솔하고 요동으로 가서 책임자(도사)에게 인계하였다. 인계할 때는 표착경위를 적은 자문을 함께 제출하였고, 표류민을 인수받은 중국 측에서는 조선 사신을 통해서 구호자를 표창하는 황제의 칙서와 답례품을 보내고 표류에 대한 감사의 뜻을 전했다.

다음으로 조·일 사이의 표류민 송환체제는 조선 건국 이후 임진왜란까지는 왜구 문제, 삼포 거주 왜인들의 항거 등으로 불안정하였다. 임진왜란 이후 도쿠가와 막부가 중앙권력을 장악하면서부터 차츰 안정적인 표류민 송환체제가 구축되기 시작하였고, 17세기 말 중국 대륙의 정치정세가 안정되면서부터 조·일 사이의 표류민 송환체제도 안정적으로 운영될 수 있었다. 조선에 표류한 일본인은 조선 측의 부담으로 표류지에서 부산의 왜관으로 인계하였으며, 왜관에서 쓰시마를 거쳐 나가사키로 호송된 후 조사를 받고 귀향하는 것이 원칙이었다. 대일 외교보다 대청 외교에 비중을 두었던 조선의 전통적인 사대교린 외교로 볼 때, 대일 외교는 대청 외교에 비하여 종속적 내지 부차적일 수밖에 없었다. 따라서 조선 정부는 막부정권이 조선인 표류민을 송환하는지 여부보다는 명·청 교체기 이후의 대륙 정세에 큰 관심을 가지고 있었으므로 대륙과의 정세가 안정된 17세기 후반 이후에야 대일 외교도 안정적으로 작용하기 시작하였으며, 표류민의 송환도 대마도를 경유하였지만, 막부와 연계하여 해결하게 되었다.

　마지막으로 유구, 안남, 여송 등 제3국에 표류하는 경우 제3국을 경유하는 간접 송환체제가 작동하였다. 이 경우 대부분 청나라를 경유하였는데, 일본을 경유하는 경우도 있었다. 삼번의 난이 진압된 이후 불안하던 동아시아 해역은 안정기로 접어들었으며, 각국은 청을 중심으로 하는 새로운 책봉체제를 정립하게 되었다. 이에 청나라를 사이에 두고 조·일 사이의 표류민 송환이 안정적으로 이루어지게 되었으며, 동아시아의 표류민 송환체제가 안정적으로 되는 시점도 1683년 이후의 일로 보아야 할 것이다.

　동아시아의 국제관계가 안정된 이후 동아시아의 표류민 송환체제도 안정화되었다. 표류민의 송환에는 시기와 지역을 막론하고 상호 인도주의의 원칙에 따라서 상대국에 호혜를 베풀었다. 아울러 표류민 송환을 위한 해상로는 송대에 대부분의 항로가 열리면서 구축되었으며, 선박의 건조도 뒷받침되어 나갔다고 할 것이다. 이런 점에서 본다면 동아시아의 표류민 송환체제는 부단히 이어져 온 역사적 결과의 산물이라고 볼 수 있다. 특히 조선 후기에 작동한 표류민 송환체제는 동아시아의 국제적 외교관계를 반영하여 직접·간접 송환방식이 적용되는 과도기적인 형태였다고 할 수 있다.

제2부

역내교역

근대 동아시아 설탕의 유통 구조 변동과 조선 시장

: 조선화상(朝鮮華商) 동순태호(同順泰號)의
설탕 수입을 중심으로

강진아

I. 머리말

동순태호(同順泰號)는 한말 조선에서 활약한 대표적인 광동 출신의 화교 상점이다. 조선 각지에 지점을 두고, 상해, 홍콩, 광주, 고베, 요코하마, 나가사키 등지에 현지 파트너[聯號]와 연계하여 동아시아 규모의 무역업을 경영하였다. 자본이 풍부하고 청 정부 및 조선 정부 관원들과 돈독한 관계를 유지해 조선 진출 초기부터 크게 두각을 나타냈으며, 1892년에는 청의 대조선 차관에 명의를 빌려 줄 정도로 관과의 유착이 강했다(제1차, 제2차 동순태차관). 청과 조선 사이 직접적인 금융망이 없던 개항 초기에, 동순태호는 사실상 청의 주한 외교기관의 공금 출납기관 역할까지 했던 것이다.

동순태의 경리(經理) 담걸생(譚傑生, 1853~1929)은 중국 최남단 광동성(廣東省) 고요현(高要縣) 금리촌(金利村) 출신이다. 그가 매형인

동태호(同泰號)의 경리 양윤경(梁綸卿)에 몸을 의탁하여 상해로 건너
간 것이 20세 즈음의 일이다. 무역상이었던 동태호의 해관 담당 직원
으로 일했던 그는 양윤경이 자본을 출자하여 조선에 상점을 내고자
하면서 조선과 인연을 맺게 되었다. 양윤경과 상해의 유력 광동상인
들이 자본을 출자하여 세운 조선 동순태호의 경영 책임자로 담걸생과
그의 형 담청호(譚晴湖)가 발탁되어 제물포(오늘날의 인천)에 입성하
였다. 청과 서양에까지 항구가 개방되어 조선이 본격적으로 동아시아
조약항 체제에 들어간 것은 1882년인데, 동순태호의 개설 시기에 관
해서는 1876년, 1882년, 1885년, 1888년까지 다양한 주장이 있다.[1]

....

[1] 1874년은 담정택의 동향인 정가현(鄭家賢)의 증언을 인용하여 재한화교 연구자
담영성이 주장했다(譚永盛, 「조선말기의 청국상인에 관한 연구: 1882년부터 1885
년까지」, 단국대학교 사학과 석사논문, 1976. 17쪽). 하지만 인천에 상주하는 화
교가 거주하기 시작한 것은 1882년부터라는 기존의 상식에 비추어 무리한 점이
없지 않았다. 1882년은 담걸생의 9남 담정택이 회고록에서 주장한 것으로, 담걸
생이 30세 즈음인 1882년에 인천에 와서 상점 개설을 모색하다가, 곧 한성에 가
서 오늘날 관수동(觀水洞)에 상점을 열었다고 적고 있다(譚廷澤, 『先父譚公傑生
傳記: 附家庭狀況及遺産償務處理過程』, 1973, 4쪽). 1885년은 일본 학자 이시카와
료타(石川亮太)가 『주한사관당안(駐韓使館檔案)』의 소송 안건 중 담걸생이 청국
한성총영사 앞으로 보낸 문서에서 광서(光緖) 11년 음력 7월, 즉 1885년에 처음
인천에 왔다고 밝힌 것을 찾아내어, 1885년을 조선화상 동순태의 시작으로 보았
다(石川亮太, 「開港期漢城における朝鮮人, 中國人間の商取引と紛爭: 「駐韓使館
檔案」を通じて」, 『年報朝鮮學』 10, 2007, 13쪽 및 29쪽 주 48. 사료의 원 출전은
『駐韓使館檔案』 2-35-62-7의 인용임). 한편 최근 김희신은 한성(경성)의 중화총상
회 문건을 상세히 분석하면서, 조선경성중화총상회 회장과 부회장을 역임했던
담걸생이 줄곧 이주 시기를 1888년으로 적고 있는 점을 밝혀내고, 이시카와가 인
용한 『주한사관당안』에는 1885년뿐만 아니라 1886년도 나오며 둘 다 총영사의
보고 내용이라고 지적하여, 담걸생이 일관되게 총상회에 신고하고 있는 1888년
을 새로운 이주 시기로 제시하였다(김희신, 「재조선 중화상회의 설립과정과 존
재양태: 1912-1931년 경성지역을 중심으로」, 『중국근현대사연구』 73, 2017, 44쪽,
각주 61). 필자는 1937년 9월 동순태호 담가(譚家)의 조선 철수 때 일본 자료를
인용하여, 동태호의 도래 60년을 역산하면(朝鮮總督府警務局保安課, 「支那人
引揚關係」, 『治安狀況』 第27報, 1937 9월17일 발행본) 1874년에 더 가깝다고 보고,
상점 개설 이전부터 상해 동태호는 일본의 광동 연호(聯號)를 통해 조선 물산을

　　동순태호는 무역을 통해 성장하여 조선의 대표적인 화상으로 성장했다. 일반적으로 보면 청일전쟁 후에 화상의 세력은 쇠퇴했다고 하지만, 동순태호는 청일전쟁 이후와 일본의 조선 강제 병합 후에도 꾸준히 성장하였다. 무역업의 규모를 줄이는 대신에 금융업, 부동산 투자, 택시회사 등 교통운수업으로 투자를 다변화하고, 복권 수입 판매와 같은 새로운 업종에도 과감히 진출하여 1920년대에는 일본인과 조선인을 누르고 한성에서 소득세 순위 수위에 올랐다.[2]

　　최근 십여 년 사이에 동순태에 대한 본격적인 연구도 많아져서, 이 회사의 동업네트워크와 조선 진출 과정, 무역업의 내용과 규모에 대해서 적지 않은 사실이 밝혀지게 되었다.[3] 특히 광동상인은 동아시아

수입하면서 교역을 해왔고 그 사이에 직원으로서 담걸생이 조선을 방문했을 수 있으나, 공식 상점의 개설은 1880년대 이후가 아닐까 추정한 바 있다(강진아, 『동순태호: 근대 동아시아 화교자본과 조선』, 경북대학교출판부, 2011, 64~65쪽). 이시카와가 인용한 소송 자료에서도 처음 1885년에 인천에 도착한 뒤, 1886년에 한성의 한 거래처 조선 상인의 가게에 우거(寓居)하여 이름만 한성지점(후에 본점)을 내고 판매는 모두 위탁했다가, 후에 1889년에 떼인 판매대금 대신에 그 가게 부동산을 차압했다고 되어 있다. 따라서 한성 본점의 경우 정식 개설 시점을 확정하는데 이견이 있을 수 있다. 김희신의 자료는 한성중화총상회 자료이므로, 담걸생은 인천에 처음 도착한 시점이 아니라, 한성본호를 성립한 시기를 1888년으로 생각하여 신고했을 것이다. 정확히는 1885년이 인천 도착해서 사업을 개시한 시점, 1886년이 한성에 지점을 둔 시점, 1888년이 한성지점을 한성본점(漢城本號)으로 승격한 시점이 아닐까 추정한다.

[2] 1923년 한성 개인 최고 납세액에서 담걸생은 도시토지세, 가옥세, 호구세 세 항목에서 모두 1위를 차지했다. 담걸생은 세 항목의 세금으로만 5,000원(圓) 이상을 납부했으며, 토지세와 가옥세는 일본인 최고납세액의 2배를 훌쩍 뛰어넘었다. 이 두 항목에서 담걸생이 납부한 세금은 한성 전체 화교납세총액의 약 40퍼센트나 된다(華僑志編纂委員會 編, 『韓國華僑志』, 臺北, 華僑志編纂委員會, 1958, 67쪽).

[3] 동순태호에 관한 연구 성과로는 미국의 커크 라센(Kirk Larsen) 교수, 일본의 이시카와 료타 교수를 비롯해 필자의 일련의 연구가 있다. 이하 기간의 연구를 망라하면 다음과 같다. 라센 교수의 2000년 하버드 대학 박사학위 논문과 2004년 이래 이시카와 교수의 일련의 연구는 각각 다음의 책으로 출판되었다. Kirk W.

개항의 진전에 따라 고향인 광동성을 떠나 상해를 중심으로 일본과
조선 개항장을 걸치는 상업 네트워크를 형성했으며, 동순태호의 설립
과정 역시 광동성에서 상해로 다시 조선으로 이어지는 수순을 밟으며
그 네트워크의 일각을 형성하고 있음이 알려졌다. 이렇게 구체적인
연구 성과가 나오게 된 것은 서울대학교 규장각과 중앙도서관 고문헌
자료실에 동순태호의 상업서신 및 장부 등 대량의 자료(동순태문서로
약칭)가 발굴되고 이용되었기 때문이다.[4]

　필자가 원래 동순태호에 관심을 갖게 된 것은 줄곧 연구를 해왔던
광동 지역의 경제와 재정이 화교송금에 크게 의존해 있어 평소에 해
외에서 광동인의 활동을 한 번 연구해보고 싶었기 때문이다. 때마침
산동 화교가 압도적 다수일 것이라고 생각했던 조선에 재력과 정치력
을 겸비한 광동 화상이 있었음을 알게 되었기에 호기심이 일었다. 그
렇게 동순태호에 관련된 연구를 하던 중에 눈에 띤 것이 동순태호가
설탕을 대량으로 수입하고 있다는 사실이었다. 필자의 첫 논문이
1996년에 발표된 1930년대 광동성의 근대적 제당업에 관한 글이었고,
이후에도 동아시아 제당업과 설탕 시장에 관해서는 몇 편의 글을 발

Larsen, Tradition, *Treaties and Trade, Qing Imperialism and Chosŏn Korea 1850–1910*, Cambridge, Mass. and London: Harvard University Press, 2008; 石川亮太,『近代アジア市場と朝鮮: 開港・華商・帝国』, 名古屋大学出版会, 2016. 필자의 그간 동순태호 연구는『동순태호: 동아시아 화교 네트워크와 근대 조선』으로 출간되었고, 이 책을 기초로 광동 화상 및 화교 연구를 보완, 확대한 중국어판이『东亚华侨资本和近代朝鲜: 廣幇巨商同順泰號研究』, 廣東人民出版社로 출판될 예정이다.

4) 우선 서울대 규장각 소장 동순태문서로『進口各貨艙口單』(8책, 1891년, 1895~1900년, 1903년),『甲午年各埠來貨置本單』(2책, 1894~1895년),『乙未來貨置本』(1책, 1895년),『同泰來信』(19책, 1889, 1890, 1893, 1894, 1903, 1905, 1906년), 이상 4종 30책이 있으며, 서울대 고문헌자료실 소장 동순태문서로『同順泰往復文書』(35책, 1890~1899년),『同順泰實號記』(1책, 1907년) 총 2종 36책이 있다.

표한 바 있었기 때문에 더욱 관심을 가지고 추적하게 되었다.[5]

조선 화상은 청의 정치적 비호 아래에서 급성장했지만, 크게 보면 동아시아 화교자본의 확산 과정에서 조선으로 진출한 측면이 적지 않다. 조선이 개항 이후 동아시아 및 세계경제에 편입되는 과정에서 화교 자본의 역할은 컸다. 그 과정에서 새로운 문물이 화상에 의해 조선 사회에 수입되고 소개되었는데 예를 들어 이전 논문에서 소개한 근대식 복권이 그것이다.[6] 이 글에서는 전통 조선사회에는 거의 알려지지 않았던 설탕[砂糖, sugar][7]과 생강 설탕절임[糖薑] 등 설탕 연관 제품의 도입 과정에 대하여 동순태문서를 단서로 추적해보도록 하겠다. 또 동순태호의 설탕 연관 제품 수입의 장기적 추세와 그 변화를 통해 근대 전환기 동아시아 제당업에 나타난 구조적 변화와 조선 시장과의 관련성을 살펴보고자 한다.

---

[5] 중국 제당업과 동아시아적 유통에 관해서는 姜抮亞, 「1930年代廣東陳濟棠政權の 製糖業建設」, 『近きに在りて』30, 中國現代史研究會(日本), 1996; 강진아, 「1930 년 중국의 경제개발에서 나타나는 성과 중앙: “廣東糖”의 상해진출과 남경정부」, 『중국근현대사의 재조명 1』, 지식산업사, 1999; 강진아, 「20세기초 동아시아 시장 과 중국 제당업」, 『새로운 질서를 향한 제국질서의 해체』, 청어람미디어, 2004 등 에서 다룬 바 있다.

[6] 강진아, 「韓末 彩票業과 華商 동순태호: 20세기 초 동아시아 무역 네트워크와 한 국」, 『중국근현대사연구』35, 2008(강진아, 『동순태호: 근대 동아시아 화교자본과 조선』, 제5장에 수록). 잡지 편집진의 요청으로 전재(轉載)된 영문판이 있다. Kang Jin-A, “Chinese Lottery Business and Korea, 1898-1909: The Cantonese Company Tongshuntai, and East Asian Trade Networks”, *Translocal Chinese: East Asian Perspectives*, Vol. 11, Issue 1 (2017), pp.60~92.

[7] 원 논문에서는 사탕(砂糖)이 sugar의 일반 명사이고, 현재 통용되는 ‘설탕’은 정제 당만을 의미하기 때문에 사탕(砂糖)으로 통일해서 썼는데, 출판 저서에서는 일반 에 통용되는 용어를 쓰는 것이 좋을 듯하여 설탕으로 통일하고, 필요할 경우 사 탕(砂糖)을 부분적으로 사용한다.

Ⅱ. 개항 전 조선의 설탕 유통

조선은 개항 전에 세계무역에서뿐 아니라 동아시아 무역에서도 동떨어져 있었다고 할 수 있다. 16세기 이래 "세계체계"의 형성이라고 불릴 정도로 긴밀해 진 세계무역에서 대표적 글로벌 상품의 하나였던 설탕 역시 조선 민간에서는 거의 소비되지 않았다. 설탕은 어느 사회든지 처음에는 사치품, 약품으로 소비되다가 후에 일반적인 생필품이 되는 과정을 거쳤다. 유럽은 15세기 서인도 제도에서 플랜테이션 경영을 본격화하면서 서민에까지 소비가 확대되었다. 인도와 중국은 개항 이전에도 세계 유수의 설탕생산국가였으며, 사탕수수 재배에 적합한 동남아시아에는 화교(華僑)에 의해 제당 기술이 전해졌다. 17세기 무렵 동남아시아 지역에 진출한 네덜란드 동인도회사는 식민지 자바에 화교 노동력을 이용하여 사탕수수 플랜테이션을 경영하였다.

중국에서 설탕은 '사탕(砂糖)'으로 불린다. 중국은 기원전 4세기에 사탕수수가 문헌에 등장할 정도로 일찍이 설탕의 존재를 알고 있었지만, 송(宋) 이전까지는 귀한 약품 내지 사치품이었고, 선물로 애용되었다. 그러다가 송대에 들어와 생산이 늘어나면서 점차 일반에 보편화되어, 요리에 감미료로 쓰이는 등 일상생활에서 광범위하게 유통되었다. 북송(北宋) 시기의 사탕수수 재배 지역분포는 대개 20세기 초의 지역분포와 일치하며, 제당법 역시 서구의 근대적 제당기술이 도입되기 전에는 북송의 방식을 청 말까지 거의 그대로 썼다.[8]

한편 일본에서는 설탕이 약품으로 수입되었으며 서민층으로 확대가 늦었다. 그렇지만 중국으로부터 류큐(琉球), 규슈(九州)에 사탕수

---

8) 戴國輝, 『中國甘蔗糖業の展開』(アジア經濟調查叢書 129), アジア經濟硏究所, 1967, 29~34쪽.

수가 이식되고 제당 기술이 전해지면서, 도쿠가와 막부 시대가 되면 설탕의 상업성에 착목하여 사쓰마 번(薩摩藩)이나 다카마쓰 번(高松藩) 등이 사탕수수 재배와 제당업을 전략적으로 장려하였다. 그러나 생산량은 소규모에 머물렀고, 줄곧 중국과 동남아시아로부터의 수입에 의존하였다.[9]

일본이 아시아의 산당(産糖) 후진국이었다면, 조선은 아예 설탕을 생산하지 않았으며, 설탕은 줄곧 고가의 수입품으로 일반에는 거의 유통되지 않았다. 조선 시대에 단맛을 내기 위한 조미료로는 꿀이나 물엿과 같은 맥아당(麥芽糖) 종류가 있을 뿐이었다.[10] 조선 시대 설탕 유통에 관해서는 필자가 과문한 탓인지 열심히 찾아보아도 전문적인 연구를 찾을 수 없었다.[11] 이에 한국역사정보통합시스템에서 사탕[砂糖], 설탕으로 검색한 자료를 통해 개항 이전 조선에서 설탕 소비가 어느 정도였는지 살펴보도록 하겠다.

조선 중기 학자 이덕홍(李德弘, 1541~1596)이 지은 시 「식사당(食沙糖)」에는 "옛날에 (내가) 당상보(糖霜譜)를 읽은 적이 있는데, 지금 직접 보니 모래라고 부르게 된다. 단맛을 보니 용밀(蛹蜜)[꿀의 일종으로 꿀벌 번데기에서 추출한 고급 꿀－인용자]은 아무 것도 아니고, 색이 빛나기는 경화(瓊花)[중국 양주(揚州)에 많이 자라는 꽃으로 새하얀 색으로 유명함－인용자]보다 낫다[昔讀糖霜譜, 今看號以沙, 味甜欺

9) 『中央新聞』, 1915년 8월 30일.
10) 김은실, 전희정, 이효지, 「찜의 문헌학적 고찰(1): 수조육유를 이용한 찜을 중심으로」, 『한국식생활문화학회지』 5-1, 1990, 65~68쪽.
11) 조선시대 필사본 조리서 15권을 분석하여 검색 시스템을 개발하는 연구팀의 조언에 따르면 19세기까지 조리서에서 꿀이나 맥아당 이외에 砂糖을 조미료로 기재한 예는 없다고 한다. 이 연구팀이 분석한 15종의 조리서에 관해서는 이기황, 이재윤, 백두현, 「계량적 접근에 의한 조선시대 필사본 조리서의 유사성 분석」, 『언어와 정보』 제14권 제2호, 2010, 135·154~157쪽 참조.

蛹蜜. 色瑩奪瓊花"고 말하고 있다. 설탕의 초기 한자 표기는 사탕[砂糖]과 사탕[沙糖]이 함께 통용되었으므로, 이 시를 보면 16세기 조선 문인 일부는 실제로 설탕을 맛보고 접할 기회가 있었으나, 시까지 지을 정도로 흔히 볼 수 없는 물건이었음을 알 수 있다.[12] 비슷한 시기에 임진왜란 때 의병장이었던 정희맹(丁希孟, 1536~1596)의 문집에는 "병을 앓고 있다. 고맙게도 김가기가 설탕을 보내왔다[病中. 謝金可紀送砂糖]"고 쓰고 있다.[13] 여기에서도 설탕은 귀한 약품으로 취급되고 있다.

17세기가 되면 개인문집에도 좀 더 자주 설탕이 등장한다. 선조의 사위로 시로 유명한 홍주원(洪柱元, 1606~1672)의 문집에는 경술년(庚戌年, 1670) 7월 초(이하 본문에 나오는 날짜는 특기하지 않는 이상 모두 음력 날짜임)에 돌림병을 앓고 있던 홍석보(洪碩普)[14]에게 "설탕 1원[砂糖一圓]"을 보냈다는 기사가 있다[15]. 또 문신 심유(沈攸, 1620~1688)의 문집에는 맹휴징(孟休徵)이 노친을 위해 설탕을 보내 준 은혜에 감사한다는 기사가 있다.[16] 조선 후기의 학자 심육(沈錥, 1685~1753)의 문집 『저촌유고(樗村遺稿)』에도 설탕이 등장한다. 무오년(戊午年, 1738) 정월 19일에 왕에게 올린 그의 답소(答疏)인데, 몸이 아픈 자신

---

12) 李德弘, 『艮齋集』(전12권) 10卷, 詩, 食沙糖, 1666년 초판(한국역사정보통합시스템 검색, http://www.koreanhistory.or.kr/ 이하 웹페이지 생략).

13) 丁希孟, 『善養亭文集』(전 4권 2책), 1卷, 詩, 1875년 초판(한국역사정보통합시스템 검색).

14) 선조의 외손녀 사위로 영의정에 오른 洪命夏(1608~1667)의 장남인 듯.
    인터넷 검색 http://blog.naver.com/hdnews9001?Redirect=Log&logNo=130068378673.

15) 洪柱元, 『無何堂遺稿』(전7책), 4册(한국역사정보통합시스템 검색). 「七月初, 病臥涔涔中, 夢見沂川相公來訪, 覺來悲感. 朝起寄書於其胤洪教官碩普, 仍送砂糖一圓, 時洪方痛癘疫云」.

16) 沈攸, 『梧灘集』(전14권), 11卷, 五言古詩, 1708년 초판(한국역사정보통합시스템 검색). 「奉謝孟休徵遺我老親砂糖之惠」.

에게 2종류의 해미(海味)를 내려주시고 다시 "2원의 설탕[二圓砂糖]"까
지 내려주시니 진정 감사하여 몸 둘 바를 모르겠다는 내용이었다.[17]
세 사례 모두 송대 이전 중국에서의 유통 방식과 마찬가지로, 귀중한
약재로 또 선물용으로 쓰이고 있다. 또 이 중 두 사례가 왕실과 관련
된 인물이라는 점을 감안해도 설탕은 17세기에도 여전히 귀한 물건이
었다고 보인다.

　실학파의 문집에서도 두 건의 설탕이 검색되었다. 성호(星湖) 이익
(李瀷, 1681~1763)은 음력 계유년(癸酉年, 1693) 8월 9일에 안백순(安百
順)이라는 사람에게 편지를 보냈는데 그 속에도 '설탕[沙糖]'에 대한
언급이 나온다. 아마도 안백순이 병환을 앓고 있었던 듯한데, 이익은
자신도 기침하고 토하는 병을 앓은 적이 있다며, 그때 주관적인 판단
으로 '천계수(天癸水)'와 설탕'을 복용하고 두세 달 누워서 장복하고
조리했더니 다시 발작하지 않았다고 말했다. 이익에 따르면, 설탕이
위를 다스리는 효능이 있다는 것이다.[18] 또 정약용(丁若鏞)(1762~1836)
은 자신의 문집『여유당전서(與猶堂全書)』에서 "수단(水團)"이라는 음
식의 조리법을 설명하면서, 송나라 시인 장뢰(張耒)의 시를 인용하여
"설탕(砂糖)에 절인다"고 말하고 있다.[19] 송대 중국에서는 이미 요리

------

17) 沈鏴,『樗村遺稿』(전47권) 47卷, 簡牘(한국역사정보통합시스템 검색).「某稽顙再
　　拜言, 伏奉手敎. 以審爲政體履康勝, 區區不任哀慰, 某抱疾不死, 練事奄過, 日月荏
　　苒, 歲又改矣. 叫扣煩冤, 祗益罔極, 而病憂種種迭攻, 憂撓奈何. 下惠三種海味, 仰
　　認盛念, 用備奠需, 豈勝涵感. 而二圓砂糖並拜賜, 珍謝不已. 如聞勑牌已到, 前頭供
　　億之撓, 想多有勞神, 用爲之馳念, 餘荒迷不次. 伏惟下察答疏上. 戊午正月十九日.
　　孤子沈某稽顙」.

18) 李瀷,『星湖先生全集』(전62권) 24卷, 書,「答安百順 癸酉」, 1922년 초판(한국역사
　　정보통합시스템 검색).「瀷昔嘗患此, 或咯甚而嘔, 私出臆意. 用天癸水和沙糖, 臨
　　臥頓服二三月則不復作. 蓋血不順道, 錯經妄行. 上出者因心火也. 其順經下行, 惟
　　天癸爲然. 和糖則調胃, 夜臥藥行乎上焦. 後名醫者聞之, 極稱允愜. 此已試之方」.

19) 丁若鏞,『與猶堂全書』(전154권) 第一集, 雜纂集, 24卷, 雅言覺非(한국역사정보통

에 쓰이기 시작한 설탕이지만, 조선에서는 18세기에도 여전히 약품이
자 귀중품이었다.

개인 문집에서 설탕이 나오는 빈도는 아주 드문데, 다수가 검색이
되는 곳은 왕실 관련된 기사이다. 『승정원일기(承政院日記)』 1629년
(인조 7) 10월 30일의 내의원(內醫院)에서 올린 장계를 보면, 수입해
온 설탕 등 약재가 품질이 좋지 않아 어용(御用)으로 쓸 수 없을 정도
라는 내용이 나온다. 그리하여 매입 책임을 졌던 의원 한언협(韓彦協)
와 통사(通事) 홍경준(洪慶俊)을 구금했는데, 풀어주면 제대로 구해
오겠다고 해서, 급한 대로 그나마 조금 나은 것을 골라서 쓰고 이들을
풀어주었다고 한다. 그러나 여전히 공납을 하지 않고 있어 이들을 재
차 구금했다면서, 현재 다방면으로 재구입을 위해 노력하고 있다고
보고하였다. 또 이들이 공납해온 설탕은 "근래 용도가 매우 많은 관계
로[近因用度浩大]" 계속해서 사용을 해왔고, 현재 재고가 많지 않다며,
부족분을 다시 수입해오자고 간언하고 있다. 이 사례를 보면 조선 중
기 궁전에서도 약재로 설탕을 수입해 왔음을 알 수 있다.[20]

이 외에도 인조대의 『승정원일기』에는 왕실에 쓸 설탕이 부족하므
로 호조(戶曹)에서 사들이도록 하자는 내의원 제조(提調)의 장계[21],

합시스템 검색). 「水團者,粉團也. 歲時記云端午作水團. 又名白團. 其精者名曰滴
粉團. 張耒詩云水團氷浸砂糖裏. 又有乾團不入水者」.
20) 『승정원일기』 原本 28册, 탈초본 2책, 1629년(인조 7, 明 崇禎 2) 10월 30일(한국역
사정보통합시스템). 「洪命耇以內醫院官員以都提調提調意啓曰, 回還數字缺使行
次, 醫員 · 通事等, 貿來砂糖等材, 尤甚品惡, 不合御用. 故頃日枚擧入啓, 囚禁督捧,
非止一再, 無意改備. 以此, 慈殿日次進上五味茶和次砂糖, 關供未安, 不得已擇其
稍可者齊進, 而臣等一向催督, 則渠輩以身方被囚, 無路改備云. 臣等商議入啓, 姑
令放送, 使之改備, 而猶不備納, 極爲駭愕. 醫員韓彦協,通事洪慶俊, 更爲囚禁次知,
令渠多方改備准納. 且此輩之所納砂糖, 近因用度浩大, 續續捧用, 而未捧之數, 亦
云不多. 前頭日用, 不可不預爲別備以待, 數字缺曹二十斤, 量給價貿易繼用, 何如?
[방점은 인용자]」.

호조에서 사들인 설탕과 공납 설탕 중에 더 나은 것을 어용에 충당하자는 장계[22], 원손(元孫)이 복용할 우황(牛黃)과 설탕을 금군(禁軍)을 통해 보내달라는 이성신(李省身)의 장계[23] 등 설탕 관련한 장계가 다수 등장한다. 현종 때에도 설탕 10근을 보내달라고 청하는 내의원의 장계가 나오는데, 여기에는 내의원 관원인 김수항(金壽恒)이, "내의원은 1년 동안 설탕을 30근[약 18킬로그램－인용자] 샀는데, 계속해서 사용할 일이 생겨나서 지금 재고를 보니 15량(兩)[약 560그램－인용자]밖에 남지 않았습니다. 미리 예비를 해두어야 하니 설탕 10근[약 6킬로그램－인용자]을 지금 해당 관청[該曹, 즉 戶曹－인용자]에 명하여 먼저 사서 이송하도록 하면 어떻겠습니까"라고 적혀있다. 즉 현종대에 가면 재고가 떨어지면 안 될 정도로 설탕이 내의원의 상비품이 되어있고, 매년 30근 이상을 소모했던 것이다.[24]

『일성록(日省錄)』 순조(純祖) 시기 기사에는 순조 1년(1801), 순조 5년(1805), 순조 34년(1834) 각각 3건의 기사가 검색되었다. 모두 순조가 이러저러하게 몸이 불편할 때 행약원(行藥院)에서 진단 뒤에 올린 처방전에 설탕이 적혀있는 경우이다. 증상이 다양하여 처방은 다르지만 모두 설탕가루[砂糖屑]를 넣어 끓이는 형태였다.[25]

---

21) 『승정원일기』 탈초본 2책, 1632년(인조 10, 明 崇禎 5) 4월 4일(한국역사정보통합시스템).

22) 『승정원일기』 탈초본 2책, 1632년(인조 10, 明 崇禎 5) 6월 10일(상동).

23) 『승정원일기』 탈초본 4책, 1640년(인조 18, 明 崇禎 13) 윤1월 26일(상동).

24) 『승정원일기』 탈초본 8책, 1659년(현종 즉위년, 淸 順治 16) 12월 7일(상동). 「金壽恒, 以內醫院官員, 以都提調意啓曰, 本院一年貿來砂糖元數三十斤, 而連有用下之事, 卽今見存, 只十五兩, 不可(缺二字)優豫備, 砂糖十斤, 令該曹爲先貿得移送, 何如? 傳曰, 允」.

25) 『日省錄』 純祖1年(1801) 11월 24일, 純祖5年(1805) 2월 23일, 純祖34年(1834) 11월 13일(한국역사정보통합시스템). 각각 처방은 「命金銀花茶 砂糖屑三錢大安神丸半丸調入榻敎也」, 「命進御烏梅三箇煎水砂糖屑三匙調入」, 「命進御薑橘茶調砂糖屑煎

이처럼 19세기에 들어서도 설탕은 여전히 왕실과 일부 사인(士人)
계층에서 약용이자 귀중품으로 수입되어 드물게 유통되었다. 그리고
19세기 말에 가서도 조선의 지배층이 알고 있는 설탕은 여전히 송대
개발되어 아시아로 확산된 전통적인 제당기법으로 제조된 설탕이었
다. 1881년 신사유람단의 일원으로 일본에 다녀온 송원빈(宋憲斌)은
자신의 여행기『동경일기(東京日記)』에서 현지에서 관찰한 설탕 제조
법을 설명하고 있는데, 그 내용은 인력으로 사탕수수를 착즙하여 가
열, 여과하여 결정시키는 전통적인 제당기법이었다.[26]

그렇다고 하더라도 조선을 개항시킨 일본은 아시아의 산당 후진국
이지만 설탕생산국의 하나였으므로 강화도조약 이후의 개항은 조선
사회에 설탕이 대거 유입되는 계기가 되었다. 일본상인의 진출에 이
어 화상까지 대거 진출하면서 설탕은 조선 사회에 빠르게 보급되었
다.『고종시대사』2집, 갑신년(甲申年, 1884) 9월 11일에는『고종실록』
을 인용하여 그 해 설립된 우정총국이 반포한 규칙을 싣고 있는데, 그
제1장 제34조에는 우편수송을 금지하는 물품 중에 설탕을 넣어, 쉽게
움직여서 샐 수 있는 물류에 포함하고 있다. 그만큼 설탕이 선물용으
로 자주 보내는 물건이었음을 말하기도 하지만, 개항 후에는 이전보
다 많이 알려지고 구하기도 쉬워졌다고 볼 수도 있다.[27]

入」이다.
26)「辛巳閏七月造砂糖法」,『東京日記』(1冊 54張), 1881(한국역사정보통합시스템 검색).
27)『고종시대사』2집, 1884년(甲申年) 9월 11일(국사편찬위원회 한국사데이터베이스
   검색).

Ⅲ. 동순태호 설탕 수입의 추세와 변동

19세기 말 조선이 개항하고, 조공무역이 자유무역으로 바뀌면서, 일본상인과 화상이 개항장을 통해 조선에 진출하였다. 설탕은 이들에 의해 조선에 본격적으로 도입되었다. 동순태문서에서 빈번히 출현하는 설탕은 바로 화상 네트워크를 통해 설탕이 조선에 도입되는 경위를 잘 보여 준다.

동순태자료는 성질상 상업 서신과 각종 영수증을 모아 놓은 장부, 두 종류로 나눌 수 있다. 장부에는 편집, 정리한 시기별로 거래처와 주고받은 물품의 발송장이 실려 있는데, 아래의 표는 그 중에 당류의 수입이 확인되는 기사를 모아 놓은 것이다. 그러나 장부 자료는 누락된 시기가 더 길고, 발송장이 원래 붉은 색이어서 흑백 마이크로필름 상태로는 읽을 수 없는 것도 있기 때문에, 남아있는 자료와 가독 자료에만 의존해 작성한 아래 〈표 1〉로는 대체적인 경향만을 파악할 수 있다.

〈표 1〉 동순태문서의 창구단(艙口單) 및 치본단(置本單) 속의 설탕 관련 기록

일자	화물 종류	수량	발송장 연번	출전
甲午1月12日	車糖	10包	上海同泰號發元幇	甲午1卷
甲午2月20日	糖姜	20桶	上海同泰號發第3水	甲午1卷
甲午4月11日	車糖	20包	上海同泰號發第8幇	甲午1卷
甲午10月24日	車糖	30包	上海同泰號發第12幇	甲午1卷
乙未1月9日	車糖	50包	上海同泰號發元幇	甲午2卷
乙未1月24日	糖姜	40桶	上海同泰號發第3幇	進口2卷, 甲午2卷(1月31日)*
乙未3月1日	車糖	50包	上海同泰號發第5幇	進口2卷, 甲午2卷(3月22日)
乙未3月12日	車糖	50包	上海同泰號發第6幇	進口2卷, 甲午2卷(3月22日)
乙未4月12日	糖姜	40桶	上海同泰號發第9幇	進口2卷, 甲午2卷(4月12日)
乙未4月24日	糖姜	30桶	上海同泰號發第10幇	進口2卷, 甲午2卷(5月25日)
乙未5月17日	車糖	30包	上海同泰號發第12幇	進口2卷, 甲午2卷(5月17日)

丁酉2月8日	■砂■糖	28包	香港安和泰發第2幇	進口3卷
丁酉3月6日	車糖	30包	上海同泰號發第5幇	進口3卷
戊戌6月？**	車糖	15包	上海同泰號發第9幇	進口5卷
己亥5月30日	糖姜	80桶	上海同泰號發第11幇	進口6卷
	車糖	20包		
丁未2月19日	糖姜	40桶	汕頭生源發第4幇原單	寶號記
丁未2月30日	糖姜	40桶	上海同泰號發第4幇	寶號記
丁未2月24日	糖姜	40桶	汕頭生源發第5幇原單	寶號記
丁未3月15日	糖姜	40桶	上海同泰號發第5幇	寶號記

참고:
1) ■는 읽을 수 없었던 글자임. 날짜는 모두 음력이다.
2) 甲午年은 1894년, 乙未年은 1895년, 丁酉年은 1897년, 戊戌年은 1898년, 己亥年은 1899년, 丁未年은 1907년에 해당한다.
3) 車糖의 包는 포장 단위이고 정확한 정량은 斤으로 따로 표시하므로 1包 당 근수는 다양한데, 대체로 130근을 내려가지 않고 150근을 넘지는 않는 수준이었다. 糖姜의 포장 단위인 1桶의 무게는 129근 좌우였다. ■砂■糖 28包는 2936.5斤이다. 근수는 원 출전에 附記된 것을 참조함.
4) 『同順泰寶號記』의 4건 중 汕頭의 原單 2종은 동태호 발송장 내의 당강에 대한 것이다.
* 『甲午年各埠准來貨置本單』제2권에는 乙未年에 부쳐 온 置本單이 수록되어 있는데,『進口各貨艙口單』제 2권에 乙未年에 부쳐 온 艙口單과 세트를 이룬다.
** 이 문서에는 날짜의 기재가 없다. 그러나 第8幇의 結單 날짜가 戊戌年(1898) 5월 21일이고, 매월 한 두 차례 정도 화물을 발송하고 있으므로, 第9幇의 날짜를 6월로 추정한 것이다.
출전:『進口各貨艙口單』,『甲午年個准來或置本單』,『乙未來貨置本』,『同順泰寶號記』각 권

동순태문서에 등장하는 차당(車糖)은 발송장에 따라 어떤 곳에는 사온차당(四溫車糖)이라고 기재되어 있기도 하다. 차당(車糖)은 사탕수수 생산지에서 일차적으로 가공한 원당(原糖,혹은 粗糖이라고도 한다)을 다시 정제한 설탕으로, 차당의 종류에는 상백당(上白糖), 중백당(中白糖), 삼온당(三溫糖) 등이 있다. 원래 차당이란 말은 근대 중국과 일본에서 홍콩당을 전문적으로 지칭하는 말이었다. 아마 자딘 메디슨 사(Jardine, Matheson & Co. 怡和洋行)가 홍콩에 세운 첫 정제당

공장의 중국식 이름이 "중화화차당국(中华火车糖局)"이었기 때문에, 차당이란 이름이 생겨난 것으로 추측하고 있다. 이후 차당은 원심분리기로 정제한 기계식 정제당이 일반 명사가 된다. 동순태문서에서는 "차당"이란 이름과 상해에서 조선으로 운반되었다는 점만 확인할 수 있지, 생산지에 관한 기록은 없다.

당강(糖姜)은 당강편(糖薑片)을 지칭하는 것으로 보인다. 이 상품은 생강을 얇게 저며서 설탕으로 버무리거나 설탕에 졸인 뒤 햇볕에 말린 것으로 건강식품으로 환영받았다. 당강 제조에는 설탕이 꼭 필요한데 예로부터 전통적으로 사탕수수 재배와 자당(蔗糖) 생산으로 유명한 곳이 광동성이었다. 그 중에서도 광동성 동부인 조주부(潮州府)에서 생산된 "조당(潮糖)"은 해외 수출까지 하는 대표상품이었다. 당강의 필수 재료가 설탕이기 때문에 당강편 역시 설탕 생산지인 조주부의 특산물이었다. 광동성 및 홍콩에서는 이 시기에도 오늘날도 보통 번체자로 당강(糖薑), 당강편(糖薑片), 강편(薑片)으로 쓰고 있는데, 현재 광동성 이외의 지역에서는 간체자로 당강편(糖姜片)이라고 쓰는 것으로 보아 동순태문서의 당강(糖姜, 糖羌로 표기)은 곧 당강편(糖薑片, 糖薑)을 간단히 기재한 것으로 판단된다.[28]

동순태호는 이러한 차당, 당강과 같은 설탕 관련 제품을 언제 처음 조선에 수입했을까? 〈표 1〉을 참고하면 장부 자료에서 1894년 이전에는 당류를 수입한 기록이 나타나지 않는다. 『진구각화창구단(進口各貨艙口單)』 제1권의 1891년의 창구단(艙口單, 화물 선적 증서)에도 당류를 수입한 기록은 없다. 그렇지만 현재 동순태문서 장부 자료는 분산적으로 남아있기 때문에, 알 수 있는 것은 1891년, 1894년, 1895년,

28) 이상의 糖姜片, 糖薑의 용례는 바이두(www.baidu.com) 검색을 이용하였음.

1897년, 1898년, 1899, 1907년의 불연속적인 정보뿐이다. 그뿐만 아니라 1894년과 1895년, 1907년의 장부 자료가 1년 전체의 기록을 담고 있는 것을 제외하면, 다른 해의 발화단(發貨單, 화물 발송장)은 완전하지 않다. 그러므로 장부 자료만으로 1894년에 와서야 비로소 당류 수입이 시작되었다고 단정 지을 수는 없는 것이다.

실제로 상업서신 자료를 보면 이미 1889년(己丑年) 1월 21일에 동순태 인천분호가 동순태 한성본호에 보낸 서간에서 "이 두 상품[甘草와 성냥(火柴) – 인용자]과 차당은 잠시 매입하지 않고 있다. …(중략)… 차당은 인천분호에 아직 5~6포 가량이 있기 때문에, 만약에 시장에 내놓으려면 바로 서울로 부치겠다.[此兩款及車糖暫未辦……車糖仁尙五六包, 如要應市則付上]"라고 쓰고 있어서,[29] 1889년에 이미 차당을 수입하고 있었음을 알 수 있다. 그렇지만 동순태호 조선 진출 초기에 당류를 수입했다는 기록은 결코 많지 않다. 반면에 1894년, 1895년에는 차당 수입에 관한 기록이 대단히 많다. 이렇게 보자면 차당의 수입량은 초기에 소규모였다가 1894년까지 증가 추세에 있었다고 보아도 무방할 것이다. 앞서 1659년 현종 즉위년에 왕실의 설탕 수입량이 30근에 불과했는데, 동순태호의 차당 수입량이 1894년 8,400근, 1895년에는 2만 5,200근이나 되니 개항 후에 화상에 의한 설탕 수입량이 얼마나 급증했는지 짐작할 수 있다.

당강의 경우는 동순태호가 처음 수입한 것이 언제인지는 알기 힘들지만, 1894년에 와서 구매 루트의 변화가 확인된다. 동순태호 경리 담걸생은 상해 동태호 경리 양윤경에게 보낸 1894년 2월 5일자 상업서간에서 "당강과 병과(餠菓)는 이미 산두의 거래처에 편지를 써서 구매

---

[29] 同順泰 仁川分號→同順泰 漢城本號, 第17號, 1889年1月21日, 『同泰來信』第2卷.

를 부탁했으니, 만약 (물건이) 상해에 도착하면 바로 (인천으로) 부쳐
주십시오. 현지에서 구매를 하면 어쨌든 연대에서 사오는 것보다 나
을 것이니, 아마도 산동방에 대적할 수 있을 것입니다[糖羌大■餅, 致
信托汕友作办, 如到申卽轉付下, 諒在地头作办, 總宜于在烟台办來, 料
可與山東幇敵手矣(■는 미해독 글자－인용자)]"[30]라며 주문을 부탁했
다. 또 3월 3일의 편지에서도 "당강은 조선에서 잘 팔려 산동 사람들
이 많이 취급했는데, 우리 상점은 거래처에 부탁하여 (산두) 현지에서
구매해 오므로, 연대에서 오는 화물에 비해서 유리할 것입니다[糖羌朝
地多行, 山東人多作, 我號托友在地头作辦, 總比烟台來貨相宜]"고 말하
고 있다.[31]

　서간으로 볼 때 1894년 이전에 산동방 상인들이 당강을 산동성 연
대를 통해 조선에 수입하여 판매를 했었고, 동순태호도 1894년 이전
부터 당강을 취급했는지는 명확하지 않지만 만약 매입해서 판매했더
라도 산동방과 마찬가지로 연대에서 사왔었음을 알 수 있다. 그러던
것이 이때에 와서 상해 동태호를 통해 산지에 직접 주문하는 루트를
뚫었다고 보인다. 1907년의 거래영수증을 모은 『동순태보호기(同順泰
寶號記)』를 보면, 산두 설탕 상점[糖行] 생원[生源]이 상해의 대형 설탕
도매상점인 연발행(聯發行) 앞으로 발행한 당강 영수증과 다시 상해
동태호가 한성 동순태호로 보낸 당강 영수증이 2건씩 확인된다. 즉
1894년에 처음 개척한 상해를 통해 산지에 주문을 넣는 방식이 그 이
후도 1907년까지 계속 이어진 것을 알 수 있다.

30) 譚傑生→梁綸卿, 1894年2月5日, 『同順泰往復文書』第14卷. 당강과 과자인지 당강
　으로 만든 과자인지 이 문장에서는 확실하지 않은데, 뒤의 자료를 보면 이 시기
　에 산동상인에 대한 대적 수단으로 당강을 산두에서 직수입한 것은 분명하다.
31) 譚傑生→梁綸卿, 1894年 3月 3日, 『同順泰往復文書』第16卷.

다음으로 동순태호 당류 수입의 전체적인 경향을 살펴보도록 하자. 먼저 〈표 1〉에 기록이 있는 연도별로 수입량을 누계해보면, 1894년에 는 차당 60포, 당강 20통, 1895년에는 차당 180포, 당강 110통, 1897년 에는 모종의 설탕 28포와 차당 30포, 1898년에는 차당 15포, 1899년에 는 차당 20포, 당강 80통, 1907년에는 당강 80통이다. 1907년의 당강은 동순태호의 부탁을 받은 상해 동태호가 상해 당행 연발행에게 주문하 여 산두 생원에서 매입한 뒤 다시 인천 동순태호로 부친 것이므로 실 제 수입량은 160통이 아니라 80통이다.[32] 금액을 표에 넣지 못한 것은 문자가 번지는 등의 이유로 정확하게 알아볼 수 없는 글자가 많기 때 문이다. 다만 읽을 수 있었던 사례를 통해 대체적으로 금액을 추측할 수는 있다. 차당의 경우 갑오년(甲午年, 1894) 10월 24일 30포가 4,440 근[=44.4담(擔)]이고 상해규은(上海規銀) 266.2량(刅)이다. 대체로 1담 (=100근)에 6량(5.99량) 정도이다. 당강은 을미년(1895) 1월 24일 40통 이 5,000근으로 1담에 5.05량, 총액 252.5량이었다. 따라서 포장 단위 근수는 차이가 꽤 있지만 중간치를 택하여, 차당 1포를 140근, 당강 1 통의 무게를 130근으로 계산하여 연도별 수입액을 계산해보자.[33] 그

---

32) 상해의 당행은 조주방(潮州帮)이 장악하고 있으며, 연발행도 조주상(潮州商)인데 자본금액이 30만 량에 달하고 매년 교역하는 당량이 6, 7만 표(俵), 즉 3,600~4,200 톤에 달하여 상해 최대의 당행이었다(木村增太郎, 『支那の砂糖貿易』, 糖業硏究 會, 1914, 154쪽). 이 책에는 연발행과 함께 "건원(建源)"을 양대 당행(糖行)으로 꼽았다. 건원은 대표적인 자바당 취급 상점으로 1930년에도 여전히 수위의 지위 를 유지하고 광동성 정부와 남경국민정부와 합작하여 설탕 전매제도를 실시하려 고 했던 상점이다. 건원의 소유주는 인도네시아의 복건(福建) 적관 출신 화상이 다. 이에 관해서는 강진아, 「1930년 중국의 경제개발에서 나타나는 성과 중앙- "廣東糖"의 상해진출과 남경정부」를 참조. 이로써 확실히 당강 교역은 상해를 결 절점으로 하여 광방 네트워크와 조주방 네트워크가 연접되어 산두에서 조선까지 교역이 이뤄졌음을 알 수 있다.

33) 〈표 1〉의 참고 3)항을 보라.

러면 아래 〈표 2〉와 같다.

〈표 2〉 동순태호의 연간 당류 수입액 추정치(단위: 상해규은량)

연도	종류	數量	斤數	가격	총액
甲午年(1894)	車糖	60包	8,400	504	634
	糖姜	20桶	2,600	130	
乙未年(1895)	車糖	180包	25,200	1,512	2,227
	糖姜	110桶	14,300	715	
丁酉年(1897)	■砂■糖	28包	2,936	176	428
	車糖	30包	4,200	252	
戊戌年(1898)	車糖	15包	2,100	126	126
己亥年(1899)	車糖	20包	2,800	168	688
	糖姜	80桶	10,400	520	
丁未年(1907)*	糖姜	80桶	10,400	526	526

* 정미년은 『同順泰寶號記』에 정확한 근수와 가격 기록이 있다. 80桶의 가격은
526.532량인데, 위의 가설대로 계산했을 때의 520량과 거의 일치한다.
출전: 〈표 1〉과 같음.

위의 〈표 1〉과 〈표 2〉를 통해 대체적인 당류 수입의 경향을 살펴볼
수 있는데, 대체로 일견하는 것만으로 아래와 같은 점이 눈에 띤다.
먼저 교역액이 상당히 크다는 점이다. 1년 전체의 교역을 거의 다
커버하고 있는 것은 1894년과 1895년, 1907년의 장부 자료뿐으로, 1897
년과 1898년, 1899년의 총액은 그 해 전체의 수입액이 아닌데도, 1899
년에도 688량의 수입이 확인되듯이 상당한 액수의 당류를 취급하고
있다.
또 1895년의 수입량이 1894년의 당류 수입량보다 오히려 증가하고
있음도 특기할 만하다. 비록 청일전쟁이 일어나고 청이 패전을 하여
조선에서 영향력이 줄어들었지만, 화상의 당류 수입 방면에는 큰 영
향이 없었음을 알 수 있다. 1894년의 수입량이 전쟁 영향으로 줄어들
었고 1895년이 평년 수준으로 회복된 것이라고 해석할 수도 있는데,

어느 쪽이든 화상 수입업에 전쟁이 궤멸적인 결과를 가져온 것 같지
는 않다. 조선 화상의 발전사에서 청일전쟁의 부정적 영향이 과대평
가되고 있다는 점과, 조선 화상의 발전에 청 정치력의 긍정적 영향력
역시 과대평가되고 있다는 점은 예전 연구에서 필자가 줄곧 지적하고
있는 바이다.

반면 1907년까지 장기적으로 보면 역시 당류 수입액은 줄어들고 있
다. 동순태호의 수입 총액이 1894년 5만 2,000량, 1895년 14만 8,000량
에서34), 1907년은 2만 9,414량으로 줄어든 것과 큰 틀에서 같은 추세
를 보여준다.35)

마지막으로 두드러진 점은 당류 수입에서 차당과 당강 수입 비중이
역전되고, 차당 수입이 결국 소멸한 것이다. 1894년과 1895년에는 차
당이 각각 504량, 1,512량으로 당강의 130량, 715량보다 배 이상 많았
다. 1897년, 1898년, 1899년에도 차당 수입은 확인된다. 그런데 1899년
이 되면 파악 가능한 기간의 당류 수입만으로도 688량이나 당류를 수
입하고 있지만, 그 중에 차당은 168량, 당강은 520량으로 차당보다 당
강이 더 많다. 1907년 전체를 살펴보면, 확실히 차당의 수입은 소멸했
다. 처음에 동순태호의 수입업에서 비중이 컸던 차당 수입은 점차 규
모가 줄더니 아예 사라진 것이다.

이러한 동순태호의 당류 수입에 나타난 변동에서 무엇을 알 수 있
고, 또 어떻게 설명할 수 있을까. 상대적으로 보아 1907년의 당류 수
입이 1894년과 1895년에 비해서 부진한 이유와 차당의 소멸 이유는,

---

34) 石川亮太,「朝鮮開港後における華商の對上海貿易-同順泰資料を通じて」,『東洋
史研究』63-4, 2005, 34쪽.
35) 강진아,「근대전환기 한국화상의 대중국무역의 운영방식:《동순태보호기(同順泰
寶號記)》의 분석을 중심으로」,『동양사학연구』100, 2008, 215쪽.

청일전쟁 패배로 인한 청 세력의 약화라는 정치적인 이유가 아니라 동아시아 제당업에 발생한 구조적인 변화라는 경제적 측면에서 찾아야 한다.

Ⅳ. 동아시아 제당업의 구조적 변동과 정제당 수입의 소멸

원래 동아시아 지역은 19세기 중반 개항을 맞이할 당시 세계적으로 주요한 설탕 생산 지역이었다. 그 생산방식은 농촌 개별 농가에 의한 사탕수수 재배와 소규모의 인력(人力)을 이용한 제당으로 중국 송대의 기술수준이 류큐, 일본, 동남아시아 등 외곽으로 평면적인 확대를 한 것에 불과하였다. 그렇다고는 해도 설탕의 원산지인 인도는 연간 300만 톤가량을 생산할 정도로 아시아 최대의 설탕생산국이었으며, 중국은 세계 제5위의 설탕생산 국가로 광동, 복건, 사천, 대만 등지에서 광범위하게 사탕수수를 재배하였다. 1860년 천진조약(天津條約)으로 개항이 가속화된 이후에도 광동성 조주와 대만 남부의 제당업은 사탕수수를 상품작물로 광범위하게 재배하여 전통기법으로 생산한 토당(土糖)을 해외에 수출을 할 정도로 저력을 과시했다[36]. 특히 사천성(四川省)이 설탕 생산량은 최대라도 내수로 대부분 소진되었던 것과 달리, 광동성 주강(珠江) 삼각지와 조주부는 설탕의 역외 이출이 가장 많은 설탕생산 지역이었다. 조주 지역의 주요 항구인 산두(汕頭)는 1860년에 개항하자 곧 광주를 대신하여 전국 최대의 설탕 수출항이 되었다.[37]

36) クリスチャン・ダニエルス, 「中國砂糖の國際的位置: 淸末における在來砂糖市場について」, 『社會經濟史學』 50-4, 1984, 21쪽.

그러나 전통적인 동아시아 제당업은 점차 대규모 플랜테이션과 결합하여 기계와 석탄을 이용해 정제당을 생산하는 근대제당업에 도전받기 시작했다. 아시아 최대 설탕생산국인 인도는 국내 소비도 다 공급하지 못하고 부족분을 수입에 의존하게 되었으며,[38] 산당후진국이기는 해도 류큐와 큐슈에서 부분적으로 설탕을 생산하고 있었던 일본 역시 수입당의 공세에 무너졌다. 그렇지만 원래 일본은 에도시대부터 설탕 생산이 부족했던 지역으로 중국산 토당을 민간무역을 통해 수입하고 있었으므로, 개항 후에 화상의 진출이 많아지고 중국과의 교역이 전면화되자 처음에는 중국산 토당을 많이 수입했다.[39] 1863년에 일본으로 수입된 설탕 23만 담(1담=60킬로그램), 92만 원의 대부분은 중국 토당이었다. 그런데 메이지유신 이후 유럽의 생활방식이 점차 확산되고, 설탕의 소비가 보편화되어 소비량이 급증하였다. 원심분리기를 이용하여 근대식 공장에서 생산하는 정제당이 본격적으로 수입되었다. 중국 토당은 자바당(주로 원당인 분밀당)과 홍콩 정제당에게 급속도로 일본시장을 빼앗기게 되었다. 중국 역시 일본 시장을 상실했을 뿐만 아니라 자국 내에서도 저렴하고 값싼 정제당이 대량으로 수입되면서 1893년을 분기점으로 수입량이 수출량을 초과하였고, 얼마 지나지 않아 세계 최대의 설탕수입국이 되었다.[40]

일본의 설탕 수입은 폭발적으로 늘어나 1881년에는 수입 총액에서 설탕 수입이 면직물에 이어 전체 수입품목 2위를 차지할 정도였다.[41]

---

37) 周正慶, 「淸代廣東糖業國內營銷網絡試析」, 『廣東社會科學』, 2000年 第4期, 110~111쪽.
38) 『時事新報』, 1922年 6月 17日~1922年 6月 20日.
39) 周正慶, 「明淸時期我國蔗糖外銷的流向」, 『廣西師範大學學報』, 第40卷 第2期, 2004, 130쪽.
40) 강진아, 「20세기초 동아시아 시장과 중국 제당업」, 296~297쪽.

그러자 일본 정부는 처음에는 중국 토당에, 후에는 자바당과 홍콩 정제당에 대항하기 위해 적극적으로 선진적인 제당 기술을 도입하여 근대적인 제당업을 건설하는 것을 국책 사업으로 추진하였다. 메이지 정부는 1876년과 1881년에 이와테 현(岩手縣), 홋카이도(北海道) 등지에 비트당의 제당소를 건설하였으며, 1889년에는 홋카이도에 민간자본의 삿포로제당주식회사가 설립되기도 하였다. 그러나 이들 시도는 번번이 실패하고 회사는 영업부진으로 폐업하거나 가동 중지에 들어가고 말았다.[42)]

동아시아의 토착 제당업을 붕괴시킨 수입당의 주력은 대규모 플랜테이션 재배로 생산비를 최저 수준으로 낮추는데 성공한 자바당과, 이 자바원당을 수입하여 근대화된 공장에서 정제당으로 가공하여 수출하는 홍콩당이었다. 앞에서 잠깐 언급했듯이 영국 자본인 자딘 매디슨 사가 홍콩 최초로 1878년에 근대식 기계화된 정제당 공장인 이화당창(中华火车糖局, China Sugar Refinery, 속칭 怡和糖廠)을 세웠고, 경쟁자였던 버터필드 앤 스와이어(Butterfield & Swire) 상회가 뒤를 쫓듯이 1881년에 태고당창(太古糖廠, Taikoo Sugar Refining Company)을 설립하였다. 이 공장은 최신식의 제당 설비를 갖추어 1883년에 가동을 시작하면서 바로 시장을 압도하였고, 이후로도 발전을 거듭하여 1925년에는 단일 공장으로서는 세계 최대의 생산 규모를 자랑하게 되었다.[43)] 1870년에 요코하마에 지점을 둘 정도로 일찍이 동아시아 해

41) 臺灣製糖株式會社東京出張所 編, 『臺灣製糖株式會社史』, 1939, 3~4쪽, 42~43쪽.
42) 『臺灣製糖株式會社史』, 4~5쪽.
43) http://www.hkmemory.hk/collections/swire/Swire_General_Introduction/index_cht.html (2016年7月25日 검색).
　http://archives.soas.ac.uk/CalmView/Record.aspx?src=CalmView.Catalog&id=JSS%2f5 (2017年 1月9日 검색).

운업에 투신한 버터필드 앤 스와이어 상회는, 막강한 해운자본을 기반으로 자바 등지의 사탕수수와 원당을 운반하여 홍콩에서 제당한 뒤 동아시아 시장에 유통시켜 동아시아 설탕시장의 패자로 등장하였다.

홍콩당의 벽에 막혀 번번이 좌절하던 일본 정부의 설탕 자급화 구상은 청일전쟁으로 사탕수수 생산지인 대만을 식민지로 삼음으로써 실현 가능해 졌다. 일본 정부는 대만에 대규모 사탕수수 플랜테이션 농장을 조성하여 원당 공급지로 삼고자 하였다. 대만에는 사탕수수를 착즙하여 1차 가공을 하여 원당을 생산하는 근대식 공장을 조성하고, 일본 본토에는 대만 원당을 수입하여 정제당으로 가공하는 산업을 조성하려 한다. 1896년에 정제당 생산을 목적으로 대일본제당(大日本製糖, 당시 이름은 일본제당)이 창설되었고, 1900년 12월에는 대만제당주식회사(台灣製糖株式會社)가 설립되어 이 회사의 첫 번째 제당공장이 1903년에 가동을 시작하였다. 1904년에는 유신제당(維新製糖), 1905년에는 명치제당(明治製糖), 1906년에는 신흥제당(新興製糖) 등 근대적 제당공장이 연이어 성립되었던 것이다.

1902년 대만총독부는 「임시대만당무국관제(臨時臺灣糖務局官制)」를 선포하고 「대만당업장려규칙(臺灣糖業獎勵規則)」을 정해 제당업 지원을 구체화하였다. 대만총독부의 보조금 총액은 1911년까지 8년간 267만여 엔에 달했다. 정부의 강력한 재정보조와 함께 관세보호가 실시되었다. 일본은 1910년 오랜 숙원이었던 관세자주권을 완전히 회복한 뒤 4월 수입당을 저지하기 위해 「설탕관세정율법(砂糖關稅定率法)」을 실시하였다. 이에 따라 정제당에 대한 수입세율은 1900년의 약 10퍼센트(종류에 따라 9.4~10.2퍼센트 분포)에서 갑자기 41.7퍼센트로 급등하여, 관세율 중에서 최고를 기록했다. 이뿐만 아니라 후에도 재차 세율을 높여서 원당과 정제당의 세율은 각각 50퍼센트와 60퍼센트까지 치솟았다. 이러한 철저한 정부의 보호육성정책 하에 대만과 일본의 제당업은 질과 가격경쟁력에서 수입당에 떨어졌음에도 불구하고 신속히 발전하였다. 가동 첫해인 1903~1904년도에 대만의 원당 생산은 70만 담(약 4만 2,000톤)에 달했다. 1895년 일본의 설탕 수입이 228만여 담, 1,332만 엔에 달했던 것을 감안하면 첫해에 상당한 량의 수입대체가 이뤄졌다고 볼 수 있다. 대만의 원당 생산은 1922년에는 564만 5400담으로 8배나 증가하였다.[44]

이상과 같이 아시아의 전통적인 설탕생산국인 인도와 중국은 서구 자본의 근대적 제당의 공세에 수입국으로 전락하였다. 반면, 산당후진국이었던 일본은 개항 초반에는 중국 토당의 공세를 받았고 메이지유신 이후에는 자바당과 홍콩당에게 압도되었으나, 청일전쟁으로 대만을 영유하면서 새로운 설탕 공급자로 아시아에 등장하였던 것이다. 중국이 설탕 수출국에서 수입국으로 바뀌는 것이 1893년이고, 일본이 본격적으로 근대적 제당업을 가동하는 것이 1903년임을 감안하면 동순태호 문서에서 1894년과 1907년에 차당품목이 사라지는 것은 위와 같은 동아시아 제당업 전체의 구조 변화와 연결 지어 해석해야 한다.

조선은 원래 설탕생산국이 아니었고 설탕을 대량으로 소비하는 국가도 아니었다. 그러나 개항을 하게 되면서 화상은 대량으로 당류를 조선으로 수입하였다. 그렇다고는 해도 수입 당류의 소비자는 조선의 상류층, 조선에 거류하는 일본인과 중국인들 정도였고, 일반 서민에까지 확산되었던 것 같지는 않다. 왜냐하면 설탕은 조선에서 여전히 귀중품이었고 또 전부가 수입품이었으며, 1920년 12월에 대일본제당

---

44) 奥和义, 「明治后期の日本の関税政策: 明治32年, 明治44年の関税改正をめぐって」, 『山口経済学杂誌』 39/3-4, 1990, 332・334쪽; 『臺湾製糖株式会社史』, 3~4・42~43쪽; 『时事新报』, 1922年6月17日~1922年6月20日.

주식회사(大日本製糖株式會社)가 평양에 분공장을 열어 처음으로 사탕무에서 정제한 첨채당을 생산하기 전까지 근대적 제당공장이 아예 없었다.[45] 제당 생산이 시작된 후에도 조선 내 수요는 1924~1930년까지 33~34만 담 내외로 미미한 수준이었다.[46] 1907년 단계에 일반적인 조선인에게 설탕은 여전히 입수하기 어려운 물품이었던 것이다.

그렇기는 해도 개항 전과 비교하면 설탕 수입량의 증가와 보급은 괄목할 만한 것이 있다. 1905년의 설탕 수입량을 보면 총 6만 4,244담, 액수로는 54만 6,226엔이 조선에 수입되었다.[47] 642만 근으로 적지 않은 양이다. 이 수치로 계산하면 1담의 가격이 8.5원으로 량(兩)으로 환산하면[48] 5.95량 가량이 되므로, 앞서 동순태호의 단가(1894년은 5.99량)와 거의 비슷하다. 수입량이 크게 늘고 있지만 가격은 거의 같아서 여전히 고가품이었다.

이처럼 고가의 설탕 수입이 크게 늘고 있는데, 동순태호의 설탕 수입은 청일전쟁 후인 1895년에도 증가했던 것이 1900년을 넘어가면서

---

45) 이은희, 「일제하 조선·만주의 제당업 정책과 설탕유통」, 『동방학지』 153, 2011, 340쪽.
46) 위의 논문, 343쪽.
47) 『고종시대사』 6집, 1905년(乙巳年) 12월 30일. 『第2次統監府統計年報』 第10, 貿易, 第180表의 재인용임(국사편찬위원회 한국사데이터베이스 검색). 이때의 圓은 일본 円과 같고 중국 元과 거의 同價로 필자의 다른 논문에서는 계산의 편리를 위해 元으로 통일했으나, 이 글에는 원문에 元이 나오는 인용이 없고 조선 전기의 인용문에 다수의 圓이 등장하므로 圓으로 표기한다. 다만 금액 단위로 차이는 없으며, 필자의 다른 논문에 나오는 元과 호환된다는 점을 명기해둔다.
48) 銀兩과 銀元의 환율인 양리(洋釐)는 줄곧 변동했지만 대체로 墨銀 1元=上海規銀 兩 약 0.7兩(1兩=1.42元) 수준이다. 墨銀과 日銀(円貨)은 거의 동가였다. 庫平銀兩은 墨銀 1元= 庫平銀兩 약 0.67兩(1兩=1.49元)이었다. 양리는 동순태문서에서 확인할 수 있고, 고평은과의 환율은 강진아, 「근대 동아시아의 초국적 자본의 성장과 한계: 재한화교기업 동순태의 사례」, 『경북사학』 27, 2004에서 확인할 수 있다. 원사료는 總稅務司→統理交涉通商事務衙門 각 稅字 문서(『總關來申』 7-9, 외부아문 편, 9책)에서 동순태차관 상환방식을 계산한 것임.

급감하고 있는 것은 왜 일까. 이는 같은 시기에 발생한 일본 제당업의
흥기와 동아시아 제당업 구조의 변화를 반영한다고 볼 수 있다. 일본
제당업이 흥기하고 중국 토당을 누르고 홍콩당까지 위협하면서 일본
상인이 조선 시장에서 유리한 위치에 서게 된 것이다. 즉 동순태호의
설탕 수입의 감소는 조선에서 일본 설탕의 우세와 홍콩 설탕의 약세
를 반영했다고 해석할 수 있다.

   물론 일본상인들은 1900년 이전에도 조선에 설탕을 수입해서 팔았
다. 1894년의 일본상인의 설탕 수입 판매에 관해 흥미로운 사례가 있
다. 이마이 나카시로(今井仲四郎, 42세)라는 인물은 나가사키 출신으
로 1894년 2월에 인천영사관에서 내지여행권을 교부받아 평양에 가서
집을 빌려서 잡화상을 경영하였다. 그는 상인이면서 일본 육군을 도
와 수차례 간첩활동을 도왔다. 육군중위 마치구치 유타(町口熊太)와
이마이는 함께 7월 20일 배를 고용하여 보산으로 출발하려고 하다가,
간첩행위를 의심한 다수의 중국인과 조선인에 의해 평양의 청국 전보
국(淸國電報局)으로 강제 연행되면서 배에 선적한 상품도 분실하고
말았다. 그 경위를 인천영사관을 통해 보고하면서 이마이는 분실 상
품 총액 245원 60전의 목록을 제출하고 있는데, 그 안에 백설탕(白砂
糖) 4표(俵, 1俵=1擔=100斤=약 60kg), 가격 56원이라고 적고 있다.[49]
이 수치대로라면 1담 가격은 14원으로 9.8량이나 한다. 보상을 염두에
두고 비싸게 불렀을 수도 있고, 여기의 백설탕이 상백당(上白糖)이라
면 동순태호가 수입한 사온차당(四溫車糖)보다 정제도가 높아 좀 더
가격이 나가기는 하지만, 차당이 1담에 약 6량이었던 것과 비교하면

[49] 在仁川二等領事 能勢辰五郎→特命全權公使 大鳥圭介, 『駐韓日本公使館記錄』 3
    권, (五)軍事關係一件, No.19, 1894년 8월 8일(국사편찬위원회 한국사데이터베이
    스 검색).

역시 비싸다. 1894년에 일본상인이 구매한 백설탕은 어디의 설탕일까.

이 백설탕이 공급 부족에 기술력이 떨어지는 일본의 전통 설탕일 가능성은 거의 없다. 다만 백설탕은 전통 기법으로도 생산 가능하므로 중국 토당 중 최상품인 백당의 재수출일 가능성을 전적으로 배제할 수는 없다. 그렇기는 해도 희박한 가능성은 논외로 하고, 1894년경 일본의 설탕시장이 이미 수입 정제당에 의해 제패되었던 상황에 비추어 본다면, 이 백설탕은 자바당을 정제한 홍콩 정제당의 재수출일 가능성이 가장 높다고 생각한다. 이 일본상인의 설탕 가격이 동순태호보다 더 비싼 것은 바로 일본 제당업이 성장하기 전에 유통구조에서 화상에게 밀리는 일상의 낮은 가격 경쟁력을 보여주는 것은 아닐까?[50]

1894년과 1895년 동순태호는 상해를 통해 대량의 차당, 즉 정제당을 수입해서 조선에서 판매하였다. 이 차당은 어디에서 온 것일까. 상해는 근대 중국 최대의 설탕 수입항이자 소비시장이었는데, 1867년 상해의 설탕 수입액 가운데 국산당이 93퍼센트로 개항 후에도 오랫동안 상해는 토당의 소비 시장이었다. 중국산 당 중에서 광동당(대부분 조주당)이 중국 전체의 성외이출량(省外移出量)의 85.8퍼센트를 차지하고, 광동성 전체 생산 당 가운데 46.2퍼센트가 성외로 판매되었음을 감안하면[51], 상해가 수입한 국산당의 대부분은 광동당이라고 볼 수 있다. 그런데 1930년이 되면 상해의 전체 설탕 수입량 중에 겨우 0.96

---

[50] 1893년과 1894년에 일본 스즈키 상사가 처음으로 유럽의 비트 당을 대량으로 일본에 수입하는데, 그 경우 홍콩 당이 아닌 유럽 정제당일 가능성도 배제할 수는 없다. 그러나 여하튼 수입 정제당임에는 틀림없고, 동순태호의 수입 정제당과의 가격 경쟁 역시 같은 선상에서 논할 수 있을 것이다.

[51] 實業部中國經濟年鑑編纂委員會 編, 『中國經濟年鑑』(中), 商務印書館, 1934, 138쪽; 日本糖業聯合會, 『支那の糖業: 殊に南支那最近の糖業事情に就て』, 1939, 6~7쪽.

퍼센트만이 국산당으로 나머지는 모두 일본당과 자바당 등 수입당이
었다.[52] 문제는 동순태호가 상해에서 수입했던 1894년과 1895년인데,
일단 차당은 정제당이기 때문에 조주산의 토당은 아닐 것이고, 수입
당 중에서도 원료당(분밀당)을 주로 공급하던 자바당 역시 아닐 것이
다. 또 이 시기에 일본 제당업은 아직 본격적으로 시작되지 않았기 때
문에 동순태호가 구입한 차당은 영국자본인 홍콩 태고정당일 가능성
이 가장 높다. 앞서 설명했듯이 태고정당은 자딘 메디슨 즉 이화양행
의 이화정당보다 뒤늦게 시장에 나왔지만 1883년 이후 신속하게 이화
정당을 누르고 중국과 아시아 시장을 제패하여, 상해에서 최대의 정
제당 브랜드 역시 태고였다. 또한 광동상인들이 줄곧 태고양행의 선
박 매판과 설탕 판매 매판을 독점하고, 동순태호의 인적 네트워크와
무역 수송에서도 태고와의 깊은 연관성이 있다는 점을 함께 고려하
면[53] 더욱 그러하다.

　동순태호는 상해 동태호를 제외하고 연호(聯號) 중에 홍콩 안화태
(安和泰)와 가장 빈번하고 규칙적으로 교역을 하고 있었고, 홍콩 안화
태가 상해 동순태호에게 보내는 상품은 모두 일단 상해로 보낸 뒤에
상해 동태호가 일괄적으로 부치고 있었으므로[54], 홍콩 태고정당이 상
해를 거쳐 조선으로 재수출되었다고 보는 것은 동순태호의 교역 네트
워크와도 딱 맞아 떨어진다.

　그러므로 1907년에 홍콩 차당의 수입이 끊긴 것은 유통루트의 문제
가 아니라 일본당이 홍콩당을 밀어내고 조선 시장을 장악했기 때문으

52) 范毅軍, 「廣東韓梅流域的糖業經濟(1861-1931)」, 『中央研究院近代史研究所集刊』12
　　期, 1983, 151쪽.
53) 이에 관해서는 강진아, 『동순태호: 근대 동아시아 화교자본과 조선』, 제3장 참조.
54) 강진아, 「근대전환기 한국화상의 대중국무역의 운영방식」, 209~210쪽.

로 볼 수 있다. 일본 제당업은 대만 원당 산업을 바탕으로 빠르게 성장하여 급속히 수입대체를 이룩했으며 1904년 러일전쟁 후에는 제당업 생산이 크게 팽창하여 이미 공급 과잉으로 해외 판로를 모색할 정도였다. 일본당은 1905년에 처음으로 중국에 수출되는데 이듬해인 1906년에 일거에 70만 담이나 수출하여 그 해 중국 정당 수입총량의 40퍼센트를 차지하였다. 이후 시장을 독점하고 있었던 홍콩당과 치열하게 시장 다툼이 펼쳐지는데, 『동순태보호기』가 기록된 1907년은 일본당이 조선 시장을 넘어서 중국 시장을 넘보던 시점이었던 것이다.

게다가 경제적 역전이외에 일본은 조선에서 정치력을 이용해 설탕 시장을 독점하려고 기도하기도 하였다. 1904년에 일본인 나가모리 도키치로(長森藤吉郞)는 외교적 지원을 얻어 관청 소유의 땅과 민간 소유의 땅을 제외한 산림, 천택(川澤), 황무지 등에 대한 개간권 일체를 50년 기한으로 위임받으려고 했다. 이 시도는 후에 한국인들의 격렬한 반발을 사서 보안회(輔安會)의 결성과 조직적 반대운동으로 결국 좌초되는데, 한국 근대사에서 잘 알려져 있는 사건이다. 그렇지만 흥미롭게도 나가모리는 황무지 개간권 이외에 설탕을 비롯해 주요 물산의 독점적 생산, 수입, 전매권을 획득하려고 기획했었는데, 이 점은 어느 연구서에도 지적하고 있지 않다.[55] 황무지 개간권 위임 문제가 알려져서 반대 운동이 가열되는 것은 1904년 6월부터 7월이나, 그 전 4월에 나가모리가 작성한 계약서 초안에는 황무지 개간권 이외에 또 하나의 계약서가 있었다. "대한제국 궁내대신(宮內大臣) 민병석(閔丙奭)"과 "대일본제국 동경부(東京府) 사족(士族) 나가모리 도키치로"의

---

[55] 이 문제에 대해서는 상세한 연구논문이 있는데 역시 전매권 획득 시도에 관해서는 전혀 언급이 없다(윤병석, 「일본인의 황무지 개척권 요구에 대하여: 1904년 長森名儀의 위임계약기도를 중심으로」, 『역사학보』 22, 1964).

명의로 작성된 계약서 초안을 살펴보면, 제1조에 궁내부 대신 민병석은 대한제국 영내의 소주(燒酒), 연초(煙草), 백삼(白蔘), 식염(食塩), 석유(石油), 설탕(砂糖), 철(鐵)을 제조, 수입, 전매 및 그 단속에 관한 일체의 경영을 나가모리 혹은 그 대리인에게 위임한다고 되어 있다. 일반인이 이들 상품을 제조, 수입, 판매하는 것을 일절 금지하고, 전매청을 따로 설치하도록 하였다. 대신에 나가모리 혹은 그 대리인은 약정 금액을 궁내부에 상납하는데, 그 중 설탕은 5만 원 수입 중에 경비 2만 원을 제하고 3만 원을 매년 납부하도록 정하였다. 계약기간은 우선 10년으로 하고 있으나 갱신 가능하도록 하고 있다.[56]

이러한 정치적 시도는 결국 실패로 돌아갔으나 정부 보조로 가격 경쟁력을 확보한 일본당과 일본상인은 홍콩당과 화상을 누르고 조선 시장을 장악할 수 있었다. 유통 자본인 화상의 이익을 일본 산업자본이 빼앗아가는 현상은 면포에서 나타난 현상과 일치한다. 조선 개항 초기 화상은 동아시아 물류 중심이었던 상해로부터 영국산 면포를 주로 수입하여 이익을 올렸으나 일본 면업의 발전으로 조선 시장을 빼앗겼는데, 1907년의 『동순태보호기』에도 이러한 현상이 반영되어 면포 수입이 그 해 수입총액 2만 9,414.312량 중에 257.495량에 불과했고 그나마도 예전에 취급하던 영국산 면포가 아니라 화교 대상의 토포

---

56) 長森藤吉郎→在韓 特命全權公使 林權助(추정), 『駐韓日本公使館記錄』22권, (二) 未耕地經營, No.2, 1904년 4월(한국역사정보시스템 검색). 「大韓帝國宮內大臣 奉皇帝陛下勅旨與大日本帝國東京府士族長森藤吉郎締約契約如左款/ 第一款 大韓帝國宮內大臣委任製造輸入及專賣大韓帝國領土內燒酒煙草白蔘塩石油砂糖鐵之經營並其監理於大日本帝國東京府士族長森藤吉郎又其代理人/ 第二款 大韓帝國宮內府又政府契約年限內自不經營燒酒白蔘煙草食塩砂糖鐵之製造輸入及專賣又不得許可或契約他人/ 第三款 大韓帝國宮內府又政府本契約後三月內發布燒酒煙草白蔘食塩石油砂糖鐵之官營法實施之時禁止一般人民之製造販賣輸入設置專賣官廳掌其所營事項嚴監理之」.

(土布)였다.[57)]

차당 수입이 끊긴 반면, 당강 수입은 계속되었던 것은 당강이 광동 조주의 전통 식품으로 늘어나는 화교 인구를 주력 소비층으로 삼고 있었고,[58)] 따라서 홍콩당처럼 경쟁할 일본 상품이 없었기 때문일 것이다.

Ⅴ. 맺음말

조선에서 설탕은 19세기 초까지 왕실과 일부 사인 계층에서 약용이자 귀중품으로 수입되어 드물게 유통되었다. 19세기 말에 와서 조선이 개항을 한 뒤, 일본상인과 화상에 의해 비로소 각종 설탕 관련 제품이 본격적으로 도입되었다. 이 글에서는 동순태호의 사례를 통해 홍콩당으로 추정되는 근대식 정제당과 전통적 산당 지역인 광동성 조주 특산물 당강이 대거 조선에 수입, 유통되는 과정과 그 추세 및 변화를 살펴보았다. 동순태호의 경우에서 드러나듯이 초반에 화상은 대규모로 차당과 당강을 수입했고 청일전쟁 패배로 인한 정치적 환경 변화에도 불구하고 당류 수입은 꾸준히 계속되었다. 그러나 장기적인 면에서 화상의 당류 수입은 위축되고 특히 차당 수입은 아예 소멸되고 마는데, 이는 산당후진국인 일본이 식민지 대만의 획득과 강력한 정부 지원 하에서 근대식 제당업을 대대적으로 건설함으로써 동아시

---

57) 강진아, 「근대전환기 한국화상의 대중국무역의 운영방식」, 215쪽과 218쪽.

58) 1893년 2,182명이었던 화교 인구는 1907년 7,902명으로 늘어났으며, 1930년까지 6만 7,794명으로 증가했다. 楊昭全·孫玉梅, 『朝鮮華僑史』, 中國華僑出版公司, 1991, 124~125·165~166쪽.

아 설탕의 생산과 유통에 구조적 변화를 가져왔기 때문이었다. 근대
식 정당 시장을 일본상인에게 빼앗긴 화상은 화교 사회가 주된 시장
인 당강과 같은 전통적 당류만을 계속 수입할 수 있었다.

   일본학자 후루타 가즈코(古田和子)는 "상해 네트워크"를 설명하면
서, 영국 면포를 수입해 동아시아에 공급하는 배급루트에서 상해가
분배센터로 중심에 위치하고 일본상인들은 화상이 상해를 통해 일본
개항장에 들여온 영국 면포를 구입해서 조선으로 재수출했다고 말했
다. 그러므로 화상이 뒤늦게 직접 조선에 진출해서 영국 면포를 팔고
상해에서 영국 면포를 직수입하자 일본상인은 화상에 대적할 수 없었
다는 것이다.[59] 커크 라센은 유통에서 밀리던 일본은 궁극적으로 산
업자본에 투자하여 방적, 방직업을 일으켜 일본 면포가 영국 면포를
누름으로써 조선에서 우위를 회복했다고 주장했다[60]. 설탕에서도 같
은 구도가 적용된다면, 일본상인은 처음에 일본에 수입되는 중국 토
당이나 자바당, 홍콩당을 상해로부터 수입하여 조선에 재수출했다가,
1900년 이후 근대적 제당업을 발전시키면서 일본 정제당을 조선에 수
출했을 가능성이 높다.

   필자는 19세기에 성립된 불평등조약과 개항장 체제라는 특수한 상
황 아래에서, 중국에서 출발하여 동아시아로 확산되는 양행(洋行), 즉
서구기업의 확산과 광동상인들의 확산을 모두 "과국적 상인 디아스포
라(transnational merchant diaspora)"라는 개념으로 설명하려고 한 바 있
다. 그리고 양자 간의 관계는 중국 내부에서 한때는 제국주의와 제국

[59] 古田和子, 『上海ネットワークと近代東アジア』, 東京大學出版會, 2000.

[60] Kirk Wayne Larsen, "From Suzerainty to Commerce: Sino-Korean Economic and Business Relations during the open port period 1876-1910", Ph. D diss., Harvard University (June 2000)(Larsen, Tradition, Treaties and Trade, Qing Imperialism and Chosŏn Korea 1850-1910로 출판).

주의의 앞잡이, 한때는 제국주의 자본과 민족자본으로 표면적으로 보이는 것과 달리, 동아시아 전역 내지 글로벌한 관점에서 볼 때 중-영 협조주의의 한 축을 이루는 경제 협력관계가 목격된다고 주장하였다. 즉 영국 산업자본과 화교 유통자본의 협력(partnership)이었으며, 대표적으로는 홍콩과 상해를 근거지로 한 양행 상인집단과 광동 상인집단 사이의 협력관계라는 것이다.[61]

　면포와 설탕의 사례에서 보이듯이, 영국 상인들과 광동 상인들은 각자 생산과 유통으로 역할 분담을 함으로써 동아시아 개항장 경제를 선점하였다. 그러나 일본 산업자본과 미쓰이, 미쓰비시와 같은 상사(商社) 자본의 성장은 그들의 협력관계와 경제적 지위를 위협하였다. 중-영 자본협력의 붕괴에 따라 재조 화교 상인들의 수입 주력상품은 영국 면포와 같은 근대적 상품에서, 비단, 린넨, 토포, 당강 등의 전통적 중국 수출상품으로 바뀌었다. 1920년대까지 이러한 중국산 전통 상품들은 여전히 조선 시장에서 환영을 받았고, 매년 수입 최고 기록을 갱신했다. 1910년의 일본의 조선 강제 강점에도 불구하고, 중국과 조선 사이의 무역은 오히려 증가 기조를 확고히 했던 것이다. 그 결과 재조 화상들은 당시 상해의 신문과 언론에서는 국화(國貨)를 해외에 수출하는 역군으로 상찬되었다.[62] 본국의 중국인들과 해외의 중국인

61) 강진아, 「근대 아시아 해양과 과국적(跨國的) 상인 디아스포라의 형성: 「양행(洋行)」에서 「구교(歐僑)」로」, 『역사학보』 232, 2016; Kang Jin-A, "The Interdependent Expansion of the British and Cantonese Transnational Merchant Diaspora in Modern East Asia: the Case Study of Tongshuntai", Panel: Competition and Competitive Advantage: Merchants, Agents, and Industrialists and their Changing Networks in East Asia, 2017 AAS in Asia, Seoul, Korea University, June 24 2017.
62) 화상의 비단, 린넨 수입업과 1920년대까지의 무역업 확대 및 1924년 사치세 도입 후의 쇠퇴에 관해서는 강진아, 「中日 무역마찰의 전개와 朝中관계의 변화」, 『근대전환기 동아시아속의 한국』, 성균관대학교출판부, 2004를 참조.

들이 각각 생산과 유통을 담당하는 체제가 성립한 것이다. 물론 그 상품이 영국 면포처럼 근대적 기계제 생산품은 아니었지만 말이다. 중-영 협력관계의 붕괴 이후, 일부 광동 화상들이 1900년대부터 점진적으로 본국, 특히 상해로 복귀하여 해외에서 축적한 자산을 투자하여 면방직 공장을 스스로 건설한 점에 주목할 필요가 있다. 어쩌면 그들은 과거 그들이 영국 산업자본에 맡겼던 생산자본의 역할을 스스로 맡으려고 했다고도 볼 수 있다. 이것이 민족자본 탄생의 다른 한 측면이지 않을까?

또 하나 주목해야 할 것은 1920년대까지 한국과 중국 사이의 꾸준한 무역 증가 경향과는 반대로, 동순태호는 설탕뿐만 아니라 전체 무역업의 영업 비중을 대폭 축소하고 부동산과 교통업에 투자를 집중시켜간 점이다.[63] 비단과 린넨의 수입업은 이제 대부분 산동 출신의 화상들이 담당하게 되었다. 중-영 협력관계가 붕괴한 이후, 혹은 필자가 생각하는 "양행-광동화상 파트너쉽"이 붕괴한 이후, 광동 화상들은 무역에서 매판적 지위나 홍콩, 상해와의 강력한 네트워크로부터 더 이상 예전처럼 크게 혜택을 입을 수 없게 되었다. 오히려 일본과 조선에 지리적으로 가까운 산동 상인의 지정학적 이점이 무역업에서 더욱 강점을 발하게 되었기 때문이라고 생각한다.

---

63) 이에 관해서는 강진아, 『동순태호: 근대 동아시아 화교자본과 조선』, 제2장을 참조.

나가사키(長崎) 화상(華商) 태익호(泰益號)의 쌀과 해산물 무역활동(1901~1910)

주더란(朱德蘭)

Ⅰ. 머리말

1859년 일본 도쿠가와 막부(德川幕府)가 나가사키(長崎), 요코하마(橫濱), 하코다테(函館)를 자유무역항으로 개방한 이래, 일본의 자본주의 경제가 발전하는 과정 속에서 나가사키는 다음과 같은 특징을 가지게 된다. 첫째, 군함 정박 시 필요한 특별 무역. 둘째, 해산물, 석탄 등 특산품의 수출 무역. 셋째, 미쓰비시(三菱) 조선소에서 사용되는 원료의 수입 무역. 넷째, 규슈(九州) 지역 내의 중개 무역, 다섯째, 외국과의 중개 무역. 이에 따라 과거 일본 유일의 국제 무역항이었던 나가사키는 규슈 서부의 일개 지역항으로 위상이 격하되었다.[1]

개항 이후에도 나가사키는 중국을 주요한 교역 대상으로 삼던 쇄국 시기의 분위기를 유지했다. 나가사키의 일본상인들은 해외시장에 대

---

[1] 長崎縣史編集委員會 編, 『長崎縣史近代編』, 吉川弘文館, 1976, 444쪽.

한 이해가 부족했고, 각지 화교의 소비문화나 화상(華商)의 상업 관례에 대해서도 익숙하지 않았다. 이에 말미암아 19세기 말에 이르기까지 나가사키의 화상들이 나가사키 지역의 대외 무역을 거의 장악하다시피 하였다.[2]

나가사키 화상 진서춘(陳瑞椿, 일명 發興, 國樑. 1840-1908)은 중국 푸젠 성(福建省) 진먼다오(金門島) 출신이다. 그는 1862년 동향인 및 지인들과 공동 출자해 태창호(泰錩號, 또는 泰昌號)를 설립했고 이를 통해 부를 축적했다.[3] 1901년 진서춘의 장남 세망(世望, 1869~1940), 양자 세과(世科, 1875~1952)가 태창호에서 독립해 신치마치(新地町)에 태익호(泰益號)를 설립했다. 태익호는 태창호의 고객을 기반으로 타이완, 중국대륙, 일본 간의 토산품 중개무역에 종사했다. 특히, 타이완 쌀(臺灣米)과 일본 해산품의 교역을 상당히 적극적으로 진행했는데, 이를 태익호 창업 초기의 주력 사업으로 보아도 무방할 것이다.[4]

19세기 말부터 20세기 초까지 타이완쌀과 일본 해산품의 교역액이 높은 수준임에도 불구하고 연구자들의 별다른 주목을 받지 못했다. 이에 본 논문은 나가사키의 유명한 상호(商號)인 태익호를 주요 연구 대상으로 삼아 태익호의 사업문서 및 관련 자료를 분석함으로써, 일본 내 타이완쌀의 판매와 타이완 내 일본 해산품의 소비 및 태익호가

---

[2] 原康記,「明治期長崎貿易における外國商社の進出とその取引について: 中國商社の場合を中心に」,『經濟學研究』第57卷 第2號, 1992, 71~72쪽.

[3] 태창호(泰錩號, 泰昌號)에 관해 참고할 논문은 朱德蘭,「明治時期長崎華商泰昌號和泰益號國際貿易網絡之展開」,『人文及社會科學集刊』第7卷 第2期, 1995, 55~62쪽.

[4] 태익호의 상업문서 및 그와 관련한 연구는 辛德蘭,「長崎華商泰益號與臺南地區商號的貿易活動(1901-1938)」참조. 朱德蘭 · 劉序楓 執編,『港口城市與貿易網絡』(『海洋史研究叢書』第1輯), 中央研究院人文社會科學研究中心, 2012, 291~292쪽. 태익호는 1930년대 들어 경제 불황과 함께 일본군국주의가 기승을 부려 중국을 침략한 영향으로 점차 사업이 위축되더니, 1940년에 문을 닫았다.

나가사키에서 구축한 동아시아 무역 네트워크의 특색을 고찰함으로
써 기존 연구영역의 공백을 채우고자 한다.

II. 일본 내 타이완쌀(臺灣米)의 판매

1922년 일본 품종인 봉래미(蓬萊米)가 타이완에 출시되기 전까지
타이완 소비시장에서는 타이완 본토 쌀만 유통되었다. 타이완쌀은 가
뭄에 강하고 일찍 영글며, 수확량이 많은데다 가격까지 저렴했다. 남
양미(南洋米)보다 우수한 품질에 생김새가 일본쌀과 유사했기에, 상
인들이 저가에 사들여 일본에서 일본쌀과 혼합한 뒤 일본쌀 가격으로
판매해 높은 이익을 얻었다. 이에 타이완과 일본 간의 쌀 무역에 종사
하는 자가 셀 수 없을 정도로 많았다.[5]

1. 타이완쌀의 일본 내 수요

일본인이 타이완쌀을 대량으로 소비하기 시작한 출발점은 일본군
이 타이완에 주둔하던 시기로 거슬러 올라가야 할 듯하다. 당시 타이
완의 항일운동가들은 일본군과 전투하는 과정에서 일본군의 식량을
자주 훔쳐가곤 했다.[6] 타이완 총독부는 일본 본토의 쌀 가격 변동, 구
매의 난항 및 선박 적재량의 부족과 운송 상의 지연 등 제반 문제를

---

[5] 大豆生田稔, 『近代日本の食糧政策: 對外依存米穀供給構造の變容』, ミネルヴァ書
房, 1993, 53쪽.
[6] 黃旺成 纂修, 『臺灣省通志稿卷九革命志抗日篇』은 『中國方志叢書臺灣地區64』, 成
文出版社, 1983(復刻版), 19·35·61쪽에 수록.

해결하기 위해, 1896년 10월부터 신문에 광고를 내어 군량미 구매자를 공개적으로 입찰했다. 초기 입찰에 참가한 상인들은 일본 본토에서 직접 구매했고, 수입한 품종 또한 일본산 정제백미 위주로, 극히 소량의 타이완쌀만 섞었다. 그러나 일본쌀의 공급량이 부족해지면서 가격이 천정부지로 치솟자, 타이완 총독부는 군량미의 확보를 위해 군량미에 반드시 타이완쌀을 섞도록 하는 규정을 만들었다. 이때부터 타이완쌀의 소비가 빠르게 증가해서 일본 군량에서의 상품 가치를 인정받기 시작했다.[7]

대략 이와 비슷한 시기, 일본 내 타이완쌀의 수요 또한 점차 높아졌다. 1890년부터 1911년 사이 인구 증가, 도시화, 공업화의 빠른 진행과 함께 빈번한 자연재해, 농촌 청년의 도시 이주 등 여러 요인이 겹치면서 식량 부족 문제가 날로 심각해졌다. 일본 본토에서는 쌀 가격을 안정시키고 시장의 수요공급을 유지하기 위해, 부득이 타이완쌀을 수입할 수밖에 없었고, 이로 인해 쌀의 수출입 활동이 왕성해졌다.[8]

주목할 만한 점은 1904년 일본, 러시아 양국의 단교에 이어 러일전쟁이 발발하면서 야기된 불안정한 시국이 쌀 가격의 상승을 불러왔으며, 이어진 군용미의 폭발적인 증가가 타이완쌀의 수출을 촉발시켰다는 사실이다. 1905년 전쟁에서 패한 러시아가 투항한 이후, 일본 상업경제의 경기 흐름 속에서 타이완쌀은 상인들의 주력 투자 상품으로 성장했다.[9]

---

7) 「廣告」, 『臺灣日日新報』, 1896.10.02.; 「經理部の入札米」, 같은 신문, 1903.10.10. (제2면); 「臺灣軍隊の糧食(上)」, 『臺灣日日新報』, 1909.07.07.(제2면)
8) 大豆生田稔, 『近代日本の食糧政策: 對外依存米穀供給構造の變容』, 42~49·51쪽.
9) 中澤弁次郎, 『日本米價變動史』, 397·401·405·409·413·429쪽; 大豆生田稔, 『近代日本の食糧政策: 對外依存米穀供給構造の變容』, 81쪽.

2. 타이완쌀의 일본 수출량

상인들이 타이완, 일본 간 원거리 무역에 종사하게 된 데는 앞서 언급한 시장요인 외에 다른 부가적인 요인도 작용했다. 예를 들어 타이완과 일본을 이어주는 교통, 보험, 금융 등의 서비스업 강화가 있다. 바꿔 말하면, 19세기 후반 일본 정부는 자본주의 경제 및 공업화 발전 과정 중 일본, 타이완에서 잇달아 공공인프라를 근대화하는 성과를 이루었고, 이는 민간에 의한 지역과 지역 간 무역 발전에 꽤 중요한 작용을 했다.[10]

타이완쌀의 일본수출량과 관련한 자료에 따르면 1901년에 100,000 석(당시 타이완쌀 중량 140킬로그램이 대략 일본의 1석에 해당)이 수출됐는데, 이는 타이완쌀 총 생산량의 3.3퍼센트에 해당하고, 타이완쌀 총 수출량의 37퍼센트를 차지한다. 1905년에는 630,000석으로 타이완쌀 총생산량의 14.47퍼센트, 타이완쌀 총 수출량의 88.2퍼센트를 차지했다. 1910년에는 726,000석으로 타이완쌀 총생산량의 17.34퍼센트, 타이완쌀 총 수출량의 97.7퍼센트를 차지했다. 이는 타이완쌀 생산량과 대일 수출량이 모두 성장 추세에 있었고, 일본이 타이완쌀의 유일한 소비시장이었음을 반영한다.[11]

타이완은 섬 전체에서 쌀을 생산했는데, 북부미 및 중부미는 타이베이 시(臺北市) 따따오청(大稻埕)을 중심으로 교역이 이루어졌고, 남부미는 안핑 항(安平港), 타이난 시(臺南市)에서 교역이 이루어졌다.

---

[10] 근대 일본과 타이완 간 공공기초건설에 관한 연구는 다음 연구를 참조. 廣岡治哉 編, 『近代日本交通史: 明治維新から第二次大戰まで』, 法政大學出版局, 1987, 47~59 · 103~122쪽; 周憲文 編著, 『臺灣經濟史』, 臺灣開明書店, 1980, 828~875쪽.

[11] 堀內義隆, 「日本植民地期臺灣の米穀産業と工業化: 籾摺 · 精米業の發展を中心に」, 『社會經濟史學』 第67卷 第1號, 2001.05, 37쪽.

일본으로 수출된 타이완쌀은 주로 도쿄(東京), 요코하마, 욧카이치(四日市), 오사카(大阪), 고베(神戸), 나가사키, 모지(門司), 시모노세키(下關), 가고시마(鹿兒島), 미야코(宮古), 야에야마(八重山) 등지에서 집산하였다.[12]

　1909년 1월 22일자「타이완일일신보(臺灣日日新報)」의 보도에 따르면, 도쿄의 미상(米商)들이 타이완쌀이라는 명칭을 홍보하지 않았음에도 불구하고, 거의 모든 사람들이 타이완쌀을 먹은 경험이 있었다고 한다. 같은 해 8월 11일자 보도에는 타이완쌀 수출량이 매년 증가해 100만 석 규모에 달했고, 일본에 수입된 후, 타이완쌀이라고 원산지를 밝힌 일부 거상도 있었으나, 중소 도매상, 소매상, 농민 대부분은 상품의 원산지를 숨긴 채 일본쌀과 섞어, 마치 저품질의 일본쌀인 것처럼 속여 팔았다고 한다. 심지어 농민들 중 농촌 부근의 미곡가게에서 타이완쌀을 사서 자신이 생산한 일본쌀과 적당히 혼합해 일부는 지주에게 상납하고, 남은 분량은 미곡시장에 내다파는 자도 있었다.[13]

　1910년 8월 24일자『타이완일일신보』의 보도에 따르면, 타이완쌀이 일본에 대량 수출된 까닭은 운수선과 기차의 발달로 인해, 도쿄를 중심으로 한 판로가 간토(關東), 도호쿠(東北), 일본해(日本海) 일대로까지 확장되었기 때문이라고 한다. 게다가 물가의 대폭 상승에 따라 굳이 일본쌀과 혼합하는 수고를 하지 않아도 저렴한 타이완쌀을 직접 소비하는 형태로 변했다고 한다.[14]

---

12)　江夏英藏,『臺灣米硏究』, 臺灣米硏究會, 1930, 76쪽;「臺灣米內地輸出の狀況」,『臺灣日日新報』, 1902.08.20.(제2면);「米の輸出移出」, 같은 신문, 1909.03.12.(제3면).
13)　「內國精米會社と臺灣米」,『臺灣日日新報』, 1909.01.22.(제3면);「內地米は臺灣米」, 같은 신문, 1909.08.11.(제3면);「本島米の販路」, 같은 신문, 1910.08.24.(제3면).
14)　「本島米の販路」,『臺灣日日新報』, 1910.08.24.(제3면).

타이완에 소재한 미곡 수출입 상회는 三井會社支店, 大倉組支店, 宮副商店, 津阪支店, 源順, 勝記, 建祥, 大和行 등이 있었다. 지롱(基隆) 지역에는 瑞泰, 金德發, 萬和, 日發 등의 상회가 있었다. 타이난, 가오슝(高雄) 지역에는 三井會社支店, 大阪糖業會社, 阿部商店, 香野支店, 德昌, 海興, 捷興 등의 상회가 있었다.[15]

일본 내 미곡무역에 종사한 대형 상회로는 池田宇三郎(나가사키), 海江田金次(가고시마), 小畑蘇六(가고시마), 若松平次郎(오키나와), 三井物産(도쿄), 大倉組(도쿄), 增田屋(도쿄), 澁澤商店(요코하마), 濱田覺之助(오사카), 住友倉庫(고베), 湯淺商店(고베), 米穀公司(고베) 외에도 나가사키, 고베, 오사카, 요코하마 등지에 거주하는 화상들이 있었다.[16] 나가사키의 화상을 예로 들어보자. 태익호 창업초기에 들여온 타이완쌀 수량이 1902년 1,424,142여 근, 1903년 2,482,385여 근, 1904년 2,016,588여 근, 1905년 1,926,952여 근, 1906년 3,437,922여 근, 1907년 1,725,301여 근이다. 이로써 보건대, 나가사키 시장에서 타이완쌀 소비가 매우 컸음을 명확히 알 수 있다.[17]

3. 타이완쌀의 무역 이윤

1902년부터 1907년까지 나가사키의 태익호로 타이완쌀을 수출하는 상회가 32개 있었는데, 그 중 源順, 瑞泰, 日發, 金安隆, 何榮德, 川記

15) 江夏英藏, 『臺灣米研究』, 79~80쪽.
16) 「基隆港臺灣米の輸出景況」, 『臺灣日日新報』, 1901.08.20.(제2면); 「移出米受渡と包裝斤量」, 같은 신문, 1904.09.17.(제2면); 「移出米の內地商狀」, 1905.01.27.(제2면); 江夏英藏, 『臺灣米研究』, 77~80 · 89쪽.
17) 역대 타이완 미곡 생산량, 수출량 및 일본본토 공급 수요량에 관해서는 大豆生田稔, 『近代日本の食糧政策: 對外依存米穀供給構造の變容』, 43 · 81 · 89쪽 참조.

등의 상회가 중요한 비중을 차지하고 있었다. 타이완 국적 상회와 일본 상인들이 경쟁적으로 쌀을 취급했다는 것은 당시 타이완쌀 무역이 상당한 이윤 창출이 가능한 아이템이었음을 의미한다.[18]

나가사키 태익호는 타이완쌀을 세 가지 방식으로 취급하였다. 1902년과 1903년은 타이완 상인을 통해 매입하였고, 1904년과 1905년은 타이완 고객의 위탁을 받아 쌀을 대리 판매하였으며, 1906년과 1907년에는 직접 자본을 투자해 진먼 동향들과 공동으로 쌀을 매입 매수하였다.

1) 타이완 상인에게 매입을 위탁한 사례

태익호가 타이완 상인에게 위탁해 타이완쌀을 매입한 상황은 원순호의 예를 들어 설명하도록 하겠다.

1902년 태익호가 원순호에게 위탁해 타이완쌀 355포(약 379석)를 구매하고, 6월 14일 다롄마루(大連丸)에 선적한 물건이 나가사키 항에 도착했다. 이때 태익호가 부담한 비용은 운임, 쌀값, 위탁구매 커미션 2분(分)(물건 구매 대금의 2퍼센트)과 포장비, 화물운반 인건비, 타이베이 현지 운임, 보험비 등으로 모두 총 1,856.066위안(元)이었다.

---

18) 타이완 상인과 일본상인들이 미곡을 경쟁적으로 구입해 일본으로 수출한 현황에 관해서는 朱德蘭 執編,『長崎華商泰益號關係商業書簡資料集: 基隆地區商號(1901-1938年)』(이하 基隆地區商號商業書簡資料集으로 약칭함. 1991년 蔣經國國際學術交流基金會研究費 수혜 프로젝트 성과, No. RG007-90), 80·93·96·100쪽 참조. 朱德蘭 執編,『長崎華商泰益號關係商業書簡資料集: 臺北地區商號(1899-1938年)』, 이하 臺北地區商號商業書簡資料集으로 약칭함. 1991년 蔣經國國際學術交流基金會研究費 수혜 프로젝트 성과, No. RG007-90), 6538·6633·6695쪽 참조;「本島米の內地輸出高」,『臺灣日日新報』, 1904.01.13.(제2면);「本島米移出高と當業者」, 같은 신문, 1904.10.16.(제2면);「臺北之業移出米者」, 같은 신문, 1908.01.24.(제4면);「內國精米會社と臺灣米」, 같은 신문, 1909.01.22.(제3면);「大稻埕移出米」, 같은 신문, 1909.02.03.(제3면).

　중개무역상 태익호는 타이완쌀을 일본상회에 판매한 후, 2,062,604 위안의 수입을 올렸고, 그 중 커미션 2분(分, 물건 판매 대금의 2퍼센트), 회비(나가사키 푸젠 동향회 세금 2리(厘), 판매금액의 0.2퍼센트), 관리(官厘, 나가사키 지방정부 세금 6리, 당해년 판매대금의 0.6퍼센트), 항구창고비, 화물운반비, 선박운수비 등 186,252엔(日圓)을 제하면, 손익분기를 따졌을 때 20,286엔의 순이익을 남겼다.[19]

　통계에 따르면, 태익호는 타이완 상인을 통해 쌀을 구매해 1902년에 442.57엔 흑자, 1903년에 497.809엔 적자, 1904년에 330.922엔 적자를 보았다.[20] 이처럼 쌀 무역은 투기성이 강하여, 이익이 큰 만큼 위험도 뒤따랐다. 손실을 최소화하기 위해 태익호는 미곡상의 위탁을 받아 쌀을 구매하고, 이 과정에서 커미션을 받는 안정적인 중개무역으로 선회하였다.

2) 고객이 판매를 위탁한 사례

　타이완에서는 태익호를 통해 쌀을 위탁 판매하는 상호가 많았는데, 일발행(日發行)이 그 가장 좋은 예이다. 일발행의 점주 연금방(連金房)은 지롱에서 태어나 어려서부터 아버지를 따라다니며 장사를 배웠다. 경영에 재능이 있어 빠른 시간에 부를 축적하여 지롱지역의 거상 중 하나로 성장했다. 연금방은 사업상 발전을 도모하기 위해 타이베이 상인 이길량(李吉良)과 손을 잡고 타이베이에 '서발호(瑞發號)'를 설립했다. 이길량이 쌀 구매를 책임지고, 연금방이 창고 적재 및 화물 운송을 책임졌다. 일발행은 일본 물품을 수입하기도 했는데, 일본화물이 지롱항에 도착하면 연금방이 그 중 일부를 이길량에게 주고, 두

19)『長崎華商泰益號商業帳簿: 壬寅(1902年)各郊來貨』, 페이지 정보 없음.
20)『長崎華商泰益號商業帳簿: 壬寅丙午(1902-1906年)各郊來貨』, 페이지 정보 없음.

사람이 각각 지롱과 타이베이에서 물품을 판매하는 이원화 시스템을 구축하였다.[21]

1904년 연금방은 타이완쌀 300포를 구매해 나가사키로 운수하고, 태익호에게 위탁하여 대리 판매하도록 했다. 태익호는 그 중 270포를 팔아치웠다. 연금방은 커미션, 세금(판매대금의 0.5퍼센트), 창고보관료, 인건비, 수상운임 등의 비용을 제외하고, 1,454.29엔을 남겼다. 연금방이 경영했던 일발행에는 장부가 남아있지 않아 쌀을 위탁 판매한 결과가 어떠했는지 알 수 없지만, 태익호와 지속적으로 타이완쌀과 일본 해산품의 교환무역을 했다는 사실로 미루어 볼 때, 일발행이 미곡 수출무역을 통해 적지 않은 이윤을 남겼을 것으로 추측할 수 있다.[22]

3) 동향(同鄕)과 동업하여 매매한 사례

왕안수(王安受)는 고향이 진먼다오 허우자이 향(後宅鄕)이다. 그의 형 왕안료(王安料)는 나가사키에 있는 화창호(和昌號)에 재직하고 있었는데, 당시 화창호의 점주가 태익호의 사장과 사돈지간이었다. 태익호는 러일전쟁으로 인해 군량미 수요가 급증할 것을 예측했다. 이에 타이완통이자, 같은 진먼 동향이자 친구였던 왕안수를 믿고, 그에게 2,000엔의 자본을 투자했다. 그리고 왕안수에게 타이베이에 상가를 임대해 미곡 구입과 나가사키까지의 운반책임을 맡겼다. 1905년부터 1908년까지 태익호 장부에 '금태롱·금안룡재본흠거금이천원(金泰隆, 金安隆在本欠去金二千元)'이란 기록이 있는데, 그 중 '금(金)'은 상인끼

---

21) 簡萬火, 『基隆誌』, 基隆圖書出版協會, 1931, 140쪽; 朱德蘭 執編, 『基隆地區商號商業書簡資料集』, 56~121쪽; 朱德蘭 執編, 『臺北地區商號商業書簡資料集』, 6479~6511쪽.
22) 『長崎華商泰益號商業帳簿: 壬寅~丙午(1902-1906年)各郊來貨』, 페이지 정보 없음.

리의 동업을 일컫는 길상의 의미를 뜻하여 덧붙인 것이고, '태(泰)'는 '태익호'에서 따온 말이며, '안(安)'은 '왕안수'를, '륭(隆)'은 사업의 번창을 뜻한다. '금태륭, 금안륭'은 태익호와 왕안수가 동업하여 경영하는 미곡사업을 약칭한 것이다.[23] 금태륭(泰隆으로 약칭), 금안륭이 동업한 미곡사업의 구체적인 실례는 아래와 같다.

1906년 태익호가 왕안수를 통해 까오슝(高雄)에서 생산된 상등미(上等米)를 구매했는데, 쌀 구매금, 커미션 1푼(왕안수는 물품 대금의 1퍼센트를 받았다), 포장비, 재료비, 물품 운반비, 선적비, 검사합격미 일본운수비(檢查合格米輸日費), 보험비, 연해운수비(까오슝-딴쉐이, 딴쉐이-지룽), 은행어음이자 등 모두 합해 844.29엔의 자본이 들었다. 쌀을 판매하고 난 후, 태익호의 장부에 기재된 커미션 2푼(태익호 물품 판매금액의 2퍼센트), 세금, 창고전세비용, 화물적재비, 선박운수비 등을 제하고, 손익분기를 따져보면 39.564엔의 흑자를 남겼다. 통계에 따르면, 태익호의 미곡무역 투자 성적은 1907년 243.167엔 흑자, 1906년 481.65엔 흑자, 1907년 243.167엔 흑자로 3년 연속으로 이익을 남겼다. 그러나 1908년 775.8엔 적자를 냈고, 1909년에는 왕안수에게 2,204.006엔의 물품대금을 미지급하였다. 손실이 너무 커버린 탓에 이들의 동업관계는 마침표를 찍고 말았다.[24]

23) 朱德蘭 編, 『長崎華商泰益號關係商業書簡資料集: 神戶地區商號(1890-1959年)』, (이하 神戶地區商號商業書簡資料集으로 약칭, 1993年 日本文部省科學研究費補助國際共同研究計劃, No.04044157), 274쪽; 『長崎華商泰益號商業帳簿: 乙巳~戊申(1905-1908年)結彩豐盈』, 페이지 정보 없음.
24) 『長崎華商泰益號商業帳簿: 乙巳~己酉(1905-1909年)結彩豐盈』, 페이지 정보 없음.

Ⅲ. 타이완 내 일본 해산물의 판매

예로부터 일본인들은 풍부한 단백질을 섭취하기 위해 각종 어류, 수산 가공품들을 보조식품으로 만들었다. 근대에 들어서면서, 일본정부는 수산품 생산량을 자급자족 가능한 수준으로 끌어올리고, 해외 판매를 통해 외화를 벌어들이기 위해 서방 선진국의 어업기술과 지식을 적극적으로 도입하여 어선의 동력화, 대형화를 추진하였고, 어구 및 어로법의 근대화, 시장 교역의 제도화 등의 정책을 실시하였다. 19세기 말, 일본 전국에 수산 시험장, 강습소가 보편적으로 설치되었고, 그 연구 성과를 수산업 개발 및 진흥에 반영하여 꽤 가시적인 성과를 이루었다.[25]

타이완은 사면이 바다로 둘러싸여 어군(魚群)이 매우 다양했다. 하지만 타이완 총독부는 일본기업의 경우 일본 요리에 주로 사용되는 가다랑어(鰹魚, 탕의 풍미를 증진시키는 재료), 정어리(鰛魚, 낚시 미끼 · 통조림 원료), 참다랑어(鮪魚, 회), 청새치(旗魚, 어묵 재료), 도미(鯛魚), 해초(海草) 등의 어획량을 높일 수 있도록 도운 반면, 식민지 어민들의 경우 양식업의 발전만을 중요하게 여겼다. 그리하여 타이완인은 어업, 수산가공업에 대한 지식이 부족했고, 어구 제조 및 포획기술 또한 낙후한 상태였다. 따라서 타이완에서 소비되는 염건어류(鹽乾魚類, 소금에 절여 말린 생선) 대부분은 일본 본토에서의 수입에 의지할 수밖에 없었다.[26]

---

[25] 二野瓶德夫, 『日本漁業近代史』, 平凡社, 1999, 100-109쪽; 村上光由, 『圖說水産概要』, 成山堂書店, 2000, 43 · 99쪽.
[26] 辛德蘭, 「長崎華商泰益號與臺南地區商號之貿易活動(1901-1938年)」, 299쪽.

1. 일본 해산품의 타이완 내 수요

일본 해산품은 대략 네 가지 유형으로 분류할 수 있다. 첫 번째는 싱싱한 어류, 두 번째는 수산가공품류, 세 번째는 어비(魚肥)나 사료(飼料)류, 네 번째는 염장류이다. 통계에 따르면, 1905년 위의 네 가지 해산품의 총생산액은 97,378,449엔이었다. 그 중 첫 번째 유형이 총 생산액의 54.1퍼센트를 차지했고, 두 번째 유형이 25.6퍼센트, 세 번째 유형이 9.3퍼센트, 네 번째 유형이 10.9퍼센트를 차지했다. 또한 싱싱한 어류에는 멸치(鰯魚), 갑오징어(烏賊)의 생산량이 가장 많았는데, 각각 어류의 생산총액 중 1위와 7위를 차지했다. 어획지는 나가사키 현에서 잡히는 멸치가 가장 많은 비중을 차지했고, 갑오징어는 5위를 차지했다.

수산가공품류 중 가쓰오부시(鰹節), 오징어(魷魚)가 생산총액의 1, 2위를 차지했다. 생산지 역시 나가사키 현이 가장 많았고, 이곳의 오징어 생산액은 전국 최고였다. 오징어는 주로 해외시장에서 소비되었다. 일본 본토에서는 오징어를 제외하고 일반 가정에서 만들어 먹는 보편적인 요리, 예를 들어 쌀밥, 미소시루(味噌湯, 말린 생선, 다시마, 가다랑어와 된장을 끓여 만든 탕), 염장식품(醃漬物), 소금에 절여 말린 생선(烤鹽魚) 등에 쓰이는 말린 생선(魚乾), 다시마, 가다랑어, 절임생선 등의 소비시장이 매우 컸다.[27]

일본이 타이완을 통치하기 전, 타이완인들이 소비하던 해산품은 주로 홍콩(香港), 샤먼(廈門)에서 공급받았다. 이 해산품의 대부분은 나가사키, 고베의 화상들이 구매하여 홍콩까지 운수하고, 샤먼을 통해

---

27) 松本貴典 編著,『生産と流通の近代像: 100年前の日本』, 日本評論社, 2004, 177~178쪽.

다시 타이완으로 수출한 것이었다. 일본 해산품은 오징어, 말린 새우, 말린 정어리가 가장 인기 있었다.[28]

1895부터 1945년까지 일본이 타이완을 지배하던 시기, 아래의 몇 가지 요인으로 인해 타이완 내 일본 수산가공품의 소비가 급증했다. 첫째, 일본군, 일본관리, 상인들이 타이완에 주둔하면서 일상생활에서 수산가공품의 수요가 증가했다. 둘째, 타이완 수산업이 낙후하여, 일본 본토만큼 가공제품의 종류가 다양하지 못했고, 생산량이나 품질이 모두 떨어졌다. 셋째, 타이완 총독부가 중국 대륙의 물품에 높은 관세를 부과했다. 넷째, 무역상들이 상업적 이익을 노리고 일본 해산품 등의 판로를 적극 개척했다. 위의 여러 요인들로 인해 타이완은 일본 해산품의 최대 소비지가 되었다.[29]

2. 일본 해산품의 타이완 수출량

나가사키 현은 일본 큐슈 서북단에 위치하여 인근에는 히라도(平戸), 이키(壹岐), 쓰시마(對馬), 오코(宇久), 고토(五島) 열도 등의 작은 섬들이 있어 어장이 상당히 광범위하여 일본에서도 수산물이 풍부하기로 유명한 곳이다. 초기에는 나가사키 선어와 염장 건어물을 육로를 이용해 모기(茂木)까지 운송했다가, 다시 화선(和船, 일본형 선박)을 이용해 구마모토(熊本)로 운송했다. 1873년 일본 국내에 증기선이 운행되자 나가사키 수산품의 판로가 사가(佐賀), 후쿠오카(福岡), 오

---

28) 「海産物商」, 『臺灣日日新報』, 1903.12.09.(제2면).

29) 「海産商況」, 『臺灣日日新報』, 1905.07.16.(제3면);「海産物商況」, 같은 신문, 1905.09.02.(제4면).「雜魚の近況」, 같은 신문, 1905.09.27.(제4면);「海産と漁業」, 같은 신문, 1914.08.06.(제2면).

사카, 고베 일대까지 확대되었다. 1890년 도시 간 철도 운송망이 연결
되자 멀리 간토 지역까지 확대되었다.[30]

　주목할 만한 사실은 1886년 마쓰다 겐고로(松田源五郎)가 도입한
증기선이 항해를 시작한 이후 전신 가설, 큐슈철도 개통, 어획기술의
발전과 함께 활어 출하량이 대폭 증가했고, 저장성이 우수한 염건어
판매범위가 넓어졌으며, 유통노선은 더 늘어났고 교역량 역시 점점
더 증가했다는 점이다.[31]

　타이완에 수출된 일본 해산품의 무역액은 다음과 같다. 1901년
341,549엔, 1902년 340,955엔, 1903년 528,904엔, 1904년 550,205엔, 1905
년 628,036엔, 1906년 857,652엔, 1907년 1,254,742엔, 1908년 2,012,160
엔, 1909년 2,331,899엔, 1910년 2,583,598엔이었다. 이러한 수치는 타이
완이 일본 해산품의 중요한 소비시장이며 주요 수입 품목은 염어, 건
어, 오징어, 말린 새우에 집중되어 있다는 점을 보여준다. 같은 시기
타이완은 홍콩과 중국대륙의 해산품도 수입했는데, 수입액이 1901년
에는 일본 해산품 수입액의 50.15%를 차지했지만, 1906년부터는 식민
지 정부에서 시행한 관세정책의 영향을 받아 그 비중이 점차 줄어들
어 1910년에 이르면 일본 해산품 수입액의 2.9%에 그쳤다.[32]

3. 일본 해산품의 무역 이윤

　일본 해산품을 타이완에 판매했던 상인들의 수익은 어떠했을까? 남

[30] 長崎縣史編集委員會 編, 『長崎縣史: 近代編』, 241~242쪽.
[31] 위의 책, 242쪽.
[32] 王俊昌, 「日治時期與臺灣水産業之硏究」, 國立中正大學歷史硏究所博士論文, 2006.5,
　　164 · 177~178 · 184쪽.

아있는 자료가 부족해 정확히 알기 힘들지만, 현존하는 태익호 문건
의 분석을 통해 이 회사의 창업초기 영업이익 상황을 대략적이나마
이해할 수 있다. 예를 들어, 1901년부터 1910년까지의 태익호 영업수
입을 통해 우리는 해산품 무역이 이들에게 상당한 이익을 안겨주었을
뿐 아니라, 그 주요 수출대상이 타이완이었음을 확인할 수 있다.

태익호가 취급했던 해산품 무역은 미곡 무역과 마찬가지로 모두 위
탁 구매, 대리 판매, 동업합자라는 세 가지 방식을 취하였다. 태익호
는 고객의 위탁을 받아 해산품을 구매했고, 그 과정에서 중개 커미션
2퍼센트를 받았으나, 더 많은 이익을 남기기 위해 시장상황 조사를 토
대로 물건 값이 쌀 때 구매해 보관해두었다가 가격이 상승하면 각지
의 고객들에게 판매하기도 했다.

타이완 지역의 상호(商號)는 염어와 건어를 위탁 판매할 경우 물품
대금의 5퍼센트를 커미션으로 받았고, 고객의 위탁으로 중국 대륙까
지 운수 판매할 할 경우 2퍼센트의 커미션을 받았다. 만일 상호가 나
가사키 화상에게 해산품 위탁 구매를 맡길 경우 커미션 2푼, 세금 0.5
퍼센트, 보험비, 화물 운반비, 수상운반비 등의 비용을 지불해야만 했
다.[33] 타이완은 오징어, 전복(鮑魚), 말린 조개류, 건어 등의 소비량이
엄청났기 때문에 만일 수요와 공급 사이에 균형이 깨지는 순간 먼저
물건을 공급하는 상호가 시장에서 우위를 점하며, 막대한 이익을 거
둘 수 있었다. 타이완 상인들은 시장을 점유하기 위해 동종업체들을
모아 자금을 출자해 특정 해산품을 독점으로 사들여 공동으로 이익을
창출하기도 했다.[34]

---

[33] 朱德蘭 執編, 『臺北地區商號商業書簡資料集』, 2917·9196쪽; 朱德蘭, 「長崎華商
泰益號與臺南地區商號的貿易活動」, 305~308쪽.
[34] 朱德蘭 執編, 『臺北地區商號商業書簡資料集』, 1507·6682쪽.

Ⅳ. 태익호(泰益號)가 구축한 동아시아 무역네트워크의 특징

진서춘과 진세망은 태익호를 창업하기 이전, 즉 태창호 재임 시기 이미 타이완의 고객들과 교역활동을 해오고 있었다. 1901년 태익호를 창업한 이후에는 타이완쌀과 일본 해산품 교환무역을 중심으로 무역 네트워크를 더 확장했다.

1. 태창호 고객 흡수

1900년부터 1901년까지 태창호 사장 진서춘은 타이완 국적(臺籍) 상인과 상당히 활발한 교역활동을 했다. 태창호는 타이완 국적 상인과 미곡 교역을 하기 전에 서로 일본과 타이완의 미곡 가격, 두 나라 간 시장의 수요공급량 비교, 동종 업체의 구매판매 수량 염탐, 대리구매 또는 대리 판매 업체 고용 등의 정보를 주고받았다.[35] 태창호와 그 고객들은 사업의 리스크를 평가하고 흑자와 적자액 예상치를 분석한 후, 서로 교역희망 여부를 결정하였다. 태창호 창업 40년 이래 유지되었던 그 경영방식과 교역파트너는 태익호에게 계승되었다.

태익호의 나가사키 고객을 살펴보면 1907년 오징어를 거래한 20군데 가운데 태창호의 고객을 흡수한 게 13곳, 스스로 영업해 끌어온 고객이 7곳이었다. 전복을 거래한 13군데 중, 태창호의 고객을 흡수한 게 11곳, 스스로 끌어온 고객이 2곳이었다. 절인 정어리(鹽鰮魚)도매점 14군데 중, 태창호의 고객을 흡수한 게 9곳, 새로 영업한 게 5곳이

---

35) 『庚子(1900年)泰錩震記電音往來』.

었다. 말린 생선을 거래한 11군데 중 태창호의 고객을 흡수한 게 9곳, 새로 영업한 게 2곳이었다. 위의 나가사키 일본 국적 상호 대부분이 태익호와 해산품, 타이완쌀을 거래했다.[36]

태익호와 거래한 일본국적 고객의 대부분은 나가사키 현지에서 유명한 상호(商號)였다. 이 중 조지마 가쓰스케(城島勝助), 마쓰모토 구라지(松本庫治)를 예로 들어 나가사키 해산품 무역상의 사업 배경을 소개해 보겠다.[37]

조지마 가쓰스케가 경영한 가와하라야(川原屋)는 나가사키 에도 마치(江戸町)에 자리 잡은 점포였다. 조지마의 가족은 원래 도자기 매매상이었으나, 사업적 수완이 남달랐던 그는 일찍부터 해산품 무역의 전망이 밝을 것을 감지하고, 과감히 가족사업을 포기했다. 그리고 1895년에 독자적으로 가와하라야를 창립했다. 그는 뛰어난 사업수단으로 1905년 나가사키 해산물 무역상 중 거물로 성장했고, 사업세계에서 두각을 나타낸 것 외에도 맹아학교 지원을 위해 자선단체를 조직하는 등 사회적으로도 명망이 높았다.[38]

마쓰모토 구라지가 경영한 마쓰쿠라상점(松庫商店)은 나가사키 신치 마치에 자리 잡았다. 마쓰모토는 1882년 점원에서 시작해 점차 업계에서 두각을 드러내며 명성을 얻기 시작했다. 1906년 나가사키 무역상 동종업계조합 조장으로 선출되었고, 1916년 무역상 동종업계조

---

36) 『長崎華商泰益號商業帳簿: 丁未(1907年)置配査存』, 페이지 정보 없음; 『長崎華商泰益號商業帳簿: 壬寅~丙午(1902~1906年)各郊來貨』, 페이지 정보 없음; 朱德蘭, 「明治時期長崎華商泰昌號和泰益號國際貿易網絡之展開」, 61쪽.

37) 『長崎華商泰益號商業帳簿: 丁未(1907年)置配査存』, 페이지 정보 없음; 迫文三郎 編, 『組合史』, 長崎貿易商同業組合, 1933, 104~105쪽; 山岡由佳, 『長崎華商の經營史的硏究: 近代中國商人の經營と帳簿』, ミネルヴァ書房, 30쪽.

38) 九州日の出新聞社 編, 「城島勝助」, 『大典紀念名鑑』, 九州日の出新聞社, 1916. 페이지 정보 없음.

합장 겸 수산부장(水産部長), 나가사키 현 수산연합조합회 고문을 역임하면서 나가사키 무역업계의 거물로 부상한다.[39]

사실, 나가사키 해산품 무역은 전통적이면서도 효용이 큰 사업이었다. 이 무역의 발전은 나가사키 항과 인근 낙도(落島)의 어업과 물류 관련 사업, 예를 들어 수산품 가공업, 포장업, 인력용역업, 운수업, 소매업, 창고업, 냉장창고업 등의 산업경제 발전에 커다란 영향을 미쳤다.[40]

2. 무역 파트너를 연결하는 네트워크

일본식민시기, 타이완과 일본은 경제제재나 국경이 없는 하나의 경제체가 되었고, 이는 타이완과 일본의 무역상들에게 매우 매혹적인 비즈니스 기회를 제공하였다.

1) 태익호 고베 지점

진세과(陳世科)는 1875년 나가사키에서 출생했고, 본명은 다카야마 시치타로(高山七太郎)이다. 어려운 가정환경으로 인해 10세 때 태익호 점주 진서춘에게 입양되었고, 진먼다오로 보내져 중국식 전통 교육을 받고 자랐다. 진세과는 중국과 일본 양국의 문화와 언어를 익혀 1896년 나가사키로 돌아왔고, 태창호에 입사해 실무를 배웠다. 1901년 태익호 설립 후, 진세과는 의부의 명에 따라 타이완으로 건너가 그곳

---

[39] 九州日の出新聞社 編,「松本庫治」,『大典紀念名鑑』, 九州日の出新聞社, 1916. 페이지 정보 없음; 山岡由佳,『長崎華商の經營史的研究: 近代中國商人の經營と帳簿』, 172쪽.

[40] 迫文三郎 編,『組合史』, 89~94 · 128~130쪽.

의 사업 환경을 조사했다. 1902년 의부가 출자한 자금 2,000원으로 고베에 '태익 고베지점'을 만들고, 고베, 나가사키, 타이완 세 지역 간 해산품과 육산품(海陸物産品)의 중개무역을 했다. 1903년에는 타이완 쌀 무역에 투자하여 많은 부를 축적했다. 그 후, 사업을 더 확장시켜 매월 1,000원(당시 점원의 월급은 약 10원)에 달하는 영업이익을 남겼다.[41] 진세과는 사교에도 능해 종종 새로운 고객을 태익호 나가사키 본점에 소개하기도 했는데, 타이베이 지역의 瑞發號, 恆春號, 恆發號, 榮春號와 싱가포르의 福源號 등이 대표적인 예이다.[42]

2) 지롱 지역의 서태행(瑞泰行)

서태행은 원래 태창호의 고객이었으나 훗날 태익호로 흡수되었다. 창업연도는 정확히 알 수 없고, 지롱 차오디엔웨이(基隆 草店尾)에 지점을 두고, 허송영(許松英), 허태산(許泰山), 허초춘(許招春) 삼형제가 경영하던 가족기업이었다. 허씨 삼형제는 지롱, 타이베이에 각각 무역거점을 만들어 서로 정보를 교환하는 일종의 업무 분화시스템을 구축하여 사업을 운영하였다.[43] 1901년 허초춘이 진세과와 안면을 텄고, 의기투합한 두 사람은 사업파트너가 되었다. 1904년 허초춘이 진세과와 합자하고, 태익 고베지점에 입사해 일하게 되면서 두 사람은 함께 지롱, 고베, 나가사키 세 지점간의 해산물과 육산물 제품 무역을 하게

---

41) 朱德蘭 編, 『神戸地區商號商業書簡資料集』, 179 · 210 · 221쪽; 朱德蘭 執編, 『臺北地區商號商業書簡資料集』, 3792쪽; 山岡由佳, 『長崎華商の經營史的研究: 近代中國商人の經營と帳簿』, 53쪽.

42) 『長崎華商泰益號商業帳簿: 癸卯(1903年)各郊來貨』, 페이지 정보 없음; 朱德蘭 執編, 『臺北地區商號商業書簡資料集』, 3866 · 3907쪽.

43) 「雜事」, 『臺灣日日新報』, 1899.12.22.(제4면); 朱德蘭 執 編, 『基隆地區商號商業書簡資料集』, 1004 · 1062 · 1079 · 1108쪽.

되었다.[44]

허초춘은 고베와 요코하마 두 지역의 타이완쌀이나 설탕시장과 관련한 정보를 나가사키 본점으로 보냈고, 그 외에도 타이베이 지역의 錦昌號와 타이중 지역의 恆記號, 仁成號가 운수한 미곡을 나가사키 태익호에게 맡겨 판매하도록 주선하기도 했다.[45]

3) 타이베이 지역의 원순호(源順號)

원순호는 태익호의 주고객으로 타이베이 상업중심지인 따따오청(大稻埕)에 자리 잡은 아주 전통 있는 가게였다. 원순호 점주 진천송(陳天送, 일명 陳錫麟, 1865-1931)은 진먼다오에서 출생했는데, 태익호 사장 진서춘, 진세망 부자와 교유가 깊었다. 태익호의 가족이나 점원들이 타이완으로 출장을 갈 때면 진천송이 이들을 원순호 가게 안에서 묵을 수 있도록 접대하였고, 타이완의 고객이나 시장 상황을 조사할 수 있도록 일정을 조정해주었다.[46]

원순호는 타이완, 일본시장 개척을 위해 타이완산 쌀가루를 나가사키 식당에 납품하는 업무나, 화상을 대상으로 한 양포대(洋布袋) 판매, 상해에서의 건용안(乾龍眼) 판매 등을 항상 태익호에게 위탁했고, 또 홍콩의 서기호(瑞記號)가 일본 해산품을 팔 수 있도록 태익호에게

44) 朱德蘭 編,『神戶地區商號商業書簡資料集』, 157 · 202 · 213쪽; 朱德蘭 執編,『臺北地區商號商業書簡資料集』, 3801쪽. 또 江夏英藏,『臺灣米研究』, 79쪽의 서술에서 "명치(明治) 37년부터 38년까지(1904-1905) 러일전쟁기간 중 본토(타이완) 미곡의 일본 수출량이 급증했고, 서태상행(瑞泰商行)의 허초춘(許招春)이 고베에 와서 타이완 미곡 도매수입회사인 태익상행(泰益商行)을 설립하여, 타이완 미곡의 대량 수출입 사업을 기획했다……"라고 하였으나 이는 사실이 아니다. 허초춘은 고베에 태익상행을 설립하지 않았다.
45) 朱德蘭 執編,『基隆地區商號商業書簡資料集』, 1023 · 1100 · 1102쪽.
46) 朱德蘭 執編,『臺北地區商號商業書簡資料集』, 6600 · 6601 · 6606쪽.

소개하기도 했다. 태익호와 원순호의 점주는 모두 진먼다오 출신으로 사업상 신용이 두터웠고, 무역네트워크 확장을 위해 1909년부터 1910년까지 진세망, 진세과 형제가 원순호에 1,500엔을 투자했다. 세 사람은 주주가 되어 타이완쌀, 일본 해산품, 상해 면화, 콩류 등을 각각 고베, 나가사키, 타이완으로 나누어 적극 판매하였다.[47]

태익호는 40년(1901-1940)간 유지되었는데, 이들과 왕래한 고객만 해도 100여 곳에 이른다. 그 중 일본과 타이완 간 무역을 위주로 한 고객들은 각자의 판매 네트워크를 가지고 있었다. 서태행, 원순호의 고객은 각각 나가사키, 고베, 상하이, 샤먼, 홍콩, 펑후(澎湖)에 분포해 있었고, 천흥호(泉興號)의 고객은 씬주(新竹), 먀오리(苗栗), 우치(梧棲), 펑위안(豊原), 짱화(彰化), 루강(鹿港)에 거점을 두고 있었다.[48] 바꿔 말하면, 태익호는 차별화된 고객 무역네트워크로 지역별 상품시장을 통합하고, 무역범위를 확장하는 데 상당한 우위를 점하고 있었던 것이다.

V. 결론

1895년 일본이 타이완을 지배하기 전, 타이완과 일본은 쌀이나 해산품의 교환무역이 없었다. 일본이 타이완을 지배하고 난 후, 공공인프라의 근대화가 점차 완비되었고, 타이완 주둔 일본 군대, 관원, 상인들의 타이완쌀에 대한 수요가 증가하였다. 게다가 타이완 총독부가

---

[47] 朱德蘭 執編, 『臺北地區商號商業書簡資料集』, 6675 · 6676쪽; 『長崎華商泰益號商業帳簿: 壬寅~丁未(1902~1907年)各郊來貨』, 페이지 정보 없음.
[48] 朱德蘭 執編, 『臺北地區商號商業書簡資料集』, 4019쪽.

양안 관세정책을 제정해 대륙 물품의 수입을 제한한 상황에서 일본 본토 식량 부족 등의 영향까지 겹치자 타이완쌀의 상품가치가 치솟았고, 대일본 수출 역시 전대미문의 호황을 누리게 되었다.

타이완쌀은 생산량이 많고 가격이 저렴한 데다, 남양미에 비해 품질이 우수하면서도 일본미와 생김이 유사했다. 무역상들은 이를 저렴한 가격에 구매해 일본미곡과 혼합하거나 변조하는 방식으로 일본 미곡상에게 비싼 값에 판매해 막대한 이익을 얻을 수 있다고 판단했다. 그래서 일본과 타이완 두 나라에서 미곡 무역에 뛰어든 자가 헤아릴 수 없이 많았다. 일본에 대량 수출하느라 타이완 본토의 쌀 수급이 부족해지자, 타이완 사람들은 저렴하고 품질이 떨어지는 남양미나 고구마 등으로 허기를 때워야 했다.

예로부터, 타이완은 농업이 발달했고, 어업의 발전 속도는 상대적으로 더뎠다. 그리하여 섬 내에서 소비되는 어류 대부분이 일본 본토의 수입에 의존하고 있었다. 일본의 어획지 중 나가사키가 어업량이 가장 많은 현 중 하나였는데, 이곳에서 생산된 오징어, 말린 새우, 염어, 말린 생선은 가격이 저렴할 뿐만 아니라 생산량이 많고 품질도 좋아서 소비시장에서 대단한 인기를 누렸다.

나가사키 화상 태익호는 해산품, 미곡, 면화, 우골(牛骨) 등의 잡화를 무역했는데, 상품 종류만 해도 40여 종에 달했다. 하지만 그 중 타이완쌀과 일본 해산품이 교역 물품 중 가장 많은 양을 차지했다. 태익호는 구매 및 판매 대행으로 물품대금의 2퍼센트를 커미션으로 가져갔고, 동업이나 동향과의 합자는 사업 상 발생하는 손실과 이익을 쌍방이 평등하게 부담하는 방식을 취했다.

상품의 교환은 서로 다른 지역 간 자금의 이동을 반영한다. 본문에서 서술했듯이 태익호의 쌀과 해산품의 교환무역활동은 상품시장의

공급과 수요 → 정보 교환 → 물류방향 등의 의제 논의를 통해 이루어
졌고, 태익호가 태창호의 고객을 기반으로 새로운 고객을 확보하는
방식으로 발전하였으며, 핵심 고객들과 다변적이고 상호보완적 비즈
니스 관계를 맺었음을 알 수 있다. 그리고 이러한 우호적 관계는 태익
호와 그들의 고객들이 각자의 무역 네트워크를 확장하는 데 일정 정
도 영향을 끼친 것으로 보인다.

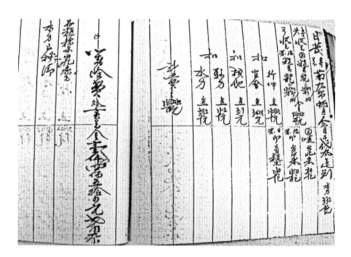

〈부록 1〉
나가사키 화상 태익호가 원순호에게 타이완쌀의 매입을 위탁한 장부
*출처 : 『長崎華商泰益號商業帳簿: 壬寅(1902년) 各郊來貨』(페이지 정보 없음)

〈부록 2〉
일발행(日發行)이 나가사키 화상 태익호에게 타이완쌀의 판매를 위탁한 장부
*출처 : 『長崎華商泰益號商業帳簿: 甲辰(1904년) 各郊來貨』(페이지 정보 없음)

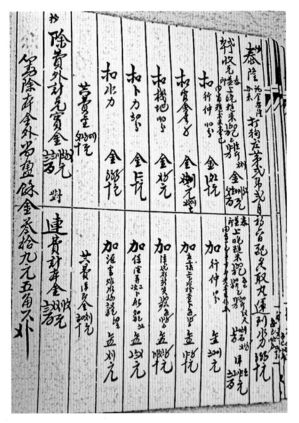

〈부록 3〉
나가사키 화상 태익호가 금안륭에게 투자하여 구매한 타이완쌀의 장부
*출처 : 『長崎華商泰益號商業帳簿: 丙午(1904년) 各郊來貨』(페이지 정보 없음)

(번역 : 강병관, 한국해양대)

식민지시기 조선에서 생산된 수산물의
수이출(輸移出) 동향

김 승

Ⅰ. 머리말

수산업은 최근에 이르러 학계는 물론이고 사회적으로도 많은 관심을 불러일으키고 있다. 그 배경에는 과거 어느 때보다 해양과 해양자원에 대한 인식들이 국내외적으로 빠르게 확산되고 있기 때문이다. 그러나 해양에 대한 인식변화가 과연 올바른 방향으로 나아가고 있는가 하는 점에서는 회의적인 것이 사실이다.

왜냐하면 사고의 중심을 해양에 두고서 육지를 바라보는 것이 아니라 육지 중심의 세계관을 해양으로 확장하고 있기 때문이다. 다시 말해 국제적 공공재(international public goods)로서 바다를 이해하기보다는 해권(海權)으로서[1] 바다를 더욱 강하게 분절시킴으로써 각종 해양영토분쟁과 해양자원을 둘러싼 갈등들이 더욱더 심화되고 있기 때문

---

[1] 근대 유럽인들에 의해 구축된 해권(海權) 관념의 동북아 유입에 관해서는 조세현, 『천하의 바다에서 국가의 바다로』, 일조각, 2016 참조.

이다. 이러한 사실은 한중일 삼국이 수산자원과 해양영토 문제를 두
고서 치열한 신경전을 펼치고 있는 것에서 단적으로 확인할 수 있다.

따라서 이러한 갈등과 긴장관계로부터 벗어나기 위해서는 해양에
대한 근본적인 인식변화가 무엇보다 시급하다고 하겠다. 그러나 해양
에 작용하는 각국의 현실적 영향력을 전제로 한다면 해양에 대한 인
식의 변화 또한 결코 녹녹치 않음을 누구나 인정할 수밖에 없을 것이
다. 하지만 이러한 현실적 장애물이 놓여 있음에도 불구하고 국권을
확장하는 대상으로서 해양을 인식하기보다는 해양 그 자체를 우리의
삶을 변화시킬 수 있는 모티브로 끊임없이 생각한다면 예상 못한 또
다른 방안이 모색될 수도 있을 것이다.

식민지시기 해양과 관련해서 중요한 부분을 차지했던 것이 수산업
이다. 특히 식민지시기 수산업 연구는 최근까지 다양한 연구 성과들
이 축적되면서 많은 사실들이 밝혀지게 되었다. 식민지시기 수산업에
관한 기존의 연구를 범주화시키면 첫째, 수산업에 대한 개설적인 연
구로부터 일제의 한반도 어장 침탈과 일본어민들의 이주어촌 건설,[2]
둘째, 수산단체와 수산회사 등에 관한 연구[3], 셋째, 수산업의 경영 주

[2] 개괄적 연구는 박구병, 『한국어업사』, 정음사, 1975; 韓國農商工部水産局 編纂,
朝鮮總督府農商工部 編纂, 『韓國水産誌』 4권 4책(이근우·신명호·심민정 번역,
『한국수산지』, 2010. 일제의 한반도 어장 침탈 연구는 이근우, 「19세기 일본의 어
업 침탈과 조선의 대응: 통어장정 체결까지」, 『19세기 동북아 4개국의 도서분쟁
과 해양경계』, 동북아역사재단, 2008. 이주어촌 및 어촌의 사회문화적 변화 연구
는 최길성 편, 『일제시대 한 어촌의 문화변용』, 아세아문화사, 1992; 여박동, 『일
제의 조선어업지배와 이주어촌 형성』, 보고사, 2002; 김수희, 『근대일본어민의 한
국진출과 어업경영』, 경인문화사, 2010; 김승, 「해항도시 부산의 일본인 이주어촌
건설과정과 그 현황」, 『역사와 경계』 75, 2010 등이 있다.
[3] 최정윤, 「일제시대 부산어업조합의 설립과 활동」, 『수산연구』 제28호, 2008; 최
재성, 「1910~20년대 일제의 어업조합 방침과 운영」, 『사림』 47, 2014; 최재성,
「1930~40년대 어업조합의 활동: 전남지역 사례를 중심으로」, 『사학연구』 제108호,
2012; 차철욱, 「일제시대 남선창고주식회사의 경영구조와 참여자의 성격」, 『지역

체였던 수산자본가와 해산물상인 등에 관한 연구4), 넷째, 수산공진회
와 수산시장 등과 같이 수산물의 유통과 홍보·판매 등과 관련된 연
구5), 다섯째, 수산 어종과 어업기술의 변화 등에 관한 연구6), 여섯째,
각 지역별 수산업의 전체적인 현황 등에 대한 연구7) 등으로 나누어
볼 수 있을 것이다. 그러나 이와 같은 다양한 방면의 연구 성과에도
불구하고 식민지시기 국내 수산물의 교역에 관한 연구는 거의 이루어
지지 않았다.

　그 이유는 국내 수산물의 수출과 수입에 관한 자료들이 많지 않음
에 따라 연구가 활성화되지 못했던 것으로 생각된다. 수산물은 일반
공산품과 달리 자연적 제약을 많이 받는 특성을 갖고 있을 뿐만 아니

　과 역사』제26호, 2010, 코노 노부카즈(香野展一),「일제하 中部幾次郎의 林兼商
　店 경영과 '水産財閥'로의 성장」,『동방학지』제153집, 2011; 石川亮太,「개항기
　부산의 일본인 상인과 부산수산회사」,『민족문화연구』69, 2015 등이 있다.
4) 김동철,「부산의 유력자본가 香椎源太郎의 자본축적과정과 사회활동」,『역사학보』
　제186집, 2005; 임수희,『일제하 부산지역 해산물 상인의 상업 활동: 石谷若松의
　사례를 중심으로』, 부산대학교 석사학위논문, 2015 참조.
5) 수산공진회 연구는 이기복,「1915년 '朝鮮物産共進會'에 반영된 일제의 식민지 수
　산정책」,『역사민속학』23, 2006; 김동철,「1923년 부산에서 열린 朝鮮水産共進會
　와 수산업계의 동향」,『지역과 역사』21, 2007; 이기복,「慶尙北道水産共進會
　(1935)와 경북 수산업의 동향」,『역사와 경계』73, 2009. 수산어획물의 유통 연구
　는 이계열,『한국수산업의 자본제화 과정에 관한 연구』, 전남대학교 박사학위논
　문, 1997; 이경미,『수산물 유통방식의 변화와 상인의 존재양식: 마산어시장의 사
　례』, 영남대학교 박사학위논문, 2004 등이 있다.
6) 어종과 어업기술의 변화에 관한 연구는 김수희,『근대의 멸치, 제국의 멸치』,
　아카넷, 2015; 김수희,「근대 일본식 어구 안강망의 전파와 서해안어장의 변화
　과정」,『대구사학』제104집, 2011; 김수희,「일제시대 남해안어장에서 제주해녀
　의 어장이용과 그 갈등 양상」,『지역과 역사』제21호, 2007; 안영수·문성주,「일
　본의 어업침투와 권현망어업의 변천사」,『경영사학』64, 2012 등이 있다.
7) 김수관·김민영·김태웅·김중규 공저,『고군산도 인근 서해안지역 수산업사 연
　구』, 선인, 2008; 김승,「식민지시기 부산지역의 수산물 어획고와 수산업인구 동
　향」,『역사와 경계』99, 2016; 김승,「식민지시기 부산의 수산가공업과 수산가공
　품의 현황」,『역사와 경계』101, 2016 등이 있다.

라 식민지시기 어획된 생선의 상당량이 연해의 어항을 통하지 않고 곧바로 운반선을 통해 일본으로 이송되는 경우가 많았다. 따라서 연해에서 1차 가공을 거친 뒤 일본 또는 그 이외 지역으로 수출되었던 수산가공품은 그렇다 치더라도 수출의 대상이 되었던 생선의 정확한 통계를 작성하는 데는 식민당국 조차 상당한 애로가 뒤따랐다.[8]

이러한 사정들 때문인지 조선총독부 식산국에서 만주와 중국 북중부 방면으로 수출되고 있던 수산물에 대해 "정밀조사"를 처음 실시한 것이 1937년의 일이었다.[9] 이와 같이 수산업의 수출과 수입에 대한 자료의 부족과 수산물의 수출에 관한 연구 자체가 일국 대상이 아닌 '동북아의 해역권'이란 범주를 먼저 전제로 해야 하기 때문에 식민지시기 수산물의 수출에 관한 연구가 관심의 대상에서 빗겨나 있었던 것이 아닌가 싶다.

하지만 바로 이러한 한계점들이 오히려 일국의 틀에서 벗어나 '동북아의 해역권'이라는 범주에서 수산물의 교역에 대해 적극적으로 연구해야 할 필요성을 제기하고 있다고 할 것이다. 식민지시기 수산물의 수출과 수입에 관한 연구는 자연스럽게 바다를 '격리'의 공간이 아니라 상호 '맺음'으로 연결시키는 '동북아 해역권'의 특징을 밝히는데 하나의 작은 단서를 제공할 수 있을 것이기 때문이다. 다시 말해 식민지시기 수산업에 관한 연구 또한 '동북아 해역권'이란 글로컬리즘의 시각에서 로컬 단위의 연구와 국경을 초월하는 해역 차원의 다양한 연구들이 뒷받침된다면 바다에 대한 '분절'된 인식 또한 어느 정도 극복될 수 있을 것으로 본다.[10]

---

8) 朝鮮總督府殖産局, 『朝鮮の水産業』, 1942, 42쪽.
9) 『東亞日報』1938년 11월 22일(6면) 1단 「朝鮮水産物調査第二階段, 朝鮮統計史上 初有集計」.

이러한 측면에서 최근 식민지시기 이주어촌의 기억과 흔적에 관해 장소성의 입장에서 재해석을 시도한 성과물과 '동북아의 해역권' 시각에서 어족과 해녀 등에 관한 연구들은 시사하는 바가 크다.11)

본고는 이러한 문제의식에서 출발하여 식민지시기 국내 수산물의 수이출에 대해서 살펴보고자 한다. 논문의 성격상 수산물의 수입에 대해서 함께 기술하는 것이 당연하겠으나 자료적 제약으로 여기에 대해서는 본문의 말미에 소략하게 언급하는 것으로 대신하고자 한다.12)

---

10) '동북아 해역권'은 최근 일본학계에서 제기되고 있는 '아시아 교역론'과 어느 정도 관련성이 있는 것이 사실이다. 그러나 일본학계의 '아시아 교역론'이 갖고 있는 이데올로기성과 한계점 또한 분명히 인식해야 할 것이다. 여기에 대해서는 이수열, 「'아시아 교역권론'의 역사상: 일본사를 중심으로」, 『한일관계사연구』 제48집, 2014 참조.

11) 김문기, 「동아시아 해양어류지식의 역사: 어보 출현 이전을 중심으로」, 『명청사연구』 41, 2014; 김문기, 「근세 동아시아 魚譜와 어류지식의 형성」, 『역사와 경계』 99, 2016; 김문기, 「海權과 漁權: 韓淸通漁協定 논의와 어업분쟁」, 『대구사학』 제126호, 2017; 안미정, 「식민지시대 한·일해역의 자원과 해녀의 이동」, 『한국민족문화』 58, 2016; 박정식, 『식민 이주어촌의 흔적과 기억』, 서강대학교 출판부, 2017 참조.

12) 이하 본문에서 사용하는 '수출'과 '수입' 관련 용어는 식민지시기 경제사 연구에서 관례대로 사용하는 방식을 따랐다. 조선에서 일본으로 수출은 '이출(移出)', 일본으로부터 수입은 '이입(移入)', 조선과 일본 이외(만주·중화민국·관동주·기타 각국) 지역의 교역에 대해서는 수출과 수입 등으로 표현하였다. 이출과 이입은 역사성을 갖는 용어로서 식민지 본국과 식민 지배를 받았던 지역을 하나의 권역으로 묶는다는 점에서 유용성이 있는 것은 사실이다. 그러나 수출과 수입의 '주체' 문제와 관련해서 이해하고자 한다면 상당한 문제점을 내포한 용어임에 틀림없다. 일단 본고에서는 관례대로 이출과 이입이란 용어를 사용하였음을 밝혀둔다.

II. 수산물의 수이출(輸移出) 현황

1. 생선의 수이출

식민지시기 국내에서 생산된 어류, 해조류, 패류 등을 포함한 전체 수산물의 어획고는 1911년 6,341천 원에서 1943년 179,835천 원으로 28.4배 증가하였다. 1911년을 기준으로 했을 때 총어획고는 1911~1922년 7.5배, 1922~1933년 1.1배, 1933~1943년 3.5배 등으로 증가하였다. 결국 총어획고는 1910년대 크게 증가한 뒤 1920년대와 1930년대 전반까지 큰 변화가 없다가 1930년대 중후반 이후 다시 증가하는 추세를 나타냈다.[13]

총어획고의 이러한 추이를 기초로 총어획고 중 생선의 전체 어획고와 이들 생선의 어획고 중에서 일본과 그 외 지역으로 수출된 총수이출액(總輸移出額)에 대해서 정리하면 〈표 1〉과 같다.

〈표 1〉은 국내에서 생산된 생선과 일본 또는 그 이외 지역으로 수이출된 생선의 현황을 정리한 것이다. 〈표 1〉에서 총어획고(A)는 어류, 해조류, 패류 등을 포함한 전체 수산물의 생산액을, 총생선액(B)은 어류의 생산액만을 뜻한다. 그리고 총수이출액(C)은 총생선액(B) 중에서 일본과 그 이외 지역으로 수이출된 생선의 금액을 나타낸 것이다. 먼저 식민지시기 수산물 생산의 전체적인 현황을 보면 총어획고(A)는 26배, 총생선액(B)는 25.4배 증가하였다. 총어획고(A)와 총생선액(B) 모두 1911~1918년 사이 가장 큰 폭으로 증가하였는데 평균 5배 정도였다. 전체적으로 식민지시기 총어획고(A)와 총생선액(B)의 증가

---

[13] 식민지시기 총 어획고의 변화와 각 시기별, 지역별 어획량의 변화에 대해서는 김승, 「식민지시기 부산지역의 수산물 어획고와 수산업인구 동향」, 136~146쪽 참조.

〈표 1〉 전국 수산물 생산과 생선의 수이출 (단위, 원)

연도	총어획고 (A)	총생선액 (B)	이출 일본	수출 중국	수출 러시아	총 수이출액 (C)	비율 B/A	비율 C/B
1911	6,341,000	5,611,000	96,201	36,466	1,100	133,777	88.5	2.4
			71.91	27.26	0.82	100		
1912	8,466,000	6,710,020	100,111	37,566	671	138,348	79.3	2.2
			72.36	27.15	0.48	100		
1914	12,064,703	9,705,723	140,686	52,141	1,037	193,864	80.4	2.0
			72.57	26.89	0.53	100		
1916	15,955,922	13,002,098	125,862	83,769	2,912	212,543	81.5	1.6
			59.22	39.41	1.37	100		
1918	32,863,402	28,390,534	3,815,069	272,577	6,750	4,094,396	86.4	14.4
			93.18	6.66	0.16	100		
1920	39,264,645	32,296,134	7,076,929	807,812	78,869	7,963,610	82.2	24.7
			88.86	10.14	0.99	100		
1922	47,536,081	39,947,381	7,712,605	565,335	12,421	8,290,361	84.0	20.7
			93.03	6.82	0.15	100		
1924	51,997,921	42,648,898	10,002,907	509,865	3	10,512,775	82.0	24.6
			95.15	4.85	0.01	100		
1926	53,742,867	43,609,244	8,328,576	758,181	71	9,086,828	81.1	20.8
			91.65	8.34	0.01	100		
1928	66,114,052	55,639,429	7,187,502	448,420	-	7,635,922	84.2	13.7
			94.13	5.87		100		
1929	65,338,398	56,099,857	6,316,708	498,027	151	6,814,886	85.9	12.2
			92.69	7.31	0.01	100		
1930	50,129,028	40,782,962	5,730,673	712,303	-	6,442,976	81.3	15.8
			88.94	11.05		100		
1931	46,578,170	37,758,286	5,035,610	574,153	1,667	5,611,430	81.1	14.9
			89.74	10.23	0.03	100		
1932	46,263,592	38,689,259	5,006,696	822,387	-	5,829,083	83.6	15.1
			85.89	14.11	-	100		

연도	총 어획고 (A)	총 생선액 (B)	이출		수출			총 수이출액 (C)	비율	
			일본	중화민국	만주국	관동주	러시아		B/A	C/B
1933	51,378,158	37,914,824	5,696,289	-	881,149	96,501	221	6,674,160	73.8	17.6
			85.35	-	13.20	1.44	0.01	100		
1934	57,777,901	49,402,140	5,316,852	-	1,057,859	98,187	532	6,473,430	85.5	13.1
			82.13	-	16.34	1.52	0.01	100		
1935	65,966,614	56,541,16 5	5,959,799	2,484	924,080	49,179	80	6,935,622	85.7	12.3
			85.93	0.03	13.32	0.71	0.01	100		
1936	79,879,137	70,137,46 7	-	948,515				-	87.8	-
			-	-				100		
1937	89,920,363	80,202,958	5,671,677	1,180,513				6,852,190	89.2	8.5
			82.77	17.23				100		
1938	87,082,880	76,956,869	6,818495	8,196	1,842,064	74,161	-	8,742,916	88.4	11.4
			77.99	0.09	21.07	0.85	-	100		
1940	175,498,949	-	-	-	-	-	-	18,400,000	-	-
1941	166,750,671	142,430,304	-	-	-	-	-	-	85.4	-

*출저: 朝鮮總督府, 『朝鮮總督府統計年報』 각 연도판; 朝鮮總督府, 『朝鮮水産統計』, 1937년판, 4 · 8~29 · 96~97쪽; 1940년판, 12쪽 · 142~161쪽; 1943년판, 12쪽; 朝鮮總督府, 『朝鮮の水産業』, 1941, 43쪽. 원문의 합계 오류 수정. 1940년판 자료에서 수출과 이출(移出)의 오기를 수정. 총어획고(A)는 어류(생선), 해조류, 패류, 기타 수산물 등을 합친 금액. 총생선고(B)는 어류(생선)만을 산정한 금액. 총생선고(B) 중 1934~1938년을 제외한 1911~1933년의 금액은 필자가 산출한 금액. 산출방식은 원사료를 통해서 파악할 수 있었던 E 금액【50만 원 이상의 총생선고[어류(45종), 해조류(10종), 패류(14종), 기타 수산물a(9종=새우, 고래, 해삼, 게, 자라 등), 기타 수산물b(종류 미상의 50만 원 미만 총어획고) 등의 수치를 활용하여 도출한 총어류 금액】에서 F금액【E금액×필자가 산정한 가중치 0.019%(1934~1935년의 통계를 활용하여 얻은 평균비율)】을 빼는 방식으로 산출한 것임. E금액에서 F금액을 뺀 이유는 '기타 수산물b'에 포함된 50만 원 미만의 해조류와 패류 등의 금액을 제외하기 위함.

율이 비슷했다는 것은 총어획고 중 패류, 해조류 등의 증가율보다 생선 어획고의 증가율이 더 컸음을 의미한다. 이는 총어획고(A)에서 총생선액(B)이 차지했던 비율(B/A)이 시기별로 약간의 차이는 있으나 평균 84.7%를 차지했다는 사실을 통해서 알 수 있다.

〈표 1〉에서 볼 수 있듯이 총생선액(B)과 총수이출액(C)이 1918년 이후 급격히 증가할 수 있었던 것은 제1차 세계대전 이후 기업적 경영 방식의 수산업이 발달함과 더불어 어선의 동력화, 어항의 수축, 1926년부터 각도에서 지방비보조에 의한 근해 동력어선의 건조 장려 등이 실현되면서 수산업 전반이 성장 추세로 진입했기 때문이다.[14] 생선의 총생선액은 총어획고의 성장과 맞물려 1929년까지 지속적인 증가 추세를 보였다. 그러나 세계대공황의 영향이 미쳤던 1929~1933년 총생선액은 감소하였다. 이후 경제 전반이 불황의 늪에서 벗어나게 되는 1934년부터 총생선액 또한 증가 추세로 돌아서 1937년에는 8,020만 원으로까지 증가하였다.

한편 총생선액(B) 대비 총수이출액(C)을 보면 1916년까지는 평균 2%에 불과하였다. 그러나 앞서 언급했듯이 총생선액이 급증하게 되는 1918년부터는 생선의 수이출액 또한 14.4%로 급증하고 1924년에는 식민지시기 중 생선의 수이출률이 가장 높았던 24.6%까지 증가하였다. 그러나 1926년부터 1932년 일본으로 이출된 생선의 이출액이 감소함에 따라 총수이출액 또한 하락하여 1932년 15.1%에 머물게 된다. 이후 생선의 총수이출액 비율은 1933년 일본으로 이출액이 잠시 증가함에 따라 17.6%로 증가하였으나 1933년부터 다시 감소 추세를 나타냈다. 1940년 이후 생선의 총수이출액 비율(C/B)에 대해서는 관련 자료의 미비로 예단하기가 어렵다. 그러나 전후 상황을 볼 때 1938년의 총수이출액 비율(11.4%)에 머물렀거나 그보다 감소했던 것으로 보인다.

그 이유는 수산물의 총어획고(A)가 1940년 이후 감소하였고 태평양

---

[14] 吉田敬市, 『朝鮮水産開發史』, 朝水會, 1954, 283~302쪽.

전쟁이 발발하면서 각종 어선들의 군용 동원과 전쟁말기 대한해협의
선박 왕래 등이 제약을 받음에 따라 생선의 일본 이출이 감소할 수밖
에 없었기 때문이다. 생선의 수이출과 관련하여 눈여겨 볼 것은 생선
의 총수이출액 비율의 감소 경향이 세계대공황이 엄습하기 이전인
1928년부터 시작되었고 이러한 감소 추세는 산업 전반에 걸쳐 세계대
공황의 불경기에서 벗어나는 1934년 이후에도 여전히 계속되며 1920
년대 중후반의 수준을 회복하지 못했다는 점이다.

생선의 수이출 대상 지역을 보면 1910년대 전반기까지는 일본과 중
국으로 수이출된 비율이 70 대 30으로 일본이 월등히 많았다. 이후
1916년 생선의 지역별 비율에서 일본 이출이 60%로 떨어지는 경우도
있었으나 1918~1929년 전체 생선의 수이출에서 일본 이출이 차지했던
비율은 평균 92.7%로 이전 시기보다 압도적으로 더 많아졌다. 그러나
일본 이출은 1930년 이후 다시 80%대로 하락하게 되어 1930~1937년
평균 86%의 수준을 유지하였다.[15] 그러다가 1938년 78%로 다시 하락
하게 되는데 전체적으로 보면 생선의 총수이출에서 일본 이출액이 차
지했던 비중이 가장 높았던 시기는 1918~1929년이었다.

한편 〈표 1〉의 생선 수이출에서 일본을 제외하고서는 만주 지역이
생선 수출액의 대부분을 차지하고 있었음을 1933년 이후 상황을 통해
서 엿볼 수 있다. 1932년 만주국이 건국된 이후 수산물의 만주 수출은
증가하게 되는데 1933년 13%였던 생선의 만주 수출은 1937년 17%,
1938년 21% 등으로 증가하였다. 이처럼 만주지역으로 생선 수출이 증

---

[15] 통계자료(朝鮮總督府, 『朝鮮水産統計』 1940년판, 144쪽)를 통해 1936년 생선의 일
본 이출액 473,504원과 그 외 지역 생선 수출액 948,515원을 파악할 수 있다. 그러
나 1936년 생선 일본 이출액 473,504원은 1935년과 1937년 생선 일본 이출액과 비
교했을 때 잘못된 통계수치로 판단된다. 이에 본문 〈표 1〉에서 생략하였다.

가할 수 있었던 것은 만주국 건립 이후 조선총독부와 만주국 간의 협정을 통해 철도운임과 수산물에 대한 관세 인하 등이 실현되고 중일전쟁 이후에는 철도운송 시간의 단축과 수산물 전용 냉동열차 운행과 같은 여러 조치들이 뒷받침되었기 때문이었다.[16]

따라서 1940년 이후 만주 지역 생선 수출의 정확한 동향을 파악하기는 어렵지만 최소 1938년의 21% 이하로는 감소하지 않았던 것으로 여겨진다. 그 이유는 식민지 말기 선박을 통한 생선의 일본 이출은 감소하였지만 철로를 통한 만주와 중국 방면으로 수출은 증가했을 것으로 생각되기 때문이다. 각 지역으로 수이출된 중요 생선의 종류를 보면 일본 이출 생선은 주로 일본인 도매상과 중매상을 통해 도미(鯛), 방어(鰤), 삼치(鰆), 갯장어(鱧), 청어(靑魚), 전갱이(鰺), 옥돔(甘鯛), 넙치(鮃), 고등어(鯖) 등과 같이 비교적 "값비싼" 어종이 이출되었고 만주국과 중화민국 수출 생선은 조선인과 일본인 상인들을 통해 조기(石首魚), 대구(鱈), 달강어(達江魚), 갈치(太刀魚), 성대, 복어(河豚·鰒), 민어(民魚), 숭어(鯔) 등의 "값싼" 어류들이 수출되었다.[17]

2. 수산가공품의 수이출(輸移出)

식민지시기 수산가공업은 수산물 어획고의 증가에 힘입어 1911년

---

[16] 『釜山日報』 1934년 11월 20일(3면) 3단 「滿洲國の關稅引下 水産業者の福音 今後は鐵道運賃問題」; 『東亞日報』 1938년 10월 14일(4면) 2단 「北京行直通車 生鮮輸送企圖, 釜山北京間의 直通列車 運行도」; 『東亞日報』 1939년 1월 12일(6면) 1단 「水産物滿支輸出激增, 生鮮만 每日五千圓」); 朝鮮總督府殖産局, 『朝鮮の水産業』, 1942, 44쪽.

[17] 朝鮮總督府殖産局, 『朝鮮の水産業』, 1921, 32쪽; 朝鮮總督府殖産局, 『朝鮮の水産業』, 1928, 35쪽; 朝鮮總督府殖産局, 『朝鮮の水産業』, 1938, 61~63쪽; 朝鮮總督府殖産局, 『朝鮮の水産業』, 1942, 43쪽.

2,655천 원에서 1942년 146,348천 원으로 55배 증가하였다. 그 결과
1937~1941년 수산가공품 생산액은 어획고의 생산액보다 앞서게 된다.
특히 1939년에는 수산가공품 생산액(167,916천 원)이 어획고 생산액
(151,098천 원)과 양식업 생산액(8,308천 원)를 합친 금액보다 더 많았
을 정도로 식민지 후반기가 되면 수산가공업이 크게 성장하였다.

수산가공업의 이러한 추이를 기초로 조선에서 생산된 전체 수산가
공품 생산액과 그 중에서 일본 또는 중국(중화민국 · 만주 · 관동주),
그 이외 지역 등으로 수이출된 수산가공품에 대해 나타내면 아래의
〈표 2〉와 같다.[18]

〈표 2〉는 식민지시기 수산가공품 수이출의 시기별, 지역별 현황을
정리한 것이다. 식민지시기 수산가공품의 총생산액(A)과 그 중에서
이출(移出)과 수출을 통해 빠져나간 전체 수이출액(B)을 각각 보면,
총수산가공액(A)은 1911~1938년 사이 13.4배, 전체 수이출액(B)은 62.4
배 증가하였다. 이는 국내 수산가공품 총생산액(A)의 증가율보다 전
체 수이출액(B)의 증가율이 훨씬 빨랐음을 보여준다.

특히 〈표 2〉를 통해 수산가공품 총수이출액이 앞서 보았던 생선의
총수이출액보다 1910년대 전반기부터 월등히 높았음을 알 수 있다.
이것은 수산가공품 생산이 처음부터 국내 시장을 겨냥하기보다는 일
본 및 여타 지역으로의 수이출에 더 역점을 두고 있었음을 보여준다.
수산가공품 수이출액 비율은 1911년 44%로 출발하여 시기별 약간의
차이는 있었으나 1929년 66%로 최고 수준에 이르렀다. 그러나 1929년
이후 세계대공황의 영향으로 수산가공품 수이출은 감소하기 시작하여
1935년이 되면 47.8%로 하락했다. 그런데 여기서 한 가지 눈여겨 볼

---

[18] 식민지시기 각 도별(道別) 수산가공품의 생산에 대해서는 김승, 「식민지시기 부
산의 수산가공업과 수산가공품 현황」, 136~144쪽.

〈표 2〉 수산가공품의 수이출(輸移出)

연도	총가공액 (A)	이출	수출					총수이출액 (B)	비율
		일본	중국	홍콩	러시아	북미	기타		B/A
1911	2,654,919	1,097,981	71,999	873	102	-	-	1,170,955	44.1
		93.76	6.15	0.07	0.00		-	100	
1912	4,606,391	1,478,214	85,039	250	911	-	-	1,564,414	34.4
		94.49	5.43	0.01	0.06			100	
1914	6,864,196	2,575,568	128,058	2,982	1,015	-	-	2,707,623	39.4
		95.12	4.73	0.11	0.04			100	
1916	9,781,853	3,348,054	201,798	1,947	2,904	-	57 (하와이)	3,554,760	36.3
		94.18	5.68	0.05	0.08	-	-	100	
1918	19,115,921	8,390,281	713,054	22	186,637	-	-	9,289,994	48.6
		90.31	7.67	0.01	2.01	-	-	100	
1920	21,402,460	8,634,044	1,215,924	-	195,446	-	-	10,045,414	46.9
		85.95	12.10		1.94			100	
1922	26,425,616	10,920,648	705,095	-	107,127	253	194 (하와이)	11,733,317	44.4
		93.07	6.01		0.91	0.01	0.01	100	
1924	31,173,153	14,678,784	1,473,908	-	63	-	-	16,152,755	51.8
		90.87	9.12		0.01			100	
1926	34,129,368	14,773,940	1,794,454	-	5,094	-	-	16,573,488	48.5
		89.14	10.83		0.03			100	
1928	44,886,136	22,135,802	1,981,146	-	-	4,800	207 (하와이)	24,121,955	53.7
		91.77	8.21	-	-	0.02	0.01	100	
1929	44,815,981	27,719,146	1,831,392	-	2,167	34,786	-	29,587,491	66.0
		93.68	6.19	-	0.01	0.12		100	
1930	30,389,231	17,590,603	1,364,747	9,355	5,380	33,190	7,627 (하와이) 12,140 (호주) 2,000 (캐나다)	19,025,032	62.6
		92.46	7.17	0.05	0.03	0.17	0.11	100	

연도	총가공액(A)	일본	중화민국	만주국	관동주	홍콩	러시아	북미	기타	총수이출액(B)	B/A
1931	28,369,452	14,015,174	757,017			2,353	8,566	21,230	29(하와이) / 2,520(호주) / 4,580(화란령 인도네시아)	14,811,469	52.2
		94.62	5.11			0.01	0.06	0.14	0.05	100	
1932	27,383,782	14,477,783	1,458,550(중국) / 16,348(관동주)			5,389	2,362	9,690	2,117(하와이) / 1,820(필리핀)	15,974,059	58.3
		90.6	9.13(중국) / 0.10(관동주)			0.03	0.01	0.06	0.02	100	
1933	35,589,146	16,200,617	551,856	1,231,331	424,449	450	2,432	157,245	4(하와이) / 5,760(호주) / 6,188(영국) / 10,451(필리핀) / 2,250(기타)	18,593,043	52.2
		87.13	2.97	6.62	2.28	0.01	0.01	0.84	0.13	100	
1934	45,533,017	20,584,969	463,477	1,461,162	596,084	627	50	123,301	215(하와이) / 2,940(영국) / 10,183(필리핀)	23,249,008	51.1
		88.54	1.99	6.28	2.56	0.01	0.01	0.53	0.06	100	

연도	총액	일본							호주·필리핀·기타	합계	%
1935	65,013,656	27,947,155	608,599	1,698,576	715,939	3,991	-	-	162 (호주) / 6,722 (필리핀) / 128,119 (기타)	31,109,264	47.8
		89.83	1.96	5.46	2.30	0.01	-	-	0.43	100	
1936	79,377,283	57,780,768	4,337,178							62,117,946	78.2
		93.01	6.99							100	
1937	93,447,381	59,595,006	7,595,756							67,190,762	71.9
		88.69	11.30							100	
1938	96,817,975	64,067,225	514,372	5,273,324	1,195,204	2,070,345				73,120,470	75.5
		87.62	0.70	7.21	1.63	2.83				100	

*출처: 朝鮮總督府, 『朝鮮總督府統計年報』 각 연도판; 朝鮮總督府, 『朝鮮水産統計』, 1937년판, 40~41쪽. 98~99쪽; 1940년판, 142~161쪽. 1940년판 자료에서 수출과 이출(移出)의 오기를 수정. 1936~1938년 일본 수산가공품 이출액은 40년판 144쪽에서 선어 이출액(移出額)을 뺀 금액.

것은 1929~1935년 수산가공품 총수이출액 비율의 감소폭이 크지 않았다는 점이다.

　이와 함께 앞서 보았던 생선의 수이출액 비율이 1926년 이후, 비록 1933년과 같이 일시적으로 증가하는 경우도 있었으나 전체적으로 감소 추세였다면, 이에 반해 수산가공품 수이출액 비율은 1936년부터 수이출액의 절대적 증가와 함께 급격하게 늘어났다는 점이다. 이처럼 1936년 이후 수산가공품 수이출액과 그 비율이 크게 증가할 수 있었던 것은 뒤에서 살펴볼 정어리가공업의 급속한 성장과 밀접한 관련이 있었다.[19]

　한편 수산가공품의 수이출을 보면 생선과 마찬가지로 일본 이출이 압도적으로 많았다. 수산가공품 총수이출액에서 일본이 차지했던 비

---

[19] 정어리가공업에 대해서는 본문 'Ⅲ. 수이출 수산물의 종류'의 '1. 일본 이출 수산물' 참조.

율은 1911~1932년 평균 92%, 1934~1938년 평균 89% 등이었다. 따라서 수산가공품의 일본 이출은 생선의 일본 이출 비율보다 더 높았음을 확인할 수 있다. 일본 이외 지역으로 수출을 보면 홍콩, 러시아, 북미 등과 더불어 여러 지역으로 수산가공품이 수출되었지만 전체 수출액은 1938년을 제외하고 1% 미만이었다. 또한 중화민국, 만주국, 관동주(關東州)[20] 지역으로 수출은 1933년 이후 지역별 수출 상황을 감안할 때 중화민국보다는 만주와 관동주 지역 수출이 많았음을 쉽게 유추할 수 있다.

그런데 1933년 이후 중국, 만주, 관동주로의 수산가공품 수출액을 자세히 보면 중화민국 수출액 비율은 계속해서 감소한 반면에 만주의 수출액은 약간의 증감은 있었지만 크게 보면 수출액과 수출액 비율 모두 증가 추세였음을 볼 수 있다. 그 밖에 소량이기는 하지만 〈표 2〉를 통해 1938년 이후 홍콩, 러시아, 북미, 기타 지역 수출액이 이전에 비해 크게 증가하였음을 알 수 있는데 이는 1930년대 중반 이후 국내

----

20) 러일전쟁에서 승리한 일제는 랴오둥(遼東)반도의 다롄(大連)과 뤼순(旅順)을 러시아로부터 돌려받아 자국의 조차지(租借地, leased territory)로 복속시켰다. 이때 다롄과 뤼순 지역을 관동주(關東州)로 명명하고 이곳에 식민 행정기관인 관동도독부(關東都督府)를 설치하였다. 관동도독부는 1919년 관동청(關東廳), 1932년 만주국 건립 이후에는 관동주청(關東州廳) 등으로 명칭이 변경되었다. 만주국 건국 이후에는 사실상 관동주와 관동주청 모두 만주국의 관할 아래 놓이게 된다. 관동주청 설립과 함께 일제는 관동주에 대한 영유권을 중화민국에서 만주국으로 이관하는 절차를 밟았다(신태갑 옮김, 『대련 식민통치 40년史』 1~3권, 선인, 2012 참조). 결국 관동주는 러일전쟁 이후 1945년 일제가 패망할 때까지 사실상 대만 또는 조선과 같이 일본의 식민지였다. 그러나 형식적이기는 하지만 국제법상으로 본다면 관동주는 만주국 건국 이전에는 청(淸) 또는 중화민국으로부터 할양받은 조차지였고 만주국 건국 이후에는 만주국 관할 아래 있는 영토였다. 따라서 일제는 관동주와의 각종 교역을 조선과 같이 이출(移出) 또는 이입(移入)의 관계로 보지 않고 마치 만주국과 같이 별개의 국가와 교역했던 것처럼 수출과 수입 등의 범주로 분류했다.

정어리 생산의 급증과 함께 정어리에 토마토소스를 섞어서 만든 토마
토사딘(Tomato-Sardine)통조림이 북미 지역으로 수출된 것과 관련이
있었다.[21)

식민지시기 수이출된 수산가공품의 종류는 일본과 만주 지역에서
큰 차이는 없었다. 주로 건어(乾魚), 해조(海藻), 염어(鹽魚), 건패(乾
貝), 어비(魚肥), 해삼, 통조림, 건하(乾蝦), 요오드회(沃度灰, Jod灰),
명란(明卵), 어유(魚油), 어분(魚粉), 전복, 김(海苔) 등 40여 종이 수이
출되고 있었다. 특히 일본 이출 가공품 중에서 요오드회, 어비, 해조,
명란 등을 제외한 많은 수산가공품이 나가사키(長崎), 고베(神戸), 시
모노세키(下關), 오사카(大阪) 등의 무역상을 통해 중국으로 수출되고
있었다는[22) 점에 유의할 필요가 있다.

지금까지 살펴본 생선과 수산가공품의 수이출액을 합쳐서 살펴보
면 아래의 〈표 3〉과 같다.[23)

----

21) 토마토사딘(Tomato-Sardine) 통조림에 대해서는 吉田敬市, 『朝鮮水産開發史』, 391
  ~392쪽;『東亞日報』1931년 5월 2일(5면) 4단「朝鮮水産物中一位인 東海의 멸치
  (七) 年産額千五百萬圓以上」;『釜山日報』1934년 9월 19일(1면) 5단「半島水産業
  の振興」;『釜山日報』1940년 3월 10일(4면) 1단「出荷獎勵金の交付中止で立往生
  第三國向」水産罐詰」. 참고로 정어리의 영어명은 Sardine인데 고대로부터 이탈리
  아의 사르디나 섬을 중심으로 정어리가 많이 잡혔기 때문에 붙여진 명칭이다.
22) 朝鮮總督府殖産局,『朝鮮の水産業』, 1921, 32쪽; 朝鮮總督府殖産局,『朝鮮の水産
  業』, 1928, 35쪽; 朝鮮總督府殖産局,『朝鮮の水産業』, 1938, 63쪽; 朝鮮總督府殖産
  局,『朝鮮の水産業』, 1942, 43쪽. 옥도회(沃度灰)로 불렸던 요오드회는 해조류를
  건조시켜 약품 처리를 한 뒤 불에 태워서 얻는 재를 말한다. 요오드재로부터 약
  물의 원료가 되는 요오드를 추출하였다.
23) 본문 〈표 3〉에서 1936년 통계는 비율이 아닌 실제 수이출액이다(본문 각주 15)
  참조). 따라서 1936년 총수이출액 63,066,461원은 일본 생선 이출액이 빠진 금액
  으로 실제 1936년 전체 수이출액은 〈표 3〉의 수치보다 많았을 것이다.

<표 3> 수산물 총수이출액(輸移出額) 비율

연도	품목	이출	수출					총수이출액
		일본	중국	홍콩	러시아	북미	기타	
1911	생선	7.37	2.79	-	-	-	-	1,304,732
	가공품	84.15	5.52	0.06	0.00			
1912	생선	5.87	2.21	-	0.04	-	-	1,702,762
	가공품	86.81	4.99	0.01	0.05	-	-	
1914	생선	4.85	1.79	-	0.03	-	-	2,901,487
	가공품	88.76	4.41	0.10	0.03	-	-	
1916	생선	3.34	2.22	-	0.07	-	-	3,767,303
	가공품	88.87	5.35	0.05	0.07	-	0.00	
1918	생선	28.50	2.03	-	0.05	-	-	13,384,390
	가공품	62.69	5.33	0.00	1.39	-	-	
1920	생선	39.29	4.48	-	0.43	-	-	18,009,024
	가공품	47.94	6.75	-	1.08	-	-	
1922	생선	38.51	2.82	-	0.06	-	-	20,023,678
	가공품	54.54	3.52	-	0.54	0.00	0.00 (하와이)	
1924	생선	37.51	1.91	-	0.00	-	-	26,665,530
	가공품	55.05	5.53	-	0.00	-	-	
1926	생선	32.46	2.95	-	0.00	-	-	25,660,316
	가공품	57.6	6.99	-	0.02	-	-	
1928	생선	22.63	1.41	-	-	-	-	31,757,877
	가공품	69.70	6.24	-	-	0.01	0.00 (하와이)	
1929	생선	17.35	1.37	-	0.00	-	-	36,402,377
	가공품	76.14	5.03	-	0.00	0.09	-	
1930	생선	19.77	2.79	-	-	-	-	25,468,008
	가공품	69.07	5.36	0.04	0.02	0.13	0.08	
1931	생선	24.65	2.81	-	0.00	-	-	20,422,899
	가공품	68.62	3.70	0.01	0.04	0.10	0.03	
1932	생선	22.96	3.77	-	-	-	-	21,803,142
	가공품	66.40	6.69(중국) 0.07(관동주)	0.02	0.01	0.04	0.02	

연도	품목	일본	중화민국	만주국	관동주	홍콩	러시아	북미	기타	총수이출액
1933	생선	22.54	-	3.52	0.38	-	0.00	-	-	25,267,203
	가공품	64.12	2.18	4.87	1.68	0.00	0.00	0.62	0.09	
1934	생선	17.88	-	3.55	0.33	-	0.00	-	-	29,722,438
	가공품	69.25	1.55	4.91	2.00	0.00	0.00	0.41	0.04	
1935	생선	15.66	0.00	2.43	0.13	-	0.00	-	-	38,044,886
	가공품	73.46	1.59	4.46	1.88	0.01	-	-	0.35	
1936	생선	-	948,515							63,066,461
	가공품	57,780,768	4,337,178							
1937	생선	7.66	1.59							74,042,952
	가공품	80.49	10.26							
1938	생선	8.33	0.01	2.25	0.09	-				81,863,386
	가공품	78.26	0.63	6.44	1.46	2.53				

〈표 3〉에서 먼저 살펴볼 것은 수산물의 총수이출액 동향이다. 1911~ 1938년 수산물의 총수이출액은 1,304천 원에서 81,863천 원으로 62.7배 증가하였다. 수산물의 총수이출액은 크게 네 시기로 구분할 수 있는데 1기 1911~1914년 증가, 2기 1916~1929년 급증가, 3기 1930~1932년 감소, 4기 1933~1938년 급증가 등의 추이를 볼 수 있다. 2기의 급증가는 앞서 지적했듯이 수산업 전반적의 근대화와 관련이 있었고 3기의 총수이출액 감소는 역시 세계대공황의 영향 때문이었다. 4기의 급증가는 중일전쟁 이후 만주와 중국 지역에서 수산물의 수요가 급증했기 때문이다. 이러한 각 시기별 수산물 총수이출액의 추이는 앞서 본 생선과 수산가공품의 수이출액 증감 패턴과 일치한다.

〈표 3〉을 보면 수산물의 총수이출액에서 수산가공품이 압도적으로 많았음을 알 수 있다. 그리고 수산물 전체 수이출에서 지역별로 일본 이출이 압도적으로 많았음은 일본 이출의 비율이 86.69%(1938년)~

93.61%(1914년) 범위 내에 있었다는 사실을 통해서 확인할 수 있다. 한편 수산물의 일본 이출에서 생선과 가공품의 이출 비중을 보면 1920년 이후, 1930년과 1931년을 제외하고서 매년 생선의 이출 비율이 감소한 것에 비해 수산가공품 이출액 비율은 증가하고 있었다. 일본 이출에서 드러난 수산가공품의 우위는 1933년 이후 만주국과 관동주 등에서도 동일하게 나타나고 있었다. 특히 일본 이출의 경우 중일전쟁 이후 생선과 수산가공품의 간극이 더 넓어지게 되는데 이는 식민지 후반부로 갈수록 수산물의 일본 이출에서 수산가공품의 비중이 더 높아지고 있었음을 의미한다.

따라서 〈표 3〉에서 1936년 이후 수산물 수이출액이 급증한 중요 원인이 수산가공품의 증가 때문이었음을 알 수 있다. 수산물 수이출에서 또 한 가지 지적할 내용은 1929~1938년 사이 전체 수산물 수이출 중에서 일본 이출액의 비율이 1931년(93.27%)과 1935년(89.12%)처럼 전년 대비 증가한 경우도 있었지만 전체적으로 보면 감소 추세였다는 점이다. 다시 말해 총수이출액에서 일본은 절대적 우위를 나타내고 있었지만 일본 이외 지역과 비교했을 때는 상대적으로 일본의 전체 이출 비중이 떨어지고 있었다는 뜻이다.

특히 1935년 이후 총수이출에서 일본 이출액의 비율이 계속해서 감소하였고 여기에 반비례해서 만주를 중심으로 다른 지역 수출액 비율은 10.49%(1935년), 11.85%(1937년), 13.41%(1938년) 등으로 증가했다는 사실이다. 일본 이외 지역의 이러한 증가는 만주국과 관동주로의 수산물 수출액의 증가 때문이었다. 수산물 수이출에서 1935년 이후 드러난 일본과 일본 이외 지역의 이와 같은 상반된 추이는 1938년 이후 더 심화되었던 것으로 보는 것이 바람직할 것 같다.

III. 수이출 수산물의 종류

1. 일본 이출 수산물

　식민지시기 일본 이출(移出) 수산물은 크게 생선과 수산가공품으로 구분할 수 있다. 일본의 경우 생선과 수산가공품의 이출에서 수산가공품이 생선보다 압도적으로 많았음은 앞의 〈표 3〉에서 확인한 바와 같다. 이하에서는 수산물의 일본 이출에서 절대적 우위를 나타냈던 수산가공품을 중심으로 시기별, 품목별 동향을 살펴보고자 한다.

〈표 4〉 일본 이출 수산물의 종류

분류	종류	연도													
		1926		1933		1934		1935		1936		1937		1938	
		금액	비율	금액	비율	금액	비율	금액	비율	금액	비율	금액	비율	금액	비율
素乾	건어(乾魚)	4,562,600	29.8	4,247,945	29.8	5,543,116	22.4	4,450,581	12.0	3,440,742	8.1	3,916,416	7.1	5,159,472	8.8
	마른김(乾海苔)	2,097,470	13.7	3,402,284	23.9	3,639,361	14.7	2,121,003	5.7	3,969,361	9.4	4,085,775	7.4	6,558,444	11.2
	해조(海藻)	1,399,103	9.2	1,178,124	8.3	1,029,713	4.1	1,613,024	4.3	1,744,879	4.1	1,691,087	3.1	1,408,284	2.4
煮乾	건패(乾貝)	443,441	2.9	266,914	1.9	407,721	1.6	624,008	1.7	348,147	0.8	215,935	0.3	68,122	0.1
	상어지느러미(鱶鰭)	63,334	0.4	55,111	0.3	46,695	0.2	52,320	0.1	77,745	0.2	42,147	0.1	86,635	0.1
	해삼(海蔘)	97,656	0.6	61,131	0.4	73,681	0.3	24,432	0.1	21,765	0.1	23,238	0.1	12,740	0.1
	마른새우(乾蝦)	202,127	1.3	223,090	1.5	318,711	1.3	469,534	1.3	701,992	1.6	820,428	1.5	937,552	1.6
	한천(寒天)	22,367	0.1	9,859	0.1	21,531	0.1	35,902	0.1	71,062	0.2	53,652	0.1	91,503	0.2
鹽藏	염어(鹽魚)	990,733	6.5	581,156	4.1	841,871	3.4	712,064	1.9	496,164	1.2	644,046	1.2	687,473	1.2
	명란(明太卵)	410,581	2.7	936,088	6.6	1,101,146	4.4	1,107,513	3.0	1,064,280	2.5	1,338,823	2.4	1,574,683	2.7

통조림	통조림 (罐詰)	738,662	4.8	614,769	4.3	1,010,924	4.1	1,572,251	4.1	1,071,131	2.5	450,728	0.8	866,014	1.5
어유	고래기름 (鯨油)	28,937	0.2	10,376	0.1	15,422	0.1	13,989	0.1	17,474	0.1	48,114	0.1	36,812	0.1
	생선기름 (魚油)	-	-	1,177,200	8.3	1,183,583	4.8	5,455,640	14.7	8,176,396	19.3	7,755,454	14.1	7,533,903	12.8
	경화유 (硬化油)	-	-	-	-	985,809	4.0	3,226,584	8.7	3,404,692	8.0	6,624,424	12.1	3,867,331	6.6
	지방산 (脂肪酸)	-	-	-	-	1,891,588	7.6	2,851,601	7.7	3,218,639	7.6	4,199,336	7.6	2,516,157	4.3
	글리세린	-	-	-	-	1,237,575	5.0	2,167,681	5.8	2,283,566	5.4	3,897,197	7.1	3,979,209	6.8
어비	어비 (魚肥)	3,201,579	20.9	617,665	4.3	4,124,421	16.7	7,654,861	20.7	9,739,076	23.0	14,862,464	27.1	14,889,153	25.4
어분	어분 (魚粉)	-	-	4,278	0.1	328,012	1.3	1,583,284	4.3	1,401,706	3.3	3,030,938	5.5	6,845,513	11.7
기타	선패 (鮮貝)	116,117	0.7	140,197	0.9	245,707	1.0	399,985	1.1	302,239	0.7	246,672	0.4	193,347	0.3
	어묵 (浦鉾)	192,651	1.2	26,640	0.2	36,330	0.1	42,090	0.1	23,922	0.1	10,734	0.1	7,151	0.1
	생자라 (生鱉)	121,888	0.8	65,300	0.5	71,982	0.3	69,123	0.2	52,426	0.1	79,784	0.2	61,893	0.1
	고래고기 (鯨肉)	272,470	1.8	221,497	1.5	138,362	0.5	288,394	0.8	153,365	0.3	332,598	0.6	303,444	0.5
	기타 식용 수산물	316,630	2.1	386,666	2.7	401,104	1.6	412,659	1.1	490,994	1.1	495,243	0.9	933,979	1.6
합계		15,278,346	100	14,226,290	100	24,694,365	100	36,948,523	100	42,271,763	100	54,865,233	100	58,618,814	100

* 출저: 朝鮮總督府, 『朝鮮水産統計』(1940년판), 142~161쪽. 원문의 '수출'과 '이출'의 오기를 수정함.

〈표 4〉는 생선을 제외한 중요 수산가공품의 수출액과 수출 품목이다. 1926년 1,528만여 원이었던 수산가공품 이출액은 1938년 5,862만여 원으로 3.8배 증가하였다. 1926~1938년 전체 수산물 수이출액(〈표 3〉참조)과 비교하면 일본 이출에서 중요 수산가공품이 차지했던 비율은 1926년 59.5%, 1933년 56.3%, 1934년 83.1%, 1935년 97.1%, 1936년 80.3%, 1937년 74.1%, 1938년 71.6% 등으로 1935년까지 그 비율이 증가하다가 1936년 이후 감소 추세를 나타냈다.

이러한 추이에 근거하여 일본 이출 수산물을 수산물의 가공 형태를 기준으로 분류하면, 1934년 이전까지는 수산물을 말려서 건조시킨 건어(乾魚) 및 김 등의 소건품(素乾品)이 1위로 1926년 43.5%, 1933년 53.7%, 1934년 37.1% 등이었다. 2위는 1926년 어비(魚肥), 1933년 수산물을 끓는 물에 살짝 데친 뒤 건조시킨 자건품(煮乾品), 1934년 어유품(魚油品) 등이 각각 차지했다.

그러나 1935년 이후가 되면 소건품과 자건품의 이출액 비중은 급감하고 공장 또는 어느 정도의 설비 시설을 갖추어야 생산할 수 있었던 어유품과 어비(魚肥) 등의 이출액이 1위로 올라섰다. 이처럼 1930년대 중반 이후 어유품 및 어비가 이출액에서 큰 비중을 차지하게 된 것은 동해안에서 정어리 어획고의 급성장과 관련이 있었다. 정어리는 1923년 가을부터 함경북도를 중심으로 많이 잡히기 시작하였다. 이후 정어리는 1933년을 기점으로 동해안에서 대량 어획됨으로써 1937년이 되면 단일 어종으로 세계 제일을 기록하였다.

대량으로 잡힌 정어리는 염장품, 통조림, 어유(魚油), 어비(魚肥), 어분(魚粉) 등으로 가공되었는데 이들 가공품 중에서 가장 큰 비중을 차지했던 것은 정어리 착유(搾油)를 통해 획득된 정어리기름(鰮油)과 정어리지게미(鰮粕)였다.[24] 1937년 정어리 어획고 130만 톤 중 92%에 해당하는 120만 톤이 정어리기름과 정어리지게미였고, 나머지 8%는 어분, 통조림, 염장정어리(鹽鰮), 급냉동정어리 등으로 가공되었다. 정어리기름은 주로 식용유지(버터 등), 글리세린(의약품, 공업용), 불포화유지(인견 등 직물용), 스테아린(stearin)[화장품, 밀랍, 고무용], 비누와 그리스(grease) 등으로 재가공되어 산업의 다양한 분야에서 활용되었다.

24) 水産廳, 『한국수산사』, 1968, 315~321쪽.

더구나 일제말기 물자가 부족한 상황에서 정어리기름이 어업용 유류 원료로 활용되고 가공된 글리세린이 다이너마이트와 같은 화학용 원료로 개발됨에 따라 정어리기름은 산업 부문에서 중요한 역할을 하였다. 애초 정어리기름은 한국보다는 일본에서 대거 소비되었지만 정어리를 가공한 어비공장이 동해안을 중심으로 발달하면서 정어리기름의 소비 또한 한반도에서도 증가하였다.25) 정어리기름 가공의 부산물로 생산된 정어리지게미 역시 일본으로 전량 이출되었다. 식민지시기 한국 농가에서는 만주콩지게미(滿洲大豆粕)를 최고의 비료로 간주했던 반면에 일본에서는 예부터 정어리와 청어의 지게미를 농업 비료로 사용했기 때문이었다. 정어리지게미는 한때 조선총독부에 의해 식민지 조선에서 농업용 비료로 장려되기도 하였다.

그러나 이러한 조치는 세계대공황기 일본 자국의 비료 공급과잉을 해결하기 위한 일시적 조치였을 뿐, 한반도에서 생산된 정어리지게미는 대부분 일본으로 이출되었다. 농업용 비료로 사용되었던 정어리지게미는 1930년대 어분(魚粉)으로 재가공되어 낚시 미끼, 양식어와 가축용 사료, 식용 조미료 등으로 사용되기도 했다. 이처럼 1930년대 중반 이후 동해안에서 어획된 정어리는 수산업은 물론이고 산업 전반에 끼치는 영향력이 컸다. 이에 1942년 동해안의 중요 어항에는 정어리착유공장 2,167개가 운영되었고 이들 공장의 45%(1,071개)가 함경도에 위치하였다.26)

25) 손정목, 『일제강점기 도시화과정연구』, 일지사, 1996, 485~486쪽; 김태인, 『1930년대 일제의 정어리 油肥 통제기구와 한국 정어리 油肥제조업자의 대응』, 충북대학교 사학과 석사학위논문, 2015, 11~13쪽; 吉田敬市, 『朝鮮水産開發史』, 391~392쪽.
26) 吉田敬市, 위의 책, 390쪽; 김승, 「식민지시기 부산의 수산가공업과 수산가공품 현황」, 139~141쪽. 1937년 정어리가공업을 둘러싸고 함경도의 작은 어촌에서 펼쳐진 어민들의 힘겨웠던 삶에 대해서는 현경진의 단편소설 「出帆」을 참조하기

강원도와 함경도 지역에서 많이 어획되었던 정어리의 지게미는 원산, 청진, 웅기, 성진 등 함경도에서 일본의 모지(門司), 고베(神戸), 오사카 방면으로 이출하기도 하였는데 문제는 함경북도의 각 어항에서 일본으로 이출할 경우 값비싼 선박의 운임료를 지불해야 했다. 따라서 함경도에서 생산된 정어리지게미의 대부분은 함경선, 경원선을 통해 서울로 이송된 뒤 경부선을 이용하여 부산을 거쳐 일본으로 이출되었다. 1930년 당시 일본에서는 모지(門司), 고베(神戸), 요코하마(橫濱), 하코다테(函館) 등을 통해 정어리지게미를 미국, 캐나다, 독일, 영국 등으로 수출하였는데 이때 수출된 정어리지게미의 60% 정도가 조선에서 생산된 것들이었다.[27]

이후 일본의 조선산 정어리지게미에 대한 의존도는 더욱 높아져 1939년 일본에서 필요로 했던 전체 정어리지게미 17만 톤 중 76%에 해당하는 13만 톤이 조선에서 일본으로 이출된 것들이었다.[28]

한편 이들 값비싼 수산물 못지않게 많은 해조류들이 일본으로 이출되고 있었다. 해조류 중에서도 우뭇가사리, 청각채, 은행초 등이 많이 이출되었는데 이들 해조류는 함경도와 강원도, 경남과 전남 연해에 이르는 광범위한 지역에서 채집되었다. 특히 울산, 감포, 제주도, 여수 부근에서 5~6월 집중적으로 수확한 것이 제일 많았다. 다양한 해조류 중에서 우위를 차지했던 것은 역시 우뭇가사리였다. 우뭇가사리는 양갱이, 과자, 의약품, 화장품 등 다방면의 원료로 사용되었기 때문에 일본의 경제성장에 발맞추어 전량 일본으로 이출되었다. 식민지시기

바란다(연변대학교 조선문학연구소/허경진·허휘훈·채미화 주편, 『현경진』, 보고사, 2006, 188~212쪽 참조).

[27] 『釜山日報』 1931년 2월 26일 「景氣の春－釜山より海外へ－鰮締粕雄飛」.

[28] 吉田敬市, 『朝鮮水産開發史』, 390쪽.

우뭇가사리는 미역 가격과 비교했을 때 1916년 66배, 1930년 1,066배 더 비쌌을 정도로 상품적 가치가 컸다.29)

따라서 개항 이후 한반도에 진출했던 일본인들은 각종 해조류 중에서도 우뭇가사리 채취에 열을 올렸으며 수확한 우뭇가사리와 청각채 등은 주로 오사카로 이출되었다. 청각채는 1912년을 전후해서 규슈의 후쿠오카(福岡) 남쪽에 위치한 구루메(九留米) 지방으로 많은 양이 이출되기도 했다.30) 이밖에 일본으로 이출된 마른전복, 전복통조림, 정어리통조림 및 부산, 울산, 통영 등에서 가공된 상어지느러미, 전남 나로도에서 가공된 마른새우(乾蝦), 마른전복 등이 고베와 나가사키를 거쳐 중국으로 재차 수출되었다. 일본을 거쳐 중국으로 수출된 수산물의 대부분은 오랜 관행에 따라 일본 현지의 중국 화상(華商)들에 의해 중국으로 수출되었다.

1926년 조선에서 중국으로 수출된 수산물은 대략 550만 원이었다. 이 가운데 조선에서 직접 수출된 생선은 75만 8천 원, 수산가공품은 175만 8천 원이었으며, 나머지 300만 원은 일본으로 이출된 뒤 일본의 모지, 고베, 나가사키 등에서 다시 중국으로 수출되었다.31) 1925년 나가사키의 중국 수출 수산물 중 30%는 조선에서 이입된 수산물로 "나가사키항의 수산무역은 조선산(朝鮮産)의 풍흉에 지대한 영향"을32)

----

29) 우뭇가사리와 그것을 채취한 제주해녀들에 대해서는 김수희, 「일제시대 남해안 어장에서 제주해녀의 어장이용과 그 갈등 양상」, 『지역과 역사』 21, 2007; 안미정, 「식민지시대 한·일해역의 자원과 해녀의 이동」; 김승, 「식민지시기 부산의 수산가공업과 수산가공품 현황」, 157~161쪽 참조.

30) 釜山商工會議所, 『釜山要覽』, 1912, 313~314쪽.

31) 『釜山日報』 1929년 2월 24일(8면) 1단 「支那問題と釜山水産界」.

32) 위의 기사. 일본 에도시대부터 대중국 교역에서 중요 수출품이었던 해삼, 상어지느러미, 전복 등과 같은 다와라모노(俵物)의 수산물은 한반도에서도 그 자원이 풍부한 것이었다. 따라서 개항 이후 부산으로 진출했던 일본인들은 1889년 부산수산

받는다고 할 정도로 일본에서 중국으로 수출된 수산물 중에서 상당량
이 조선에서 이입된 수산물이었다. 이외 1910년대 후반 일본에서 소
비되던 청각채의 절반은 조선에서 일본으로 이출된 것이었으며 국물
용 멸치 또한 일찍부터 시모노세키, 모지, 하카타(博多), 나가사키, 오
사카, 하마다(濱田) 등으로 이출되어 일본에서 소비되었다.[33]

한편 식민지시기 일본으로 생선 이출은 주로 조선으로 이주해 왔던
일본인 이주어촌 어민들과 어기(漁期)에 맞추어 한반도로 건너온 일
본 통어민들에 의해 이루어졌다. 생선의 경우는 수산가공품과 다르게
많은 물량이 조선 연해의 항구를 거치지 않고 곧바로 어획한 어장에
서 일본인 중개상인에 의해 일본으로 직접 이송되는 경우가 많았
다.[34] 이 과정에서 중요 역할을 담당했던 것이 일본인 수산물 도매상
과 중매상들이었다.

일본인 수산물 도매상과 중매상들은 한반도 연안에서 수산물의 채
집과 집하된 수산물의 일본 이출에 큰 역할을 하였는데 대표적인 것
이 현재까지 일본의 거대 수산회사로 활동하고 있는 마루하회사의 전

회사를 설립하여 나가사키의 화상(華商)을 거치지 않고 자신들이 직접 다와라모
노를 중국으로 수출하기 위해 여러 가지 방안을 모색했다. '부산-나가사키-광동'을
연결하는 수산물의 수출에 대해서는 石川亮太, 「개항기 부산의 일본인 상인과 부
산수산회사」,『민족문화연구』 69, 2016 참조. 일제시기 어시장 수산물의 국내외 유
통에 대해서는 김승, 「일제시기 어시장 현황과 어시장 수산물의 유통」,『역사와
경계』 제105호, 2017 참조.

[33] 『釜山日報』 1915년 1월 13일 「輸出向有望水産物(續), 全鮮各道に於ける調査, 慶
尚南道の部」;『釜山日報』 1917년 2월 16일 「母國に於ける朝鮮海藻の聲價」;『釜
山日報』 1925년 5월 5일 「昨年中に於ける釜山水産取引況, 釜山稅關檢査所調査」.
성어기 때 생선을 적재한 어선들이 한반도 연해의 중요 항구에 입항하더라도 어
획된 수산물의 대부분은 일본으로 이출되었는데 1915년 울산 방어진의 경우 어
획된 수산물의 90%는 일본으로 이출되고 10%만 국내에서 소비되었다(『釜山日報』
1915년 11월 19일(1면) 1단 「方魚津近海漁業狀況」).

[34] 朝鮮總督府殖産局,『朝鮮の水産業』, 1942, 34쪽.

신이었던 하야시카네(林兼)상점의 하야시가네쿠미(林兼組), 야마가미
쿠미(山神組) 등과 같은 수산회사들이 관여하였다. 이들 회사들은 한
반도의 중요 어항에 근거지를 마련하여 생선을 비롯한 많은 수산물을
일본으로 이출하는 데 앞장섰다.[35]

이들 회사들은 대개 조선에서 운송된 수산물을 시모노세키에 집하한
뒤 철도를 이용하여 고베, 오사카, 교토, 도쿄 등의 대도시로 발송하였다.
이때 수산물의 양이 많을 경우에는 시모노세키에서 선박을 이용하여 오
사카 방면으로 수송하기도 했다.[36] 이밖에 구룡포와 같이 일본인 이주어
촌이 발달한 곳에서는 일찍부터 구룡포와 시모노세키를 운항하는 운반
선이 매일 다닐 정도로 많은 수산물들이 일본으로 빠져 나갔다.[37]

2. 만주 수출 수산물

수산물의 수이출에서 일본의 경우는 수산가공품이 생선보다 훨씬
많았음을 〈표 3〉을 통해서 알 수 있었다. 그러나 일본 이외 지역으로
수출된 생선과 수산가공품의 현황은 〈표 3〉을 통해서 1933년 이후 상
황은 대략 이해할 수 있었으나 1932년 이전에 수출된 생선과 수산가
공품 등에 대해서는 구체적인 내용을 파악하기 힘들었다. 이에 1929~
1931년 만주국, 관동주, 간도 지역으로 수출된 수산물의 현황을 통해
1933년 이전 생선과 수산가공품 수출에 대해서 어느 정도 파악할 수
있는데 이를 표로서 나타내면 아래와 같다.

---

35) 하야시가네쿠미(林兼組)와 야마가미쿠미(山神組) 등에 대해서는 코노 노부카즈
(香野展一),「일제하 中部幾次郞의 林兼商店 경영과 '水産財閥'로의 성장」; 岡本
信男,『日本漁業通史』, 水産社, 1984, 103~110쪽 참조.
36)『東亞日報』1922년 12월 13일(2면) 5단「下關通過의 朝鮮漁 年額四千萬圓」.
37)『釜山日報』1915년 2월 21일(3면) 2단「慶北日刊九龍浦紹介號」.

〈표 5〉 1929~1931년 만주 수출 수산물 (단위, 원)

종류	품목	1929년		1930년		1931년	
		금액	비율	금액	비율	금액	비율
선어개(鮮魚介)	생선(鮮魚)	487,356	28.8	690,148	47.3	573,458	51.4
	생조개(鮮貝)	5,805	0.3	18,124	1.2	8,922	0.8
소건품(素乾品)	건어(乾魚)	89,921	5.3	57,145	3.9	50,189	4.5
	마른양미리(乾玉筋魚)	3,459	0.2	140	0.1	42	0.0
	마른대구(乾鱈)	1,589	0.1	1,001	0.1	282	0.1
자건품(煮乾品)	마른조개(乾貝)	4,759	0.3	3,214	0.2	3,254	0.3
	마른조개관자(乾貝柱)	70,598	4.2	41,091	2.8	45,401	4.1
	마른맛조개(乾竹蟶)	51,122	3.0	15,327	1.1	30,320	2.7
	마른새우(乾蝦)	46,906	2.8	16,022	1.1	11,044	0.9
	해삼(海蔘)	233,119	13.8	96,051	6.6	85,110	7.6
	마른멸치(煮乾鰮)	92,945	5.5	60,838	4.2	44,678	4.0
	홍합(淡菜)	1,382	0.1	2,592	0.2	1,058	0.1
	마른석화(乾牡蠣)	0	0.0	6	0.0	2	0.0
	마른전복(乾鮑)	2	0.0	6	0.0	4	0.0
	상어지느러미(鱶鰭)	60	0.1	367	0.1	116	0.1
염장품(鹽藏品)	염장생선(鹽魚)	102,151	6.0	93,428	6.4	47,921	4.3
	염장청어(鹽鰊)	181,991	10.7	120,254	8.2	88,486	7.9
	명란(明太魚卵)	25,835	1.5	31,238	2.1	29,652	2.6
	새우젓(小蝦及○)	86,183	5.1	18,915	1.3	17,683	1.6
	간고등어(鹽鯖)	28,642	1.7	30,042	2.1	17,478	1.5
	염장새우(鹽蝦)	17,940	1.1	49,077	3.4	11,366	1.0
	염장정어리(鹽鰮)	36,191	2.1	26,397	1.8	6,702	0.6
해조(海藻)	김(海苔)	16,483	0.9	5,180	0.3	11,030	0.9
통조림	고등어통조림(鯖罐詰)	2,209	0.1	823	0.1	1,400	0.1
	전복통조림(鮑罐詰)	11,941	0.7	3,521	0.2	429	0.1
	게통조림(蟹罐詰)	11,548	0.6	14,445	1.0	314	0.1
	어개통조림(魚介罐詰)	25,892	1.5	12,074	0.8	5,065	0.4
기타 수산물	-	56,797	3.4	50,622	3.5	23,869	2.1
합계		1,692,826	100	1,458,088	100	1,115,275	100

* 출저: 『東亞日報』 1932년 6월 16일(6면) 1단 「滿洲水産業과 對滿朝鮮水産物(九)」. 통계 수치는 만주국, 관동주, 간도 지역을 포함한 수치.

〈표 5〉에서 먼저 살펴볼 것은 두 가지이다. 첫째, 1929~1931년 사이 연도별 총수출액의 추이이다. 1929년 169만 2천여 원이었던 수출액은 1931년 111만 5천여 원으로 감소했다. 이 기간 동안 만주지역 수출액이 감소했던 것은 1929년 시작된 세계대공황과 1931년 발생한 만주사변의 영향이 컸기 때문이다. 1929~1931년 만주지역 수출액 감소는 생선을 포함한 선어개보다는 자건품과 염장품의 감소가 중요 원인이었다.[38]

둘째는 수산물의 만주 수출에서 생선과 수산가공품의 비중이다. 생선은 단일 품목으로서 가장 높은 비율을 나타냈을 뿐만 아니라 1929년 28.6%에서 1931년 51.4%로 증가하였다. 〈표 1〉의 만주지역(만주국+관동주) 생선 수출액과 〈표 2〉의 수산가공품의 만주지역 수출액을 통해 만주지역 전체 수출에서 생선이 차지했던 비율을 산정하면 1933년 33.4%(977,650원), 1934년 35.9%(1,156,046원), 1935년 28.7%(973,259원), 1938년 22.8%(1,916,225원) 등으로 생선의 비중이 1930년대 후반으로 갈수록 낮아지고 있었다. 결국 일본 이출과 만주지역 수출에서 양측 모두 생선의 비율은 감소하고 수산가공품의 비율이 높아지고 있었음을 확인할 수 있다.

다음으로 1932년 당시 만주(남만주·북만주·관동주·간도)에서 소비되고 있었던 수산물에 관해서 살펴보면 아래와 같다. 1930년대 초반 만주지역에서 한 해 소비되었던 수산물은 1,700~1,800만 원이었다. 이 가운데 황해, 발해, 관동주 연안 등에서 생산된 수산물은 600만 원

---

[38] 1929~1931년 선어개, 자건품, 염장품의 수출액을 보면 선어개는 493,161원(1929년/29.1%), 708,272원(1930년/48.5%), 582,380원(1931년/52.2%), 자건품은 500,830원(1929년/29.8%), 235,514원(1930년/16.3%), 220,987원(1931년/19.8%), 염장품은 478,933원(1929년/28.2%), 369,351원(1930년/25.3%), 219,288원(1931년/19.5%) 등이었다. 각 해당 수출품목의 1929년 수출액을 지수(指數)로 환산하면 선어개는 100→104→102, 자건품은 100→47→44, 염장품은 100→77년→46 등의 증감을 보였다.

이었고 강·하천 등에서 어획된 수산물은 508만 원으로, 전체 1,108만 원이 만주 자체에서 생산되었다. 나머지 600만 원은 러시아의 연해주 (300만 원)와 일본(180만 원), 조선(120만 원) 등에서 수입되었는데 그 중 조선산 수산물의 비율은 20%였다.

러시아에서 수입된 수산물은 강꼬치고기(狗魚), 뱅어(白魚), 가물치 (黑魚), 쏘가리(鱖魚) 등 북만주 강과 호수에서 생산된 담수어와 연해 주 해안에서 어획된 연어, 송어, 청어 등이 주종을 이루었으며 염장 또는 훈제 형태로 수입되고 있었다. 만주로 수입된 일본산 수산물 또 한 연어, 송어, 청어 등이 주종이었는데 염장 처리한 것이 대부분이었 다. 러시아와 일본으로부터 수입된 송어, 연어, 청어 등의 주요 소비 층은 러시아의 볼세비키 혁명을 피해 만주로 이주했던 백계 러시아인 들이었다.[39]

〈표 5〉를 통해 조선에서 만주로 수출된 각 수산물의 현황을 보면 가장 많이 수출되었던 것은 생선(28.8~51.4%)이었다. 이들 생선은 주 로 안동(신의주 건너편 현, 단동[丹東]), 대련, 봉천 등에서 소비되었 다. 생선 다음으로 수출액이 많았던 것은 해삼(7.6~13.8%)과 염장청어 (7.9~10.7%)였다. 해삼은 1929년 전체 수출액에서 13.8%의 높은 비율 을 나타내기도 하였다. 해삼과 염장청어의 만주에서 소비지를 보면 해삼은 관동주와 남만주에서 각각 절반씩, 염장청어는 남만주와 간도 등에서 소비되었다. 1931년 염장청어의 수출액은 남만주 5만 원, 간도 3만 원 그리고 북만주와 관동주에서 각각 5천 원씩 차지하였다.

이밖에 수출액 자체가 많지는 않았지만 다시멸치 또한 "만주의 중 류계급 이하에서 가장 적당한 식료품"으로 판매되고 있었다. 그런데

---

39) 『東亞日報』 1932년 6월 12일(6면) 1단 「滿洲水産業과 對滿朝鮮水産物(七)」.

여기서 말하는 중류계급은 민족별로 볼 때 중국인들보다는 재만 일본인들 혹은 재만 조선인 중상류층에 해당하는 소비자들이 아니었을까 생각된다. 왜냐하면 마른 멸치, 다시마, 가다랑어포 등과 같은 수산가공품을 이용하여 맛을 내는 국물, 곧 다시(だし[出汁])와 같은 것은 일본식 요리법에서 전래된 것이기 때문이다.[40]

염장정어리의 경우 매년 6천 원 이상이 원산과 청진을 통해 간도지방으로 수출되었는데 재만 조선인들이 주로 소비하였다. 수출액이 적었던 명란과 김(海苔)은 모두 관동주와 남만주 거주 일본인들이 소비하였으며 해당 수산물의 발송지는 명란의 경우 원산과 신의주, 김은 부산과 목포 등이었다.[41]

〈표 5〉의 생선들과 각종 수산가공품들 중에서 생선을 비롯해 해삼, 조개류, 상어지느러미, 전복 등과 같은 자건품 등은 재료의 특성상 주로 중국인들이 소비층이었던 것으로 보여지며, 염장청어와 염장정어리, 새우젓, 간고등어 등은 이들 수산가공품의 소비지와 재료의 특성을 감안했을 때 재만 조선인들이 주요 소비층을 이루었던 것으로 판단된다. 여기에 비해 명란 · 김(海苔) · 통조림 등은 재만 일본인들이 중요 소비자였던 것으로 생각된다.

한편 1930년대 중후반 이후 만주, 관동주, 중화민국, 기타 각국으로 수출된 수산가공품의 현황을 보면 아래의 〈표 6〉과 같다.

---

40) 다시(だし[出汁])는 일본말로 마른멸치, 다시마, 가다랑어포 등을 우려내어 맛을 낸 국물을 지칭하는 것으로 '니다시지루'(にだしじる[煮出し汁]의 준말이다(네이버 일본어사전 'だし' 참조).

41) 『東亞日報』 1932년 6월 12일(6면) 1단 「滿洲水産業과 對滿朝鮮水産物(七)」; 『東亞日報』 1932년 6월 14일(6면) 1단 「滿洲水産業과 對滿朝鮮水産物(八)」.

〈표 6〉 만주와 중화민국 수출 수산물의 종류

분류	종류	연도												
		1926		1933		1934		1935		1936		1937		1938	
		금액	비율	금액	비율	금액	비율	금액	비율	금액	비율	금액	비율	금액	비율
素乾	건어(乾魚)	242,804	13..3	296,289	12.2	376,422	14.1	448,054	14.1	483,589	11.4	544,710	7.4	1,068,343	12.7
	마른김(乾海苔)	10,741	0.6	49,778	2.0	68,940	2.6	76,799	2.4	106,497	2.5	102,640	1.4	226,315	2.7
煮乾	해조(海藻)	6,080	0.3	4,426	0.2	8,137	0.3	7,378	0.2	10,049	0.2	9,530	0.1	7,040	0.1
	건패(乾貝)	107,205	5.8	80,936	3.3	49,433	1.8	88,573	2.8	58,323	1.4	55,380	0.7	242,858	2.9
	상어지느러미(鱶鰭)	6,128	0.3	24,539	1.0	18,592	0.7	22,159	0.7	20,169	0.5	26,108	0.3	63,107	0.7
	해삼(海蔘)	292,867	16.0	215,535	8.9	221,813	8.3	287,523	9.1	224,406	5.3	252,675	3.4	348,174	4.1
	마른새우(乾蝦)	210,041	11.5	457,232	18.8	764,,361	28.7	963,797	30.4	1,004,269	23.7	959,123	13.1	680,136	8.1
	한천(寒天)	12,372	0.7	9,198	0.4	10,455	0.4	21,439	0.7	51,138	1.2	56,123	0.7	185,726	2.2
鹽藏	염어(鹽魚)	701,888	38.4	786,102	32.4	582,014	21.8	640,710	20.2	842,348	19.9	1,432,823	19.5	1,891,441	22.5
	명란(明太卵)	20,098	1.1	37,163	1.5	40,389	1.5	47,475	1.5	54,632	1.2	79,079	1.0	99,091	1.2
	염장새우(鹽蝦)	-	-	42,226	1.7	39,717	1.4	53,058	1.7	57,546	1.3	84,017	1.1	70,640	0.8
통조	통조림(罐詰)	147,079	8.1	284,448	11.7	335,460	12.6	281,464	8.9	444,083	10.5	883,708	12.0	1,210,061	14.4
어유	고래기름(鯨油)	-	-	-	-	-	-	-	-	-	-	-	-	-	-
	생선기름(魚油)	-	-	-	-	-	-	64,621	2.0	85,093	2.0	2,273,522	30.9	330,267	3.9
	경화유(硬化油)	-	-	-	-	-	-	24,100	0.7	143,964	3.4	9,289	0.1	83,704	0.9
	지방산(脂肪酸)	-	-	-	-	-	-	-	-	-	-	-	-	-	-
	글리세린	-	-	-	-	-	-	-	-	-	-	-	-	-	-
어비	어비(魚肥)	-	-	-	-	-	-	-	-	-	-	97,116	1.3	91,357	1.1
어분	어분(魚粉)	-	-	-	-	-	-	-	-	502,260	11.8	332,688	4.5	1,541,734	18.3

기타	선패 (鮮貝)	11,650	0.6	25,403	1.0	32,297	1.2	34,118	1.1	37,977	0.9	20,643	0.3	47,929	0.5
	어묵 (浦鉾)	15,039	0.8	19,872	0.8	20,919	0.8	31,429	1.0	47,712	1.1	50,720	0.7	53,169	0.6
	생자라 (生鼈)	-	-	-	-	-	-	-	-	-	-	-	-	-	-
	고래고기 (鯨肉)	-	-	-	-	-	-	-	-	-	-	-	-	-	-
	기타 식용 수산물	42,713	2.3	94,673	3.9	95,078	3.6	71,916	2.3	57.996	1.4	66,165	0.9	153,625	1.8
합계		1,826,705	100	2,427,820	100	2,664,027	100	3,164,613	100	4,232,051	100	7,336,059	100	8,394,717	100

*출저: 朝鮮總督府, 『朝鮮水産統計』, 1940년판, 142~161쪽. 원문의 '수출'과 '이출'의 오기를 수정함.

앞서 보았던 〈표 3〉과 〈표 5〉에서 확인할 수 있었듯이 〈표 6〉의 수산가공품의 대부분은 관동주를 포함한 만주 지역으로의 수출이 절대적으로 많았다. 수산가공품의 수출액은 1926년 183만여 원에서 1938년 839만여 원으로 4.6배 증가하였다. 같은 기간 수산가공품의 일본 이출 증가율 3.8배와 비교하면 만주지역으로 수출된 수산가공품의 증가율이 더 높았음을 알 수 있다. 다시 말해 절대적 수이출액에서는 이출액에 비교할 바 못 되지만 만주 수출액의 증가율 자체는 일본 이출액 증가율 보다 높았다는 뜻이다.

먼저 〈표 6〉의 분석에 앞서 유의할 것은 수산가공품의 일본 이출(본문 〈표 4〉 참조)과 만주 지역 수출 대상 품목에는 차이가 있었다는 점이다. 예를 들어 일본 이출품에 있었던 생자라(生鼈)와 고래고기(鯨肉) 등이 만주 수출품에 없었던 반면에, 일본 이출 품목에는 없었던 염장새우는 만주 수출품에 들어 있었다는 것이다.

앞서 수산가공품의 일본 이출에서 보았듯이 수산물 가공 과정을 기준으로 보면, 만주지역에 가장 많이 수출되었던 것은 1926~1933년 염장품(35.6%[1933년]~39.5%[1926년]), 1934~1936년 자건품(32.3%[1936년]~

43.9%([1935년]), 1937~1938년 염장품(21.7%(1937년)~24.5%[1938년]) 등으로 염장품과 자건품 두 종류가 중심을 이루었다. 만주지역 수출에서 생선을 제외하고서 염장품과 자건품이 중요한 위치를 차지하고 있었음은 1929~1931년 상황을 보여 주었던 앞의 〈표 5〉의 경향과 일치한다.

한마디로 일본 이출에서 1, 2위를 차지했던 소건품, 어유(魚油), 어비(魚肥) 등은 만주지역 수출에서 중요한 비중을 차지하지 못했다. 〈표 6〉에서 수산가공품의 만주지역 수출에서 가장 큰 비중을 나타냈던 것은 역시 염장품이었는데 그 이유는 염어(鹽魚) 때문이었다. 〈표 6〉에서 염어는 1926년 38.4%에서 1938년 22.5%로 비율이 낮아지고는 있었으나 전체적으로 보면 단일 품목으로서 줄곧 1위를 하였다.

만주지역 수출품 중 염어의 종류를 보면 시기별 차이는 있었으나 1933년 이후 대체로 청어, 연어·송어, 고등어, 정어리, 조기, 갈치, 가자미 등이었다. 이들 염어 중에서는 1926~1936년 청어(31.8~57.9%), 1937~1938년 연어·송어(32.9~47.2%)가 각각 1위를 했고 그 뒤를 이어 2위는 주로 정어리(10.5~16.8%)가 차지하였다.[42] 1936년부터 수출품으로 등장한 연어·송어는 염어 내에서 그 비율이 1936년 11.6%, 1937년 32.9%, 1938년 47.2% 등으로 빠른 속도로 증가했다. 그런데 앞서 지적

----

[42] 1926~1938년 수출 염장품의 각 어종 비율을 순위별로 보면 다음과 같다. 1926년 청어 30%(211,052원), 기타 70%(490,836원). 1933년 청어 57.9%(455,822원), 조기 12.1%(94,723원), 정어리 10.5%(73,826원), 고등어 8.3%(65,280원), 기타 12.3% (96,446원). 1935년 청어 31.8%(204,186원), 정어리 14.1%(90,776원), 고등어 13.9% (89,508원), 조기 12.9%(82,654원), 갈치 3.9%(25,613원), 가지미 0.6%(3,901원), 기타 22.8%. 1936년 청어 33.8%(285,306원), 정어리 17.9%(151,602원), 조기 15.6% (131,551 원), 연어·송어 11.5%(96,904원), 고등어 10.8%(91,285원), 갈치 3.1% (26,102원), 가자미 0.7%(5,662원), 기타 6.6%. 1938년 연어·송어 47.2%(893,754원), 정어리 16.8%(317,801원), 청어 13.2%(250,070원), 고등어 7.1%(135,003원), 조기 5.7%(107,447 원), 갈치 4.9%(93,463원), 기타 5% 등이었다(朝鮮總督府, 『朝鮮水産統計』, 1940년 판, 146~148쪽).

했듯이 연어·송어는 '러시아와 일본'으로부터 대부분 수입되고 있었다. 따라서 1936년 이후 출현하게 되는 수출품 연어·송어 중에는 더러 조선에서 생산 것도 있었을 터이지만 대개는 일본산으로 조선에 이입(移入)된 뒤 국내 유통망을 통해 재차 만주 지역으로 수출되었던 것으로 이해하는 것이 설득력이 있어 보인다.

이와 같이 1937~1938년 연어·송어의 수출액이 증가했던 것은 뒤에서 살펴볼 수산물의 수이입품(輸移入品) 중 1937~1938년 연어·송어의 이입품이 1위를 차지했다는 사실과 관련되어 있었음을 엿보게 한다. 한편 염어의 국외 수출에서 유의할 것은 정어리의 수출 비율이 1933년 10.5%에서 1938년 16.8%로 증가하고 있었다는 점이다. 이 역시 1930년대 중반 이후 조선에서 정어리 어획고가 급증함에 따라 일본 이출뿐만 아니라 만주지역 수출에도 일정 정도 영향을 미치고 있었음을 알 수 있다.

〈표 6〉에서 1930년대 후반으로 갈수록 정어리 수출이 증가한 것은 염장 처리한 어류로서 정어리의 증가뿐만 아니라 정어리 관련 수산가공품의 증가와 궤를 같이 한 것이다. 이는 수출액에서 정어리의 일본 이출액과 비교할 바는 못 되지만 〈표 6〉을 통해 1934년까지 수출품에 없었던 어유, 어비, 어분 등이 1935년 이후부터 증가하고 있었다는 사실을 통해 확인할 수 있다. 특히 1930년대 중후반 어유, 어비, 어분 등을 놓고 볼 때 일본 이출에서는 어유와 어비 등이 중요한 비중을 차지했던 반면에 만주지역 수출에서는 1937년과 같이 어비가 폭발적으로 증가한 경우도 있었으나 대체적으로 어유와 어비보다는 어분이 더 큰 비중을 차지하였다.

또 한 가지 만주지역 수출에서 지적할 사항은 일본 이출에서 큰 비중을 차지하지 못했던 새우류의 수출이 염어 못지않게 중요한 비중을 차지했다는 점이다. 만주지역 수출에서 새우류는 염장과 건조 형태

모두 이루어졌는데 이중 마른새우가 압도적으로 많았다. 결국 수산가 공품의 만주지역 수출에서 자건품이 염장품과 1,2위를 다투었던 중요 원인은 마른새우의 높은 비율 때문이었다.

만주지역 수산물의 수출과 관련해서 끝으로 볼 것은 만주지역과 중국 등으로 수산물을 수출했던 조선의 도별(道別) 생산지 현황이다. 여기에 대해서 정리하면 아래의 〈표 7〉과 같다.

〈표 7〉 1937년 만주와 중국 북부·중부 지역 수출 수산물의 도별 현황

도별	수산업자(A)	수출액(B)	수출액비율(C)	1인당수출액(B/A)	중요 수산물 종류	개수
경상남도	17	893,776	31.6	52,575	생선, 마른멸치(煎鰮), 염장생선, 담치(淡菜), 건조상어지느러미(乾鯊鰭), 해삼, 한천(寒天)	7
경상북도	5	59,990	2.1	11,998	염장정어리(鹽鰮), 어묵(蒲鉾)	2
전라남도	10	257,108	9.1	25,711	건조전복(乾鮑), 해삼, 마른김(乾海苔), 한천, 소라(蠑螺)통조림	5
경기도	4	751,924	26.6	187,981	패주, 게맛살(蟹肉), 마른새우, 해삼	4
강원도	6	51,360	1.8	8,560	염장정어리, 해삼, 전복통조림	3
평안남도	1	13,600	0.5	13,600	마른멸치(煎鰮)	1
평안북도	25	140,751	5.0	5,630	건어, 염장생선, 염장새우, 마른새우, 김, 미역, 통조림	7
함경남도	2	332,720	11.8	166,360	생선, 염장정어리, 명란(明太魚卵), 선패(鮮貝), 해삼	5
함경북도	4	323,600	11.4	80,900	염장정어리, 염장생선	2
합계	74	2,824,829	100		22 종류	

*출저:『東亞日報』1938년 11월 22일(6면) 1단「朝鮮水産物調査第二階段, 朝鮮統計史上初有集計」. 수출품 중 경상남도의 '乾蝦鰭'는 새우에 지느러미(鰭)가 없기 때문에 상어지느러미를 뜻하는 '乾鯊鰭'로 수정.

〈표 7〉은 1937년 조선총독부 식산국에서 만주와 중국의 북부, 중부 지역으로 수출되고 있던 수산물의 도별 상황에 대해 처음으로 정밀 조사한 통계수치이다. 이하에서는 〈표 7〉을 근거로 식민지시기 만주와 중국 북중부 지역으로 수출된 수산물의 생산지 상황에 대해서 알아보고자 한다.

먼저 수산물의 운송루트이다. 수출 대상지역이 만주와 중국의 북중부 지역이었던 점을 감안하면 수출물의 수송은 주로 경부선, 경의선, 경원선, 함경선, 길회선 등을 이용하였다. 이들 노선 중 경부선, 경의선, 경원선 등은 일찍부터 이용되었는데, 1929년 9월 원산~청진~회령 등을 하나로 연결하는 함경선이 개통된 이후에는 함경도 지역의 수산물 중 상당 부분이 함경선과 길회선 등을 통해 중국과 만주지역으로 수출된다. 경부선을 이용한 수산물의 발송역은 주로 부산과 인천, 도착역은 대구, 김천, 서울 등이었고 경의선의 수산물 발송역은 진남포, 도착역은 평양, 사리원, 안동(현, 단동(丹東)) 등이었다.[43]

애초 경원선을 통해 운송된 중요 수산물은 명태였다. 조선시대부터 원산은 동해안의 대표적 수산물인 명태의 집산지였다. 원산에 집하된 명태는 육로를 통해 서울로, 동해안의 바닷길을 이용해 부산과 마산 등으로 운송되었다. 특히 경부선이 개통된 이후 원산의 많은 명태들이 뱃길을 통해 부산으로 이송되었는데 이렇게 부산으로 보내진 명태들은 다시 경부선을 통해 전국으로 유통되었다. 원산 명태의 이러한 운송 루트는 1914년 경원선이 개통됨에 따라 바뀌어 부산을 거치지 않고 곧바로 서울로 이송되어 북으로 경의선, 남으로 경부선을 통해 전국으로 팔리게 되었다.[44]

....

43) 정재정, 『일제침략과 한국철도』, 서울대학교출판부, 1999, 470~471쪽.
44) 차철욱, 「일제시대 남선창고주식회사의 경영구조와 참여자의 성격」, 265~267쪽.

경원선을 통해 유통되었던 함경도의 수산물은 함경선의 개통과 만주국 건립 이후 1933년 도문선(웅기~회령), 경도선(길림~도문)으로 개칭된 길회선(新京~吉林~敦化~朝陽川~圖們) 등이 각각 개통됨에 따라 이들 노선을 통해 북만주와 길림성 지역으로 수출된다. 이는 도문선과 길회선 개통 이후 함경북도의 웅기, 나진, 청진 등의 지역 경제에서 수산업이 1~3위를 차지했다는[45] 사실을 통해서도 알 수 있다.

〈표 7〉을 통해서 살펴볼 두 번째 내용은 만주지역 수출 수산물의 각 도별 생산 현황이다. 도별 수출액 순위는 경남(31.6%), 경기도(26.6%), 함남(11.8%), 함북(11.4%), 전남(9.1%) 등이었다. 경남과 경기도의 수산물이 전체 수출액의 58%를 차지하였다. 수출물의 종류를 보면 1위 경남은 어류, 해조류, 새우, 해삼 등의 7종류이며, 2위 경기도는 어류가 없고 조개류, 게, 새우, 해삼 등 4종류에 불과했다. 경기도는 수출품 종류는 적었지만 수출액에서 2위였던 것은 수출 물량 자체가 많았거나 수출품의 가격 경쟁력이 높았거나 둘 중에 하나였던 것으로 보이는데 전자보다는 후자였던 것으로 생각된다.

수출액에서 3위 함남과 4위 함북의 경우, 함남은 어류와 명란, 선패, 해삼 등 4종류였던 데 비해 함북은 염장정어리와 염장생선 2종류만 수출되었다. 1937년 당시 전국 어획고 1위는 함북(22.35%), 2위는 함남(18.96%)이었다. 함경도 지역이 전국 어획고 1, 2위를 할 수 있었던 것은 1930년대 중반 이후 함경도를 중심으로 동해에서의 정어리와 명태 어획이 성황을 이루었기 때문이다. 특히 명태는 함남, 정어리는 함북

---

[45] 함경선은 정재정, 『일제침략과 한국철도』, 143~145쪽. 나진·청진·웅기 등의 '북선3항'과 길회선을 경유한 동북만주 지역의 개발 등에 대해서는 송규진, 「일제의 대륙침략기 '북선루트'·'북선3항'」, 『한국사연구』 163, 2013 및 송규진, 「함경선 부설과 길회선 종단항 결정이 지역경제에 끼친 영향: 나진·웅기·청진을 중심으로」, 『한국사학보』 제57호, 2014 참조.

에서 각각 많이 잡혔다. 〈표 7〉에서 함남의 수출품에 명란이 속해 있
었던 것은 원산을 중심으로 함남 연해에서 명태가 절대적으로 많이
잡혔기 때문이었다.[46]

　한편 〈표 7〉에서 22종류의 수출품을 보면 염장정어리는 동해(함경
도 · 강원도 · 경북), 새우는 서해(경기도 · 평북), 해삼은 동해(함남 · 강
원도), 남해(경남 · 전남), 서해(경기도) 전 지역에서 수출되고 있었다.
이밖에 멸치(경남 · 평남), 상어(경남), 해조류(경남 · 전남 · 평북), 패류
(경남 · 전남 · 함남) 등에 대한 수출업자들의 구체적인 상황을 파악하
기는 어렵다. 수출업자들 중에는 생산과 유통을 겸했던 수산업자도
있을 것이며 생산과 유통 중에서 한 가지 영업에만 종사한 수산업자
들도 있었을 것이기 때문이다. 이런 문제점에도 불구하고 일단 수출
업자 1인당 평균 수출액을 보면 1위 경기도(187,981원), 2위 함남
(166,360원), 3위 함북(80,900원), 4위 경남(52,575원), 5위 전남(25,711
원) 순이었다. 평북은 수출품 종류에서 경남과 동일하였으나 수출업
자 1인당 수출액은 5,630원으로 가장 적었다.

　이를 통해 경기도와 함경도의 수출업자들은 대규모 기업형, 경북과
평북은 영세형, 그 외 경남 · 전남 · 평남 등은 기업형과 영세형 수출업
자들이 혼재된 형태였던 것으로 예단해 볼 수 있겠다.

　결국 〈표 7〉를 통해서 1930년대 후반 만주 및 중국으로 수산물을
수출했던 국내의 중요 지역은 경남을 선두로 경기도와 함경도 지역
등이었다. 따라서 이들 지역의 수출 중심 항구들은 철도로 연결된 경

---

[46] 1930년대 명태와 정어리의 함경도 어획고는 명태의 경우 1934년 함남 373만 원,
　함북 14만 원, 1939년 함남 1,860만 원, 함북 175만 원이며, 정어리는 1934년 함북
　492만 원, 함남 133만 원, 1939년 함북 3,646만 원, 함남 642만 원 등이었다. 일제
　하 도별 어획고와 중요 어종의 시기별 어획 현황에 대해서는 김승, 「식민지시기
　부산지역의 수산물 어획고와 수산업인구 동향」, 139~146쪽 참조.

남의 부산, 경기도의 인천, 함경도의 원산과 나진, 웅기, 청진 등이었음을 짐작케 한다. 이처럼 철로를 이용한 수산물의 수출이 원활할 수 있었던 것은 앞서 지적했듯이 만주국 건립 이후 철도운임과 수산물 관세 인하, 중일전쟁 이후 철도 운행 시간의 단축과 수산물전용 냉동열차 운행 등과 같은 여러 조치들이 뒷받침되었기 때문이었다.[47]

3. 수산물의 수이입

〈표 8〉을 보면 1926~1938년 수산물의 수이입(輸移入)은 1926년을 기준으로 했을 때 1935년 1.7배, 1936 · 1937년 2.5배, 1938년 3배 증가하였다. 그러나 수산물 총수이입액을 수산물 총수이출액과 비교하면 1926년 수이입액은 수산물 총수이출액의 7.4%, 수이입액이 가장 많았던 1938년 경우에도 6.7%에 불과하였다.[48] 수산물 수이입의 지역별 현황을 보면 1926년 일본과 만주 · 중국으로부터 수이입은 7 대 3 비율

[47) 『東亞日報』 1938년 10월 14일(4) 2단 「北京行直通車 生鮮輸送企圖, 釜山北京間의 直通列車 運行도」; 『東亞日報』 1939년 1월 12일(6면) 1단 「水産物滿支輸出激增, 生鮮만 每日五千圓」).

48) 본문 〈표 8〉의 총 수이입액과 지역별 비율을 정리하면 다음과 같다.

시기별	지역				합계	지수
	일본	비율	만주국 · 관동주 · 중화민국	비율		
1926	1,335,821	70.5	559,923	29.5	1,895,744	100
1933	3,065,991	98.7	41,167	1.3	3,107,158	164
1934	3,332,805	98.3	57,705	1.7	3,390,510	178
1935	2,991,286	97.2	87,284	2.8	3,078,570	162
1936	4,596,913	98.1	90,391	1.9	4,687,304	247
1937	4,783,887	98.4	75,498	1.6	4,859,385	256
1938	5,448,406	98.7	71,232	1.3	5,519,638	291

〈표 8〉 수산물의 수이입(輸移入) (단위, 원)

지역	연도	선어개 (鮮魚介類)	건어(乾魚)			염어(鹽魚)			자라	다시마	마른김	기타	합계
			A	명태	기타	청어	B	기타					
일본	1926		285,905	-	373,311	51,552	291,335	62,678	-	245,765	25,275	-	1,335,821
	비율	-	21.40	-	27.95	3.86	21.81	4.69	-	18.40	1.89	-	100
	1933	-	233,310	1,614,391	331,736	219,645	214,821	30,961	-	321,221	99,906	-	3,065,991
	비율	-	7.61	52.65	10.82	7.16	7.01	1.01	-	10.48	3.26	-	100
	1934	-	253,332	1,248,017	618,402	351,531	255,336	33,692	-	462,462	110,033	-	3,332,805
	비율	-	7.60	37.45	18.55	10.55	7.66	1.01	-	13.88	3.30	-	100
	1935	-	273,700	896,413	362,754	386,116	350,736	71,007	-	490,490	160,070	-	2,991,286
	비율	-	9.15	29.97	12.13	12.91	11.72	2.37	-	16.40	5.35	-	100
	1936	-	313,201	1,600,769	807,782	784,214	462,444	79,633	-	441,730	107,140	-	4,596,913
	비율	-	6.81	34.82	17.57	17.06	10.06	1.73	-	9.61	2.33	-	100
	1937	-	335,894	941,897	830,527	746,891	1,099,223	126,545	-	530,158	172,752	-	4,783,887
	비율	-	7.02	19.69	17.36	15.61	22.98	2.64	-	11.08	3.61	-	100
	1938	-	359,015	674,847	1,361,545	484,615	1,548,770	68,575	-	725,505	225,534	-	5,448,406
	비율	-	6.59	12.39	24.99	8.89	28.43	1.26	-	13.31	4.14	-	100
일본 이외	1926	296,872	-	-	41,905	202,429	-	9,178	-	9,538	-	1	559,923
	비율	53.02	-	-	7.48	36.15	-	1.64	-	1.70	-	0.01	100
	1933	40,376	-	-	753	-	-	34	-	-	-	4	41,167
	비율	98.08	-	-	1.83	-	-	0.08	-	-	-	0.01	100
	1934	55,180	-	-	14	2,003	-	508	-	-	-	-	57,705
	비율	95.62	-	-	0.02	3.47	-	0.88	-	-	-	-	100
	1935	41,490	-	-	265	21	-	7,955	37,553	-	-	-	87,284
	비율	47.53	-	-	0.30	0.02	-	9.11	43.02	-	-	-	100
	1936	51,186	-	-	69	1	-	128	32,879	-	-	6,128	90,391
	비율	56.63	-	-	0.08	0.01	-	0.14	36.37	-	-	6.78	100
	1937	40,529	-	-	238	-	-	744	31,721	-	-	2,266	75,498
	비율	53.68	-	-	0.31	-	-	0.98	42.01	-	-	3.00	100
만	1938	52,530	-	-	3,170	-	-	30	8,288	-	-	3,394	71,232
관		861	-	-	150	-	-	461	-	-	-	72	
중		-	-	-	-	-	-	1,007	91	-	-	1,177	
	합계	53,391	-	-	3,320	-	-	1,498	8,379	-	-	4,643	
	비율	74.95	-	-	4.66	-	-	2.10	11.76	-	-	6.51	100

* 출저: 朝鮮總督府, 『朝鮮水産統計』(1940년판), 162~165쪽. 원문의 '수출'과 '이출'의 오기를 수정. 〈표 8〉에서 A는 가다랑어와 고등어 등을 손질하여 쪄서 말린 포, B는 연어와 송어. '지역'의 '만'은 만주국, '관'은 관동주, '중'은 중화민국. 일본 이외 지역의 1938년 합계에는 '기타' 지역의 1원이 포함된 수치.

로 일본이 높았다. 이후 일본 수산물의 이입률은 더욱 높아져 1933~
1938년 수산물 전체 이입에서 일본은 98.2%를 점하였다. 1930년대 후
반으로 갈수록 수산물 수이입액과 그 비율에 있어 일본의 비중이 증
가한 것은 앞서 〈표 3〉의 분석을 통해 전체 수산물의 수이출에서 일
본이 차지했던 비중이 감소했던 것과 대비를 이룬다.

수이입 수산물의 지역별, 종류별 현황을 보면 먼저 일본의 경우 건
어물이 40%(1937 · 1938년)~71%(1933년)로 항상 우위를 보였다. 그 다
음으로 염어류가 15%(1933년)~41%(1937년)로 많았다. 이처럼 일본 이
입품 중 건어물이 많았던 것은 건어명태의 이입 때문이었다. 〈표 8〉
에서 보듯이 일본산 건어명태의 이입은 1926년 무렵만 하더라도 없었
으며 설령 있었다고 하더라도 소량에 지나지 않았던 것으로 보인다.
그러나 1933년이 되면 일본산 건어명태는 전체 수산물 수이입의 52%
를 점하면서 1936년까지 단일 수이입 품목으로 1위를 차지하였다. 사
실 명태는 일본에서도 동해를 접하고 있는 북해도 지역 일부 어민들
을 제외하고서는 즐겨 먹는 어족이 아니었다. 여기에 비해 한반도에
서는 조선시대부터 식민지시기에 이르기까지 조선인들이 조기와 함
께 즐겨 먹는 생선이었다.

따라서 식민지시기 명태어업은 조선인 "어민 대다수의 생업을 지지
하고" "생선으로 혹은 동건명태로 도시, 농촌, 산촌을 막론하고 공급되
지 않는 곳이 없을" 만큼 조선인들에게 단백질을 제공해 주는 유용한
수산물이었다. 어쨌든 일본산 건어명태의 전체적인 이입률은 1933년
이후 점차 감소하여 1938년 12% 수준으로 떨어졌다. 이처럼 1934년 이
후 일본산 명태 이입이 감소했던 것은 1930년대 중반 이후 한반도에
서 명태 어획량이 증가했던 것에 그 원인이 있었다.[49)

일본산 수산물 중에서 명태 다음으로 많이 이입된 것은 염장 형태

의 청어와 연어·송어 등이었고 그 밖에 다시마가 9.6~18.4% 범위 내
에서 꾸준히 이입되었다. 일본인들이 국물 맛을 내는데 사용했던 가
쓰오부시류(〈표 8〉의 A)와 다시마 중에서는 다시마가 많았으며 생선
과 조개류 등의 선어개는 거의 이입되지 않았다.

한편 일본 이외 만주와 중국 등에서 수입된 수산물은 앞서 보았듯
이 1926년 제외하고 전체 수이입에서 평균 2% 이하로 극히 적었다. 그
중에서 가장 많은 비중을 차지했던 것은 선어개였고 그 뒤를 이어
1935~1937년 자라가 많이 수입된 것이 눈에 띈다. 식민지시기 수산물
의 수이입에서 가장 큰 특징은 일본으로부터는 건어물류로서 명태,
염장류로서 청어와 연어·송어, 다시마 등이 주종을 이루었고 선어개
의 이입은 없었다. 그 외 지역으로부터 수입된 수산물은 수입량은 많
지 않았지만 선어개류가 주종을 이루고 있었다.

선어개의 신선도와 운송경비를 감안할 때 조선으로 수입된 선어개
는 주로 관동주를 근거지로 어획된 수산물이 '다롄(大連)→안동(현, 단
동)→신의주' 루트로 유입되어 평안도에서 주로 소비되었던 것으로
생각된다. 특히 이들 소비층 중에는 신의주를 거점으로 평안북도에
거주했던 화교들이 상당했을 것으로 여겨진다.[50] 여기에 비해 건어

49) 명태는 식민지시기 고등어, 정어리 등과 함께 주요 3대 어종이었다. 1910년대부
터 명태는 총어획고 중 상위 그룹에 속했다. 명태는 1935년 총어획고 중 3위,
1941년 1위 정어리, 2위 명태, 1943년 1위 등을 차지하였다. 명태어업에 대해서는
박구병, 「韓國 명태漁業史」, 『釜山水大論文集』 20, 1978; 김승, 「식민지시기 부산
지역의 수산물 어획고와 수산업인구 동향」, 143~146쪽; 차철욱, 「일제시대 남선
창고주식회사의 경영구조와 참여자의 성격」 참조.

50) 식민지시기 신의주를 포함한 평안북도는 중국인 화교가 가장 많이 거주하던 곳이
다. 평안북도의 화교는 1917년 4,707명(26%)에서 1945년 37,429명(45%)명으로 증
가하였다.(김승, 「일제강점기 부산화교의 존재형태와 사회정치적 동향」, 『근대
부산의 일본인사회와 문화변용』, 선인, 2014, 509~514쪽). 신의주 화교에 대해서
는 이은자·오미일, 「1920~1930년대 국경도시 신의주의 화공(華工)과 사회적 공

또는 염장 형태로 이입된 일본 수산물은 '시모노세키(下關)→부산→경부선' 루트를 통해 명태는 조선인들이, 그 밖의 수산물은 재조일본인들이 각각 소비한 것으로 판단된다.

Ⅳ. 맺음말

식민지시기 수산물의 수이출(輸移出)과 관련하여 지금까지 살펴본 내용을 정리하면 다음과 같다. 첫째, 식민지시기 수산물의 수이출에서 생선에 관한 것이다. 조선에서 생산된 생선 중에서 수이출된 생산은 1916년까지는 2%에 불과하였다. 그러나 1918년부터 급격히 증가하여 1924년이 되면 전체 생선 생산액 중에서 수이출이 차지한 비율은 24.6%까지 상승하기도 했다. 그러나 전반적으로 보면 생선의 수이출율은 1924년을 정점으로 이후 하락 추세를 보였고 1938년에는 11.4%까지 감소하였다. 생선이 수이출된 지역별 현황을 보면 1910년대 전반기까지는 일본과 중국(·만주·관동주)으로 수이출된 생선의 비율은 70 대 30으로 일본이 많았다.

생선 수이출에서 일본 우위의 이런 추세는 시기별 약간의 차이에도 불구하고 1930~1937년 평균 86%의 수준을 유지하였으나 1938년이 되면 78% 수준으로 생선의 이출 비율이 하락하였다. 생선 수이출에서 일본 이출의 하락은 곧 생선의 만주 수출이 증가했음을 의미했다. 1932년 만주국이 건국된 이후 수산물의 만주 수출은 1933년 13%였던 것이 1937년 17%, 1938년 21%로 증가하게 된다. 이처럼 만주지역으로

간」, 『사총』 제79집, 2013 참조.

생선 수출이 증가할 수 있었던 것은 만주국 건국 이후 만주 거주 인구
의 증가와 함께 조선총독부와 만주국 간의 협정을 통해 철도 운임과
수산물 관세 인하 등이 단행되고, 중일전쟁 이후에는 철도 운행 시간
단축과 수산물 전용 냉동열차 운행과 같은 여러 조치들이 뒷받침되었
기 때문이다.

1940년 이후 만주지역 생선 수출의 정확한 동향을 파악하기는 현재
로서 어렵다. 여러 상황을 감안할 때 1940년 이후 생선의 만주 수출은
1938년의 21% 이하로 감소하지는 않았던 것으로 여겨진다.

둘째, 수산가공품의 수이출에 관한 것이다. 1911~1938년 사이 조선
의 수산가공품 생산은 13.4배 증가하였고 이 중에서 수이출된 것은 무
려 62.4배 증가하였다. 이는 수산가공품의 수이출액이 빠른 속도로 성
장하였음을 보여준다. 1911년 당시 수산가공품의 수이출액이 44%의
높은 비율이었던 것은 수산가공품 생산이 처음부터 내수시장을 겨냥
했다기보다는 국외시장의 수이출을 전제로 생산되었음을 뜻한다.

1936년 이후 수산가공품 수이출액과 그 비율이 크게 증가할 수 있
었던 것은 1930년대 중반 이후 정어리가공업의 급속한 성장과 밀접한
관련이 있었다. 수산가공품 수이출의 대상 지역을 보면 생선 수이출
과 마찬가지로 일본 이출이 압도적으로 많았다. 수산가공품 전체 수
이출액에서 일본이 차지했던 비율은 1911~1932년 평균 92%, 1934~1938
년 평균 89% 등이었다. 그 중에서 수산가공품의 일본 이출 비율이 생
선 일본 이출 비율보다 훨씬 높았다. 특히 1933년 일본 이외 지역의
수산가공품 수출은 중화민국보다는 만주와 관동주 지역 수출이 많았
음을 알 수 있었다. 식민지시기 수산가공품의 수이출품 종류를 보면
일본과 만주지역 사이에 큰 차이는 없었다. 다만 눈여겨 볼 것은 일본
이출 수산가공품 중에서 요오드회, 어비, 해조, 명란 등을 제외한 많

은 수산가공품이 나가사키, 고베, 시모노세키, 오사카 등의 무역상을 통해 중국으로 수출되고 있었다는 점이다.

셋째, 생선과 수산가공품을 합친 전체 수산물의 수이출 동향이다. 1911~1938년 사이 총수이출액은 62.7배 증가하였다. 수산물의 전체 수이출액에서 지역별 현황을 보면 일본 이출이 훨씬 많았는데 86.69%(1938년)~93.61%(1914년) 범위 내에 있었던 것을 통해서도 알 수 있었다. 수산물 일본 이출에서 생선과 수산가공품의 비중을 보면 1920년 이후 생선의 이출 비율이 감소했던 것에 반해 수산가공품 이출액 비율은 증가했다는 사실이다. 수산물의 일본 이출에서 드러난 수산가공품 우위는 1933년 이후 만주국과 관동주 등에서도 동일하게 나타났다. 한편 일본 이출의 경우 중일전쟁 이후 생선과 수산가공품의 간극이 더 넓어지게 되는데 이는 식민지 후반기로 갈수록 수산가공품의 비중이 더 높아지고 있었음을 의미한다.

수산물의 전체 수이출에서 또 한 가지 지적할 사항은 일본 이출액의 비율이 감소 추세였다는 점이다. 다시 말해 총수이출 중에서 일본은 절대적 우위를 나타내고 있었지만 상대적인 측면에서 일본의 전체 이출 비중이 감소하고 있었다. 수산물의 전체 수이출 중에서 일본 이출의 비율 감소는 곧 일본 이외 지역으로 수출액 비율이 증가하였음을 의미했다. 이는 1935년 이후 총수출액이 10.49%(1935년), 11.85%(1937년), 13.41%(1938년) 등으로 증가한 것을 통해서도 확인할 수 있었다. 1935년 이후 드러난 일본과 일본 이외 지역의 이와 같은 상반된 추이는 1938년 이후 더 심화되었던 것으로 보는 것이 바람직할 것 같다.

넷째, 일본 이출 수산물의 종류이다. 1934년 이전까지는 건어(乾魚) 및 김 등의 소건품(素乾品)이 1위였고 2위는 어비(1926년), 자건품(1933년), 어유품(1934년) 등이 차지했다. 그러나 일본 이출에서 이와 같은 순위는 1935년 이후가 되면 소건품과 자건품의 비중은 급감하고 어유품과 어비(魚肥) 등이 이출액 1위로 올라섰다. 이런 변화는 조선에서 정어리 어획고의 급성장이 뒷받침되었기 때문이다. 정어리기름의 부산물로 생산된 정어리지게미(鰮粕)는 일본으로 전량 이출되었다. 강원도와 함경도 지역에서 많이 생산된 정어리지게미는 선박 운송비 때문에 철도를 이용하여 부산을 거쳐 일본으로 수출되는 것이 많았다. 그 분량은 1939년 일본에서 필요로 했던 정어리지게미 17만 톤 중 76%에 해당하는 13만 톤이 조선에서 일본으로 빠져나갔다.

한편 조선에서 일본으로 이출된 수산물 중 상당 부분이 중국으로 재수출되고 있었는데 중국으로 재수출된 수산물들은 오랜 관행에 따라 일본 거주 중국 화상(華商)들에 의해 수출되었다. 1926년 조선에서 중국으로 수출된 수산물은 대략 550만 원이었다. 이 가운데 300만 원의 수산물이 일본으로 이출된 뒤 일본의 모지, 고베, 나가사키 등을 경유하여 중국으로 수출되었다. 이는 조선에서 생산된 수산물이 '조선(부산)-일본-광동'으로 연결되는 광동네트워크에 편입되었음을 보여주는 것이기도 했다. 이는 1925년 나가사키의 중국 수출 수산물 중 30%는 조선에서 유입된 수산물로 "나가사키항의 수산무역은 조선산(朝鮮産)의 풍흉"에 많은 영향을 받고 있었음을 확인할 수 있었다.

이밖에 우뭇가사리와 청각채 등의 해조류 또한 일본 이출이 적지 않았다. 일본 이출 수산물의 유통에는 하야시가네쿠미(林兼組)와 야마가미쿠미(山神組) 등을 비롯해 많은 수산관련 회사들이 관여하였는데 이들 회사의 대부분은 조선에서 이송된 수산물을 시모노세키에 집하한 뒤 철도를 이용하여 고베, 오사카, 교토, 도쿄 등의 대도시로 발송하였다. 수산물의 양이 많을 경우에는 시모노세키에서 선박을 이용하여 오사카 방면으로 수송하기도 했다.

다섯째, 만주지역 수출 수산물의 종류이다. 1929~1931년 만주지역 수출액의 감소는 선어개보다는 자건품과 염장품의 감소가 중요 원인이었다. 이는 본문의 〈표 2〉에서 1929~1931년 '중국'으로 수출된 수산물 가운데 생선보다 가공품의 수출액 감소폭이 컸던 추세와 부합하기도 한다. 한편 1932년 만주지역에서 수입하고 있었던 수산물은 600만 원이었는데 각 수입처를 보면 러시아 300만 원, 일본 180만 원, 조선 120만 원으로 만주 소비의 20%에 해당하는 수산물이 조선에서 수출되었음을 확인할 수 있었다.

1929~1930년 조선에서 만주로 수출된 각 수산물의 현황을 보면 가장 많이 수출되었던 품목은 생선(28.8%~51.4%)이었다. 만주지역으로 수출된 생선의 비율은 이후 1933년 33.4%(977,650원), 1938년 22.8%(1,916,225원) 등으로 점점 감소했다. 결국 수산물의 일본 이출과 만주지역 수출 모두 식민지시기 후반부로 갈수록 생선의 비율은 감소하고 수산가공품의 비율이 높아지고 있었음을 보여준다. 한편 1929~1930년 만주지역으로 수출된 생선은 주로 안동(현, 단동), 대련, 봉천 등에서 소비되었다. 생선 다음으로 수출액이 많았던 것은 해삼(7.6~13.8%)과 염장청어(7.9%~10.7%)였다. 해삼과 염장청어의 만주내 소비지를 보면 해삼은 관동주와 남만주, 염장청어는 남만주와 간도 등에서 소비되었다. 수출액이 적었던 명란과 김(海苔)은 모두 관동주와 남만주 거주 일본인들이 소비하였는데 이들 수산물의 발송지는 명란의 경우 원산과 신의주, 김은 부산과 목포 등이었다. 만주지역으로 연어·송어 또한 고가로 수출되고 있었는데 이들 수산물은 조선에서 생산되었던 것이기보다는 일본산으로 부산을 거쳐 만주로 수출되었던 것으로 보인다. 이밖에 만주지역 수출에서 중요한 비중을 차지했던 것은 새우였다. 특히 마른 새우가 압도적으로 많았는데 이런 이유로 수산가공품

의 만주지역 수출에서 자건품이 염장품과 더불어 1,2위를 다툴 수 있었다. 만주지역 수출에서 유의할 것은 일본 이출에서 1,2위를 차지했던 소건품, 어유(魚油), 어비(魚肥) 등은 만주지역 수출에서 큰 비중을 차지하지 못했다는 점이다. 오히려 만주지역 수산가공품 수출에서 중요한 위치를 차지했던 것은 각종 소금에 절인 염장품이었다. 특히 염어(鹽魚)의 수출 비율이 1930년대 중후반 이후 높았는데 여기에는 염장청어와 염장정어리의 수출이 많았기 때문이다.

1938년 만주로 수출되고 있었던 수산물의 국내 발송지를 보면 1위 경남(31.6), 2위 경기도(26.6%) 3위 함경남도(11.8), 4위 함경북도(11.4%) 순으로 파악된다. 이들 각 지역의 수출업자들의 경우 경기도와 함경도의 수출업자들은 대규모 기업형이었고 경북과 평북은 영세업자들, 그 외 경남 · 전남 · 평남 등은 기업형과 영세업자들이 결합된 형태였던 것으로 보인다. 수산물의 만주지역 수출은 각종 철도노선을 이용하였는데 함경도 지방 수산물의 만주지역 수출은 함경선과 길회선의 개통, 이에 따른 나진, 청진, 웅기 등 소위 북항3항의 수산업 개발과 밀접한 관련이 있었다.

여섯째, 식민지시기 수산물의 수입에 관한 것이다. 1926~1938년 사이 수입 수산물은 3배 증가하였다. 그러나 수입 수산물의 전체 비중은 수이출 수산물의 8%에도 못 미치는 적은 양이었다. 수입처 또한 1926년에는 일본과 중국의 비율이 7 대 3을 보였는데 1930년대가 되면 일본으로부터 이입이 98%를 차지할 만큼 압도적으로 많았다. 수입품 종류에서 눈여겨 볼 것은 1933~1937년 사이 명태가 1위를 점했다는 사실이다. 1938년 이후 명태의 수입 비율은 감소하게 되는데 이는 한반도에서 명태어획의 증가와 관련이 있었다.

한반도는 수산자원의 보고(寶庫)였기 때문에 수산업은 다른 어느 분야보다 일찍부터 일본인들에 의해 개발되었다. 그러나 본고에서 살펴보았듯이 수출이 위주였으며 수입은 매우 저조한 상태였음을 확인할 수 있었다. 또한 일부 수산물 중에는 일본을 거쳐 중국으로 재수출되는 상품도 있었으며 역으로 일본으로부터 수입되는 수산물로서 명태와 수량은 적었지만 연어·송어와 같은 수산물이 수입되고 있었다. 이 중 연어·송어의 경우 조선을 거쳐 재차 만주지역으로 수출되고 있었다. 특히 정어리가공업과 관련해서 정어리지게미는 일본으로 대량 수출되었는데 이렇게 일본으로 빠져나간 정어리지게미는 세계 각국으로 재차 수출되고 있었음을 확인할 수 있었다. 본고는 식민지시기 수산물 수이출의 전체적인 현황만을 살펴본 한계를 갖는다. 식민지시기 수산물의 수출과 수입이 갖는 국제적 네트워크성과 국내시장과 관련성에 대해서는 향후의 연구과제로 남겨두고자 한다.

'아시아 경제사'와 근대일본: 제국과 공업화

이수열

Ⅰ. 1980년대: 이론 출현의 시대적 배경

1980년대에 들어 일본의 역사학계는 커다란 전환기를 맞이하고 있었다. 역사학자 가노 마사나오(鹿野政直)는 일본인의 역사의식과 역사학의 현재를 묻는 작품 속에서 당시 '전후역사학'이 처한 상황을 다음과 같이 이야기하고 있었다.

> 전후 40년을 지나 역사학은 지금 갈림길에 서 있다. 역사학에서도 한 시대가 지나가고 있는 것이다. 이는 '전후'라는 과제를 짊어지고 때때로 그것을 부적으로 삼아온 전후역사학이 과제의 변질이라는 사태에 직면하여 미래를 모색하기 위해 발버둥치고 있음을 의미한다.[1]

1980년대에는 ① 경제대국 일본과 '동아시아의 기적'으로 대표되는 아시아 경제의 약진, ② 사회주의권의 몰락, ③ 구미 자본주의의 사양

---

[1] 鹿野政直, 『「鳥島」は入っているか: 歷史意識の現在と歷史學』, 岩波書店, 1988, 28쪽.

등의 사태가 동시에 진행되고 있었다. 과정 속에서 일본 사회의 '전후' 의식은 풍화되어갔고 마르크스주의적 역사 해석이나 서구 근대를 이념으로 하는 시민사회파 계열의 역사학도 발언권을 상실했다. 1980년 대 일본의 역사학계는 민주주의적 전통이나 변혁 주체의 발굴과 같은 과제가 더 이상 공감대를 형성하지 못하게 된 현실 속에서 새로운 과제의 창출과 역사학의 미래를 모색해야하는 상황에 처해 있었다.

근대 일본과 아시아 경제에 대한 새로운 연구 조류가 탄생하는 것은 그러한 상황 하에서의 일이었다. 당시 일본 경제사학계 내부에서는 아시아 경제와 그 안에서의 일본의 역할을 재조명하려는 움직임이 일어나고 있었다. 1984년 사회경제사학회가 전국대회의 공통 논제로 '근대 아시아 무역권의 형성과 구조-19세기 후반~제1차 세계대전 이전을 중심으로'를 설정한 것은 새로운 아시아사 연구의 출발을 알리는 계기가 되었다. 이후 사회경제사학회는 1989년도 전국대회의 공통 논제를 '아시아 역내교역(16~19세기)과 일본의 공업화'로 정하여 84년 대회의 문제의식을 계승, 확대하는 전개를 보였다. 두 대회를 주도한 연구자들은 그 뒤 새로운 아시아사를 견인해가는 하마시타 다케시(濱下武志), 스기하라 가오루(杉原薫), 가와카쓰 헤이타(川勝平太) 등이 었다. 이들에 의한 연구 성과는 주로 1990년대에 들어 발표되기 시작했는데, 그 중에서도 하마시타 다케시,『近代中國の國際的契機: 朝貢貿易システムと近代アジア』(東京大學出版會, 1990), 가와카쓰 헤이타,『日本文明と近代西洋: 「鎖國」再考』(日本放送出版協會, 1991), 하마시타 다케시·가와카쓰 헤이타 편,『アジア交易圏と日本工業化: 1500-1900』(リブロポート社, 1991), 스기하라 가오루,『アジア間貿易の形成と構造』(ミネルヴァ書房, 1996)[2] 등은 그 대표적 작품들이었다. 현재는 2, 3세대 연구자들이 출현하여 1세대가 제시한 틀을 기반으로 구체적인 실증 작업을 진행하고 있다.

'아시아 교역권' 논의가 주장하는 바는 한마디로 '아시아 국제경제사'에서 '아시아 경제사'로의 패러다임 전환이었다. 국가의 영역성을 전제로 하여 국민경제의 '생산'에 주목해왔던 '국제경제사'에 비해 1980년대에 새롭게 등장한 '아시아 경제사'는 아시아 해역을 무대로 한 환해 도시 간의 횡적 네트워크와 '유통'(물류와 인류)의 중요성을 강조했다. 이러한 시점의 변화를 통해 '아시아 경제사'는 기존의 일본 경제사가 제시해온 역사상, 구체적으로 이야기하면 1930년대 일본자본주의 논쟁에서 출발하여 근대 일본의 후진성과 침략성을 논해왔던 일본자본주의사를 상대화하고 근대 아시아 경제에서 일본이 수행한 적극적인 역할을 강조하는 새로운 역사 해석을 제시했다.[3]

경제대국 일본과 '동아시아의 기적'을 눈앞에 두고 아시아 역사상의 재구성을 시도했던 '아시아 경제사'는 오늘날 일본 경제사학계에서 견고한 한 축을 형성하는 데 성공했지만[4] 아직도 기왕의 연구 방법론과

---

[2] 한국어 번역으로 스기하라 카오루, 박기주, 안병직 역, 『아시아간 무역의 형성과 구조』, 전통과 현대, 2002.

[3] 나리타 류이치(成田龍一)는 『近現代日本史と歷史學: 書き替えられてきた過去』, 中公新書, 2012에서 1980년대에 출현한 몇 가지 개국에 관한 연구를 들어 그것들이 "자신감에 찬 일본상"(37쪽)을 제시했다고 지적했다. 이는 근대사의 경우에 한정된 현상이 아니었다. 예를 들어 아라노 야스노리(荒野泰典)의 『近世日本と東アジア』, 東京大學出版會, 1988가 말하는 "일본형 화이질서론(日本型華夷秩序論)"과 "네 개의 입구(四つの口)"도 근세일본의 역사상을 침략과 고립에서 독자적 지역구상과 적극적인 교역의 시대로 바꾸는 데 일조했다. '아시아 경제사'가 이 같은 일본 역사학계의 조류와 궤를 같이 하고 있음은 물론이다. 한편 '아시아 경제사'는 일본의 근대를 16세기 이래 동아시아 해역 교류의 연장선상에서 파악하는데 이 점에 관해서는 후술할 예정이다.

[4] 최근 출간된 水島司・加藤博・久保享・島田龍登 편, 『アジア經濟史研究入門』, 名古屋大學出版會, 2015는 지금까지의 연구 성과를 지역별(동아시아, 남아시아, 동남아시아, 서아시아・중앙아시아)로 분류하여 정리한 책이다. 출판사는 "아시아 경제 재흥의 역사적 근원을 생각하는 데 가장 좋은 입문서"로 책을 소개하고 있다.

논쟁 중에 있다. 예를 들어 아시아사에서 웨스턴 임팩트의 의미나 식
민지와 공업화의 관계를 어떻게 생각할 것인가와 같은 기본적인 인식
에서조차 '아시아 경제사'와 전통적인 역사학은 서로 다른 견해를 보
이고 있다. 이런 현상은 '아시아 경제사'가 출발할 때부터 기왕의 역사
상을 재구성하려는 논쟁적인 성격을 강하게 지니고 있었던 만큼 당연
한 일이라고도 할 수 있을 것이다. 그럼에도 불구하고 '아시아 경제사'
가 국민국가 패러다임 비판이나 유럽중심주의의 극복과 같은 현대 역
사학계의 문제의식을 공유하고 있는 것도 사실이다. 또 그것이 제시
하는 새로운 아시아 역사상이 구미 학계에 널리 소개되어 다양한 문
맥에서 수용되고 있는 현실도 존재한다. 한국 사회에서 '아시아 경제
사'는 역사학적 문제의식의 공유는 물론 한국 사상계의 동아시아 담
론 등과 공명하는 한편 후술하는 바와 같이 식민지근대화론과도 접점
을 이루고 있는 상황이다.

  '아시아 경제사'가 갖고 있는 다면적 성격은 유럽중심주의, 국민국
가사관, 육지사관 등을 비판하며 근대 세계체제에 대한 아시아의 상
대적인 자립성과 유럽적 발전경로와 구별되는 아시아 독자의 근대화
가능성을 모색하고자 하는 '진보성'과 아시아에 대한 일본의 긍정적인
역할을 강조하며 일본근대사에 대한 재평가를 시도하는 '보수성'을 동
시에 지니고 있는 데 기인한다. 본 논문에서는 '아시아 경제사'의 다면
성의 실체와 그 이데올로기적 기능에 되도록 가까이 접근하기 위해
먼저 '아시아 경제사'의 문제의식과 그것이 제시하는 근세 · 근대 역사
상을 비판적으로 살펴보고, 그 가운데에서도 특히 일본의 근대(=산업
혁명=공업화)에 대한 인식을 세계체제론적 해석과 비교 고찰한 뒤, 마
지막으로 '아시아 경제사'의 성과를 최근의 글로벌 경제사와의 관련
속에서 다시 한 번 재고할 것이다.

Ⅱ. '아시아 경제사'의 문제의식

'아시아 경제사'는 논자에 따라 대상, 시기, 내용이 제각기이지만 몇 가지 공통점을 갖고 있다. 한국 학계에도 널리 알려진 하마시타 다케시의 조공무역체제론을 시작으로 논의의 돌파구 역할을 한 '아시아 교역권'(1500~1900), 가와카쓰 헤이타가 말하는 '해양아시아사'나 '아시아태평양 경제권사'(1500~2000)[5), 나카무라 사토루(中村哲)의 '동아시아 자본주의사'(16세기~20세기)[6) 등은 모두 대상 범위나 시기의 차이는 있지만 ① '아시아 경제사'를 국민경제사의 집합으로 보는 것을 거부하고, ② 국가 간 교섭이 아닌 환해 도시 간의 횡적 네트워크와 그것을 통한 물적, 인적 교류를 통해, ③ 16세기 이후의 일체화된 글로벌 경제와의 관련성 속에서 아시아 근세·근대의 독자성을 밝히고자 하는 점에서 일치하고 있다.

이러한 공통점 안에는 '아시아 경제사'가 기존의 역사학에 대해 제기하는 몇 가지 문제의식이 이미 드러나 있는데, '아시아 경제사'를 관통하는 문제의식 중의 하나로 먼저 유럽중심주의의 극복을 들 수 있다. 하마시타 다케시는 『近代中國の國際的契機』를 시작하면서 종래의 아시아 근대사 연구가 서구의 충격에 대한 아시아의 반응을 주선율로 하고 있었다고 비판하며 "아시아사를 하나의 유기적 관련을 가진 역사체(歷史體)로 파악할"[7) 필요성을 제기했다. "아시아사 자체의 내적 구성 요인과 내적 동인"을 찾아내 역으로 "아시아 측에서 서구를

5) 川勝平太 편, 『アジア太平洋經濟圈史: 1500-2000』, 藤原書店, 2003.
6) 나카무라 사토루, 정안기 역, 『근대 동아시아 역사상의 재구성』, 혜안, 2005. 나카무라는 동아시아 자본주의사를 맹아기(16~18세기), 형성기(19~20세기 전반), 확립기(20세기 후반)로 구분한다.
7) 濱下武志, 『近代中國の國際的契機』, 東京大學出版會, 1990, 2쪽.

비추는 시각"⁸⁾을 주창하는 하마시타의 강렬한 문제 제기는 아래와 같
은 역사상으로 귀결되었다.

> 유럽 세력의 아시아에의 임팩트는 (화교나 인교 상인의 네트워크를 – 인용
> 자) 이용하는 형태로, 즉 그 위에 올라타는(上に乗る) 형태로 세력을 구축했다
> 고 볼 수 있다. 유럽 세력은 결코 아시아에 새로운 것을 만들면서 등장한 것이
> 아니었다. 특히 상업, 교통, 금융과 같은 눈에 보이지 않는 무역 부분에서는 역
> 사적으로 축적되어온 아시아의 교역, 이민, 송금 네트워크에 참가해 그것을 확
> 대시키는 방향을 취해왔다고 할 수 있다.⁹⁾

아시아 근대사에서 웨스턴 임팩트의 의미를 한정적으로 보고 근대
이전부터 축적되어온 아시아의 전통적 상업망의 존재를 중시하는 하
마시타의 주장은 이하에 소개하는 스기하라 가오루의 일본 개항론과
입장을 같이 하고 있었다.

> (일본의 개항을 이야기하면서 – 인용자) 전통적 아시아통상권 자체가 갖는
> 문제를 다루지 않고 그 표층에서 조약과 개항장에 의해 가혹하게 맺어진 구미
> 와 일본의 관계만을 꺼내 마치 공중전을 생생하게 그려내듯이 묘사해 보더라
> 도 거기에는 일본의 개항=근대화의 문제성을 부각시키기까지는 아직 상당한
> 거리가 있는 것을 알 수 있다.¹⁰⁾

후술하는 것처럼 스기하라는 다른 논자들에 비해 비교적 서구의 계
기를 인정하는 편이었다. 근대 이후도 조공무역체제가 지속되었다는
하마시타의 주장에 대해 스기하라는 "하마시타설보다는 오히려 페어

---

8) 위의 책, 3쪽.
9) 濱下武志, 『香港: アジアのネットワーク都市』, ちくま新書, 1996, 26~28쪽.
10) 스기하라 카오루, 박기주, 안병직 역, 『아시아간 무역의 형성과 구조』, 62쪽.

뱅크 등의 통설에 가까운 입장"[11])이라고 명언할 정도였다. 그가 보기에 서구가 강제한 자유무역체제는 여전히 아시아 근대사를 강하게 규정하고 있었기 때문이었다. 하지만 일본의 공업화를 서구 따라잡기(catch up)의 문맥에서만 바라보는 기존의 연구에 위화감을 표명하는 스기하라는 아시아 근대사에서 방법적 "개국"[12]의 필요성을 주장하는 점에서는 하마시타와 의견을 같이 하고 있었다.[13]

유럽중심주의와 함께 '아시아 경제사'가 표방하는 또 하나의 문제의식은 국민국가사관의 극복이었다. 하마시타는 아시아 경제에 접근하는 자세를 다음과 같이 이야기한다.

> 예를 들어 동아시아 경제사를 생각할 때 일본사가 있고, 조선사가 있고, 중국사가 있는 것이 아니라, 일·조·중 상호 관계 속에서 각각 어떠한 역할 분담이나 공통적인 특징이 전체적으로 또는 각 구성 요소로서 형성되어 왔는가라는 시점에서 파악하고자 한다. 처음부터 국가라는 데서 발상하는 것이 아니라 국가도 더 큰 지역의 내부 요인으로서 생각하지 않으면 아시아나 아시아 경제에 대한 어프로치라고 말하기 어려울 것이다.[14]

국가와 국민경제를 "광역지역" 내부의 한 요인으로 파악하는 하마시타의 이러한 입장이 1980년대 이래 일본 학계의 '근대' 재고 내지 국

---

11) 위의 책, 446쪽.
12) 위의 책, 63쪽.
13) 당연한 일이지만 이러한 문제의식은 동시대의 학문 상황과 연동하고 있었다. 溝口雄三 외 편,『アジアから考える』, 東京大學出版會, 1993~1994, 전7권의 출간이 상징하듯이 당시 일본 학계에서는 아시아와의 관계('아시아와 일본' 혹은 '아시아 속의 일본') 속에서 일본을 재고하는 움직임이 있었다. '아시아 경제사'의 학문적 맥락에 관해서는 하세봉, 「80년대 이후 일본학계의 "아시아 交易圈"에 대한 논의: 학문적 맥락과 논리를 중심으로」,『중국근현대사연구』2, 1996를 참조.
14) 濱下武志,『華僑·華人と中華網: 移民·交易·送金ネットワークの構造と展開』, 岩波書店, 2013, 2쪽.

민국가 비판15)과 공명하고 있음은 물론이다. 아시아를 국가 간 관계
가 아니라 광역적인 "지역 간 관계"로 파악하여, 중국 이해의 채널을
국가 간 교섭을 중시하는 근대적 "베이징 루트"에서 화남 지역을 중심
으로 하는 역사적 "남쪽 루트"16)로 전환할 것을 주장하는 그의 발언은
국가를 넘어서는 "광역지역" 개념에서 비롯하는 것이었다.

하마시타가 국가와 국민경제를 전제로 한 중국근대사 연구의 문제
점을 지적했다면 가고타니 나오토(籠谷直人)는 일본근대사 연구에 보
이는 국민국가사관을 비판했다. 가고타니가 볼 때 지금까지의 일본근
대사는 "국민국가 · 경제" 형성이라는 제도형성사적 분석 시각이 현저
했고 그러한 시각은 다음과 같은 연구 편향을 낳았다.

> 경제사의 경우 수입대체형 공업화 과정을 중시하는 산업발달사, 정치사에
> 서는 주권의 주장과 그 소재를 확정하는 제도형성사나, 주권의 탈취 과정을 변
> 혁 주체에 입각해 논의하는 농민, 노동자, 시민을 포함한 사회운동사가 중심적
> 인 과제였다.17)

이러한 발언을 통해서도 일본 역사학계의 문제관심의 변화를 실감
할 수 있지만 어쨌건 가고타니는 국민국가사관이 초래한 연구사적 편
향이 화교나 인교와 같은 비공식적인 경제 주체를 역사학의 대상에서
추방했다고 주장하며 "아시아 간의 횡단적인 통상망 자체를 고찰 대

---

15) 애드워드 사이드의 『오리엔탈리즘』이 번역된 해가 1986년, 베네딕트 앤더슨의
『상상의 공동체』가 번역된 것이 1987년의 일이었다. 90년대에 들어 西川長夫,
『國境の越え方: 比較文化論序説』, 筑摩書房, 1992; 姜尚中, 『オリエンタリズムの
彼方へ』, 岩波書店, 1996; 酒井直樹, 『死産される日本語 · 日本人: 「日本」の歴史 -
地政の配置』, 新曜社, 1996; 上野千鶴子, 『ナショナリズムとジェンダー』, 青土社,
1998 등이 발표되었다.
16) 濱下, 『香港』, 61쪽.
17) 籠谷直人, 『アジア國際通商秩序と近代日本』, 名古屋大學出版會, 2000, 18쪽.

상으로 하여 그 동태 안에 근대 일본을 자리매김"[18]하고자 했다.

　이상에서 살펴본 유럽중심주의 극복과 국민국가사관 비판은 '아시아 경제사' 연구의 두 축을 이루는 부분으로, '아시아 경제사' 외에도 많은 연구자들이 전면에 내거는 문제의식이기도 하다. 한마디로 '아시아 경제사'는 역사학계를 넘어 현대 사상계 일반의 문제로서 존재하는 '근대' 비판이라는 사상 상황 위에서 '전후역사학'의 상대화와 새로운 아시아 역사상의 수립을 시도했던 것이다. 네덜란드 동인도회사의 아시아 무역에 대해 연구하는 시마다 류토(島田龍登)는 유럽중심주의와 국민국가 비판이 오늘날 넓은 공감대를 형성하고 있는 현실을 낙관하여 "역사학은 이미 '국경'을 넘어서고 있다"[19]고 선언할 정도였지만, 이하에 소개하는 '아시아 경제사'의 또 하나의 문제의식을 살펴보면 역사학은 아직도 '국경'을 넘어서지 못하고 있다고 말하는 편이 더욱 현실에 가까울 것이다.

　가고타니 나오토는 연구사적 편향에 대한 비판에 이어 다음과 같이 말했다.

　　1945년 이후의 일본사 연구는 식민지를 방기한 전후의 '소(小)일본주의'적 의식을 전제로 전전(戰前) 시기 일본의 식민지 부분을 '외부'화하여, 근대사에서 일본 '국내'사와 '식민지'사를 각기 다른 것으로 논의하는 경향이 있었다. 양자의 관계를 논할 경우도 전자가 후자를 일방적으로 규정(=착취)하는 일본 '제국주의'사론으로 그려왔다고 할 수 있다. 이러한 제국주의사로서의 대(對) 아시아 관계사는 내적 구심력과 외적 배타성을 지닌 '국민국가' 일본을 중심으로 하여 그 외부를 '주변'으로 하는 대 아시아 서열화 인식을 강화하는 것이었다.

---

18) 위의 책, 19쪽.
19) 島田龍登, 「歷史學はすでに'國境'をこえつつある: グローバル·ヒストリーと近代史研究の覺書」, 『パブリック·ヒストリー』 8, 2011.

대 아시아 서열화 인식은 일본근대사 연구 속에서 아시아 간의 횡적 연계를 통한 상호 의존 관계를 고찰하는 시점을 획득하기 어렵게 해왔다.[20]

여기서 말하는 "대 아시아 서열화 인식"이 구체적으로 무엇을 의미하는지 이해하기 어렵지만 가고타니가 주장하는 바는 제국주의사로서의 일본근대사 연구가 "다시 한 번 일본이 아시아 국제질서의 균형을 파괴하는 주체가 되는 것에 대한 강한 경계를 시사하는"[21] 긍정적인 측면을 가지면서도 그것이 결국 근대 일본과 아시아의 관계를 지배와 착취의 역사로 그린 결과 아시아 간의 "상호 의존 관계"를 간과해왔다는 것이다. "지역 공공재(公共財)"로서의 화교 통상망 연구를 통해 가고타니가 시도하고자 했던 것은 일본과 아시아의 근대 역사상을 종적 지배 관계에서 "횡적 연계" 관계로 전환시키는 일이었다.

기왕의 일본제국주의사에 대한 위화감은 하마시타의 경우도 마찬가지였다. 그는 청일전쟁 이후의 일본의 중국진출을 부국강병책의 전개로 논해온 지금까지의 일중관계사를 "소서양화(小西洋化)로서 추적된 일본의 근대사"라고 비판하며 일본의 근대화를 전통적인 조공무역질서를 타파하는 과정, 즉 "일본이 중화를 탈취하려 한 프로세스"[22]로 보아야 한다고 주장했다. 근대 중일관계사에 대한 이러한 표현은 얼핏 이해하기 힘들지만, 간단히 이야기하면 "소서양화로서 추적된 일본의 근대사"란 일본을 후발 제국주의국가로 그리는 작업을 의미하고, "일본이 중화를 탈취하려 한 프로세스"란 개항 이후 일본 상업이 전통적인 화상 세력을 구축해가는 과정을 말한다.[23] 하마시타 또한 아시

---

20) 籠谷,『アジア國際通商秩序と近代日本』, 21쪽. 본문 중의 강조는 원문.
21) 위의 책, 22쪽.
22) 濱下,『近代中國の國際的契機』, 40쪽.
23) 이 점에 관해서는 이수열,「'아시아 교역권론'의 역사상: 일본사를 중심으로」,『한

아 각 지역의 "상호 관계" 속에서 "역할 분담과 공통적인 특징"[24]을 추출함으로써 일본제국주의사를 상대화하려는 점에서 가고타니와 문제관심을 공유하고 있었던 것이다.

스기하라 가오루의 일본제국주의사 비판은 더욱 직설적이다. 그가 생각하기에 "종래의 일본경제사 연구에서는 일본과 아시아간의 관계를 일본의 침략이나 식민지 지배에만 연결시켜 이해하는 경향"[25]이 있었는데 이는 기존 연구가 근대 일본을 주로 서양 따라잡기의 문맥에서 파악했기 때문이었다. 그 결과 "일본이 아시아의 일부였다는 측면은 근대화, 공업화의 문맥에서는 거의 논의되지 않고 오히려 침략이나 식민지화와의 관련 속에서 이해되는 보통"[26]이었다. 이러한 "바이어스"를 시정하는 일이야말로 스기하라가 생각하는 "근대아시아경제사"의 목표였다.

일본의 근대사를 제국주의의 역사로부터 구출하여 그것이 아시아 경제발전에 가져온 적극적인 측면을 강조하는 것은 '아시아 경제사'의 또 하나의 문제의식이자 숨은 주제였다. 이러한 일본제국주의사 비판으로서의 '아시아 경제사'는 나카무라 사토루의 '동아시아 자본주의사'에 이르러 극단적인 비약을 보인다. 나카무라는 일본공업화가 아시아에 대해 수행한 역사적 역할을 다음과 같이 설명한다.

> 일본의 공업화는 단지 구미 지역 외에서 최초로 공업화에 성공한 것만이 아니라, '아시아형' 상품의 근대화·개발에 성공한 것이었다. 즉, 대 아시아 제품

일관계사연구』 48, 2014에서 논했다.

[24] 濱下, 『華僑·華人と中華網』, 2쪽.

[25] 스기하라 가오루, 박기주·안병직 역, 『아시아간 무역의 형성과 구조』, 3쪽.

[26] 杉原薫, 「近代アジア經濟史における連續と斷絕: 川勝平太·濱下武志氏の所説をめぐって」, 『社会經濟史學』 62-3, 1996.

수출을 발전시켜, 아시아의 경제 · 생활을 구미자본주의 이상으로 심화 · 확산 시켰던 것이다.[27]

일본자본주의의 "아시아 경제에 대한 적극적인 역할, 즉 경제발전을 촉진하고, 아시아 경제를 통합해 나가는 적극적인 측면"을 부각시키는 일이 "일본제국주의 미화론으로 간주되어, 이데올로기적 비판의 표적"[28]이 되어 온 현실을 개탄하는 나카무라는 일본공업화를 "아시아 역내 무역을 촉진한 '성장의 동력'"[29]으로 재평가할 것을 주장했다. 이것이 바로 그가 지향하는 '동아시아 역사상의 재구성'의 구체적 내용이었다.[30] 일본 학계의 '아시아 경제사'와 한국 사회의 식민지근대화론이 공명하는 지점도 바로 여기에 있다.

Ⅲ. 해양아시아의 근세와 근대

서구가 전통적인 아시아 교역권 위에 "올라타는" 형태로 아시아에 진출했다는 하마시타의 주장은 이미 소개했다. "동아시아 지역시스템의 구성과 그 주기적 변화의 다이너미즘"이 아시아 사회에 "마치 유전인자처럼 박혀"[31] 유지되고 있다고 생각하는 하마시타가 근대 아시아사에서 서구의 계기를 한정적으로 보는 것은 당연한 일이었다.

---

27) 나카무라 사토루, 정안기 역, 『근대 동아시아 역사상의 재구성』, 50쪽.
28) 위의 책, 51쪽.
29) 위의 책, 50쪽.
30) '동아시아 자본주의사'의 기저에 깔려 있는 "일본특수론"을 비판하는 논문으로 강진아, 「제국주의시대와 동아시아의 경제적 근대화: 식민지근대화론의 再考와 展望」, 『역사학보』 194, 2007이 있다.
31) 濱下武志, 『沖縄入門: アジアをつなぐ海域構想』, ちくま新書, 2000, 122쪽.

이에 비해 스기하라는 서구가 아시아 경제에 가져온 변화를 다음과 같이 생각하고 있었다.

웨스턴 임팩트의 결과 동아시아 교역권 네트워크 가운데 조공시스템은 실질을 상실하고 구미 군사력을 배경으로 하는 자유무역체제로 바뀌었지만 통상망을 지탱하는 노하우는 살아남았다. 살아남았을 뿐만 아니라 더 자유로운 시장 안에서 새롭게 생긴 비즈니스 찬스를 잡아 발전했다. 아시아 교역권은 중화제국의 제약에서 벗어나 세계체제의 일부가 됨으로써 발전한 것이다.[32]

전통적 아시아 통상망에 서구의 자유무역체제가 더해져 통상망의 확대와 발전을 가져왔다는 것이 스기하라가 아시아 근대 경제사에 대해 갖는 이미지였다. "서양은 단지 '참가'한 것이 아니라 식민지=거류지 무역체제를 구축함으로써 아시아의 국제질서를 근본적으로"[33] 변화시켰던 것이다.[34]

그러나 웨스턴 임팩트에 대한 이러한 대조적인 평가에도 불구하고 일본공업화를 논하는 두 사람의 입장은 완전히 일치하고 있었다. 스기하라는 이렇게 말한다.

---

[32] 杉原薫, 「近代アジア經濟史における連續と斷絕: 川勝平太·濱下武志氏の所説をめぐって」.

[33] 위의 논문.

[34] 후루타 가즈코(古田和子)는 『上海ネットワークと近代東アジア』, 東京大學出版會, 2000에서 아시아 근세·근대사에서의 연속과 단절의 문제에 대한 하마시타와 가와카쓰의 입장을 "연속 그리고 아시아권 중시"(205쪽), 스기하라를 "전환 그러나 아시아권 중시"(208쪽)로 구분했다. 그러나 스기하라의 생각은 그 뒤 변화해갔다. '아시아 교역권'에서 '노동집약형 발전 경로'로 주된 문제관심을 옮겨간 스기하라는, 말하자면 '전환'에서 '연속'으로 다가갔다고 할 수 있다. 일본공업화를 근세 이래의 '노동집약형 발전 경로(=근면혁명, Industrious Revolution)'의 결과로 보는 그의 입장에서는 '전환'을 강조하면 할수록 자신의 가설과 충돌할 수밖에 없었기 때문이다. 이에 대해서는 다시 언급할 예정이다.

일본의 공업화는 먼저 인도 근대공업과의 경쟁, 나중에는 중국과 조선의 추격과 같은 아시아 간 경쟁 속에서 발생한 것으로, 대략적으로 이야기하면 인도, 일본, 중국, 동남아시아의 순서로 아시아가 서서히 공업화해가는 소위 안항형(雁行型) 발전의 일부였다.[35]

일본공업화를 아시아 국가와의 "경쟁" 속에서 이루어진 것으로 파악하는 스기하라의 생각은 하마시타에 의해서도 공유되고 있었다. 개항 이후 일본은 전통적 화상(華商)에 의한 "상업관계의 독점적 장악"이라는 현실에 당면했고, "근대일본의 공업화의 동기"는 그러한 "강력한 화상 세력"[36]과의 경쟁 속에서 형성되었다는 것이 하마시타의 기본적인 생각이었다. 양인의 차이는 중국을 주된 연구 필드로 하는 하마시타가 일본공업화에 대해 더 이상 언급하지 않는 데 비해 스기하라는 논의의 지평을 동아시아에서 아시아 전역으로 확대시켰을 뿐만 아니라 오늘날의 "아시아태평양 경제권"[37]까지를 그 시야에 포함시키고 있는 점이다.

스기하라가 볼 때 근대 이후 아시아 역내 교역에서 일본이 수행한 역할은 매우 컸다. 아시아의 무역구조는 "일본의 공업화가 엔진이 되어 전체적으로 상품구성의 '고도화', 다시 말해 전통적인 아시아 역내 무역에서 공업화를 축으로 하는 국제분업체제 확립의 방향으로 상당히 급속하게 진전"[38]되어 갔다. 기왕의 연구를 의식하는 스기하라는 일본공업화가 다른 아시아 국가들에게 "장애"[39]가 된 부분을 인정하

---

35) 杉原薰, 「近代アジア經濟史における連續と斷絕: 川勝平太·濱下武志氏の所説をめぐって」.

36) 濱下, 『近代中國の國際的契機』, 40~41쪽.

37) 杉原薰, 『アジア太平洋經濟圈の興隆』, 大阪大學出版會, 2003.

38) 杉原薰, 「アジア間貿易と日本の工業化」, 『アジア交易圈と日本工業化: 1500-1900』, 248쪽.

면서도 그것이 아시아 역내 교역의 "성장 엔진"으로 기능한 적극적인
역할에 대해 정당한 평가를 내리는 것이 "일본공업화의 의의를 확정
하는 하나의 시금석"[40)이 될 것이라고 주장했다.

이로써 '아시아 경제사'가 구상하는 근대 아시아 역사상은 어느 정
도 그 윤곽이 드러났다고 할 것이다. 그것은 근대일본의 경제 발전을
아시아 간 경쟁의 승리로 설명하고 일본공업화가 아시아 경제에 가져
온 적극적인 측면을 강조하는 것을 내용으로 하고 있었다. 이 점에서
가와카쓰 헤이타가 이야기하는 해양아시아사는 일본경제사에서의 근
세와 근대의 연속성을, 그리고 일본공업화가 갖는 "세계사적 의미"를
가장 체계적으로 제시한 이론이라고 할 수 있다. 해양아시아사에 관
해서는 이미 다른 논문[41)에서 소개했기 때문에 여기서는 그의 대표적
인 작품인 『日本文明と近代西洋』과 『「鎖國」と資本主義』(藤原書店,
2012)를 중심으로 가와카쓰가 제시하는 일본 근세·근대 역사상을 간
단히 살펴보기로 한다.

해양아시아사의 골격이 만들어지기 시작한 것은 '동아시아의 기적'
과 서구의 사양이 동시 진행 중이었던 1980년대의 일이었다. "근대 서
양의 챔피언이었던 영국의 사양을 바라볼 때 유토피아 혹은 졸렌
(sollen)으로서의 '근대 서양'은 사상누각"[42)이다. 이러한 감상을 흘리
는 가와카쓰는 사태 속에서 한 시대의 종언과 새로운 시대의 개막을
감지했다. 해양아시아사는 서구 근대의 "파산"이라는 현실을 눈앞에
두고 그 대안으로서 "일본형 근세의 현대적 의미를 회고"[43)하는 작업

---

39) 위의 논문, 246쪽.
40) 위의 논문, 248쪽.
41) 이수열, 「가와카츠 헤이타(川勝平太)'의 해양아시아사」, 『해항도시문화교섭학』
    10, 2014.
42) 川勝, 『日本文明と近代西洋』, 129쪽.

이었다. 그는 다음과 같이 문제를 제기한다.

> 일본이 공업화한 19세기 말은 구미 열강이 제국주의적 정책을 편 시대이다.
> 일본과 다른 아시아 국가의 근대 역사 과정은 결정적으로 달랐다. 후자는 열강
> 의 식민지가 되었거나 종속적 지위로 떨어졌다. 같은 아시아라는 후진 지역에
> 있으면서 왜 일본만 비참한 운명에서 벗어났는가? (중략) 후진 국가 가운데서
> 왜 일본만이 말하자면 맨몸으로 공업화에 성공한 것일까?[44]

이렇게 문제를 설정한 가와카쓰는 일본공업화의 역사적 전제를 근
세일본의 '쇄국'과 근면혁명 속에서 찾았다.

> 에도시대의 일본인은 완전한 자급적 쇄국체제를 만들기 위해 노력하는 가
> 운데 근면성을 길렀습니다. 영국은 인구가 적은 데다 광대한 신대륙을 획득했
> 기 때문에 자본집약형 생산혁명의 길을 걸었습니다. 일본은 제한된 국토 안에
> 서도 (중략) 인구를 노동력으로 삼아 토지 생산성을 향상시키는 노력, 다시 말
> 해 노동집약적인 '근면혁명'이라고 하는 생산혁명을 이룩했습니다. 노동집약형
> 기술개발로 배양된 근면한 정신이 산업혁명을 뒷받침한 것입니다.[45]

근면혁명이란 근세일본의 생산혁명과 그것을 지탱한 일본인의 에
토스를 설명하기 위해 하야미 아키라(速水融)에 의해 제출된 이론이
었다.[46] 근면혁명론은 그 뒤 여러 가지 문제점을 노정하면서도[47] "빈

43) 川勝, 『「鎖國」と資本主義』, 198쪽.
44) 川勝, 『日本文明と近代西洋』, iv쪽.
45) 川勝, 『「鎖國」と資本主義』, 34쪽.
46) 근면혁명이라는 용어가 처음 명시적으로 사용된 것은 1976년 사회경제사학회에
   서 하야미가 발표한 「경제사회의 성립과 그 특질」에서였다.
47) 근면혁명론에 대한 가장 근본적인 비판자는 사이토 오사무(齊藤修)이다. 齊藤修,
   「勤勉革命論の實證的再檢討」, 『三田學會雜誌』 97-1, 2004는 '축력(畜力)'에서 '인
   력'으로의 "대체"를 강조하는 하야미의 주장을 하나의 "수사"에 불과하다고 비판

곤·착취·쇄국이라는 부정적인 키워드로 덧칠해져"[48]온 일본의 근세
역사상을 "일본공업화에서 부정되어야 할 존재가 아니라 충분히 준비
가 진행된 시대"[49]로 변환시키는 데 결정적인 역할을 담당했다. 해양
아시아사나 후술하는 스기하라의 노동집약적 산업화(labor-intensive
industrialization) 논의는 모두 하야미의 연구에 의거하고 있다고 해도
과언이 아니다. 가와카쓰는 일본경제사에 있어서의 근세와 근대의 연
결고리를 근면혁명론에서 발견했고 그로써 비로소 에도시대를 일본
공업화의 요람기로 자리매김할 수 있었다. 근대일본의 경제발전을 서
구 따라잡기의 결과로 평가하는 데 반대하는 가와카쓰의 입장에서 보
면 일본공업화의 역사적 연원을 근세 속에서 찾는 일의 중요성은 아
무리 강조해도 지나치지 않았다. 하야미로부터 "계시에 가까운 시사
를 받았다"[50]는 가와카쓰의 말은 결코 과장이 아니었다.

　가와카쓰의 주장은 이렇다. 1800년 무렵까지 대 중국 무역에서 적
자를 보이고 있던 일본은 "완전한 자급적 쇄국체제"를 통해 아시아 물

했다. 사이토는 농업사 연구에 입각하여 당시 일본사회는 "혁명이라고 불릴만한
극적 변화가 있었다기보다 중세 말 내지 근세 초기부터 이미 다비(多肥)−노동집
약 경로(齊藤修,『比較經濟發展論: 歷史的アプローチ』, 岩波書店, 2008, 141쪽)에
있었다고 보는 것이 타당하다고 말했다. 사이토는 또 '생산'에 주목하는 하야미의
논의와 '수요'에 주목하는 드브리스(Jan de Vries)의 그것이 같이 근면혁명이라고
불리는 데 대해 이는 "혼동을 초래한다고" 말하며 후자를 "가계혁명론"(같은 책,
62쪽)으로 부를 것을 제안했다. 한편 사이토의 앞 논문과 나중에 언급하는 스기
하라의 논문 "The East Asian path of economic development: a long-term perspective",
G. Arrighi, T. Hamashita and M. Seldon, eds,, *The Resurgence of East Asia : 500,
150, and 50 Year Perspectives,* Routledge, 2003에 대해서는 현재열 선생님(한국해
양대)의 도움을 받았음을 밝혀두고 감사드린다.
[48] 하야미 아키라, 조성원, 정안기 역,『근세일본의 경제발전과 근면혁명: 역사인구
학으로 본 산업혁명 vs 근면혁명』, 혜안, 2006, 10쪽.
[49] 위의 책, 290쪽.
[50] R. トビ, 斯波義信, 川勝平太, 永積洋子, 速水融,「鎖國を見直す」,『歷史のなかの
江戸時代』, 藤原書店, 2011, 210쪽.

산을 대체하는 데 성공했다. 근대일본의 산업화는 에도시대의 "노동집약형 기술개발"의 연장선 위에 있는 것으로, 이는 같은 시기 대 인도 무역에서 적자를 보이던 영국이 국산화를 통해 산업혁명을 이룬 것과 동일한 의의를 가지는 "해양아시아 최대의 세계사적 사건"[51]이었다. "유럽으로부터도 일본으로부터도 금, 은, 동을 빨아들이는 거대한 해양아시아 교역권의 존재가 영국과 일본에서 제조업을 기초로 한 근대 공업사회가 출현하는 불가결한 전제"[52]라는 말은 그러한 사정을 설명하고 있었다. 그리고 바로 이런 점에서 영국과 일본은 "새로운 근대문명의 형성자로서 대등한 지위"[53]를 갖고 있었다.

그렇다면 근면혁명을 통해"아시아 최초의 공업국가"가 된 일본은 그 뒤 어떤 길을 걸었는가? 가와카쓰는 이에 대해 근대일본의 급속한 경제발전은 "노동집약형 생산혁명 가운데서 생겨난 근로정신에 구미의 노동절약적 기술"[54]이 더해진 결과였다고 대답한다. 개항은 유럽에 대한 개항임과 동시에 아시아에 대한 개항이기도 했다. 나가사키(長崎)나 광저우(廣州)에 한정된 관리무역체제가 와해되고 아시아 간 경쟁이 재연된 상황에서 일본은 근면혁명의 정신에 서구의 기술문명을 접합시켜 "사상 최강의 생산기술 체계를 확립"[55]했다. 한편 "메이지정부는 영사를 파견하여 통상보고를 작성케 하여 관민일체가 되어 아시아 마켓의 실태파악에 노력"[56]했다. 그 과정에서 일본은 경쟁에서 승리했고 "중국, 조선은 제3세계로 전락"[57]했다.

---

51) 川勝, 『「鎖國」と資本主義』, 290쪽.
52) 위의 책, 29쪽.
53) 위의 책, 181쪽.
54) 川勝, 『日本文明と近代西洋』, 128쪽.
55) 川勝, 『「鎖國」と資本主義』, 32쪽.
56) 위의 책, 179쪽.

이상이 해양아시아사가 그리는 근세와 근대의 모습이었다. 가와카쓰가 생각하기에 오늘날의 '동아시아의 기적'도 해양아시아사의 연장선상에서 벌어지고 있는 상황에 다름 아니었다.

아시아 경제발전의 드라마는 장기 16세기에 일본이 중국의 문물을 배우고 그것으로부터 자립해가는 벡터를 전개함으로써 막을 열었다. 지금 그 벡터는 일본을 반환점으로 하여 반전하기 시작해, 일본 주변의 아시아 여러 지역을 포섭하면서 중국 내륙부로 향하는 방향성을 보이고 있다. 아시아 500년의 드라마를 움직이는 구동력은 그 기원이 중국에 있고, 일본을 선회 축으로 하여 중국으로 회귀하는 대순환을 그리고 있다.[58]

경제대국 일본과 '동아시아의 기적'이라는 눈앞의 현실은 16세기 이래 지속되어온 아시아의 장기적 경제발전의 귀결로, "아시아 500년의 드라마"를 선도한 것은 16세기도 오늘날도 일본이었다. 해양아시아사는 아시아의 연쇄적 경제발전을 이끈 일본의 역할을 정당하게 평가하기 위해 제출된 새로운 아시아 근세·근대 역사상이었다.[59]

---

[57] 川勝, 『日本文明と近代西洋』, 92쪽.

[58] 川勝, 『「鎖國」と資本主義』, 180쪽.

[59] 아시아사에서 근세와 근대를 하나의 연속된 시대로 인식하려는 움직임은 최근 학계에서 널리 보이는 현상 중 하나이다. 미야지마 히로시(宮嶋博史)로 대표되는 '소농사회론'이나 동아시아와 동남아시아를 하나의 지역단위로 묶어 15세기부터 19세기까지의 역사를 개관하는 기시모토 미오(岸本美緒)의 연구는 그 대표적 연구 성과들이다. 하지만 미야지마나 기시모토의 연구가 아시아 사회의 공통점의 발견을 통해 아시아사의 서유럽모델로부터의 극복을 지향하는 데 비해 해양아시아사는 오히려 아시아와 일본의 차별성을 강조하는 점에서 근본적인 차이가 있다. 미야지마 히로시, 『미야지마 히로시, 나의 한국사 공부』, 너머북스, 2013; 岸本美緒, 「東アジア·東南アジア傳統社會の形成」, 『岩波講座 世界歷史 13』, 岩波書店, 1998.

Ⅳ. 두 개의 산업혁명론

근대일본을 후발제국주의 국가로 평가하고 공업화의 역사를 부국강병책의 전개 과정으로 바라보는 '전후역사학'에 대해 해양아시아사는 다음과 같은 역사상을 제시했다. 해양아시아 간 경쟁→쇄국→근면혁명→개항→아시아 간 경쟁의 재현→경쟁에서의 승리→패전과 경제부흥→일본을 선두로 한 NIES, ASEAN, 중국의 연쇄적 경제발전. 이러한 역사상 속에서 몇 가지 비약과 은폐를 발견하는 것은 비교적 쉬운 일일 것이다. 먼저 비교의 대상이 '일본과 북서유럽'이라는 구조는 예나 지금이나 여전하다. 이미 언급한 것처럼 '아시아 경제사'는 1980년대적 학문 상황, 즉 일본을 아시아 속에서, 아시아로부터 사고하는 지적 움직임과 연동하고 있었다. 그러나 같이 아시아를 강조하면서도 그것이 결국 일본을 설명하기 위한 배경적 혹은 수단적 장치로 동원되는 점에서 해양아시아사는 1980년의 사상 상황과 충돌하고 있었다고도 할 수 있다. 해양아시아사가 제시하는 역사상은 '일본과 아시아' 혹은 '아시아 속의 일본'이 아니라 '일본 대 아시아'를 주선율로 하고 있다.

또 일본공업화를 "완전한 자급적 쇄국체제" 하의 근면혁명의 결과로 설명하는 논의는 가고타니가 비판하는 "수입대체형 공업화 과정을 중시하는 산업발달사"의 한 형태에 다름 아니었다. 그것은 예를 들어 산업혁명의 원인을 영국의 국내적 조건이나 영국인의 근면성, 정치제도, 과학 기술 등에서만 찾는 일국사적 산업혁명론의 전형으로, 가와카쓰가 이미 학문적 생명력을 다했다고 비판한 오쓰카 히사오(大塚久雄)의 '국민경제'에 입각한 일국자본주의 모델과 같은 구조를 하고 있다. 차이가 있다면 오쓰카가 간과했던 국제상업 부분을 강조한 점이지만 이 또한 일본의 산업혁명을 설명하는 보조적 장치로 기능하고 있을 뿐이다. 아시아 간 경쟁이 결국 일본의 '승리' 내지 '성공'을 이끌어내기 위한 설명 도구에 불과하기 때문이다.

근면혁명→산업혁명→재건과 부흥으로 이어지는 역사상에서는 제국주의, 자본주의, 국가 등에 대한 고찰을 찾아볼 수 없다. 이미 언급한 것처럼 '아시아 경제사'는 출발할 때부터 기존의 역사상을 재구성하려는 논쟁적인 성격을 갖고 있었는데, 결과적으로 보면 그것은 일본의 근대를 부국강병과 아시아 침략의 역사에서 아시아 간 경쟁과 공업화라는 가치중립적인 시대상으로 바꾸는 데 중요한 역할을 담당했다. 그 뒤 연구의 진전과 함께 근세일본의 역사상은 봉건적 수탈, 전제 권력, 농민봉기 등에서 근면혁명, 에콜로지, 화려한 소비도시의 이미지로 변화해갔고, 근대 역사상 또한 제국주의, 노동착취, 식민지, 전쟁 등에서 자유무역, 경쟁에서의 승리, 경제발전으로 변화했다. 일본공업화가 수행한 긍정적인 역할을 강조하면 할수록 이러한 역사수정주의 경향이 더욱 강하게 드러날 것은 충분히 예견된 일이었다. 한마디로 근대일본의 석세스 스토리에 불과한 해양아시아사의 역사상으로부터 근대 비판의 논리를 찾는 일은 불가능에 가깝다.[60]

이런 점에서 일본의 산업혁명 한가운데서 치러진 두 번의 전쟁, 즉 청일전쟁과 러일전쟁에 착목하여 산업혁명과 전쟁의 관계를 생각하려한 이시이 간지(石井寬治)의 입장은 '아시아 경제사'의 그것과 첨예하게 대립하고 있었다. 이시이는 이렇게 말했다.

---

[60] '바다에서 보는 역사'가 추구하는 "국가사적 전망과 유럽중심주의적 역사서술"의 탈피가 "오히려 근대성의 전개가 내포하는 '어두운 면', 즉 식민성에 대한 의도적인 외면으로 귀결되고 있는" 점에 대한 지적으로 현재열, 「'바다에서 보는 역사'와 8-13세기 '해양권역'의 형성」, 『역사와 경계』 96, 2015이 있다.

산업혁명을 단순히 개별 산업 부분의 근대화나 생활양식 변용의 문제로서 파악하는 것이 아니라 일본국가와 일본사회 전체의 변용과 관련지어 근린 아시아 국가들과의 관계 속에서 파악하기 위해서는 전쟁과 침략의 문제를 간과할 수 없는 것이다.[61]

이시이의 이러한 문제의식은 '아시아 경제사'를 의식한 것이었다. 그는 자신의 입장이 "최근의 연구 동향", 즉 "아시아에서는 아프리카나 라틴 아메리카와는 달리 아시아 내부 무역이 발전했고, 그러한 아시아 교역권을 기반으로 하여 일본의 급속한 공업화가 이루어졌다"는 논의와 "분명히 다르다"는 사실과 "이 책과 같은 파악 방법이 '일본이 아시아의 일부였다는 측면'을 '침략이나 식민지화와의 관련에서 파악하는' 뿌리 깊은 '바이어스'를 가진 구식의 방법"으로 비쳐질 것을 알면서도 "일부러 그러한 문제 설정을 했다"[62]고 명언하고 있었다. 이런 발언이 일본경제사에서의 "방법적 개국"을 주장하는 스기하라의 비판을 의식한 것임은 물론이다. '아시아 경제사'의 방법론에 대해 명백히 이의를 제기하는 이시이는 산업혁명을 주도한 주체와 국가의 역할을 분석한 뒤 "일본 산업혁명의 전제 그 자체가 대외전쟁에 관한 긴장에 찬 정치적 선택 속에서 이루어진"[63] 것이라고 결론 내렸다. 그리고 러일전쟁이 끝난 이후의 시점을 "일본이 중국이나 한국과 연계해가는 길을 선택할 수 있었던, 말하자면 최후의 기회였다"[64]는 의미에서 "근대 일본사의 분기점"[65]으로 자리매김했다.

---

[61] 石井寬治, 『日本の産業革命: 日淸 · 日露戰爭から考える』, 講談社學術文庫, 2012, 20쪽.
[62] 위의 책, 19쪽.
[63] 위의 책, 271쪽.
[64] 위의 책, 256쪽.
[65] 위의 책, 254쪽.

'아시아 경제사'의 입장에서 바라볼 때 이시이의 일본 산업혁명론은 그 스스로도 예견한 바였지만 일본공업화의 부정적인 측면과 제국주의적 계기를 지나치게 강조하는 "구식의 방법"에 지나지 않았을 것이다. 하지만 제국주의와 공업화의 문제는 '아시아 경제사'가 내거는 문제의식 중의 하나였을 뿐만 아니라 일본공업화의 역할을 긍정적으로 묘사하는 것만으로는 해결되지 않는 근대세계 전체에 대한 평가와 관련된 문제이기도 하다. 아래에 보는 가와키타 미노루(川北稔)의 세계체제론적 영국 산업혁명론은 식민지와 공업화라는 현재진행형의 문제를 생각하는 데 있어 '아시아 경제사'의 일본공업화론과 큰 대조를 보이고 있었다.

가와키타는 이매뉴얼 월러스틴의 세계체제론을 일본에 번역 소개했을 뿐 아니라 한국에서도 널리 알려져 있는 『설탕의 세계사』[66]를 통해 세계체제론에 입각한 세계사 서술의 한 전형을 보여준 역사학자이다. 가와키타는 산업혁명에 관한 일국사적 내지 유럽중심주의적 해석을 이렇게 일축한다.

> 영국을 중심으로 하여 분출된 공업화의 물결은 단지 영국인이나 유럽인이 근면했다든지 발명의 재능이 뛰어났다든지 하는 주체적인 조건만으로 일어난 것이 전혀 아니다. '세계는 하나'가 되어 있었고, 하나가 된 세계는 차례차례 새로운 지역을 집어삼키는 경향을 갖고 있었다. (중략) 영국은 이 세계체제 속에서 압도적인 지위(헤게모니)를 획득했다. 인도 농민이 만든 아편으로 구입한 중국 농민의 차와, 카리브 해와 브라질에서 흑인노예와 아시아계 이민이 재배한 설탕으로 영국 도시노동자의 아침식사는 성립하고 있었다. 그들이 공장에서 자아낸 면화도 아메리카의 흑인노예와 인도 농민의 생산물이었다. 만들어진 제품의 시장 또한 세계 각지였던 것은 물론이다.[67]

---

66) 가와키타 미노루, 장미화 역, 『설탕의 세계사』, 좋은책만들기, 2003.

제국과 공업화의 관계에 대한 가와키타의 기본적인 생각은 다음과
같았다.

영국은 산업혁명에 성공했기 때문에 제국이 된 것이 아니라 제국이 되었기
에, 즉 세계체제의 중심이 되었기 때문에 산업혁명에 성공한 것이다.[68]

산업혁명의 결과로서 대영제국이 출현한 것이 아니라 반대로 제국
주의가 공업화를 낳았다는 생각은 영국 공장노동자의 아침식사가 인
도의 라이요트 농민과 가난한 중국 농민 그리고 카리브 해와 브라질
의 흑인노예의 노동 위에 성립하고 있었다는 세계체제론의 시각에서
비로소 도달할 수 있는 식견이었다. 그러한 관계가 맨체스터의 면직
물 공업과 미국 남부의 흑인노예 사이에서도 존재하고 있었음은 물론
이다. 가와키타가 생각하는 근대세계의 모습은 아래와 같은 것이었
다.

세계 여러 지역은 서로 다른 길을 각자 걷고 있었던 것이 아니다. '영국은
공업화했는데 인도는 아직 공업화하지 못했다'가 아니라, '영국이 공업화했기
때문에 인도는 「저개발화」되어 공업화하기 어렵게 되었다'인 것이다." (중략)
산업혁명의 출발점이 된 면공업은 처음에는 카리브해역에서, 다음에는 아메리
카대륙 남부의 노예제 면화플랜테이션이 성립하면서 비로소 본격적으로 전개
될 수 있었다. (중략) 리버풀의 노예무역이야말로 그 배후지인 맨체스터의 면
공업을 낳은 장본인이었다. 즉, 본국의 '자유주의 시대'는 지구 뒤편의 노예무
역과 노예제도를 기반으로 하고 있었던 것이다.[69]

---

67) 加藤祐三 · 川北稔, 『世界の歷史 25: アジアと歐米世界』, 中央公論社, 1998, 277쪽.
68) 위의 책, 185쪽.
69) 川北稔, 『イギリス: 繁榮のあとさき』, 講談社學術文庫, 2014, 48~49쪽.

가와키타의 영국 산업혁명론은 일본인의 근면과 경쟁에서의 승리를 강조하는 '아시아 경제사'의 일본공업화론과 큰 차이를 보이고 있었다. 그 중에서도 제국이 공업화에 선행한다는 그의 생각은 근대일본의 산업화를 근세 이래의 근면혁명과 아시아 간 경쟁의 산물로만 바라보는 '아시아 경제사'의 일본공업화론과 거의 대척점에 있는 사상이었다.

일본 산업혁명에서의 공업화와 제국의 문제를 생각할 때 호리 가즈오(堀和生)가 말하는 "일본제국 자본주의"는 많은 시사점을 제공하고 있다. 호리는 1차 대전에 이르기까지 일본 공업제품의 수출시장의 "대부분이 일본의 극히 주변 지역인 조선, 타이완, 중국에 한정"되어 있었고, 그 이유로서 지리적 요인도 있었지만 "일본과의 특별한 정치적, 경제적 관계가 가장 중요[70]했다고 지적했다. 그에 따르면 1차 대전까지 일본의 수출은 "중국과 식민지로의 수출이 전체의 약 80%를 차지했으며, 그중 식민지는 40% 가까이"[71]에 이르렀다. 한편 조선, 타이완의 무역 상대는 1930년대까지 90% 이상이 일본제국, '만주'의 경우는 1930년대에 극적으로 늘어나 30년대 말에는 무려 90%에 달했다. 이러한 통계를 제시한 뒤 호리는 "양차 대전 사이 일본의 자본주의란 어디까지나 일본제국의 자본주의였다"[72]고 결론 내렸다.

일본과 아시아 사이에서는 "정치적 종속 관계가 경제적 관계의 깊이와 완전히 일치하고"[73] 있었다. "가장 식민지 경제에 강하게 의존

[70] 호리 가즈오, 「양차 대전 사이 일본제국의 경제적 변용과 세계시장에서의 위치」, 『근대 동아시아 경제의 역사적 구조』, 일조각, 2007, 234쪽.

[71] 위의 논문, 212쪽.

[72] 위의 논문, 236쪽.

[73] 堀和生, 『東アジア資本主義論 I：形成·構造·展開』, ミネルヴァ書房, 2009, 37쪽.

한" 일본의 자본주의를 "일본자본주의라고 부를 수 없고 일본 제국 내
각 사회 전체를 기반으로 하고 있었다는 의미에서 동아시아 자본주
의"74)라고 불러야한다는 것이 호리의 주장이었다. 그 주장의 당부는
차치하더라도 적어도 호리가 제시하는 통계는 일본공업화에 있어서
도 제국과 공업화가 불가분의 관계에 있었다는 사실을 말해주고 있
다. 일본 역시 아시아 간 경쟁에서 승리했기 때문에 공업화에 성공한
것이 아니었다. 일본의 산업혁명에서도 제국주의적 진출은 결정적으
로 중요한 전제였던 것이다.

V. 글로벌 경제사와 아시아

가와키타 미노루는 하나의 국제교역사로 왜소화된 글로벌 히스토
리를 다음과 같이 비판하고 있었다.

근대세계체제론이 현대세계의 특징을 세계자본주의로 파악한 데 비해 (최
근의 글로벌 히스토리 연구는–인용자) 단지 '세계의 일체화'를 주장할 뿐 '일
체화된 세계'가 무엇이었는지에 대해 언급하지 않는 경향이 강하다. 그 결과
분석이 매우 무기적(無機的)인 것이 되어, 사회나 문화의 전체상을 알기 어렵
다. 이래서는 역사학은 미래학으로서의 힘을 발휘하기 힘들게 된다. 또 하나의
문제는 원래 세계체제론이 저개발 문제에 대한 역사적 설명의 도구였다는 사
실을 망각하고 있다는 사실이다. 세계의 패권국가가 되는 것이 미국 다음으로
중국인가 아닌가라는 식의 대국흥망론적 논의는 받아들이기는 쉽지만 지나치
게 일면적이다.75)

74) 위의 책, 243쪽.
75) 川北稔, 『イギリス: 繁榮のあとさき』, 9쪽.

이러한 지적은 '아시아 경제사'에 그대로 해당되는 말이다. 먼저, 저개발 문제에 대해 '아시아 경제사'는 거의 관심을 표명하지 않는다. 오늘날 일본의 글로벌 경제사 연구자들이 '유럽중심주의'를 이유로 입을 모아 비판하는 월러스틴이나 후술하는 바와 같이 스기하라 가오루의 '노동집약적 발전 경로' 논의를 높이 평가하는 조반니 아리기의 연구가 종속이론에서 출발하고 있었던 데 비해 '아시아 경제사' 연구자들의 주된 문제관심은 어디까지나 일본이었다. 스기하라는 이렇게 이야기한다.

> 아시아에서 왜 일본만이 자본주의화에 성공했는가라는 그 유명한 문제제기의 정신을, 세계체제론이나 아시아사 연구의 영향을 받아 수정되고 있는 새로운 世界史像 속에서 새삼 받아들인다고 하면, 이제 그것은 비유럽세계 중에서 왜 아시아만이(일본을 가장 앞선 공업국으로 하는) 독자적인 국제분업체제를 발전시켰는가라는 문제로 계승되고 발전되어야 하지는 않을까[76]

'아시아 간 무역'에 대한 스기하라의 연구는 일본공업화의 성공이라는 동기에서 출발하고 있었다. '일본'에서 '아시아'로 분석 대상을 넓힌 점에서 문제관심의 영역이 일본을 넘어서고는 있지만, 그것이 일본의 경제발전을 설명하기 위한 설명 도구에 지나지 않는 점은 해양아시아사와 마찬가지이다. 스기하라나 가와카쓰의 학문적 대결 상대는 '전후역사학'이 제시한 부정적인 근대일본 역사상이었다. 유럽중심주의 비판도 세계의 불평등한 구조나 부의 편재에 대한 문제관심에서가 아니라 일본근대사 해석을 둘러싼 이의제기가 주를 이루고 있었다. "서양형 근세의 파산"[77]이라는 시대인식 속에서 제출된 가와카쓰의 자원절

---

76) 스기하라 카오루, 박기주, 안병직 역, 『아시아간 무역의 형성과 구조』, 42~43쪽.
77) 川勝, 『「鎖國」と資本主義』, 198쪽.

약형=친환경적 문명으로서의 "일본문명론"은 말할 것도 없고, 서구적
인 자원 · 자본집약적 산업화 경로와 전통적인 노동집약적 산업화 경
로의 "융합"을 통해 달성된 일본 고도성장의 "전 지구적 중요성"[78]을
논하는 스기하라의 주장은 일종의 '문명흥망론'의 풍모를 강하게 지니
고 있었다.

다음은, 국제교역사로 왜소화된 '아시아 경제사'의 문제이다. 스기
하라는 '동아시아의 기적'과 냉전의 관계를 논하면서 2차 대전 이후
"아시아의 민족독립과 그것을 둘러싼 냉전체제의 등장이 전전 이래
배양되어온 아시아의 지역 다이너미즘을 부정하고 아시아 인구의 대
부분을 무역의 상호 이익으로부터 인공적으로 격리시키는 데 큰 역
할"을 했다고 말하며 "반식민지주의, 내셔널리즘의 승리의 대가였다고
하더라도 그 선택은 너무나도 비싸게 치러졌다"[79]고 개탄했다. 국제
정치적 계기를 극도로 경시한 이 같은 역사관은 그의 '아시아 간 무역'
의 기저에도 흐르고 있었다.

스기하라는 아시아를 다섯 지역, 즉 인도, 동남아시아, 일본, 중국,
그 외의 지역으로 나누고 그 사이의 무역을 '아시아 간 무역'으로 규정
했다. 면업분업체제[80]로서의 '아시아 간 무역'의 1883~1913년 간 성장
률은 연평균 5.5%로, 이는 "아시아의 대구미 무역성장률보다도 훨씬
높았다."[81] 이러한 사실을 제시한 뒤 스기하라는 1913년까지 아시아

---

[78] Kaoru Sugihara, "The East Asian path of economic development: a long-term perspective",
p.106.

[79] 杉原, 『アジア太平洋經濟圈の興隆』, 14~15쪽.

[80] 스기하라에 의하면 "아시아 국제분업체제의 내용의 반 가까이가 직접 면업과 관
련된 무역"이었다. 스기하라 카오루, 박기주, 안병직 역, 『아시아간 무역의 형성
과 구조』, 27쪽.

[81] 위의 책, 16쪽.

에는 "구미의 정치·경제력을 갖고서는 도저히 통제할 수 없는 通商圈과 그것을 받쳐주는 생산, 유통, 소비의 구조"가 존재했고, 그것은 "구미에 대한 아시아 근대의 상대적 자립성을 보여주는"[82] 예라고 말했다. 얼핏 실증적인 경제사 연구의 결과로 비쳐지는 그의 주장은 실은 아시아 근대 역사상의 수정과 깊이 연결되어 있었다.

스기하라는 아시아 통상권을 "'최종수요연관효과'의 대부분이 아시아 내부에 남게 되는 하나의 구조적 연관을 가진 경제권"[83]으로 그리고 있었다. 그렇다면 '최종수요연관효과'란 무엇을 말하며, 그 경제권은 어떤 모습을 하고 있었는가? '최종수요연관효과'란 다음과 같은 것을 말한다.

말라야의 고무수출이 증대하면 거기서 일하는 플랜테이션 노동자의 생활필수품 수요가 증대한다. 이 수요를 잡은 것은 버마 쌀, 샴 쌀이고 자바의 사탕이며 인도제·일본제 면포·면제품이었다. (중략) 바꿔 말하면 여기서는 對유럽 수출이 증대하면 할수록 아시아제품의 수입도 증대하지 않을 수 없다는 구조적인 관계가 간파된다. 최종수요연관효과의 압도적 부분이 아시아 내부에, 게다가 그 대부분이 동남아시아 내부에 떨어지는 구조로 되어 있다.[84]

스기하라는 국제분업체제의 일부로 편입되면서 생겨난 아시아의 "농공분업체제"가 동남아시아의 "이중의 주변부화"를 초래했다는 점을 인정하면서도 그것이 "추가노동력의 인출"이라는 "접합이득(gain)"[85]을 가져왔다고 강조했다. 즉 이런 이야기이다.

82) 위의 책, 41쪽.
83) 위의 책, 41쪽.
84) 위의 책, 98쪽.
85) 위의 책, 91~103쪽.

　　제1차산품 수출경제의 발전은 전체적으로 동남아시아의 농민에게 적어도 경제적 사회적 지위 향상에 대한 기회를 부여한 것으로 생각된다. 동남아시아 농민의 세계시장으로의 급속한 통합과정은 결코 식민지적 수탈이나 외적 강제에 의해서만 실현된 것이 아니며 이러한 농민 자신의 판단을 내부에 포함한 과정이었다. 아시아에서의 자본주의적 축적기반의 확대는 이 점에서도 자립적 계기를 잠재적으로 갖고 있었던 것으로 파악되어야 하는 것은 아닐까[86]

　　스기하라가 생각하기에 공업화가 가지는 경제적 영향력은 "단지 식민지화라는 정치적 과정에 모두 포섭되는 것이 아니었다."[87] 아시아의 "농공분업체제"가 가져온 "고용창출력 즉 이민흡수력"은 동남아시아 사회를 "인구가 희박한 사회에서 인구 조밀 사회로 변화시키는 결정적인 요인"이 되었고, 그렇게 하여 완성된 1차 산품 수출경제는 "그 뒤 경제발전의 싹"[88]이 되었다. 스기하라가 묘사하는 동남아시아 근대 경제사는 다음과 같은 내용의 것이었다.

　　화교와 인교의 유입은 동남아시아에 노동력, 자본, 기업가 정신을 가져왔고, 일본의 공업화는 아시아인을 위한 저렴한 공업품을 제공함으로써 아시아 내부의 국제분업을 발전시켰다. 그러한 것은 한편에서는 노동집약적 공업 분야에서 동남아시아를 치열한 아시아 간 경쟁에 노출시켰지만, 다른 한편에서는 역내 유통네트워크를 발달시켜 일본 등으로부터의 기술이전이나 분업관계의 형성을 통해 부분적인 공업화의 기회를 제공하는 경우도 있었다.[89]

---

86) 위의 책, 105~106쪽. 강조는 원문.
87) 杉原薰, 「國際分業と東南アジア植民地經濟」, 『岩波講座 東南アジア史6 植民地經濟の繁榮と凋落』, 岩波書店, 2001, 249쪽.
88) 위의 논문, 250쪽.
89) 위의 논문, 250쪽.

이제 스기하라가 생각하는 아시아 통상권의 구체적인 모습이 어느 정도 드러났다고 할 것이다. 그가 주장하는 바는 아시아의 "농공분업체제"는 구미=세계시장에 대한 자립성과 종속성을 겸비하면서도 "최종수요 연관효과" 등으로 인해 아시아 역내 무역의 증대와 상호 이익을 초래했다는 것이다. 아시아 근대사를 제국주의의 역사에서 분업관계의 역사로 변환시키는 작업을 통해 아시아 경제에 미친 일본의 긍정적인 역할을 강조하는 스기하라의 주장은 일종의 "윈-윈(win-win)성장"[90]을 강조하면서 아시아 근대사에서 제국주의의 계기를 무화시키는 논의였다. 호리 가즈오는 스기하라의 '아시아 간 무역'을 "현대판 범아시아주의"라고 비판하며 "이러한 누구도 상처 받지 않는, 누구와도 마찰을 일으키지 않는 목가적인 역사관은 전혀 역사적 사실과 부합하지 않으며 오늘날 아시아가 직면하고 있는 구체적이고 심각한 문제에 대해 전혀 역사적 시야를 제공할 수 없다"[91]고 강하게 비판했다. 호리가 실증해보이고 있는 것처럼 "아시아 간 무역 결합도(結合度) 일반이 강했던 것이 아니라 일본과 아시아 특정 지역 간의 결합도가 강했던"[92] 점 등을 고려하면, 스기하라가 "당시 국제관계를 규정하고 있던 제국주의라는 강력한 틀을 완전히 사고 밖에 두고 있다"[93]거나 "아

---

[90] 강진아, 「제국주의시대와 동아시아의 경제적 근대화: 식민지근대화론의 再考와 展望」, 『역사학보』 194, 2007.
[91] 堀和生, 『東アジア資本主義論Ⅰ: 形成・構造・展開』, 382쪽.
[92] 위의 책, 35쪽. 호리에 의하면 1883~1938년 사이의 아시아 역내 무역 성장률은 인도 2.26%, 동남아시아 3.19%, 중국 4.46%, 일본 9.07%였는데, 이 중 일본과의 거래를 제외한 성장률은 인도 1.55%, 동남아시아 2.56%, 중국 1.15%였다고 한다. 이러한 통계를 제시한 뒤 호리는 일본을 제외한 아시아 내 무역 성장률은 대 구미 무역 성장률 평균 2.06%나 세계 무역 성장률 평균 2.17%에 못 미치거나 큰 차이가 없었다고 말했다(이상, 같은 책, 25~26쪽).
[93] 위의 책, 152쪽.

시아 속에서 자신이 보고 싶은 것만 보려고 한다"[94]거나 하는 비판은 타당하다고 할 것이다.

경제사학자 스기야마 신야(杉山伸也)도 말하고 있는 것처럼 "역설적이게도 식민지화의 진전은 아시아 지역의 수출 무역 급성장의 시기"[95]이기도 했다. 하지만 같은 현상에 대한 스기야마의 해석은 스기하라의 그것과 크게 다르다. 즉, 세계시장으로의 통합은 1차 산품 수출과 완성품 수입을 내용으로 하는 식민지형 무역구조를 아시아에 정착시켰고, 그러한 "아시아 경제의 식민지주의적 재편이 경제의 모노컬처화를 촉진시켜 종주국에 재정적 잉여를 가져다주는 한편 동남아시아 지역의 산업화를 지연시키는 요인"[96]이 되었다는 것이다. 이 같은 해석의 차이는 가와키타 미노루의 말처럼 자본주의나 공업화를 어떻게 보는가가 결국 "세계관과 심정의 문제"[97]라는 점을 이야기해주고 있는지도 모른다. 그렇다 하더라도 '아시아 간 무역'에서 차지하는 일본의 식민지 무역은 "1928년이 되어서도 46%이며, 만주를 독립국으로 보는 한 1938년에도 59%에 머무르고 있다"[98]고 강변하며 무역성장률만을 근거로 아시아 통상권의 "자립성"과 "접합이득"을 논하는 스기하라의 생각은 동남아시아 농민이 처한 '기아 수출'적 상황과 경제적 의사구조의 종속성을 지나치게 무시한 식민지근대화론의 아시아 확대판에 지나지 않을 것이다. 스기야마 신야의 말을 빌릴 필요도 없이 "통계는 시대 구조와 추세 속에 위치하여 비로소 의미를 가지는 것"[99]

---

94) 本野英一,「アジア經濟史の課題と方法」,『アジア太平洋經濟圈史: 1500-2000』, 313쪽.
95) 杉山伸也,『グローバル經濟史入門』, 岩波新書, 2014, 145쪽.
96) 위의 책, 168쪽.
97) 川北稔,『イギリス近代史講義』, 講談社現代新書, 2010, 193쪽.
98) 스기하라 카오루, 박기주·안병직 역,『아시아간 무역의 형성과 구조』, 11쪽.
99) 杉山伸也,『グローバル經濟史入門』, 96쪽.

이다.

그럼에도 불구하고 스기하라의 논의는 탈-서구의 문맥에서 일본 국내는 물론 구미 학계에서도 널리 수용되고 있다. 강진아가 지적한 것처럼 "진보성과 보수성을 모두 포함"하고 있는 그의 주장은 "동아시아사와 세계사 서술에서 일본의 중량감을 크게 높였다."[100] 실제로 스기하라의 '노동집약적 산업화론'은 글로벌 경제사에서 중요한 쟁점 가운데 하나로, 아리기는 그를 평하여 "내가 알기로 대분기의 기원, 진화와 한계에 대한 포괄적인 모델을 구축하려고 시도한 사람은 그가 유일"[101]하다고 극찬할 정도였다. 이런 점에서 스기하라의 '노동집약적 산업화론'은 하마시타 다케시가 이야기한 "아시아 측에서 서구를 비추는 시각"[102]의 대표적인 성공 사례라고도 할 수 있을 것이다. 그렇다면 "뉴레프트의 일원인 아리기가 뉴라이트 (중략) 계통의 일본학계의 입론을 도입하여 둘 다 '탈서구'를 주장"[103]하는 상황을 어떻게 보아야 할 것인가? 두 사람의 접점은 무엇이며 분기점은 어디부터인가?

아리기가 '노동집약적 산업화론' 속에서 발견한 것은 서구적 발전 경로를 상대화하는 또 하나의 발전 경로였다. 아리기가 볼 때 스기하라가 제시한 '노동집약적 발전 경로'는 서구식 산업혁명으로 이어질 "어떤 내재적 경향"도 가지지 않았을 뿐 아니라 "서구 산업혁명이 창출한 도전과 기회에 대한 동아시아의 대응 형태를 결정짓는 핵심적인 역할"[104]을 했다. 사실 스기하라의 논의는 유럽중심주의적 근대 세계상

100) 강진아, 「세계체계와 국민국가의 회색지대: 동아시아론의 성과와 한계」, 『인문연구』 57, 2009.
101) 조반니 아리기, 강진아 역, 『베이징의 아담 스미스: 21세기의 계보』, 길, 2009, 58쪽.
102) 濱下, 『近代中國の國際的契機』, 3쪽.
103) 강진아, 「세계체계와 국민국가의 회색지대」.
104) 조반니 아리기, 강진아 역, 『베이징의 아담 스미스: 21세기의 계보』, 59~60쪽.

을 해체하려는 문제의식으로 가득 차 있었다. 이미 언급한 것처럼 스기하라의 '노동집약적 산업화론'은 가와카쓰 헤이타의 해양아시아사와 마찬가지로 하야미 아키라의 근면혁명론에서 착상을 얻은 것이었다. 스기하라가 가와카쓰와 다른 점은 그가 근면혁명 경로를 중국으로 확대 적용시킨 뒤 서구식 발전 경로에 비견되는 또 하나의 일반적 발전 경로로 자리매김한 일이었다. 스기하라는 경제발전 모델을 "서유럽에서 시작한 산업혁명 경로와 동아시아에서 발전한 근면혁명 경로"[105]로 구분한 뒤, 1820년까지 세계 GDP에서 차지한 비중이 후자가 훨씬 컸고 또 "성공적"이었다는 점을 강조하며 다음과 같이 말했다.

> 만약 세계가 1820년에 존재하기를 멈추었다면, 가상의 '글로벌 역사가(global historian)'는 확실히 근면혁명 경로에 중심을 둔 경제사를 쓰고 그 외에 서유럽의 최근 성장에 대한 별개의 중요한 장을 덧붙였을 것이다.[106]

"21세기의 시점에서 되돌아보면 영국 산업혁명은 그저 석탄과 증기엔진의 사용을 통한 노동절약적 기술이 가진 폭발적인 힘을 보여주기 시작했을 뿐이었다."[107] 그에 비해 "노동집약적인 기술과 노동흡수적인 제도"[108]로 무장한 근면혁명 경로는 서구 중핵 지역과 맞먹는 소득 향상과 인구 확대를 가져왔다. 이것이 스기하라가 묘사하는 산업혁명 전후의 유럽과 동아시아의 상황이었다. 이렇게 이야기한 스기하라는 논의를 곧바로 '동아시아의 기적'으로 옮겨간다. 동아시아적 발전 경

---

105) Kaoru Sugihara, "The East Asian path of economic development: a long-term perspective", p.115.
106) 위의 논문, pp.85~86.
107) 위의 논문, p.94.
108) 위의 논문, p.115.

로의 세계사적 의의를 강조하는 그가 '대분기'에 더 이상 천착하지 않는 것은 당연한 일이었다. 스기하라는 '동아시아의 기적'을 이렇게 말한다.

'유럽의 기적'이 세계 경제의 변모를 개시한 생산력상의 기적이었다면, '동아시아의 기적'은 그런 변모의 혜택을 세계 인구 대다수에게 가져다 준 '분배상의 기적'이었다.[109]

1945년 이후 아시아가 걸었던 길은 다음과 같았다. 먼저 냉전체제하에서 서구의 자원·자본집약적 기술과 아시아의 노동집약적 기술을 "융합"시킨 "일본의 실험"이 있었다. 곧이어 동아시아와 동남아시아 국가들이 이를 뒤따랐고 결국 중국에 이르게 되었다. 오늘날의 '동아시아의 기적'은 일본을 선두로 하는 아시아의 연쇄적 경제발전 현상의 한 단계이자 도달점을 의미했다. 스기하라가 "일본의 실험"이 갖는 "전 지구적 중요성"을 강조하는 이유는 현대 세계에서 아시아적 발전 경로가 서구식 발전 경로와 어깨를 견주는 또 하나의 보편적 산업화 경로로 자리 잡았을 뿐 아니라 고용 창출 면에서 산업화의 "전 지구적 확산"을 가져왔기 때문이었다. 그는 향후 글로벌 경제가 '분배의 기적을 계속할 수 있으려면 서구적 경로가 동아시아적 경로로 수렴되어야 한다. 그 반대가 아니라"[110]라는 말로 논문을 끝맺고 있다.

유럽중심주의의 해체를 외치는 화려한 수사의 이면에는 '동아시아의 기적'을 이끈 "일본의 실험"과 그것이 갖는 "전 지구적 중요성"이라는 문제관심이 존재하고 있었다. 해양아시아사의 전후 버전이라고 할

109) 위의 논문, p.105.
110) 위의 논문, p.116.

수 있는 스기하라의 '노동집약적 산업화론'은 일본경제사의 "방법적
개국"을 외치며 출발했던 초기의 문제관심의 연장선상에 있는 결론이
었던 것이다. 유럽중심주의에 이의를 제기하는 부분에서 접점을 가진
스기하라와 아리기가 분기하는 지점은 바로 여기부터였다. 아리기 역
시 근대일본을 후발제국주의 국가로 평가하고 있었기 때문이다.[111]

스기하라의 '노동집약적 산업화론'이 탈-서구의 문맥에서 서구 학계
에 널리 수용되어 글로벌 경제사의 한 논점을 제시하기까지 이르렀던
점에 대해서는 이미 소개했다. 탈-서구적 입장에서의 공명 관계는 캘
리포니아학파와의 관계에서도 마찬가지였다. 그러나 제국과 공업화
의 관계를 바라보는 데 있어서 스기하라의 생각은 케네스 포메란츠와
크게 달랐다.

'지역'과 '비교'의 중요성을 강조하는 포메란츠 또한 '아시아 측에서
서구를 비추는' 시점의 소유자였다. 그러나 근면혁명을 논하는 점에서
포메란츠는 스기하라와 견해를 달리하고 있었다. "'근면 혁명'은 적어
도 유라시아 대륙 양쪽 끝에서는 일반적"[112]인 현상으로, 만약 화석
원료와 '신대륙' 자원이 없었다면 "유럽도 마찬가지로 '동아시아적' 노
동집약형 경로를 완만하게"[113] 걸어갔을 것이라는 것이 그의 생각이
었다. "노동 집약적 경로를 바탕으로 발전한 동서양의 차이는 그리 주
요한 것이 아니라 상당히 우발적"[114]이라는 포메란츠의 발언은 '동아
시아의 기적'을 낳은 '근면혁명 경로'를 아시아 고유의 현상으로 인식
하는 스기하라의 주장과 근본적으로 대립하고 있었다. 한마디로 이야

---

111) 조반니 아리기, 강진아 역, 『베이징의 아담 스미스: 21세기의 계보』, 471~473쪽.
112) 케네스 포메란츠, 김규태 외 역, 『대분기: 중국과 유럽, 그리고 근대 세계 경제의
형성』, 에코리브르, 2016, 192쪽.
113) 위의 책, 51쪽. 일부 개역.
114) 위의 책, 51쪽.

기해서 스기하라가 동서양의 차이를 강조했다면 포메란츠는 공통점을 강조했던 것이다. 논의에 보이는 이러한 구조적인 차이는 제국과 공업화를 설명하는 방식 속에서도 발견할 수 있다.

스기하라가 강조하는 '노동집약적 산업화'는 포메란츠가 볼 때 영국이 걸었을 수도 있었던 근대 공업화 이전의 일반적인 발전 경로 중의 하나에 불과했다. 동서양 '대분기'의 요인으로 포메란츠가 제시한 화석 원료와 '신대륙'은, 말하자면 역사에 있어서의 우연적인 요소와 폭력을 통해 근대세계를 설명하고자 하는 그의 입장을 대변하고 있다. 유럽중심주의적 산업혁명론에 대한 비판과 "자본주의와 해외 수탈 그리고 산업화 사이의 한층 강력한 관계"[115]야말로 그가 강조하는 점이었다. '대분기'의 우연성과 제국과 공업화의 불가분의 관계를 논하는 포메란츠의 근대세계관이 '노동집약적 산업화'를 아시아 사회의 본질적인 현상으로 규정하고 일본공업화에서 제국주의의 계기를 인정하지 않는 스기하라의 그것과 충돌하고 있음은 물론이다. 스기하라의 일본공업화론은 포메란츠가 비판하는 유럽중심주의의 일본 버전에 지나지 않는다.

지금 일본학계에서는 '비교사'라는 이름의 문화결정론이 횡행하고 있다. 근면혁명론은 그 효시이자 대표적인 예라고 할 수 있는데, 예를 들어 아키타 시게루(秋田茂)는 패전 이후 일본의 경제성장을 미국, 동아시아 국가들과 비교한 뒤, 미국: "자본에너지 집약형 공업화", 동아시아 국가: "노동집약형 공업화", 일본: "자원절약형 공업화"[116]라고 결론 내렸다. 이러한 유형화 작업이 국제 비교라는 이름하에 국내적 혹

---

115) 위의 책, 309쪽.
116) 秋田茂,「長期の18世紀'から'東アジアの經濟的再興'へ」,『アジアからみたグローバルヒストリー』, ミネルヴァ書房, 2013, 14쪽.

은 국제정치적 모순을 은폐하는 역할을 담당할 수 있는 가능성에 대해 아키타는 주의를 기울이지 않고 있다.[117] 일본의 '기적'을 16세기부터 설명하는 '아시아 경제사'의 역사상은 세련된 학문적 포장에도 불구하고 안이한 자기중심적 역사 해석에 불과하다. 유럽중심주의를 비판하면서 시작된 '아시아 경제사'가 일본 내지 아시아의 중심성이나 우월성으로 귀결해서는 그것은 일종의 자기모순에 지나지 않을 것이다. 강진아를 흉내내서 말하면[118] 지금 '아시아 경제사'는 글로벌 경제사와 국민경제사 사이의 회색지대에서 방황하고 있다. 세계의 일체화가 가져온 공과 죄를 모두 아우르는 대안적 역사상을 구축하는 작업은 여전히 과제로 남아있다고 할 것이다.

---

[117] 박혜정은 오늘날 인도양 연구가 "인도양 세계를 대체로 평화롭고 조화로운" 공간으로만 바라보는 인식론적 편향을 지적하며 "교류사에 지배, 충돌, 갈등의 역사 써넣기"를 제안하고 있다. 이는 '아시아 경제사'가 제시하는 근대 아시아 역사상을 생각할 때도 참고가 되는 매우 중요한 발언이다. 박혜정, 「지구사적 관점으로 본 동아시아사의 방법과 서술: 인도양 연구에 대한 비판적 고찰을 토대로」, 『동북아역사논총』 40, 2013.

[118] 강진아, 「세계체계와 국민국가의 회색지대」.

16 · 17세기 세계 은 흐름의 역사적 의미

현재열

Ⅰ. 서론

귀금속은 오랜 옛날부터 인간에게 다양한 의미에서 매력적인 대상이었다. 그것은 무엇보다 소중하게 여겨졌기에 가치가 있었고, 그 가치에 기대어 단순한 장식에서 유통의 매개로서의 화폐적 기능까지 다양한 용도로 사용되었다.[1] 뿐만 아니라 귀금속은 특정한 지질학적 이유로 분포도가 특화되어 있어 여러 지역간 또는 대륙간 교역과 접촉의 동기이자 연결고리 역할도 수행하였다. 특히 귀금속은 인간이 발전시켜온 다양한 수송수단의 도움을 통해 지리적이거나 정치적인 경계를 넘어 이동했고, 이것은 그 이동의 양방향으로 경제적 영향을 낳았다.[2] 이러한 귀금속의 이동에서 중요한 역할을 했던 것이 해양인

---

1) 피에르 빌라르, 김현일 옮김, 『금과 화폐의 역사, 1450-1920』, 까치, 2000, 28~36쪽; 캐서린 이글턴 · 저너선 윌리암스 외, 양영철 · 김수진 옮김, 『MONEY: 화폐의 역사』, 말 · 글 빛냄, 2008, 17~47쪽.

2) Fernand Braudel, "Monnaies et civilisation: de l'or du Soudan à l'argent d'Amérique", *Annales: Economies, Sociétés, Civilisations,* 1e année, N. 1, 1946, pp.9~11; Andrew

데, 귀금속은 인간이 맘 놓고 들고 다니기에는 무게가 있어 비교적 대량의 이동이 행해질 때는 아무래도 수상 이동이 편했고, 또 귀금속의 부피와 질량은 외양 항해에 필요한 바닥짐으로서의 역할에도 안성맞춤이었다.[3] 그리하여 귀금속은 오래전부터 바다를 통한 인간의 교역과 교섭의 대상이 되었던 바, 특히 무엇보다 근대 초기 이후 전 지구적 범위에서 인간의 교역과 접촉이, 즉 전 지구적 범위에서 인간 집단의 정치적·경제적·문화적 연계가 형성되어 가는 데 결정적인 역할을 하였다.[4] 이런 점에서 귀금속은 오랫동안 역사학의, 그 중에서도 귀금속이 가진 가치와 그 이동이 가진 가치 이전의 측면에 주목해 경제사학의 주목의 대상이 되어 왔다.

지금까지 역사학의 관심 대상이 된 귀금속 중 가장 주목을 많이 받은 것은 역시 은(silver, White Metal)일 것이다. 그것은 은이 오늘날의 전 지구적 자본주의 세계체제에 출발점이 되었던 16·17세기 세계 교역의 형성과 발전에 결정적인 역할을 했다는 점에 대부분의 역사가들

M. Watson, "Back to Gold- and Silver", *The Economic History Review*, 20-1, 1967, pp.1~34; 페르낭 브로델, 주경철 옮김, 『물질문명과 자본주의 I-2: 일상생활의 구조 하』, 까치, 1995, 660~666쪽; Dennis O. Flynn and Arturo Giráldez, "Introduction", in ids. (eds.), *Metals and Monies in an Emerging Global Economy*, Aldershot, U.K.: Varioirum, 1995, pp.xv~xl.

3) Jan de Vries, "Connecting Europe and Asia: A Quantitative Analysis of the Cape-route Trade, 1497-1795", in D.O. Flynn, et al. (eds.), *Global Connections and Monetary History, 1470-1800,* Aldershot, U.K.: Ashgate, 2003, pp.38~39.

4) Frank Perlin, "A History of Money in Asian Perspective", *Journal of Peasant Studies,* 7-2, 1980, pp.235~244; Jack Goldstone, "Trend or Cycles?: The Economic Histoy of East-West Contact in the Early Modern World", *Journal of the Economic and Social History of the Orient,* 36, 1993, pp.104~119; Michel Morineau, "Fonction de base et diversification des roles de l'or et de l'argent dans la vie économique à l'Epoche Moderne", in C.E. Núñez (ed.), *Monetary History in Golbal Perpective, 1500-1800,* Sevilla: Publ. de la Universidad de Sevilla, 1998, pp.11~20.

이 동의하기 때문일 것이다. 은은 이미 그 이전부터 인간 역사의 경제적 측면에서 중요한 역할을 줄곧 수행해 왔지만, 무엇보다 15세기 말 아메리카 대륙으로 유럽이 확장해 간 이후 그곳에서 막대한 은광이 발견되면서 아메리카와 유럽, 아시아를 연결하는 핵심적 연결고리로서 역할 하였다.[5] 이런 점에 대해서 주목한 역사가들은 오래 전부터 16세기 이래 은의 이동과 그 역할에 대해 탐색해 왔고 지금까지 수많은 연구결과들을 산출하였다.[6]

그럼에도 아직도 이 시기 은의 역할과 그것이 가진 전 지구사적 의미에 대한 이해는 완전히 통일되어 있지 않다. 경제 현상이라는 것이 수치나 통계를 통해 쉽게 접근할 수 있는 것 같이 보이지만, 실제로는 그 수치나 통계가 언제나 불완전하며 그에 대한 접근 방식 또한 다양하기 때문인 듯하다.[7] 현재 수준까지 16 · 17세기 은의 이동을 둘러싼

---

[5] K.N. Chaudhuri, "World Silver Flows and Monetary Factors as a Force of International Economic Integration, 1658-1758", in W. Fisher and R.M. McInnis. (eds.), *The Emergence of a World Economy, 1500-1914*, Wiesbaden: Franz Steiner Verlag, 1986, pp.61~82는 16세기 이래 세계 은 흐름이 아시아-유럽-아메리카를 연결하는 "국제적 경제 통합"의 힘으로 작용했음을 처음으로 제기하고 이에 주목할 것을 촉구했다.

[6] 이 주제는 16세기 '가격혁명', 17세기 '전반적 위기'론, 글로벌화의 기원론, 아시아역내 교역권론 등 수많은 연구주제들과 깊은 관계를 맺고 있고, 그런 점에서 그 전체적 상을 파악하기 어려울 만큼 영어권이나 유럽권만이 아니라 중국이나 일본, 인도, 등의 수많은 연구들을 낳았다. 순전히 은과 관련된 연구 성과들은 우선, 이 논문에서 인용하는 논문들을 참조하라. 그런데 그럼에도 이 주제에 대한 국내의 연구 성과는 그리 많지 않다. 주경철, 「해양시대의 화폐와 귀금속」, 『서양사연구』 32, 2005, 189~212쪽; 주경철, 『대항해시대: 해상팽창과 근대세계의 형성』, 서울대학교출판부, 2008, 5장; 양동휴, 「16-19세기 귀금속의 이동과 동아시아 화폐제도의 변화」, 『경제사학』 54, 2013, 131~166쪽. 양동휴의 논문은 제목과 달리 근대 초기(즉, 근세) 동아시아 화폐제도의 성격에 대한 분석에 더 치중한다.

[7] 예컨대, 양동휴, 「16세기 영국 가격혁명의 재조명」, 서울대학교 경제학부 2014년 1학기 경제사 워크숍, 2014, 1~16쪽을 참고하라. 이 글은 '가격혁명'에 대한 논의이긴 하지만, 하나의 경제 현상에 대해 경제학자들이 비슷한 수치와 공식을 가지

역사적 논점들은 다음과 같이 세 가지로 크게 정리할 수 있을 것 같다.

첫째, 16세기부터 본격적으로 산출된 아메리카산 은이 이후 세계를 돌면서 한 역할에 대한 논의이다. 이는 무엇보다 이 은들이 유럽으로 들어와 16세기 유럽의 '가격혁명'을 촉발하였다는 기본적인 논의와 관련된다. 문제는 이 은들이 유럽으로 들어와 다시 나갔다는 것이다. 이 현상을 어떻게 해석할 것인가가 초점이 되는데, 기왕의 역사학의 정리는 아메리카산 은이 유럽으로 들어와 다시 나간 것은 주로 동쪽으로였으며, 이것은 당시 유럽과 아시아간 무역관계에서 유럽이 만성적인 적자 상태에 있었고 이 적자를 메우기 위한 수지 균형 회복의 방법으로서 은이 아시아로 흘러갔기 때문이라는 것이었다.[8] 이에 대해선 다양한 형태의 논박이 이루어져 지금은 이런 견해, 즉 은이 무역적자를 균형 잡기 위한 화폐적 수단으로 흘러갔다는 주장에 대해 일정한 수정이 이루어졌다.[9]

둘째는 이 시기 동쪽으로 흘러간 은은 주로 중국으로 모여들었는

고 어떻게 다양하게 접근할 수 있는지를 잘 보여주고 있다.

[8] 이런 정리는 20세기 전반에 얼 헤밀턴(Earl J. Hamilton)이 처음으로 제기한 이래 대부분의 연구자들에게 수용되어 한 동안 하나의 '공리'처럼 받아들여졌다. Earl J. Hamilton, *American Treasure and the Price Revolution in Spain, 1501-1650*, Cambridge, MA: Harvard Univ. Press. 1934. 이 글에서는 헤밀턴의 논지를 다음 두 논문에서 주로 확인하였다. Earl J. Hamilton, "Imports of American Gold and Silver into Spain, 1503-1660", *The Quarterly Journal of Economics*, 43-3, 1929, pp.436~472; Hamilton, "American Treasure and the Rise of Capitalism (1500-1700)", *Economica*, 27, 1929, pp.338~357. 피에르 빌라르의 『금과 화폐의 역사』나 페르낭 브로델의 『물질문명과 자본주의』 역시 다양한 변수들을 고려함에도 기본적으로는 이런 정리에 입각해 기술되었다. 이매뉴얼 월러스틴의 '근대 세계체제론'에서 은과 유럽의 대(對) 아시아 무역에 대한 입장도 마찬가지였다. 이매뉴얼 월러스틴 (1999, 2013), 『근대세계체제 I : 자본주의적 농업과 16세기 유럽 세계경제의 기원』, 까치, 1999, 2013, 505~528쪽.

[9] 주경철, 「해양시대의 화폐와 귀금속」은 이 문제를 중심으로 1990년대까지의 논의를 정리하고 있다.

데, 이 은이 중국에서 어떤 역할을 했는가에 관한 논의이다. 특히 이 시기 중국(명대)의 재정 상황 및 화폐적 조건과 결부되어 은은 중요한 역할을 수행했고, 심지어 17세기 들어 은의 중국으로의 유입이 줄어들면서 중국의 경제 및 사회 상황을 혼란시켜 결국 명·청 교체까지 야기하였다는 주장이다.[10] 이에 대해선 아직도 많은 논란이 진행되고 있고, 주로 중국사 전공자들이 이에 이의를 제기하고 있는 상황이다.[11]

셋째는 16·17세기에 전 세계적으로 유통된 은이 "진정한 전 지구적" 경제를 확립하였는가와 관련된 논의이다. 적어도 이 시기에 은을 비롯한 다양한 귀금속의 해상 및 육상 교역로를 통한 전 세계적 범위의 이동이 "국제 무역(international trade)"을 탄생시켰다는 데는 일정한 합의가 있는 듯하지만, 과연 이것을 오늘날 말하는 전 지구적 경제 (Global Economy)의 탄생과 동일시할 수 있는가에 대해선 여전히 논의가 진행 중이다.[12]

---

[10] 이런 주장을 처음 본격화했고 지금까지 가장 강력하게 제시하는 이는 중국경제사 연구자인 윌리엄 애트월(William S. Atwell)이다. William S. Atwell, "International Bullion Flows and the Chinese Economy, circa 1530-1650", *Past and Present,* 95, 1982, pp.68~90; Atwell, "Some Observations on the "Seventeenth-Century Crisis" in China and Japan", *Journal of Asian Studies,* 45-2, 1986, pp.223~244; Atwell, "Ming China and the Emerging World Economy, c. 1470-1650", *The Cambridge History of China,* vol. 8, Part 2, ed. by D. Twitchett and F.W. Mote, Cambridge: Cambridge Univ. Press, 1998, 8장. 그 외 저명한 경제사가인 피에르 쇼뉘(Pierre Chaunu)와 웨이크먼(Frederic E. Wakeman, Jr.)도 이와 유사한 주장을 편다. Pierre Chaunu, "Manille et Macao, face à la conjoncture de XVIe et XVIIe siècle", *Annales: Economies, Sociétés, Civilisations,* 17, 1962, pp.555~580; Frederic E. Wakeman, Jr., "China and the Seventeenth-Century Crisis", in Wakeman, *Telling Chinese History: A Selection of Essays,* Berkeley: Univ. of California Press, 2009, pp.27~43.

[11] 자세한 것은 아래 3장을 참조하라.

[12] 쵸두리(K.N. Chaudhuri)의 최초의 문제 제기(위 주 5)를 참조) 이후 많은 학자들이 16세기 이래 은을 비롯한 귀금속 흐름이 '국제 경제'의 창출을 가져왔음을 인정하

이 글은 이상의 세 논점 중에서 위의 두 가지 논점에 대해 살펴보고
나름의 정리를 수행해 보고자 한다. 사실 지금까지 은을 둘러싼 역사
및 경제학적 논의를 얼마간 정리해 보기 위해 이렇게 세 가지로 크게
나누어 보았지만, 이 논점들은 내용상으로 보면 상당히 중첩되며 따
로 진행되는 것은 아니다. 특히 두 번째 논점은 결국 중국이 나아가
동아시아가 당시 등장하던 '세계 경제'에 어느 정도로 결부되어 있었
는가와 관련된 것이기에, 세 번째 논점과 깊은 상관관계에 있다. 하지
만 여기서는 문제에 대한 절차적 접근의 방법을 취하여 지금까지 어
느 정도 내용 정리가 이루어진 앞의 두 논점을 먼저 다루고 다음에 다
른 공간에서 현재 논란이 되고 있는 세 번째 논점에 접근하고자 한다.
  아래에서는 먼저 16-17세기 세계적 범위에서 전개된 은의 생산 및

지만, 이것을 전 지구적 범위의 단일한 세계경제의 탄생으로 이해할지에 대해서
는 의견이 갈린다. 현재 이 시기를 '글로벌화(Globalization)'의 "역사적 탄생"으로
까지 적극적으로 해석하는 대표적인 이들은 데니스 플린(Dennis O. Flynn)과 아
르투로 히랄데스(Arturo Giráldez)를 들 수 있다. Dennis O. Flynn and Arturo Giráldez,
"Cycles of Silver: Global Economic Unity through the Mid-Eighteenth Century", *Journal
of World History*, 13-2, 2002, pp.391~427; Flynn and Giráldez, "Globalization began
in 1571", in B.K. Gills and W.R. Thompson (eds.), *Globalization and Global History*,
London & New York: Routledge, 2006, pp.232~247; Flynn and Giráldez, "Born Again:
Globalization's Sixteenth Century Origins", *Pacific Economic Review*, 13-3, 2008,
pp.359~387. 플린은 혼자서 쓴 『캠브리지 세계사』의 은에 대한 장에서도 "은과
글로벌화의 탄생"을 명시적으로 제기한다. Dennis O. Flynn, "Silver in a global
perspective", in *The Cambridge World History*, vol VI, Part 2, eds. by J.H. Bentley,
et al., Cambridge: Cambridge Univ. Press, 2015, pp.213~239. 이들의 이런 견해를 가
장 적극적으로 수용해서 근대 초기 이후의 역사를 완전히 재구성한 이가 프랑크
(Andre G. Frank)라고 할 것이다. 안드레 군더 프랑크, 이희재 옮김, 『리오리엔트』,
이산, 2003. 이런 견해에 대한 가장 강력한 이의제기는 오루크(K. O'Rourke)와 윌
리엄슨(J.G. Willamson)에 의해 이루어지고 있다. K. O'Rourke and J.G. Williamson,
"After Columbus: Explaining Europe's Overseas Trade Boom, 1550-1800", *Journal of
Economic History*, 62-2, 2002, pp.417~455; O'Rourke and Williamson, "When Did
Globalization Begin?", *European Review of Economic History*, 6, 2002, pp.23~50.

유통 과정에 대해 그 유통 경로와 유통된 은의 계량적 추정치를 중심으로 간단히 정리해 보고, 다음으로 첫 번째 논점, 즉 무역수지 적자를 메우기 위한 지불수단으로서의 은에 대한 문제(이것을 처음 제기한 사람의 이름을 따서 '헤밀턴 테제'라고 한다)를 비판적으로 살펴보고 수정된 견해를 제시하고자 한다. 그리고 마지막으로 이런 은의 세계적 범위의 유통이 당시 세계에서 가장 큰 경제 규모를 가졌던 (전체 인구 1억 6000만 명에 인구 100만 명 이상의 도시를 가장 많이 가지고 있었던) 중국에 미친 영향을, 특히 그것이 17세기 명 · 청 교체에 미친 영향(이런 견해를 처음 제기한 이의 이름을 따서 '애트월 테제'라고 한다)을 중심으로 역시 비판적으로 살펴보고 수정된 의견을 제시하고자 한다. 이런 정리는 향후 세 번째 논점에 대한 집중적인 비판적 접근에 기초가 될 것이다.[13]

II. 16 · 17세기 은의 전 지구적 유통과정

16 · 17세기에 은과 관련해 세계에서 일어난 일들은 다음과 같이 간단히 요약할 수 있다. 물론 은이 이 시기 동안 거의 중국으로 일관되게 흘러갔다는 것은 누구나 알고 있다.[14] 하지만 그전에는 상황이 반대였다. 13세기부터 이어진 대체적인 경향은 중국이 은을 수출했다는 것이다. 특히 몽골제국의 아프로 · 유라시아 대륙을 가로지르는 교역

[13] 필자는 이 세 번째 논점에 대해 다른 곳에서 다루었다. 현재열, 「현재의 글로벌화는 `1571년`에 시작되었는가?: `16세기 글로벌화기원론`에 대한 비판적 평가」, 『서양사론』 132, 2017, 271~296쪽 참조.
[14] 프랑크의 얼마간은 부풀려진 추정치에 따르면, 이 시기 중국은 세계 은의 "4분의 1 내지 3분의 1을 끌어들이고" 있었다고 한다. 프랑크, 『리오리엔트』, 258쪽.

망의 통일에 힘입어 은은 지폐제도에 기초했던 중국을 빠져나와 페르
시아에서 스페인에 이르는 이슬람 국가들로 수출되었다.[15] 그 이유는
이슬람 국가들에서 은의 구매력이 중국에 비해 2배 더 높았기 때문이
다.[16] 요컨대, 수요 측면의 힘들이 서아시아와 지중해에서 은의 구매
력 상승을 도왔던 반면, 동아시아에서는 중국 내에서 지폐제도의 채
용으로 인해 은의 구매력이 떨어졌다. 은의 가치를 저평가하는 중국
시장에서 그 가치를 고평가하는 서아시아, 유럽, 북아프리카 시장들
로 은을 옮기는 것이 이익이 되었던 것이다.[17]

　이것은 중국의 "가장 중요한 은 공급원"이었다고 하는 일본의 경우
도 마찬가지였다. 일본은 전통적으로 보면 11세기 말부터 15세기 들
어서까지 은을 중국에서 수입하였다. "후대에 중국에 대한 가장 중요
한 은 공급원이라는 평판을 얻었음에도, 일본은 사실 언제나 귀금속
을 수출한 것은 아니었다. 15세기 중반에 일본에서 유통되던 은화와
동전(銅錢)은 주로 외국에서 들어온 것이었다. … 외국산 통화의 주요
공급원은 조선이었다. … 은이 조선에서 일본으로 밀수되기 시작한

---

15) Flynn, "Silver in a global perspective", p.214.
16) Richard von Glahn, *Fountain of Fortune: Money and Monetary Policy in China, 1000-1700*, Berkeley: Univ. of California Press, 1996, p.60.
17) 이것은 기본적으로 '차익거래(arbitrage)' 개념을 적용하는 것이다. 이는 귀금속
만이 아니라 모든 상품에 적용할 수 있다. 즉 "한 상품이 다른 곳에서 그 생산
및 운송에 드는 비용 이상으로 팔릴 수 있다면, 언제든지 그 상품은 수지가 맞
는 시장 영역으로 운송될 것이다." 이것은 나중에 다시 논하겠지만, 귀금속을 상
품으로 보는 시각에서 나온 결론이다. 이에 대해서는 Dennis O. Flynn, "The
Microeconomics of Silver and East-West Trade in the Early-Modern Period", in Fisher
and R.M. McInnis, *The Emergence of a World Economy*, pp.37~60; Flynn, "Comparing
the Tokugawa Shogunate with Hapsburg Spain: Two Silver-Based Empires in a
Global Setting", in James D. Tracy (ed.), *The Political Economy of Merchant Empires:
State Power and World Trade, 1350-1750*, Cambridge: Cambridge Univ. Press, 1991,
pp.340~347 참조.

것은 바로 15세기 중반 동안이었다."[18] 16세기 이전에 중국이 지중해
와 일본 그리고 다른 곳으로 상당한 양의 은을 수출했다는 것은 그 이
후 중국이 지구상에서 가장 큰 은의 "흡입 펌프(suction pump)"로 변모
한 것과 대비된다.[19] 그 과정을 살펴보자.[20]

유럽인들이 아메리카 대륙으로 진출한 이후 한동안 유럽인들은 아

[18] Seonmin Kim, "Borders and Crossings: Trade, Diplomacy, and Ginseng between Qing
China and Choson Korea", Ph.D. diss. Duke Univ., 2006, p.214.

[19] "흡입 펌프"라는 표현은 "진공청소기"라는 표현과 함께, 포르투갈 역사가 고디뉴
(V. Magalhaes Godhino)가 한 것이다. Dennis O. Flynn and Arturo Giráldez, "Born
with 'Silver Spoon': The Origin of World Trade in 1571", *Journal of World History*,
6-2, 1995, p.206에서 재인용.

[20] 아래에서 제시하는 수치는 모두 추정치에 불과하다. 따라서 이 수치를 정확한 양
이라고 받아들여선 안 되며 대체적인 은 흐름의 규모나 방향을 보여주는 것으로
이해해야 한다. 무엇보다 현재 이 시기 가장 중요한 은 산지라고 하는 아메리카
나 일본의 정확한 생산량을 알 수 있는 자료가 없다. 현재 연구자들이 이용하는
것은 거의 대부분 공식 자료이며, 이런 자료는 흔히 귀금속과 관련하여 광범위하
게 이루어지게 마련인 '밀수행위'나 생산지에서의 '신고액 누락'과 같은 불법행위
를 빠뜨릴 수밖에 없다. 헤밀턴은 자신의 아메리카로부터 스페인으로의 귀금속
유입에 관한 논문에서 당시 스페인 당국의 철저한 감시와 규정들로 인해 이런 불
법행위가 차지하는 몫이 극히 적었다고 주장하지만, 그가 제시하는 불법행위를
막기 위한 스페인 당국의 수많은 법령들이 오히려 불법행위의 만연을 반증하고
있다고 생각된다. 예컨대, 밀수행위에 연루된 '은 전문감독관(maestre de plata)'의
처벌 내용을 담은 1593년의 법령은 1631년, 1634년, 1640년에 똑같은 내용으로 반
복해서 포고되었는데, 이는 그만큼 불법행위가 만연했음을 보여주는 사례이다.
Hamilton, "Imports of American Gold and Silver", p.453. 대서양 쪽의 밀무역에 대
해서는, Fernand Braudel, "Du Potosi à Buenos Aires: une route cladenstine de
l'argent", *Annales: Economies, Sociétés, Civilisations,* 3e année, no. 4, 1948, pp.546~
550; Z. Mutoukias, "Una forma de oposición: el Contrabando", in M. Ganci and R.
Romano (eds.), *Governare il mondo. L'impero spagnolo dal XV al XIX secolo,*
Plarmo: Società Siciliana, 1991, pp.333~368 참조. 아메리카의 태평양 쪽의 밀무역
에 대해선, C.R. Boxer, "*Plata Es Sangre* : Sidelights on the Drain of Spanish-American
Silver in the Far East, 1550-1700", *Philippine Studies,* 18-3, 1970, pp.467~470; Dennis
O. Flynn and Arturo Giràldez, "China and the Manila Galleons", in A.J.H. Latham and
H. Kawakatsu (eds.), *Japanese Industrialization and the Asian Economy,* London:
Routledge, 1994, p.79 참조.

메리카 원주민들에게 이미 노출되었던 귀금속들을 유럽으로 이전시
켰다.[21] 이런 노출된 귀금속의 이전이 한계에 도달할 즈음인 1540년
대에 당시 스페인이 지배하던 멕시코와 고지 페루(포토시, 현재는 볼
리비아)에서 세계에서 가장 큰 은광들이 발견되었다.[22] 이후 스페인
령 아메리카는 일정한 부침이 있었지만 수은 아말감 처리법 같은 생
산기술 상의 혁신을 통해 19세기 말까지 은을 비롯해 세계 귀금속 생
산을 주도했다(〈그림 1〉 참조).[23] 베럿(Ward Barret)의 추정치에 따르
면, 15세기 중반부터 19세기까지 스페인령 아메리카는 세계 은 생산
의 85%, 세계 금 생산의 70% 이상을 차지했다.[24]

그럼 이 시기 스페인령 아메리카에서 생산된 은의 양은 얼마였을
까? 이와 관련해 가장 많이 인용되는 베럿의 추정치는 16세기에서 18
세기까지 스페인령 아메리카에서 생산된 은의 양을 13만 내지 15만
톤 정도로 본다. 그는 19세기 말부터 이루어진 여러 경제학자들의 생
산량 추계들을 종합적으로 분석하여 이런 결론에 이른다(부록 2의 표
참조).[25] 하지만 이 추계는 18세기까지를 대상으로 한 것이고 18세기

---

[21] 빌라르, 『금과 화폐의 역사』, 141~143쪽. 베이크월(Peter Bakewell)은 "여러 세기
    동안 축적된 금이 20년 만에 사라졌다"고 한다. Peter Bakewell, "Mining in Colonial
    Spanish America", in *The Cambridge History of Latin America,* vol. II, ed. by L.
    Bethell, Cambridge: Cambridge Univ. Press, 1984, p.105.

[22] *Ibid.,* p.108; Richard L. Garner, "Long-Term Silver Mining Trends in Spainish America:
    A Comparative Analysis of Peru and Mexico", *American Historical Review,* 93-4, 1988,
    p.899.

[23] 1540년대 개발된 남아메리카의 은광들은 1570년대가 되면 벌써 어느 정도 생산성
    위기를 겪었지만, 그 시기 수은 아말감 공법을 도입했고 그 이후 꾸준히 높은 생
    산성을 유지하였다. 빌라르, 『금과 화폐의 역사』, 147~149쪽; Bakewell, "Mining in
    Colonial Spanish America", pp.110~119.

[24] Ward Barrett, "World Bullion Flows, 1450-1800", in James D. Tracy (ed.), *The Rise
    of Merchant Empires: Long-Distance Trade in the Early Modern World, 1350-1750,*
    Cambridge: Cambridge Univ. Press, 1990, p.225의 표 7.1 참조..

가 스페인령 아메리카의 귀금속 생산량이 가장 높았음을 감안하면
(〈그림 1〉 참조) 우리의 관심 대상인 16 · 17세기는 그 수치가 떨어진다.

〈그림 1〉 16세기-18세기 스페인령 아메리카의 은생산량 추이

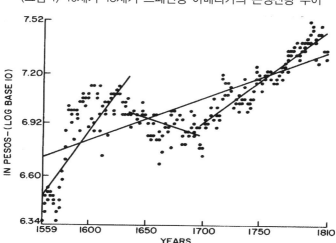

출전: Richard L. Garner, "Long-Term Silver Mining Trends in Spainish America:
A Comparative Analysis of Peru and Mexico", *American Historicai
Review*, 93-4, 1988, p.900의 〈그림 1〉.

베럿의 표에 기초해 본다면 이 시기 스페인령 아메리카의 은 생산
량은 5~6만 톤 정도로 추정할 수 있다. 베럿은 18세기까지의 전체 은
생산량 중 약 10만 톤(대략 75~80%) 정도가 유럽으로 이전되었고, 이
중 40% 정도가 유럽에서 다양한 경로를 통해 동쪽으로 이동하였다고
한다.[26] 그렇다면 이 기준을 5~6만 톤에 적용하면 4만~4만 8000톤 정
도의 은이 16 · 17세기에 유럽으로 유입되었다고 볼 수 있다. 그리고

25) *Ibid.*, pp.230~237의 분석 작업 참조.
26) *Ibid.*, pp.250~253.

이중 1만 6,000~1만 9,000톤이 동쪽으로 이동하였다.

은이 유럽에서 동쪽으로 이동한 경로는 세 가지였다. 첫째는 유럽에서 발트해 무역을 통해 동쪽으로 이동한 경로가 있고, 둘째는 지중해 동부의 레반트 무역을 통하는 경로가 있었으며, 셋째는 포르투갈에 의해 개척된 희망봉을 돌아 인도양으로 가는 경로가 있었다. 이중 발트해 경로의 경우는 주로 러시아로 은이 이전된 것을 말하는데, 여기서는 그 이상 동쪽으로 은이 이동하는 경우가 드물었다고 한다.[27] 두 번째인 레반트 경로는 은이 주로 당시 레반트 지역에 자리 잡은 강국인 오스만 제국으로 이전되었음을 의미하며,[28] 세 번째인 희망봉경로는 서아시아나 인도, 또는 동남아시아로 이전되었음을 뜻한다.[29] 이런 곳으로 이전된 모든 은은 최종적으로 상당 부분이 중국으로 향했던 것으로 추정된다.

한편 스페인령 아메리카에서 유럽으로 유입되고 남은 은은 상당 부분이 태평양을 가로질러 역시 아시아로 유입된 것으로 보인다. 1571년 스페인인들이 마닐라를 자신의 무역 교두보로 건설하면서 시작되는 아카풀코-마닐라 노선의 갤리언 무역이 그것이다.[30] 19세기까지

---

27) de Vries, "Connecting Europe and Asia", p.80; Brian Moloughney and Xia Weizhong, "Silver and the Fall of the Ming: A Reassessment", *Papers on Far Eastern History*, 40, 1989, p.65.

28) 17세기에 오스만 제국은 자체의 유통 화폐를 유럽에서 수입된 은화에 전적으로 의존했다고 한다. 따라서 이곳을 거쳐 더 동쪽으로 유입되는 은의 양도 그리 크지는 않았으리라 추정할 수 있다. Şevket Pamuk, "The Disintegration of the Ottoman Monetary System During the Seventeenth Century", *Princeton Papers in Near Eastern Studies*, 2, 1993, pp.67~81.

29) 예컨대, 글라만(Kristof Glamann)은 17세기에서 18세기 중반까지 네덜란드의 대아시아 무역을 분석하면서 1677~1685년의 9년간 네덜란드에서 바타비아로 운반된 은의 양이 119톤(연평균 13톤)이었다고 한다. Kristof Glamann, *Dutch-Asiatic Trade, 1620-1740*, 's-Gravenhage: Martinus Nijhoff, 1981, p.61의 표 14.

30) Chaunu, "Le galion de Manille", pp.449~451; Boxer, "*Plata Es Sangre*", pp.457~458.

계속되는 이 무역을 통해 가장 많이 거래된 것은 아메리카산 은과 중국산 실크 제품인 것으로 알려져 있는데,[31] 우리의 관심 대상인 16 · 17세기에도 마찬가지였다. 하지만 이 소위 '마닐라 갤리언' 무역을 통해 아시아로 유입된 은의 양이 얼마인지는 추정이 거의 불가능하다. 앞서 언급한 것처럼 이 무역은 엄청난 불법행위로 유명했는데, 1638년 한 스페인인은 "중국의 왕이 … 신고하지 않은 채 그리고 [스페인] 왕에게 관세를 납부하지 않은 채 … 자기 나라로 들여 온 페루산 은괴로 궁전을 하나 세울 수 있을 것"이라고 할 정도였다.[32]

아카풀코-마닐라 무역을 통해 아시아로 유입된 은의 규모에 대해서는 중국 경제사학자 전한승(全漢昇)이 제시한 추정치를 주로 이용하고 있다. 아래의 표는 그가 16세기 말에서 18세기 말까지 아카풀코-마닐라 무역에서 운반된 은의 양을 페소 단위로 추정한 것을 필자가 톤으로 환산한 것이다.

이 표를 보면 마닐라 갤리언을 통해 유입된 은의 양은 18세기에 훨씬 더 많았음을 알 수 있는데, 그것은 18세기에 아메리카의 은 생산량이 정점에 이른 것을 반영한다. 하지만 우리의 관심 대상인 16세기와 17세기에도 연간 200만 페소(50톤) 정도가 평균적으로 유입되었다고 생각할 수 있다. 따라서 16세기 말부터 17세기까지의 적어도 130년 정도 기간 동안 5,000톤 이상이 유입되었다고 볼 수 있다. 그리고 마닐라 갤리언 무역을 통해 아시아로 들어온 은은 실크와의 교역에서 알 수 있듯이, 거의 다 중국으로 흘러갔다고 보면 될 것이다.

31) Chaunu, "Manille et Macao", pp. 562~565; Flynn and Gráldez, "China and Manila Galleons", pp. 78~79.

32) Atwell, "International Bullion Flows", p. 147에서 재인용. 마닐라 갤리언 무역에 대한 당대의 표현과 당대인들이 제시하는 수치들은 불법무역의 만연에 대해 스페인 왕실에 특단의 초지를 촉구하기 위해 상당히 과장되었다고 본다.

〈표 1〉 필리핀으로 아메리카산 은의 연간 이동량, 1598~1784년

연도	양 (1만페소)	톤환산양	연도	양 (1만페소)	톤환산양
1593년	100	25.56	1729년과 그 이전	3-400	76.68-102.24
1602년과 그 이전	200	51.12	1731년	243	62.21
1604년	250(+)	63.90	1740년	300	71.68
1620년경	300	76.68	1746-48년	400	102.24
1633년	200	51.12	1762년	231(+)	59.02
1688년과 그 이전	200	51.12	1764년	300(+)	76.68
1698-99년	207	52.90	1768-73년	150-200	38.34-51.12
1712년과 그 이전	260(+)	66.45	1772년	2-300	51.12-76.68
1714년과 그 이전	3-400	76.68-102.24	1784년	279	71.35
1723년	400	102.24			

출전: Chuan Hange-Sheng, "Trade Between China, the Philippines and the Americas During the Sixteenth and Seventeenth Centuries", *Proceedings of the International Conference of Sinology: Section on History and Archeology,* Taipei: Academia Sinica, 1981, p.851에 수록된 표에 기초하여 페소를 톤으로 환산.

마지막으로 16·17세기 세계 은 흐름에서 중요하게 다루어져야 할 곳은 일본이다. 원래 거의 귀금속을 생산하지 않았던 일본은 1533년 이와미(石見)은광 개발을 비롯해 16세기 전반에 여러 광산 개발에 성공하여 스페인령 아메리카에 이어 세계에서 두 번째로 중요한 은 공급원이 되었다.[33] 하지만 이 시기 일본의 은 생산량이 얼마였는지를 정확히 아는 것은 거의 불가능하다.[34] 다만 16세기 말 도요토미 히데

요시가 이와미 광산에서 받은 조세수입이 연간 은 10톤이었다거나 17세기 초에 도쿠가와 이에야스가 이와미 광산 한 군데에서만 연간 12톤의 은을 조세로 거두었다는 추정치들만이 제시되어 있다.[35] 일본의 은은 외부로 대량 유출되었는데, 그 목적지는 거의 전부 중국이었다. 중국으로 수출된 일본산 은의 양에 대해선 다양한 추정치들이 존재한다. 애트월은 일본학자들의 연구결과를 빌려 그 추정치를 16세기 중반에서 17세기까지 연간 40~50톤이었다가 17세기 초에는 150-190톤에 이르렀다고 주장한다.[36] 이러한 수치를 근거로 프랑크는 1560년에서 1640년 사이에 일본이 약 8,000-9,000톤의 은을 수출했다고 추정한다.[37] 하지만 몰로니(Brian Moloughney)와 샤(Xia Weizhong)는 이 추정치를 아주 낮게 잡아 1600년과 1645년 사이에 포르투갈 선과 일본의 '수인센(朱印船)' 및 여타 밀수선들, 중국 정크선과 1639년 포르투갈의 일본에서의 축출 이후 네덜란드 선에 의한 은 수출량을 모두 다해서 1,000톤이 조금 넘는 것으로 잡는다.[38] 이들의 추정치는 너무 낮게 잡

---

[33] Iwao Seiichi, "The 'Country of Silver'", *Japan Quarterly,* 5-1, 1958, p.44; 豊田有恒, 『世界史の中の石見銀山』, 祥傳社, 2010; 村上隆, 『金·銀·銅の世界史』, 岩波書店, 2007, 116~122쪽. 일본의 금광 및 은광 개발은 전국말기의 일본 내부 정치 정세와 깊이 연관되어 있었고, 실제로 이런 금 및 은에 대한 장악은 일본의 통일과 그 이후 체제 정비에서 큰 역할을 한다. 本多博之, 『天下統一とシルバーラッシュ』, 吉川弘文館, 2015 참조.

[34] 프랑크는 자신의 책에서 일부 학자들이 16-17세기 일본 은 생산의 추정치를 밝힌 것처럼 얘기하고 있지만(프랑크, 『리오리엔트』, 253쪽), 실제 그가 언급한 근거들을 살펴보면, 그 내용은 생산량이 아니라 특히 중국에 대한 수출량 추정치만 제공한다. 위 주)의 일본 문헌에서도 생산량 추정치를 제시하지 않고 있다.

[35] Iwao, "The 'Country of Silver'", p.44; A. Kobata, "The Production and Uses of Gold and Silver in Sixteenth and Seventeenth-Century Japan", *Economic History Review,* 93-2, 1965, p.248.

[36] Atwell, "International Bullion Flows", p.144.

[37] 프랑크, 『리오리엔트』, 254쪽.

[38] 1610년 8만 킬로그램; 1620년 10만 킬로그램; 1630년 13만 킬로그램; 1635년(쇄국

아 당시 세계 은 생산의 30%를 점했다는 일본의 은광 사정과 맞지 않
는 것 같으며, 한편 프랑크나 애트월의 추정치는 (일본학자들의 추정
치에 의존하면서) 일본의 은 생산을 지나치게 높게 잡은 것으로 대체
로 인정된다. 그래서 1650년대 이래 일본 국내 은광의 생산량 하락 등
으로 인해 1668년 국내 은 부족사태를 막기 위한 도쿠가와 막부의 금
수조치나 1685년의 22.5톤으로의 수출상한선 제한 조치 등을 충분히
고려해서 잡는 폰 글란(von Glahn)의 추정치를 받아들이기로 한다. 그
는 1550년 무렵부터 17세기 말까지 약 5,000톤 정도가 중국으로 수출
된 것으로 잡고 있다.[39]

이상의 추정치들을 대략 정리해 보면, 이러하다. 1540년대부터 1700
년까지 스페인령 아메리카에서 5만-6만 톤의 은이 생산되었고 이중
유럽을 경유해 동쪽으로 1만 6,000~1만 9,000톤의 은이 이동하였다. 한
편 스페인령 아메리카에서 태평양을 경유해 아시아로 들어온 은도
5,000톤 정도 되었던 것으로 보인다. 생산량을 정확히 알 수는 없지만
이 시기 일본에서도 은의 대량 생산이 이루어져 약 5,000톤 정도가 중
국으로 수출되었다. 하지만 이것만이 아니다. 사실 앞에서는 누락했
고 나중에 다시 언급되겠지만, 1540년대 이후 스페인령 아메리카산
귀금속들이 유럽으로 유입된 직후까지 유럽의 남부독일과 중앙유럽
의 은광에선 은이 계속 생산되고 있었다. 먼로(Munro)는 1471년에서
1550년까지 이 은광들에서 540톤의 은을 생산했다고 추정했다.[40] 또

령) 11만 킬로그램; 1637년 20만 킬로그램; 1639년 17만 킬로그램; 1641년 14만
5000 킬로그램; 1643년 7만 킬로그램; 1645년 10만 킬로그램. Moloughney and
Weizhong, "Silver and the Fall of the Ming", p.63.

[39] Richard von Glahn, "Myth and Reality of China's Seventeenth Century Monetary
Crisis", *Journal of Economic History*, 56-2, 1996, p.437의 표 1, p.438의 표 2, p.443
의 표 4와 pp.442~443의 설명 참조.

한 중국도 그 시기 이전만큼은 아닐지라도 운남성을 비롯한 남부 내지의 은광을 중심으로 은 생산이 계속되었다. 은광에서 들어온 세입량을 근거로 파악한 중국 학자들의 추정에 의하면, 연간 평균 약 11톤(30만 냥) 정도가 생산되었고 명 말 시기에 약 2,041톤(약 5,400만 냥) 정도가 생산된 것 같다.[41] 그렇다면 16 · 17세기 세계 은 생산량은 약 7만 톤 정도였을 것으로 보이며, 이 시기 세계 은 생산량에서 스페인령 아메리카가 차지하는 비중은 80% 이상이었던 것 같다. 일본의 경우 15~20% 정도를 차지한 것으로 보이며, 나머지에서도 작은 비율이지만 생산이 유지되었다.

그런데 앞서도 얘기했듯이 이런 은 생산량 중 상당 부분이 이 시기에 중국으로 유입되었다는 데 대부분의 학자들이 동의한다. 그 양은 어느 정도였을까? 프랑크는 1800년까지 250년 정도 동안 6만 톤이 중국으로 유입되었다고 하는데, 이 중 1700년까지만 보면 18세기의 유입량이 훨씬 더 많았기 때문에 2만 내지 2만 5,000톤 정도로 보면 될 것 같다.[42] 이 수치는 위에서 필자가 추정한 수치들과 비슷하다. 즉, 유럽에서 아시아로 이동한 은의 양과 태평양 마닐라 갤리언 항로를 따라 아시아로 이동한 양을 합치면 2만 1,000-2만 4,000톤 정도가 된다. 그러나 이것이 모두 중국으로 들어갔는가에 대해서는 의문의 여지가 있다. 한편 중국사 연구자인 폰 글란은 1550년에서 1645년까지의 1세

40) John H. Munro, "The Monetary Origins of the 'Price Revolution': South German Silver Mining, Merchant Banking, and Venetian Commerce, 1470-1540", in Dennis O. Flynn, et al. (eds.), *Global Connections and Monetary History, 1470-1800*, Aldershot, U.K.: Ashgate, 2003, pp.7~11.
41) 李隆生, "海外白銀大明後期中國經濟影響的再探究", 『香港社會科學學報』, 28, 2004, 152쪽.
42) 프랑크, 『리오리엔트』, 257쪽.

기 정도에 해당되지만, 이보다 작은 양을 제시한다.

〈표 2〉 중국의 외국산 은 수입량 추정치, 1550~1645년

산지/운송선	1550-1600	1600-1645	1550-1645
일본	40-		
포르투갈선	740-920	650	1390-1570
중국선	450	599	1049
"수인센"	-	843	843
네덜란드선	-	340	340
밀수선	-	-	-
소계	1190-1370+	2432+	3622-3802+
필리핀경유 '신세계'			
중국선	584	620	1204
포르투갈선	-	75	75
밀수선	-	1030	1030+
소계	584+	1725	2304+
인도양/유럽	380	850	1230
총계	2154-2334+	5017+	7161-7341+

출전: Richard von Glahn, *Fountain of Fortune: Money and Monetary Policy in China, 1000-1700*, Berkeley: Univ. of California Press, 1996, p.140의 표 13.

글란의 표에 따르면, 한 세기 동안 중국의 은 수입량이 7,000톤을 좀 넘는데, 이것은 1685년 이후가 되면 일본 은의 수입이 크게 줄어듦을 고려하면 1700년까지 1만 톤 정도가 되었을 것이라고 추정할 수 있다. 하지만 글란 자신도 다른 논문에서 공식적인 수치는 줄더라도 1710년까지 일본산 은의 대규모 밀무역이 이루어졌으리라 생각하기에,[43] 이 추정치들은 너무 적게 잡은 것이라 할 것이다.[44]

....

[43] Richard von Glahn, "Money Use in China and Changing Patterns of Global Trade in Monetary Metals, 1500-1800", Dennis O. Flynn, *et al.* (eds.), *Global Connections and*

필자는 16 · 17세기에 중국으로 유입된 은의 양을 먼저 일본에서 수출된 양 추정치 5,000톤과 마닐라 갤리언 경로로 유입된 양 5,000톤을 합쳐 1만 톤 정도로 잡고 여기에 유럽에서 주로 희망봉 경로를 통해 들어온 은을 합치면 된다고 생각한다. 유럽에서는 세 가지 경로로 은이 동쪽으로 이동했지만, 이것이 모두 중국으로 향했다고 보기는 힘들 것 같다. 앞서도 언급했지만, 발트해 무역을 통해 유출된 은은 모두 러시아로 유입되었는데, 러시아는 당시 중국만큼이나 큰 은 수요를 지니고 있었고 중국과 러시아 사이에는 실크와 모피 교역이 주였기 때문에 은이 거의 중국으로 유입되지 않았다.[45] 레반트 경로의 경우 앞서 오스만 제국이 당시 은화를 주조하지 않음에도 은화를 통화로 채택하여 항상 은 부족에 시달리고 있었음을 지적한 바 있다. 결국 희망봉을 도는 경로가 남아 있는데, 이렇게 운반된 은은 거의 인도 쪽으로 들어간 것으로 보아야 한다. 인도의 경우는 사정이 좀 복잡했다. 무굴제국과 벵골 지방, 남인도가 각각 다른 통화체제를 가지고 있었고, 시기에 따라서도 통화의 변동이 심했다. 무굴제국은 조세 납부와 교역을 위해 은을 이용했고 은이 "본위통화"여서 들어오는 스페인 8레알 화는 모두 루피화로 다시 주조했다.[46] 한편 남부 인도는 금화를 기

Monetary History, 1470-1800, p.194. 다시로 카츠이는 1684~1710년에 조선을 경유한 일본의 은 수출량이 139톤이었다고 하는데, 이는 글란의 통계에 나오는 해당 년도 수치의 3배가 넘는다. Tashiro Kazui, "Exports of Japan's Silver to China via Korea and Changes in the Tokugawa Monetary System During the Seventeenth and Eighteenth Centuries", in E.H.G. van Cauwenberghe (ed.), *Precious Metals, Coinage and the Changes of Monetary Structures in Latin America,* Europe and Asia, Leuven: Leuven Univ. Press, 1989, p.110. 田代和生, 「鎖國時代の日朝貿易: 銀の路 · 絹の路」, 『經濟史研究』 14, 2011, 1~24쪽도 참조.

44) Glamann, *Dutch-Asiatic Trade,* p.58의 표 11에 따르면, 1640~1669년의 30년 동안 네덜란드 동인도회사가 일본으로부터 운반한 은의 양만 해도 388톤에 이른다.

45) Moloughney and Weizhong, "Silver and the Fall of the Ming", p.179.

준으로 삼고 있었고, 벵골 지방은 은화와 개오지(cowrie) 껍질을 사용
하였다.[47] 인도 쪽으로 들어간 은은 당연히 티베트나 사천성, 운남성
등과의 교역을 통해 중국으로 들어갔지만,[48] 동시에 상당 부분이 인
도 사회에서 유통되었다고 보는 것이 옳을 것이다.

따라서 전체적으로 결론을 지어보면, 앞서 말한 여러 경로를 통해
(주로 해상교역로를 통해[49]) 중국으로 유입된 은의 양은 먼저 일본 수
출량과 아카풀코-마닐라 경로의 유입량을 합치면 1만 톤 정도가 되며,
유럽에서 주로 희망봉 경로를 통해 인도나 여타 아시아 지역을 경유
해 들어온 양을 1만 톤 정도로 본다면, 전체는 2만 톤 전후가 될 것이
다. 이런 수치는 양 면에서는 기존의 수치들과 차이가 있고 상당히
"보수적(conservative)"(수치를 낮게 잡은)으로 보일 수도 있겠지만, 전
체적인 큰 틀에서는 대부분의 학자들이 내리는 결론과 크게 다르지
않다. 즉 이 시기 중국은 "세계 은의 흡입 펌프"라는 표현에 걸맞게,

---

[46] K.N. Chaudhuri, *The Trading World of Asia and the English East India Company,*
1660-1760, Cambridge: Cambridge Univ. Press, 1978, p.347; Chaudhuri, "World Silver
Flows and Monetary Factors", p.73.

[47] Om Prakash, "Precious Metal Flows into India in the Early Modern Period", in Núñez
(ed.), *Monetary History in Global Perspective,* pp.73~84; Sushil Chaudhury, "The
Inflow of Silver to Bengal in the Global Perspective, c. 1650-1757", in *ibid.,* pp.85~
95.

[48] Flynn and Giráldez, "Introduction", pp.xxxii-xxxiii.

[49] 몰로우니와 샤는 "중국인들이 육상 교역로로부터 어떤 은이든 얻었을 가능성은
별로 없다"고까지 말하는데, 적어도 이는 서쪽에서 동쪽으로 이동한 은이 중국으
로 유입된 부분에는 타당할 것이다. Moloughney and Weizhong, "Silver and the
Fall of the Ming", p.179. 다만 일본산 은은 앞서 언급했듯이 조선을 경유해 들어
왔기에 육상 교역로가 활용되었다. 특히 이 과정에서 중국-조선-일본의 인삼 교
역이 중요한 역할을 했다. Dennis O. Flynn and Marie A. Lee, "East Asian Trade
before'after 1590s Occupation of Korea: Modeling Imports and Exports in Global
Context", *Asian Review of World Histories,* 1-1, 2013, pp.131~139; Seonmin Kim,
"Borders and Crossings", pp.204~242.

세계 은 생산량의 거의 3분의 1 정도를 흡수한 것이다.

　이렇게 중국이 세계 은의 상당 부분을 흡수한 이유는, 다음에 다시
거론할 것이기에 아주 간단히 말한다면 이러하다. 중국은 11세기 이
래 (세계 최초로) 지폐제도를 채택하여 선진적인 화폐제도를 운영했
지만, 15세기 들어 지폐의 과도한 발행으로 인해 지폐가 거의 무가치
하게 되면서 서서히 은 중심 경제로 이행했다. 이런 과정을 처음엔 저
지하려 했던 명 정부는 1430년대에 이미 동남부 해안지대의 조세를
은으로 납부할 수 있게 허용할 수밖에 없었고, 결국 16세기 중반에는
전국적인 단일 은납의 조세체계를 확립하는 '일조편법'의 개혁을 시행
하였다.[50] 당시 세계 인구의 4분의 1 정도를 갖고 있고 인구 100만 명
이 넘는 도시를 여럿 갖고 있던 중국이 이렇게 은 중심 경제로 전환한
것은 중국의 엄청난 은 수요를 불러왔고, 이는 중국에서 은의 가치를
급등시켰다. 이것을 보여주는 것이 당시의 금과 은의 교환 비율로서
중국에서는 이 비율이 1 대 4~5 정도를 유지했는데, 유럽에서는 1 대
14 내지 15였고, 일본에서도 16세기 중반 이래 1 대 10 이상을 유지했
다(아래 〈표 3〉과 〈그림 3〉 참조). 결국 이 시기 중국으로 은을 가져
가면 막대한 이익이 남았고 이 때문에 세계 은은 중국으로 많은 양이
옮겨갔던 것이다.

　이제 이런 대략적인 은 생산량과 유통의 추이에 대한 추정치들이
가진 역사적 의미가 무엇인지를 앞서 말했듯이 두 가지 논점을 중심
으로 살펴보도록 하자.

---

[50] Ray Hwang, *Taxation and Governmental Finance in Sixteenth Ming China*, Cambridge:
　　Cambridge Univ. Press, 1974, pp.112~122 · 130~133.

Ⅲ. 헤밀턴 테제 비판

필자가 헤밀턴 테제라고 부르는 첫 번째 논점에 대해서는, 이미 주경철의 논문, 「해양시대의 화폐와 귀금속」에서 충분히 논의된 바 있다. 그에 따르면, 헤밀턴 테제는 이렇게 정리될 수 있다. 1. 당시 스페인으로 들어온 귀금속은, 스페인의 외국산 상품 수입에 대한 결제를 통해 유럽 전역으로 퍼졌다. 2. 이것이 인플레이션을 유발했는데 그 근거는 소위 '화폐수량설'(즉 다른 조건이 같을 때 투입되는 화폐량에 비례하여 물가가 오른다는 이론)이다. 3. 이런 인플레이션은 제조업 상품 가격의 상대적으로 빠른 상승을 자극하여 유럽 자본주의 발전을 촉진했다. 4. 한편으로 유럽에 유입된 은은 유럽의 아시아산 상품의 수입에 대한 결제를 통해 동쪽으로 이동했다. 5. 이렇게 유출된 은은 아시아에 큰 영향을 주었다. 이것을 한 마디로 요약하면 "세계적인 귀금속 움직임은 유럽에서 자본주의가 성립 발전하는 데 일조했고, 또 유럽 자본주의가 다른 대륙에 영향을 미치도록 했다"는 것이다.[51]

이런 테제에 대해 비판하면서 주경철은, 귀금속이 언제나 동쪽으로 간 것이 아니라 은은 동쪽으로 갔지만 금은 서쪽으로 이동했다는 점, 일본은 오히려 은을 수출했기에 은이 아시아로 갔다고 일방적으로 말할 수 없다는 점, 또한 태평양을 가로질러 서쪽으로 가기도 했다는 점, 귀금속의 유출이 자본주의의 흥기를 가져온 유럽경제의 역동성을 입증한다는 주장이 멕시코와 같이 귀금속 유출이 지속적으로 발생한 지역에는 왜 적용되지 않는가라는 점 등을 지적하였다.[52]

---

51) 주경철, 「해양시대의 화폐와 귀금속」, 196~197쪽. 아메리카산 귀금속의 유입이 유럽 자본주의 발전에 긍정적인 영향을 주었다는 견해는 Hamilton, "American Treasure and the Rise of Capitalism" 참조.

필자가 여기서 헤밀턴 테제와 관련해서 좀 더 강조하고 싶은 부분은 두 가지이다. 즉 헤밀턴 테제가 근거로 삼는 화폐수량설및 그와 연관된 가격혁명에 대한 논의[53]와 은이 '동양'에 대한 무역수지 적자의 결제수단으로서 이동했다는 부분이다.

먼저 화폐수량설 및 가격혁명에 관한 논의를 살펴보자. 헤밀턴을 비롯한 유럽 경제사의 전통적인 견해는 중세 말 유럽에서, 특히 13세기를 중심으로 '상업혁명'이라 불러도 좋은 교역과 산업에 기초한 경제 성장이 이루어졌고 이에 따라 여러 가지 귀금속에 기초한 화폐제도가 발달했다는 것이다.[54] 하지만 14세기에 들면서 기근과 '흑사병' 등 여타 요인들로 인해 급격한 인구 감소와 경제 위축이 발생했고, 뿐만 아니라 15세기 중반에는 은광 생산량이 크게 줄어들어 심각한 '화폐기근' 현상을 겪었다.[55] 이런 상황에서 16세기 아메리카산 귀금속의 유입은 그 이래 1세기 동안 6배의 물가 상승을 가져오는 대신 실질임금 수준은 정체 내지 하락시켜 유럽 경제에 활력을 제공했고(프랑스의 경우에 대해서는 그림 2를 참조. 프랑스만이 아니라 유럽 대부분 지역이 이와 유사한 물가 상승과 실질임금 하락을 겪었다), 이것이 이

---

52) 위의 논문, 190쪽. 빌라르도 이미 오래 전에 헤밀턴 테제의 이런 논리를 "단순한 분석"으로 비판하였다. 빌라르, 『금과 화폐의 역사』, 8쪽.

53) 여기서 복잡한 경제학 이론이 난무하는 가격혁명에 대한 논란들을 전부 다 다루기는 어렵다. 여기서는 화폐수량설과 관련된 한에서만 논의를 할 것이다. 가격혁명에 대한 경제학자들의 접근에 대해서는 Douglas Fisher, "The Price Revolution: A Monetary Interpretation", *Journal of Economic History*, 49-4, 1989, pp.883~902; 양동휴, 「16세기 영국 가격혁명에 대한 재조명」 참조.

54) Robert A. Lopez, *The Commercial Revolution of the Middle Ages, 950-1350*, Cambridge: Cambridge Univ. Press, 1976, 3장과 4장; 자크 르 고프, 안수연 옮김, 『중세와 화폐』, 에코리브르, 2011, 57~78쪽 참조.

55) 즉 화폐부족과 격심한 인구 감소로 인해 심각한 가격 하락과 높은 임금 상승을 가져왔다. 자크 르 고프, 위의 책, 173~179쪽; Munro, "Precious Metals and the Origins", p.39.

후 유럽에서 자본주의 경제가 발전해 가는 데 밑거름이 되었다는 것
이다.

〈그림 2〉 프랑스의 물가와 임금 추이, 1500~1700년
(1450~1500년=100)

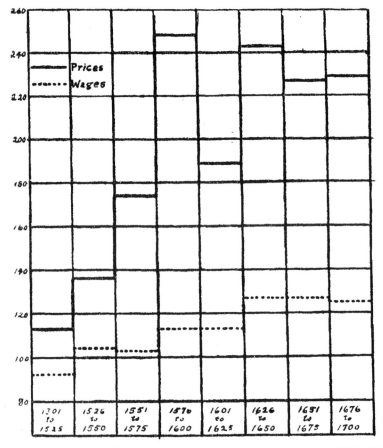

출전: Earl J. Hamilton, "American Treasure and the Rise of Capitalism (1500-1700)",
Economica, 27, 1929, p.353, 그림 2.

본격적으로 화폐수량설 문제를 다루기 전에 이 부분부터 잠시 살펴
보자. 먼저 아메리카산 은의 유입 이전에 유럽에 '화폐 기근' 현상이 있
었는가이다.[56) 이 점에 대해서는 오래 전부터 논란이 되었는데, 이미
오래 전에 네프(John Nef)는 새로운 기술혁신을 통해 생산비용을 줄이
게 된 1460년부터 16세기 초까지 유럽의 은광들은 가장 높은 생산량을
산출하고 있었음을 밝혔다.[57) 이에 더해 최근 먼로는 아메리카산의 은
의 유입이 본격화되기 직전, 즉 1540년대에 남부독일과 중앙유럽의 은
생산량이 연 평균 50톤 정도로 최고조에 이르렀음을 밝히고 있다.[58)
이것은 아메리카산 은이 유입될 때까지 유럽의 은 생산이 계속 되었음
을 보여줌과 동시에, 유럽 광산의 생산량이 1550년대 이래 급감한 것이
자체 광맥의 단절 때문이 아니라 대량으로 밀려오는 낮은 가치의 아메
리카산 은과의 경쟁에서 뒤졌기 때문임을 보여준다.[59)

이제 화폐수량설과 가격혁명에 대한 논의로 넘어가자. 화폐수량설
은 앞서 잠시 언급했듯이, 아주 간단히 말한다면 다른 조건이 똑같다
면 화폐가 투입되는 데 비례하여 물가가 올라간다는 것이다. 그것을
소위 '피셔(Fisher)의 공식'으로 표현하면, MV=PT이다. 여기서 M은 화
폐량을, V는 (화폐의) 유통속도를, P는 가격을, T는 상품량을 뜻한다.
이전의 일반적인 설명방식은 V의 변화 속도가 느리기 때문에 M의 변
화가 P의 변화와 거의 직접적으로 연결된다는 것이다.[60) 그래서 16세

56) John H. Munro, "Political Muscle in an Age of Monetary Famine: a Review", *Revue belge de phililogie et d'histoire,* 64-4, 1986, pp.741~746.
57) John U. Nef, "Silver Production in Central Europe, 1450-1618", *Journal of Political Economy,* 99, 1941, pp.575~591.
58) Munro, "The Monetary Origins of the 'Price Revolution'", pp.8~9, 표 1.3 참조.
59) Munro, "Precious Metals and the Origins of the Price Revolution Reconsidered", pp.48~49.
60) 구로다 아키노부, 정혜중 옮김, 『화폐시스템의 세계사』, 논형, 2005, 10쪽; von Glahn,

기 아메리카산 은의 대규모 유입이 유럽에 가격혁명을 불러온 일차적 원인으로 상정된다.

하지만 유통속도(V=velocity)를 어느 정도 일정한 것으로 두지 않게 되면 이야기는 달라진다. 특히 유통속도는 인구성장이나 도시화에 직접적으로 영향 받는데, 가격혁명이 일어났다고 하는 16세기는 유럽이든 여타 다른 세계든 인구성장과 도시화가 두드러지게 일어난 시기였다. 유럽은 1500년경을 전후하여 흑사병의 충격에서 벗어나 인구가 7,000만 명 정도로 늘어났으며, 플랑드르와 네덜란드, 프랑스 남부, 이탈리아, 잉글랜드를 중심으로 도시화도 급격히 진행되는 중이었다.[61] 중국의 경우도 1500년을 경과하며 인구가 1억 명이 넘고 1600년에는 1억 6,000만 명으로 늘어나 당시 세계 인구의 4분의 1을 점하게 되었다.[62] 이런 인구 성장과 도시화는 당연히 통화에 대한 수요를 늘리게 되고 그에 따라 유통속도가 빨라질 수밖에 없다. 따라서 16세기의 가격혁명을 투입 통화량의 증가로만 설명하는 것은 불가능하게 된다.[63] 하지만 그렇다고 해서 인구적 요인만을 강조해서 가격혁명을 설명하는

Fountains of Fortunes, pp.235~236.

[61] 이영림·주경철·최갑수, 『근대유럽의 형성, 16-18세기』, 까치, 2011, 46과 63~65쪽.

[62] Dennis O. Flynn and Arturo Giráldez, "Born with a 'Silver Spoon': The Origin of World Trade in 1571", *Journal of World History,* 6-2, 1995, p.207. 중국의 전반적인 도시화는 유럽에 비해 떨어지지만, 그 정도를 간접적으로 가늠할 수 있는 1평방킬로미터당 가구 수는 1542년에 남동부 연안지역과 양쯔강 하구 지역에서 22.45와 36.42로서 가장 높은 밀도를 보이고 있었다. 같은 시기 이 두 지역과 양쯔강 중부 지역을 합치면 전체 인구의 60%가 몰려 있었다. 이곳들은 주지하다시피 근대 초기 중국에서 상업 활동 및 대외 교역 활동이 가장 활발했던 곳들이다. Robert M. Hartwell, "Demographic, Political, and Social Transformation of China, 750-1550", *Harvard Journal of Asiatic Studies,* 42-2, 1982, pp.384~385.

[63] Jack A. Goldstone, "Urbanization and Inflation: Lessons from the English Price Revolution of the Sixteenth and Seventeenth Centuries", *American Journal of Sociology,* 89-5, 1984, pp.1122~1160.

것도 적절치는 않을 것이다. 어쨌든 유통속도만큼이나 투입되는 통화
량도 물가 형성에 중요하기 때문이다.[64] 그런 점에서 16세기 가격혁명
은 단지 스페인령 아메리카산 귀금속의 유입(즉, 화폐적 요인)만을 결
정적 원인으로 설명하는 데서 벗어나, 지금은 인구와 도시화 등 다른
요인들(즉, 실물적 요인)과 결합하여 설명하는 쪽으로 바뀌고 있다.[65]

그러하기에 가격혁명을 유럽으로만 한정하는 것도 불가능하게 된
다. 즉 통화량 증가와 인구성장 및 도시화로 인한 유통속도의 증대를
동반한 가격혁명 현상이 16세기 유럽에만 한정될 수는 없기 때문이
다. 16세기 중국과 일본, 터키, 인도, 러시아 등에서 정도와 시기 면에
서 약간씩 차이는 있지만 가격 인플레이션이 관찰되며, 이런 곳들은
모두 아메리카나 일본산 은이 유입되었던 곳들로서 이런 현상이 유럽
에만 한정되지 않고 세계적 범위에서 일어나고 있었음을 보여준다.[66]

이제 은의 동쪽으로의 이동이 당시 유럽의 무역수지 적자를 메우기
위한 결제과정으로서 발생했다는 주장을 살펴보자. 이 설명 방식은

---

[64] John M. Muro, "Money, Prices, Wages, and 'Profit Inflation' in Spain, the Southern Netherlands, and England during the Price Revolution era: ca. 1520-ca.1650", *História e Economica*, 4-1, 2008, pp.18~20; von Glahn, *Fountains of Fortunes*, p.235.

[65] 이것은 빌라르 같은 '장기지속'적 관점에서 연구를 수행하는 이들이 오래 전부터 제기하던 문제이기도 했다. "방정식은 우리가 세 항목을 알 때 네 번째 항목을 계산하는 데에 유익하다. 우리가 그 중 어느 것도 알지 못한다면 … 방정식은 역사에 아무런 도움도 될 수 없다. … 역사가는 화폐 현상에 특별한 의미를 부여해서는 안 되며 그것을 자세히 관찰해야 한다." 빌라르, 『금과 화폐의 역사』, 22, 23쪽. 하지만 가격혁명에 대한 화폐론적 해석을 뒷받침하는 경제학자들의 연구는 지금도 계속되고 있고 계속 경험적 자료들을 제출하고 있다. Peter Kugler and Peter Bernholz, "The Price Revolution in the 16th Century: Empirical Results from a Structural Vectorautoregression Model", WWZ Working Paper 12/07, 2007, pp.1~19; Shawn Adrian, "Burgudian/Habsburg Mint Policies and World Bullion Flows: A Monetary Interpretation of the Rise and Fall of Antwerp, 1400-1600", *The Hilltop Review*, 2-1, 2011, pp.1~15.

[66] Flynn and Giráldez, "Born with a 'Silver Spoon'", pp.260~261.

기본적으로 역사적 사실과 상충한다. 주경철의 정리에서도 보이듯이, 귀금속이 적자 해소를 위한 결제수단이라면 은보다 더 귀한 금은 왜 그렇게 사용되지 않았는지가 설명되어야 한다. 은은 동쪽으로 이동했지만, 금은 오히려 유럽으로 들어왔기 때문이다. 게다가 역사적으로 볼 때, 4대 화폐물질(금, 은, 구리, 개오지 껍질)이 동시에 같은 방향으로 이동한 적이 결코 없다는 점도 지적할 수 있다.[67] 플린(Flynn) 같은 역사학자들은 이런 모순이 유럽의 가격혁명에 대한 화폐수량설의 설명을 국제 교역으로 확장하여 은의 이동을 화폐론적으로 해석하면서 발생했다고 주장한다.[68] 즉 국제 교역에서 거래되는 귀금속을 "화폐"라는 추상적 개념으로 통칭하여 버려서 각 귀금속(금, 은, 구리 등)의 전 지구적 흐름을 제대로 파악하지 못한다는 것이다.[69] 따라서 이런 귀금속들은 각각의 개별 상품으로 파악해서 각자의 수요 · 공급 법칙에 따라서 이해되어야 한다. 그러나 은과 같은 귀금속은 빵처럼 바로 소모되지 않고 비축적 성격을 지니기 때문에 전통적인 "유동(flow) 미시경제학적 수요 · 공급 분석"으로 파악될 수 없고 '비축 수요(stock demand)' 및 '비축 공급(stock supply)' 분석으로, 즉 비축량에 대한 고려를 통해 파악되어야 한다.[70]

---

[67] Flynn, "Silver in a global context", p.219.

[68] Dennis O. Flynn, "Use and misuse of the quantity theory of money in early modern historiography", in E. van Cauwenberghe, and F. Irsigler (eds.), *Minting, Monetary Circulation and Exchange Rates,* Trier: Verlag Trierer Historische Forshungen, 1984, pp.383~417.

[69] K.N. Chaudhuri, *The Trading World of Asia and the English East India Company,* p.156. 좀 더 자세한 설명은, Dennis O. Flynn and Arturo Giráldez, *China and the Birth of Globalization in the 16th Century,* Farnham: Ashgate, 2010, pp.101~113 참조.

[70] 이에 대한 경제학적 설명은, Kerry W. Doherty and Dennis O. Flynn, "A micro-economic quantity theory of money and the price revolution", in E.H.G. van Cauwenberghe (ed.), Precious Metals, *Coinage and the Changes of Monetary Structures,*

이렇게 은 자체의 전 지구적 범위에서의 지역간 수요와 공급이라는 맥락에서 설명을 시도할 때 도입되는 것이 '차익거래(arbitage)' 개념이다. 즉 앞서도 언급했듯이 이 당시 중국은 자체의 사정에 의해 높은 은 수요를 지니게 되었다. 그래서 중국의 금과 은 교환비율은 1 대 4-5 정도를 유지했는데, 유럽에서는 1 대 14 내지 15였고, 일본에서도 16세기 중반 이래 1 대 10 이상을 유지했다(아래 〈표 3〉와 〈그림 3〉 참조).[71] 이런 교환 비율의 편차는 유럽에서든 일본에서든 중국으로 은을 들여오는 것이 두 배 이상의 이윤을 보장한다는 것을 뜻했고, 최대 이윤을 추구하는 상품의 공급 측면의 필연적 논리상 세계의 은들은 자연스럽게 중국으로 밀려든 것이었다. 하지만 이런 차익거래는 이런 수익률이 보장될 때만 유지되는 것으로, 은과 같은 비축적 성격이 강한 상품의 경우 한 지역에 들어올 경우 쉽게 빠져나가지 않는 속성을 가진다. 이에 따라 중국으로 막대한 양으로 유입된 은들은 그 결과 중국 내 은 비축량을 늘렸고, 이에 따라 장기적으로 볼 때 금과 은의 교환비율을 높이는 결과를 낳았다.[72] 그래서 1640년대가 되면 중국의 금과 은 교환비율도 1 대 15로 수렴된다(〈그림 3〉 참조).

〈표 3〉 중국과 일본, 스페인의 금과 은 교환비율, 1566~1644년

연도	중국	일본	스페인제국
1566	-	-	12.12
1568	6.00	-	12.12
1571	-	7.37	12.12

pp.185~208 참조.

[71] 인도의 무굴제국에서도 금과 은 교환 비율은 1 대 9로 중국보다 상당히 더 높았다. Flynn and Giráldez, "China and the Manila Galleons", p.76.

[72] Ibid., pp.76-77; Flynn, "Comparing the Tokugawa Shogunate with Hapsburg Spain: Two silver-based empires in a global setting", pp.342~343.

1572	8.00	-	12.12
1575	-	10.34	12.12
1581	-	8.92	12.12
1588	-	9.15	12.12
1589	-	11.06	12.12
1594	-	10.34	12.12
1596	7.50	-	12.12
1604	-	10.99	12.12
1609	-	12.19	13.13
1615	-	11.38	13.13
1620	8.00	13.05	13.13
1622	-	14.00	13.13
1627-44	10.00-13.00	-	13.13-15.45
1643	-	-	15.45

출전: William S. Atwell, "International Bullion Flows and the Chinese Economy, circa 1530-1650", *Past and Present*, 95, 1982, p.155의 표 4.

〈그림 3〉 중국, 일본, 프랑스의 금과 은 교환비율추이[73]

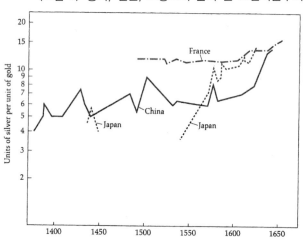

출전: Richard von Glahn, *Fountain of Fortune: Money and Monetary Policy in China, 1000-1700*, Berkeley: Univ. of California Press, 1996, p.128의 그림 4. 그래프의 대상연도는 1370~1660년이다.

....

73) von Glahn, *Fountains of Fortunes*, p.128의 그림 4. 그래프의 대상연도는 1370-1660 년이다.

그렇다면 1640년경부터 이런 차익거래로 인한 수익 구조가 사라지는 것을 의미하는데, 그럼에도 17세기 내내 은의 중국으로의 유입은 계속된다. 그 이유는 첫째, 은과 금 사이의 차익거래 이윤이 사라졌다고 해서 은과 금 외 다른 상품과의 차익거래 가능성이 사라진 것은 아니다. 즉 은은 금 이외의 품목과 교환하여 동쪽으로 흘러간 것이다. 둘째, 차익거래로부터의 이득이 상품 판매의 유일한 동기가 아니다. 여전히 양적인 면에서 중국의 은에 대한 수요는 높았기 때문에 차익거래가 사라졌다고 해도 은을 중국으로 들여오는 것이 이익이 되었던 것이다.[74] 이것이 "중국이 그렇게 오랫동안 계속해서 세계 전역으로부터 은을 흡수하는 흡입 펌프"[75]였던 근본적인 이유였다.

이상에서 고전적인 헤밀턴 테제를 비판하면서 16 · 17세기의 은 흐름과 그 의미에 대한 대안적 설명을 정리해 보았다. 결국 아메리카산 은을 국제 거래의 측면에서 볼 때는 상품의 수요 · 공급이라는 측면에서 접근해야 하고 거기서 은이 가장 높은 이윤을 실현하는 곳으로 이동한 것으로 파악해야 한다는 것이다. "중국으로의 은 흐름을 비화폐적 교역에서의 불균형 상태의 수동적 결과로 그리기보다는 은 시장 자체 내에서의 불균형 상태가 전 지구적 교역의 능동적 원인"[76]이었던 것이다. 그렇다면 이러한 설명은 은의 수요와 공급 측면들이 서로 상호 작용하는 세계적 범위의 은 시장의 존재를 이야기하는 것이기도 하다. 즉 적어도 은의 전 세계적 범위의 이동은 16세기에 전 세계적

74) Flynn, "Comparing the Tokugawa Shogunate with Hapsburg Spain", pp.344~347. 하지만 17세기 후반으로 가면 주로 아메리카에서 들여온 새로운 작물들의 영향으로 인구가 급증하면서 다시 중국의 은 수요가 늘어나 1700년 무렵에는 차익거래가 다시 일반적이게 되었다. Flynn, "Silver a global context", pp.229~230.
75) Boxer, "*Plata Es Sangre*", p.461.
76) Flynn and Giráldez, "Introduction", p.xx(강조는 원저자의 것).

범위에서 단일한 은 시장(그 아래에 무수한 지역별·국지적 하위 시
장들을 가진)의 형성을 보여준다는 것이다.[77] 이와 관련하여 제기되
었던 것이 다음에서 살펴볼 애트월 테제가 된다.

Ⅳ. 애트월 테제 비판

　애트월 테제를 본격적으로 다루기 전에 세계의 은을 끌어 모으던
당시 중국에 대해 역사가들이 쓰는 "흡입 펌프"나 "고이는 곳(sink)"[78]
같은 표현들을 먼저 살펴보자. 이런 표현은 분명 사실을 전달하기 위
해 고안된 비유이지만, 한편으로 얼마간 오랫동안 유럽인들에게 자
리 잡은 오리엔탈리즘적 편견도 반영하고 있다. 즉 중국이나 인도
같이 귀금속이 주로 모인 곳들과 그곳의 사람들이 정서적으로 '축장
(hoarding)'의 성향을 갖고 있다는 편견이다. 이러한 편견은 아주 오래
된 것으로 이미 17세기에 한 스페인인은 중국인들이 "레알화(은화)를
얻기 위해서는 … 지옥에라도 내려가려고 할 것이다." 중국인들은 심
지어 "은은 피다(plata sa sangre)"라고까지 말한다고 한다.[79] 그리고 이
런 편견은 지금의 유럽 역사가들에게도 아주 충만하다. 예컨대, 브로
델은 "귀금속을 수입하는 지역으로서, 무엇보다도 화폐경제가 어느
정도 자리 잡고 있으면서도 유럽에서만큼 귀금속의 유통이 활발하지

---

77) Flynn and Giráldez, "Born with a 'Silver Spoon'", pp.202~206; Flynn and Giráldez,
"Born Again", pp.378~381.
78) "(은이) 고이는 곳"이라는 표현은 은을 매개로 한 세계 경제의 형성에서 중국의
역할을 사뭇 강조하는 플린과 히랄데스가 쓰고 있다. Flynn and Giráldez, "Born
with 'Silver Spoon'", p.264.
79) 브로델, 『물질문명과 자본주의 Ⅰ-2 일상생활의 구조 하』, 654쪽에서 재인용.

않은 아시아를 들 수 있다. 따라서 이곳에서는 귀금속을 잡아두고 퇴
장시키며 말하자면 불완전 고용시키려는 경향이 있었다. 사람들은 이
곳을 귀금속에 대해서 물을 빨아들이는 스펀지와 같은 곳 내지 귀금
속의 '무덤'이라고 표현했다. 가장 큰 저장소는 중국과 인도였다"고 한
다.80) 이런 편견을 가장 결정적으로 보여준 이는 미국의 저명한 경제
학자 킨들버거(Charles Kindleberger)였다. 그는 인도인과 중국인에 대
해 "축장 성향"이라는 표현을 바로 쓰며 특히 중국인에 대해서는 "중
국에서는 은이 주로 아편에 쓰였다. 하나의 중독성 물질이 다른 중독
성 물질과 교환된 것이다"라고 한다.81) 이것이 이들 지역의 후진성을
표현한다고 보는 것이다. 그의 책 제목 자체가 이들 보여준다. 그의
책에서 "쓰는 이(spenders)"는 유럽인들이며 "축장자(hoarders)"는 아시
아인들이다. 그렇기에 썼던 유럽인들은 선진적이고 발전된 경제를 이
룩했고 축장한 아시아인들은 후진적이라는 공식이 나오게 된다. 그러
면서도 그는 유럽인들의 귀금속 비축에 대해서는 축장이라는 용어를
쓰지 않고 "흡수(absorption)"라는 경제학 용어를 사용한다. 축장은 경
제학 용어가 아니다.82) 이렇게 킨들버거가 노골적으로 오리엔탈리즘
적 편견에서 심리학이라는 외피를 쓰고 "축장성향"을 거론한 것에 많
은 역사가와 경제학자들이 반박했음에도, 위와 같은 표현들은 여전히,
그리고 그런 반박을 수행한 이들에 의해서도 사용되고 있다는 점이

---

80) 브로델, 『물질문명과 자본주의 II-1 교환의 세계 상』, 274쪽.

81) Charles P. Kindleberger, *Spenders and Hoarders: The World Distribution of Spanish
American Silver 1550-1750*, Singapore: Institute of Southeast Asian Studies, 1989,
pp.69, 79.

82) 킨들버거에 대한 상세한 비판은, Dennis O. Flynn, "Review of Spenders and
Hoarders: The World Distribution of Spanish American Silver, 1500-1750, by Charles
P. Kindleburger", *Journal of Economic History,* 50-3, 1990, pp.721~724 참조.

다. 따라서 유럽인들의 아시아 경제에 대한 접근은 아무리 객관적인 듯해도 이런 점에 주목하면서 살펴볼 필요가 있다.[83]

이제 애트월 테제를 본격적으로 논의해 보자. 위에서 밝혔듯이 중국의 강력한 은 수요에 따라 중국으로 모여든 은은 중국에서 어떤 역할을 하였는가가 핵심적인 문제이다. 이에 대해 애트월은 자신의 여러 논문에서, 이 시기 명대 중국의 재정 상황 및 화폐적 조건과 결부되어 은은 중국의 경제 발전에 중요한 역할을 수행했고, 나아가 17세기 명 말에 접어들며 은의 중국으로의 유입이 줄어들면서(이것은 대서양 경제의 극심한 불황에서 비롯되었다) 중국의 경제 및 사회 상황의 혼란을 초래했고 결국 1644년 명의 멸망을 가져왔다고 한다.[84] 이러한 견해는 명대 중국이 세계 경제에 단순히 연결된 정도가 아니라 그것이 중국의 경제를 좌지우지할 정도로 긴밀하게 연결되었음을 뜻한다. 17세기 중국 경제의 이러한 의존성은 웨이크먼도 다음과 같이 명확하게 표현한다. "중국 경제는 1620년과 1660년 사이에 세비야 중심의 세계적 범위의 교역 시스템에 충격을 준 격심한 불황에 악영향을 받는 상태에 있었다."[85]

여기서 알 수 있듯이 이 애트월 테제는 17세기 '전반적 위기(General

---

[83] 프랑크 식으로 근대 이전 세계 경제가 완전히 중국 중심이었다고 주장하는 일종의 '중국중심주의(Sino-centrism)' 역시 이런 면에서 생각해 보면, 또 다른 오리엔탈리즘이라 할 것이다. 또한 중국 중심의 아시아 역내 교역권 세계에서 일탈하여 나름의 세계를 구축하기 위해 주변 국가들이 노력하는 과정이 현재까지의 동아시아 역사의 과정이라고 하며 그 속에 일본의 제국주의적 팽창 과정도 포함시키는 일군의 일본 학자들의 견해도 마찬가지로 또 다른 오리엔탈리즘이다.

[84] 위 주 10) 참조. 보다 최근에 쓴 글에서도 그는 명 말의 혼란에 대해 기후적 요인이 미친 영향을 인정하지만 그럼에도 이전에 내렸던 자신의 결론이 옳다고 생각한다고 밝힌다. William S. Atwell, "Another Look at Silver Imports into China, ca. 1635-1644", *Journal of World History*, 16-4, 2005, p.483.

[85] Wakeman, "China and the Seventeenth-Century World Crisis", p.28.

Crisis)' 문제와 연결된다. 16세기에 가격혁명으로 활황을 겪었던 세계 경제가 17세기 들어 세계 지금 흐름 감소와 활황으로 인한 인구성장 등의 결과로 전 세계적으로 '위기 국면'으로 접어들었다는 것이다. 결국 명대 중국도 16세기에 전 지구적으로 형성된 "세비야 중심의" 세계 경제에 의존하게 되면서 이런 경제의 흐름에 따라 위기 국면에 빠지게 되고 그에 따라 명·청 교체에 이르게 되었던 것이다.[86]

이런 시각에 대해 16세기 단일한 '글로벌 경제'의 형성을 지지하는 이들은 비교적 적극적으로 이를 지지하고 있다. 예컨대, 플린 같은 경우 처음에는 이런 견해에 얼마간 비판적인 입장을 취했지만, 최근 글로벌 경제의 형성을 강조하면서 애트월 테제나 이를 비판하는 쪽이나 모두 명 말 중국이 글로벌 경제의 한 축이었음을 보여주는 것이라 해석하면서 세계 은 흐름의 부침이 명의 멸망에 일정 정도 기여했을 수 있다는 입장을 취한다.[87] 다른 한편 '5000년 세계체제론'을 지지하며 근대 이전 역사 전체를 중국을 중심으로 재편하고자 하는 프랑크는 당연히 애트월 테제를 지지하면서 이것이 주기적 하강의 한 국면을 보여준다고 한다. 심지어 그는 애트월 체제를 비판하는 중국 학자들의 근거가 오히려 애트월 체제의 타당성을 반증한다고까지 얘기한다.[88]

[86] 17세기의 '전반적 위기'론에 대한 논의를 여기서 전면적으로 다룰 여유는 없다. 이에 대한 논의의 개략적인 소개 글은, 나종일, 「17세기 위기론과 한국사」, 『세계사를 보는 시각과 방법』, 창작과 비평사, 1992, 30~80쪽 참고. 17세기 전반적 위기에 대한 최근의 논의는, Geoffrey Parker, "Crisis and Catastrophe: The Global Crisis of the Seventeenth Century Reconsidered", *American Historical Review*, 113-4, 2008, pp.1053~1079; Jan de Vries, "The Economic Crisis of the Seventeenth Century after Fifty Years", *Journal of Interdisciplinary History*, 90-2, 2009, pp.151~194를 참조.
[87] Flynn and Girádez, "Introduction", p.xxxv; Flynn and Giráldez, "China and the Manila Galleons", pp.85~86; Flynn and Giráldez, "Born with a 'Silver Spoon'", p.209.
[88] 프랑크, 『리오리엔트』, 378~384쪽. 플린과 히랄데스는 명대 중국이 전 지구적 '글로벌 경제' 형성에서 수행한 역할을 강조하면서도 프랑크 식의 '세계체제론'과는

그러나 이렇게 16세기 세계 경제 또는 단일한 '글로벌 경제'의 형성을 강조하는 이들이 논점을 모호하게 만들더라도, 애트월의 논지에 대해 비판적인 사람들의 견해는 중국 경제에 대한 세부적인 사실에 기초하고, 당대 동아시아의 현실에 좀 더 부합하기에 보다 설득력이 있다. 우선 16세기 초부터 상업혁명을 겪은 명대 중국이 지폐체제의 붕괴와 15세기 중국 내 은광의 쇠퇴로 극심한 은 부족 현상을 겪고 있었고, 이런 상황에서 외국 은의 유입이 중국 경제에 중요한 역할을 했다는 점은 대부분 인정한다.[89] 하지만 1630년대 말부터 중국으로의 은 흐름이 일본의 쇄국정책과 스페인에 의한 필리핀의 대중국 무역의 축소, 그리고 1640년 포르투갈과 스페인 간 동맹의 해체로 인한 마닐라와 마카오 간 교역의 중단으로 크게 위축되었다는 주장에 대해서는 실제 경험적 근거와 맞지 않음을 강조한다. 즉 1639년경까지 중국으로의 은 유입은 계속 꾸준한 상태를 유지했고,[90] 위의 표 2에 따르면 1550~1600년에 비해 1600~1645년의 외국산 은 수입량이 2배 정도 늘어났음을 보여준다.[91] 이것은 그 원인이 무엇이든 은의 유입과 중국의

거리를 둔다. Flynn and Giráldez, *China and the Birth of Globalization*, pp.111~113.

[89] Moloughney and Xia, "Silver and the Fall of the Ming", p.52; Glahn, "Myth and Reality", p.429.

[90] Moloughney and Xia, "Silver and the Fall of the Ming", p.61. 이에 따르면 명이 멸망한 1644년을 전후하여 1643년에서 1645년까지 일본으로부터의 은 수입량이 크게 떨어지는데, 이것을 가지고 프랑크는 오히려 은 수입의 축소가 명의 멸망에 영향을 미쳤음을 입증한다고 주장한다. 하지만 한 나라의 정부가 멸망하는데, 은이든 무엇이든 교역량이 떨어지는 것은 당연하다. 오히려 은이 명의 멸망에 영향을 미쳤는가는 1630년대 말까지의 은 수입량에 초점을 두고 봐야 하는데, 이때는 오히려 은 수입의 정점이었다. 프랑크는 원인과 결과를 뒤집어서 말하고 있다.

[91] Glahn, *Fountains of Fortunes*, p.137의 표 11에서 제시된 네덜란드 선박과 중국 선박에 의한 일본산 은의 수출량은 은이 멸망한 1644년에 가장 높은 수치를 보여준다. 물론 이것이 모두 중국으로 들어왔는가에 대해서는 의문이 있지만 1644년에도 여전히 은의 대규모 유입이 이루어졌음을 보여주기에 충분하다.

정치적, 경제적, 사회적 상황 간의 연계가 애트먼 테제의 지지자들이 말하는 것처럼 그렇게 긴밀하지 않았음을 드러낸다. 오히려 중국 경제 자체가 처한 화폐 부족의 상황에 내적인 정치적, 사회적 위기가 겹치면서 은에 대한 수요가 더 늘어났다고까지 해석할 수 있다.[92]

게다가 몰루니와 샤는 중국의 은 수입량이 최저점을 찍는 것은 명이 멸망한 후인 1660년대와 1670년대 초였다고 한다. 명을 대체한 청 왕조는 1661년 이래 명을 계속 지지하는 정성공 집단과 잔존 세력들을 차단하기 위해 엄격한 해금 정책을 실시했고, 일부 동남부 지역에서는 해안지역 주민을 내지로 소개하는 정책까지 취함으로써 해외 무역을 크게 억제했다.[93] 이에 따라 은 유입량도 하락했는데, 이것은 은 유입량 하락이 명의 멸망과 크게 연관되지 않았음을 보여주는 것이다.

또 하나 은 부족이 명 말 경제와 사회에 큰 영향을 미쳤다고 하면서 드는 근거는 은에 비한 동전(銅錢) 가치의 극적인 하락이다. 애트월은 1638년에서부터 1646년까지 은에 대해 동전 가치가 크게 하락했음을 보여주면서 이것이 은이 부족해서 야기된 것이며, 명 말 중국 사회의 혼란을 보여준다고 한다.[94] 하지만 이것은 은 부족과 아무런 관련이 없으며 동전 가치의 하락은 명 말 시기에 정부의 동전 가치저하 정책과 위조 화폐의 만연 때문에 일어난 현상이었다.[95]

게다가 애트월은 명 말의 사회경제적 위기로 인해 민간의 축장 현상이 발생하여 은의 유통을 더 줄였다고 추정한다.[96] 이것은 역사적 사실과 맞지 않는데, 명은 끊임없이 중국으로 유입되는 은의 상당 부

---

92) Glahn, "Myth and Reality", p.446.
93) Moloughney and Xia, "Silver and the Fall of the Ming", pp.66~67.
94) Atwell, "International Bullion Flows and the Chinese Economy", pp.88~89.
95) Glahn, *Fountains of Fortunes,* p.241.
96) Atwell, "International Bullion Flows and the Chinese Economy", p.87.

분(연간 400만 냥, 약 150톤)을 북방 국경지대로 보내 군사자금으로 썼다고 한다. 그래서 민간은 항상 은이 부족했고 쌀의 가격도 1620년 대까지 오르지 않았다고 한다.[97] 하지만 1630년대부터 중국의 물가는 급격한 상승을 보여주었으며 이런 인플레이션 상황은 반대의 경향을 만들었을 것이라고 보는 것이 옳다. 은이든 동전이든 화폐를 비축한 사람들은 그 가치가 조금이라도 더 침식되기 전에 자기 돈을 쓰려고 했을 것이기 때문이다.[98]

국가 역시 마찬가지였다. 명 정부가 은으로 들어온 조세를 축장하려한 증거는 별로 없다. 오히려 명 말로 오면서 더욱 더 북방의 군사 문제가 첨예화되면서 정부는 군대 봉급을 지불하고 군수물자를 보급하기 위해 세수를 바로 썼으며 그리하여 은을 민간 경제로 돌려보냈다. 특히 17세기는 동아시아 전체가 소총 및 대포를 중심으로 한 군사 기술 및 전략상에서 급격한 변화를 겪던 시기였다.[99] 이런 상황에서 명 정부가 자신의 은 세입 분을 가만히 놔두고 있었을 리는 없다. 이 시기 중국에는 불랑기(佛郎機) 포가 들어오고 홍이포(紅夷包)로의 발전이 이어졌다. 이런 군사적 발전에 정부는 끊임없이 돈을 대야 했다.

또 하나 고려해야 할 사항은 명 자체의 은 생산량이다. 앞서 지적했듯이, 은이란 비축성이 강한 상품이다. 따라서 명대 전체에 걸쳐 생산된 은은 여전히 명대 중국의 은 비축량으로서 유통되었음을 고려해야 한다. 그런 점에서 1530년대 이후로 그 생산량이 크게 줄었다고 하지

---

[97] 岸本美緒, 『東アジアの近世』, 山川出版社, 1998, 18쪽.

[98] Glahn, "Myth and Reality", p.448.

[99] 16세기 중반부터 17세기 전반까지 동아시아는 "병기 제조 기술의 교류와 진보의 시대"라고 한다. 岸本美緒, 『東アジアの近世』, 49쪽. 일본의 은광 개발과 대규모 생산 및 유통 역시, 군사적 측면을 가지고 있었다. 本多博之, 『天下統一とシルバーラッシュ』, 185~199쪽.

만, 중국의 광산들이 그 이전까지 연간 약 11톤(약 30만 냥)을 생산했
고 송과 원대의 은 생산량까지 합치면 그 양이 1만 6,954톤에 달한다
는 지적은 눈여겨 볼만하다.[100] 이것이 사실이라면, 어쩌면 중국에 유
입된 은이 그 자체만으로 중국 경제에서 차지하는 비중은 생각만큼
크지 않았을 수도 있다.

　이런 모든 경험적 사실들을 고려한다면, 명대 중국이 당시 등장하
던 단일한 '전 지구적 세계 경제'에 통합되어 그에 크게 의존하였고,
이에 따라 그 경제의 동향에 따라 사회, 경제적 동요를 겪어 명의 멸
망에 이르렀다는 애트월의 테제는 지지하기 어렵다고 생각한다. 사실
명대 중국을 둘러싼 경제 상황은 그렇게 단순하지 않았다. 과연 명대
중국이 자신의 지배 영역에 대해서도 통일된 경제 체제를 강제할 수
있었는지 의문이다. 명의 지배를 받았던 운남의 경우 16 · 17세기에 중
국으로의 은 유입에 중요 통로였지만, 정작 그 자체는 말과 개오지 껍
질을 주요한 통화 수단으로 사용하고 있어 중국과 경제적으로 통합되
어 있지 않았다고 보는 것이 옳다.[101] 17세기 일본산 은이 중국으로
유입되는 데 중요한 역할을 한 조선의 경우에도 18세기에는 은 경제
에 포섭되지 않았다.[102] 그렇다면 우리가 대상으로 삼는 16세기와 17
세기에 중국을 비롯한 동아시아는 아직은 그 자체 내에서도 국제 경
제적 통일성이 충분히 확보되지 않은 것으로 봐야 할 것이다. 좀 더
면밀한 검토가 필요하겠지만, 동아시아에서는 일본만이 당시 등장하
던 세계 경제와 좀 더 깊은 연관을 맺고 있던 것 같다.[103] 그러므로

---

[100]　李隆生, "海外白銀大明後期中國經濟影響的再探究", 152쪽.

[101]　Bin Yang, "Horse, Silver, and Cowries: Yunnan in Global Perspective" *Journal of World History,* 15-3, 2004, pp.281~322.

[102]　Oh Doohwan, "The Silver Trade and Silver Currency in Choson Korea", *Acta Koreana,* 7-1, 2004, pp.87~114.

애트월이 제시하는 16·17세기 중국에 대한 모습보다는 명대 중국사
전문가인 티모시 블룩(Timothy Brook)이 제시하는 명대 중국에서의
외국산 은의 역할에 대한 다음과 같은 설명이 더 설득력 있게 보인다.
"은의 유입은 약간의 물가상승을 초래했고 일상용품의 유통을 부추겼
으며 그토록 장타오를 괴롭혔던 사회적 변화를 낳았다. 그러나 은의
등장에 모든 혐의를 두는 것은 도덕적 타락으로 명의 상업적 변화를
설명하려는 시도만큼이나 섣부른 판단이다. … 은은 … 충분히 상업화
되어 있던 경제를 증진시키고 자극한 하나의 요소에 불과했다."[104]

　이렇게 본다면, 중국을 비롯한 동아시아 일원의 경제가 세계 경제
와 좀 더 깊이 결부되고 "의존성"을 얘기할 정도로 연관성을 맺게 되
는 것은, 차후 좀 더 깊은 연구를 진행해야겠지만, 18세기 때부터가
아닌가하는 생각이 든다.[105] 18세기에도 중국으로의 은 유입은 계속
되었을 뿐 아니라 이전 시기에 비해 더 증가했고, 세계 경제와의 연결
성은 더욱 강화되었다. 나아가 중국 내부에서는 내지의 농업 경제의
분화 경향과 이로 인한 상업화, 그리고 이와 연계된 양쯔강 하구 및
남동부 연안지역과의 경제적 연계 상황이 이어졌다. 한편으로 18세기
에 청 정부는 은화를 본격적으로 제조하기 시작하지만, 중국 남동부
연안지역은 오히려 스페인령 아메리카에서 주조된 은화(카롤루스 달

---

[103] Matao Miyamoto and Yoshiaki Shikano, "The Emergence of the Tokugawa Monetary System in East Asian International Perspective", in Flynn, *et al.*, *Global Connections and Monetary History*, pp.169~185.

[104] 티모시 브룩, 이정·강인환 옮김, 『쾌락의 혼돈: 중국 명대의 상업과 문화』, 이산, 2005, 30쪽.

[105] Glahn, "Money Use in China"; Lin Manhoung, "The Shift from East Asia to the World: Th Role of Maritime Silver in China's Economy in the Seventeenth to Late Eighteenth Centuries", in Wang Gungwu and Ng Chinkeong (eds.), *Maritime China in Transition, 1750-1850*, Wiesbaden: Harrassowitz Verlag, 2004, pp.77~96.

러)가 완전한 유통화폐로 전면화하는 양상을 보여준다. 이것이 근대로 가면서 중국 경제에 미친 영향에 대해선 부정적인 견해가 우세하다.[106)]

V. 결론

이상에서 16 · 17세기 세계 은 흐름의 현황과 그것이 가지는 역사적 의미를 은의 동쪽으로의 이동에 대한 해석과 동쪽에서 은을 주로 받아들인 중국에 대한 해석을 중심으로 살펴보았다. 전체적으로 볼 때, 16 · 17세기에 스페인령 아메리카에서 생산된 은은 80% 정도가 유럽으로 유입되었고 이중 40% 정도가 다시 유럽을 빠져나와 동쪽으로 이동하였다. 그리고 이 중 상당 부분이 당시 급격한 인구성장과 경제발전을 이루고 있었지만 한편으로 화폐체제의 붕괴와 그에 대신한 은 경제로의 전환으로 인해 심각한 은 부족 현상을 겪고 있던 중국으로 흡수되었다.

지금까지 살펴본 바에 따르면, 위의 은과 관련한 현상들을 설명하는 방식에 상당한 수정이 필요함을 확인할 수 있었다. 먼저, 유럽에 은이 부족한 상태에서 아메리카산 은이 들어온 것은 아니라는 점이다. 유럽은 남부독일과 중앙유럽의 광산들을 중심으로 아메리카산 은이 유입될 때까지 상당한 은을 생산했으며, 이후 아메리카산 은과의

------

106) 아레한드라 이리고앤(Alejandra Irigoin)은 18세기 중국으로 유입된 아메리카산 은이 장기적 측면에서 봤을 때 "트로이의 목마"였다고 주장한다. Alejandra Irigoin, "A 'Trojan Horse' in Daoguang China? Explaining the flows of silver (and opium) in and out of China", MPRA Working Paper, 173/13, 2013, pp.1~31.

경쟁 과정에서 유럽 내 은광 생산이 위축되었던 것이다. 은의 유입의 결과로 발생했다고 하는 16세기 유럽의 '가격혁명'이란 것도 화폐수량설에 입각한 화폐 중심의 설명보다는 당시 유럽의 다양한 경제 요소들, 인구성장, 도시화, 제도 개혁 등의 요소들을 함께 고려해서 설명해야 한다는 것을 이해할 수 있었다.

아메리카산 은의 동쪽으로의 이동과 중국으로의 유입에 대해서는 유럽의 아시아에 대한 만성적인 무역적자의 균형을 잡기 위한 결제수단으로 은을 이해하기보다는 은을 비롯한 귀금속을 별개의 상품으로서 자체의 수요 · 공급의 법칙에 따라 설명할 필요가 있음을 밝혔고, 무엇보다 중국의 국내 사정에 따른 폭발적인 은 수요가 지역 간 금과 은 교환 비율상의 불균형을 야기함으로서 전 지구적인 은 흐름을 발생시켰음을 파악하였다.

이런 은의 흐름이 중국 경제에 미친 영향은 물론 컸다고 할 수 있겠지만, 그렇다고 중국이 가진 자체의 내적 발전과정과 별개로 또는 그것을 초월하면서 영향을 발휘한 것은 아니라는 점과 은 흐름의 부침만으로 명의 멸망과 같은 정치적, 사회적 격변까지도 일원화해서 설명하기는 어렵다는 점도 파악하였다. 무엇보다 이런 과정에서 확인한 것은 은 흐름과 중국에 대한 이해는 결국 16 · 17세기 세계 경제의 등장과 연관 지어 이해해야 한다는 것이고 그 결부의 정도를 좀 더 다각적으로 분석할 필요성이다. 특히 당대 중국을 비롯한 동아시아 권역의 경제 및 사회 발전과 화폐 및 재정 제도에 대한 비교 같은 좀 더 상세하고 치밀한 접근과 비교가 이루어질 필요가 있다. 그래야 두 번째 논점과 필연적으로 연결되는 16세기 단일한 '글로벌 경제'의 형성에 대한 논의로 나아갈 수 있을 것이기 때문이다.

부록 1. 통화와 무게 단위의 은 환산치*

중국: 1 냥(兩=tael)　　　　　 = 은 0.0378 킬로그램

일본: 1 관(貫, kanme)　　　　 = 은 3.76 킬로그램

네덜란드: 1 플로린(florin=guilder)　 = 은 0.01 킬로그램

포르투갈: 크루사도(crusado) = 아시아에서 페소와 같이 취급

　　　　 1 담(擔, picul)= 100 카티(catties)　 = 60.48 킬로그램

스페인: 1 페소(pesos de a ocho)=272 마라베디(maravedi)=은 0.02556 킬로그램

부록 2. 스페인령 및 포르투갈령 아메리카의 금은 생산량 (단위: 톤)**

	16세기			17세기			18세기			총합		
	은	금	은환산	은	금	은환산	은	금	은환산	은	금	은환산
Humbolt(a)			17,563			42,040			73,971			133.574
Soetbeer(b)	17,128	327	20,823	34,008	606	42,431	58,530	1,614	84,354	109,666	2,547	147,608
Merrill & Ridgway(c)	16,925	280	20.089	34,435	590	42,636	51,080	1,620	75,380	102,440	2,490	138,105
Morineau(d)	7.500	150	9,120	26,168	158	28,459	39,157	1,400	61,417	72,825	1708	98,996
Slicher van Bath(e)	11,175	628	18,544	27,640	420	33,734	58,366	1,485	81,970	97,181	2,533	13,247

a 1500-1800: Humbolt, *Political Essay on the Kingdom of New Spain*, trans. John Black, 4 vols., London, 1811.

b 1493-1800: Adolf Soetbeer, *Edelmetall-Produktion und Wertverhältnisse zwischen Gold und Silber seit der Entdeckung Amerikas bis zur Gerenwart: Petermanns Mitheilungen*, suppl. 13, no. 97, 1880.

c 1493-1800: Merrill et al., *Summarized Data of Silver Production*, and Ridgway et al., *Summarized Data of Gold Production*.

d 1500-1800: Michael Morineau, *Incroyables gazettes et fabuleaux métaux*, London, 1985.

e 1503-1820: B.H. Slicher van Bath, "Het Latijins-Amerikaanse gold en zilver in de kolonial tijd", *Economischen sociaal Historisch Jaarboek* 47, 1984.

* 출처: Brian Moloughney and Xia Weizhong, "Silver and the Fall of Ming: A Reassessment", *Papers on Far Eastern History*, 40, 1989, p.78.

** 출처: Ward Barrett, "World Bullion Flows, 1450-1800", in James D. Tracy (ed.), *The Rise of Merchant Empires: Long-Distance Trade in the Early Modern World, 1350-1750*, Cambridge: Cambridge Univ. Press, 1990, pp.228~229.

초출일람

동아시아해역의 근세와 근대 | 이수열

新稿

『해동제국기』를 통해 본 15세기 조선지식인의 동아시아관

: 약탈의 시대에서 공존·공생의 시대로 | 손승철

『사림』 41, 2012에 발표된 논문을 수정·보완

중·근세 동아시아의 海禁정책과 境界인식

: 동양 삼국의 해금정책을 중심으로 | 민덕기

『한일관계사연구』 39, 2011

일본과 바다 | 하네다 마사시(羽田正)

Masashi Haneda, "Le Japon et la mer", Buchet, Christian and Le Bouëdec, Gérard (eds.), *The Sea in History: The Early Modern World / La mer dans l'histoire: La Période Moderne*, Boydell, 2017

16세기 중엽 포르투갈인들이 본 동아시아 해상질서 | 홍성화

『사림』 49, 2014

조선 후기 동아시아 해역의 漂流民 송환체제 | 김강식

新稿

근대 동아시아 설탕의 유통 구조 변동과 조선 시장
: 조선화상(朝鮮華商) 동순태호(同順泰號)의 설탕 수입을 중심으로 | 강진아
　「근대전환기 동아시아 砂糖의 유통 구조와 변동: 朝鮮華商 同順泰號를 중심
　으로」, 『중국근현대사연구』 52, 2011에 이후 연구 성과의 진전을 반영하고,
　공동 저서의 체제에 맞추어 다소 수정

나가사키(長崎) 화상(華商) 태익호(泰益號)의
쌀과 해산물 무역활동 (1901~1910) | 주더란(朱德蘭)
　『海洋史叢書 1: 港口城市與貿易網絡』, 中央研究院, 2012

식민지시기 조선에서 생산된 수산물의 수이출(輸移出) 동향 | 김승
　『역사와 경계』 103, 2017

'아시아 경제사'와 근대일본: 제국과 공업화 | 이수열
　『역사학보』 232, 2016

16·17세기 세계 은 흐름의 역사적 의미 | 현재열
　『해항도시문화교섭학』 13, 2015

저자 소개

손승철(孫承喆)　강원대

민덕기(閔德基)　청주대

하네다 마사시(羽田正)　東京大學

홍성화(洪成和)　부산대

김강식(金康植)　한국해양대

강진아(姜抮亞)　한양대

주더란(朱德蘭)　臺灣中央研究院

김　승(金　勝)　한국해양대

이수열(李秀烈)　한국해양대

현재열(玄在烈)　한국해양대